JOGADA PERFEITA

Publicações RBC

Jaime Fernández Garrido

JOGADA PERFEITA

Linha de Chegada

Jogada Perfeita — Linha de chegada
© 2008 por Jaime Fernández Garrido
Editado e revisado por Publicações RBC sob acordo especial
com Jaime Fernández Garrido.

Tradução: Baltazar Maria de Morais Junior, "o artilheiro de Deus"
Revisão: Rita Rosário
Projeto gráfico: Audrey Novac Ribeiro
Imagem da capa: Ronam Bonfim

Dados Internacionais de Catalogação na Publicação (CIP)

Fernández Garrido, Jaime
Jogada Perfeita — Linha de chegada/Jaime Fernández Garrido; tradução Baltazar Maria de Morais Junior
Curitiba/PR, Publicações RBC.

Título original: *Cambia de Ritmo*

1. Bíblia.   2. Devocional.   3. Esportes

Proibida a reprodução total ou parcial, sem prévia autorização, por escrito, da editora.
Todos os direitos reservados e protegidos pela Lei 9.610 de 19/02/1998.

Exceto quando indicado no texto, os trechos bíblicos mencionados são da edição Revista e Atualizada de João Ferreira de Almeida © 1993 Sociedade Bíblica do Brasil.

Publicações RBC
Rua Nicarágua, 2128, Bacacheri, 82515-260, Curitiba/PR, Brasil
E-mail: vendas_brasil@rbc.org
Internet: www.publicacoesrbc.com.br • www.ministeriosrbc.org
Telefone: (41) 3257-4028

Código: PA743
ISBN: 978-1-60485-626-2

1.ª edição: 2008
3.ª impressão: 2013

Impresso no Brasil • Printed in Brazil

Conteúdo

Sobre o autor 6
Como utilizar este livro 7
    Janeiro 9
    Fevereiro 40
    Março 69
    Abril 100
    Maio 130
    Junho 161
    Julho 191
    Agosto 222
    Setembro 253
    Outubro 283
    Novembro 314
    Dezembro 344
Índice de desportistas 375

Sobre o autor

DR. JAIME FERNÁNDEZ GARRIDO nasceu em 17 de abril de 1960 na província de Ourense, na comunidade autônoma da Galícia, Espanha. É casado com Miriam e tem três filhas Iami, Kenia e Mel.

Doutor em Pedagogia pela Universidade Complutense de Madrid. Compositor musical e professor de piano. Membro da *Sociedad General de Autores de España* desde o ano de 1980, com mais de 400 hinos, traduções e coros compostos. Diretor do programa evangélico na Rádio e Televisão de Galiza (TVG) *Nacer de novo* transmitido para Europa e América do Sul. Presbítero em igrejas evangélicas na Espanha desde 1979. É também presidente da *Conferência de Evangelistas da Espanha* desde 1996 e foi capelão evangélico em quatro Olimpíadas diferentes: Seul 1988, Barcelona 1992, Atlanta 1996 e Sydney 2000.

Tem vários CD's de música editados:

"Melodías para siempre", Mecovan, 1986
"Al trasluz", Mecovan, 1988
"La visita", Ave, 1990
"Grandes temas instrumentales de Navidad", A. Rivero producciones, 1995
"Fantasía", FONOMUSIC,1997

É autor dos livros:

"Nacer de novo", 1987
"Didáctica de la lengua y enseñanza en Galicia", Tesis Doctoral, Univ. Complutense. 1987
"Cambia de ritmo", Sociedad Bíblica, 1992
"Obras para piano y concierto", Pentamusic 1998
"Cambia de ritmo", (2.ª Ed. revisada y ampliada) Sociedad Bíblica, 1998; Vida, 2004
"Con la música a otra parte", Clie, 1999
"Mais que o ouro", Sociedade Bíblica do Brasil, 2000
"Cara a cara", Portavoz, 2000, Zondervan 2007
"Compasión", Vida, 2007

Como utilizar este livro

Este é um livro diferente. Geralmente, iniciamos a leitura de um livro pela primeira página, mas neste não é preciso seguir a regra.

Na verdade, *A Jogada Perfeita* foi escrito para você iniciar a leitura ainda hoje, na página do dia. É muito fácil: abra o livro na página de hoje e comece a ler!

Você pode ler vários dias de uma vez só, ou limitar-se a uma página por dia. A decisão é sua.

Para aproveitar bem a leitura deste livro — *A Jogada Perfeita* — tenha sua Bíblia em mãos, lá você encontrará os textos bíblicos mencionados em destaque. Se você fizer isso, lerá a Bíblia inteira em apenas um ano!

Após terminar a leitura deste livro devocional, você poderá relê-lo e continuará encontrando novas mensagens, especialmente ao reler as passagens bíblicas. Lembre-se que cada dia de nossas vidas é diferente. Você deverá estar disposto a encontrar novas aplicações para cada exemplo dos atletas em momentos diferentes da vida.

À medida que o tempo passar você perceberá a ajuda de Deus em sua vida.

Para melhor compreensão, utilize este roteiro:

1 Cada meditação começa com uma passagem bíblica. Se memorizada, será um tesouro guardado em seu coração.

2 Estes são os capítulos da Bíblia para você ler diariamente. No final do ano você terá lido a Bíblia inteira.

3 Esta frase traz a essência da mensagem do dia.

4 Este é um modelo de oração. Uma pequena ajuda para conversar com Deus.

Lembre-se que, como a Bíblia ensina, oramos sempre em nome de Jesus. E não esqueça, o mais importante não são as palavras escritas aqui. Elas são somente um auxílio expressando a compreensão da mensagem do dia. O que importa realmente são as palavras sinceras que brotam do seu coração quando estiver falando com Deus.

1 de janeiro

A Maior Mudança de Equipe

Todos nós já ouvimos falar da "transferência do ano", referindo-se à troca de uma "estrela do futebol" por vários jogadores de outro time, ou por muito dinheiro. Um dos jogadores mais caros de todos os tempos foi RONALDO. A transferência dele do *Barcelona* para o *Inter de Milão* em 1998 rendeu cerca de 30 milhões de dólares aos cofres do Barcelona; uma cifra de mexer com a cabeça de qualquer um.

Mas não é somente no esporte que se fazem trocas e transferências por valores exorbitantes. O preço mais alto de toda história da humanidade foi pago por você. Surpreso? Por essa você não esperava, não é mesmo? Deus diz que dá "homens por ti e nações pela tua vida". Por aí, dá para perceber o quanto você é importante para Ele. A Bíblia diz que Deus se interessa por cada uma das pessoas que vivem no universo e que Ele está disposto a fazer todo o possível para que nós o conheçamos.

Alguém disse que não existe maior amor do que dar a vida por seus amigos. Mas Deus demonstrou um amor muito maior, deixando Jesus morrer por nós, quando éramos inimigos Seus! Sim, Deus não só deu "homens por você", deu também o melhor que tinha: o Seu próprio Filho, Jesus Cristo, para que todos os que crerem nele tenham a vida eterna. Este é o valor que temos para Deus. Como você pode ainda pensar que não é importante para Ele? Uma demonstração de amor tão grande não pode ser ignorada! Não seja insensível diante daquele que foi capaz de dar tudo por você!

Não há nada na história comparável ao amor de Deus. Lembre-se que tudo o que Ele fez foi por amor a cada uma das pessoas deste mundo, e, portanto, por amor a você também. Qual será a sua resposta diante disso? Você está disposto a entregar sua vida para ter a vida eterna?

Agora, qual será a sua reação? Estamos começando um novo ano e como vamos vivê-lo? Se Deus nos deu tudo, Ele merece que nós entreguemos tudo o que somos. A única resposta aceitável é dar-lhe todo o nosso ser, nossas coisas, nossas forças, pois tudo lhe pertence. A nossa vida é dele: ninguém pagou um preço tão alto por ela quanto Jesus.

> ...dei o Egito por teu resgate a Etiópia e Sebá por ti.
> —Isaías 43:3

Leitura de hoje

ISAÍAS 43:1-25
LUCAS 15:1-10
SALMO 19

Oração

Tudo o que sou e o que tenho é para ti, Senhor Jesus. Quero recordar esta decisão todos os dias da minha vida.

Deus fez tudo por mim. O que eu faço por Ele?

2 de janeiro

Medo de Ganhar

Para isso é que eu também me afadigo, esforçando-me o mais possível, segundo a sua eficácia que opera eficientemente em mim.
—Colossenses 1:29

Leitura de hoje

COLOSSENSES 1–2

Um dos esportes mais radicais do mundo é o esqui na neve. É impressionante a velocidade que se chega a alcançar na descida do morro, voando por cima da neve a quase 100 km/h. A verdade é que ninguém pode ser um bom esquiador se tiver medo de atingir seu limite, no qual não há mais controle sobre as circunstâncias e nem mesmo sobre o corpo. Muitos esquiadores não triunfam devido ao medo, pois ao atingir velocidade mais lenta, seus tempos são piores que os dos adversários.

Mas não é só no esqui que o medo nos derrota, muitas vezes o medo de ganhar faz os esportistas perderem suas habilidades, justamente quando mais necessitam delas: no final dos jogos. Outras vezes, se o atleta espelha a imagem da derrota, percebe-se antecipadamente, que será perdedor, pois já demonstra que vive derrotado.

Um dos segredos da vida cristã tem sua origem em nossa maneira de pensar. Há muitos cristãos que "jogam" e são sempre vencidos. Derrotados pelo medo — dos outros, do que dizem de nós, de que nos considerem "estranhos", de nos machucarmos, do inimigo, do futuro. Temor por toda parte! E é curioso que os filhos daquele que é o Ser mais vitorioso que existe no universo, vivam como derrotados.

Na vida cristã não existe meio termo. A Bíblia não menciona que há cristãos de segunda categoria: fala somente de filhos do rei. Há ocasiões em que nos conformamos em viver de migalhas quando Deus quer nos dar grandes banquetes, muitas vezes vivemos tristes e sós, quando Ele deixou milhares de promessas escritas que estão guardadas para nós, até que façamos a nossa parte. Não tenha medo de ganhar!

Mas como fazer isto? Na história, foram dadas muitas respostas: mil e uma fórmulas sobre como ter uma vida vitoriosa, mil e um mandamentos imprescindíveis de recordar. Mas creio que, no fundo, tudo é muito mais simples e se resume a uma só atitude: lutar usando o poder de Deus e não o nosso. Viver a vida de Deus, sentir e pensar como Ele sente e pensa. Ser como o Pai! Podemos oferecer muito pouco a Deus, somente nosso medo e ansiedade, mas Ele os transforma e nos enche de poder, poder de vencedor! Temos direito a uma vida de triunfo!

Tudo continua: os mesmos problemas, as mesmas situações difíceis, as mesmas frustrações, mas há uma diferença, uma grande diferença: nós as enfrentamos com o poder de Deus.

Oração

Senhor, eu quero colocar tudo em Tuas mãos. Especialmente, quero entregar a ti todos os meus medos. Sei que a vitória sempre está em Tuas mãos.

Deus venceu a todos os inimigos, inclusive a morte. Do que você tem medo?

3 de janeiro

Só Resta Chorar

Um grande jogador de futebol, brasileiro, quase abandonou sua carreira há pouco mais de dois anos. Estamos falando de ZÉ MARIA, que devido a uma lesão muito importante, foi aconselhado pelos médicos a deixar o futebol. Felizmente, Zé orou para que Deus colocasse a Sua mão sobre ele, e Deus o sarou. Pouco depois, ele continuava jogando no *Perugia* (Itália) e na *Seleção Brasileira*.

As lesões são inimigas conhecidas da maioria dos atletas. Mais ainda, quando são tão graves que os deixam "afastados" durante meses, dando a impressão que só lhes resta chorar.

Muitas vezes nos encontramos em situações parecidas. Talvez não sejam as muitas cirurgias ou problemas físicos que nos fazem chorar, mas as circunstâncias, os problemas, as desilusões, e uma lista interminável de inimigos nos fazem chorar. Assim como aconteceu com o escritor do Salmo: "As minhas lágrimas têm sido o meu alimento dia e noite".

Existe uma ideia muito comum, mas equivocada, a respeito de Deus. Achamos que Ele só nos aceitará quando tudo for bem, ou quando soubermos reagir diante de tudo o que acontecer conosco. Às vezes, pensamos que só quando parecemos fortes, Deus está conosco, e isto é um grande erro. Deus diz claramente em Sua Palavra que deseja que sejamos sinceros com Ele. Deus nunca disciplina Seus filhos por se sentirem desanimados, Deus não "foge" de nós quando choramos diante dele. É exatamente o contrário — a Bíblia diz que, quando as lágrimas são nossas companheiras, Deus está ali, conosco, tentando nos fazer compreender que há uma saída e que as lágrimas nunca são o final de uma situação.

Existe alguma circunstância tão difícil em sua vida que você acha que não vai suportá-la? Há pessoas que não entendem o que você tenta fazer? Você dá tudo o que tem e recebe o mal em troca? Pode se aproximar de Deus e chorar. Não há amigo que possa entendê-lo como Ele. Não há pessoa que possa ajudá-lo como Ele. Não existe alguém como Ele que possa esclarecer melhor qualquer situação.

A razão pela qual Deus é a fonte de nosso consolo é muito simples; tanto que até nos esquecemos: Ele sofreu em nosso lugar, muito mais do que poderemos compreender. Quando levou toda nossa tristeza, nossos equívocos, nossa maldade, nosso pecado, soube, melhor que qualquer um do mundo, o que significa viver desprezado e só. E fez tudo por amor a nós! Deus só permite em nossas vidas, lágrimas que podemos vencer. Mas com uma condição: que as levemos a Ele; Ele saberá nos consolar.

> As minhas lágrimas têm sido o meu alimento dia e noite...
> —Salmo 42:3

Leitura de hoje

SALMO 110
SALMO 22
LAMENTAÇÕES 2,4

Oração

Senhor, Tu conheces minhas lágrimas e a minha situação. Venho diante de ti porque sei que Tu me darás força.

Quando só resta chorar, Deus lhe estenderá Sua mão.

4 de janeiro

Dinheiro, Dinheiro, Dinheiro

...esta noite te pedirão a tua alma [...] para quem será?
—Lucas 12:20

Leitura de hoje

ÊXODO 16:36

O norte-americano BRUCE JENNER, ganhador da medalha de ouro no Decátlon nos Jogos Olímpicos de 1976 em Montreal, vendia seguros para sustentar a família. Obviamente, tudo mudou quando ganhou a Olimpíada em uma modalidade tão difícil. Essa história de atletas pobres que passam a faturar milhões em contratos, com cifras inacreditáveis, é muito comum no esporte.

Não existe basicamente mal algum em ganhar milhões, o problema está sempre em nossa atitude. Quando buscamos única e exclusivamente o dinheiro e ele se transforma no "rei" de nossa vida, estamos perdidos. E isto pode acontecer com muito ou pouco dinheiro! A Bíblia diz que o mal está na busca do dinheiro acima de todas as outras coisas, no desejo de ter e possuir; um desejo que nunca se sacia.

Muitas vezes, não nos damos conta de que tudo o que temos e possuímos não os temos nem os possuímos! Não é um jogo de palavras. A vida nos ensina que tudo aquilo que cremos que é nosso pode desaparecer em um instante, inclusive a nossa vida pode desaparecer também! Daí a tolice de "adquirir mais" como única motivação na vida. Um dia, quando tudo acabar, quando tivermos que deixar tudo e pedirem nossa alma, o que será de nós?

Deus diz que o amor ao dinheiro é a raiz de todos os males, e por uma razão muito simples: nosso pecado transforma os bens materiais em senhor de nossas vidas. A aparência e o desejo de ostentar diante dos outros é pecado. O luxo e o desejo de que os outros observem que possuímos mais do que eles também é pecado; a avareza e o desejo de ganhar mais do que os outros também o são. Assim como a inveja dos outros e o desejo de não ser menos do que eles, também são características do pecado. Muitas vezes, o luxo, as aparências, a avareza e a inveja são companheiros de nosso dinheiro, e Deus diz que isto é iniquidade. É por isto que uma vida de santidade se mede também, pelo que fazemos com nossas finanças.

Talvez você, que está lendo esta página, seja uma pessoa que tem muito dinheiro. Talvez tenha confiado nele toda sua vida e pensa que com ele pode comprar tudo. Inclusive acha que pode comprar a saúde, os amigos, atrasar sua própria morte ou comprar o céu. (Existem pessoas que acreditam que com suas esmolas e contribuições, podem comprar Deus — algo impossível). Não se engane. Pode ser que esta noite venham buscar a sua alma, e tudo o que você tem agora, para quem será?

Oração

Senhor, tudo o que Tu me dás, é Teu; e o único dono de minha vida és Tu. Ensina-me a utilizar tudo o que tenho para Tua glória.

Existe gente tão pobre, que só tem dinheiro.

5 de janeiro

Correndo Contra o Relógio

Um dos maiores vencedores dos Jogos Olímpicos ao longo de toda a história foi Paavo Nurmi, ganhador de nove medalhas (sete de ouro) em corridas de longa distância, durante as Olimpíadas entre 1920 e 1928. Quando Paavo corria, uma característica sua chamava a atenção imediatamente: tinha sempre o cronômetro em sua mão. Sem que ninguém lhe dissesse nada, ele já sabia se corria bem ou mal.

Na vida cristã deve acontecer algo semelhante. Não quer dizer que devamos ter um cronômetro de verdade, mas sim, que devemos julgar-nos a nós mesmos diante de todas as situações da vida. Não existe qualquer outra forma de seguir em frente, senão examinando minuciosamente o que fazemos, nossas motivações e a meta para a qual nos dirigimos. Quando nos colocamos diante de Deus e reconhecemos nossos erros, já percorremos um bom caminho em direção à nossa correção e capacidade de crescimento.

Um dos maiores perigos na nossa vida é olharmos mais para os outros, do que para nós mesmos. É muito fácil notar os erros das outras pessoas, mas difícil é vermos o que nós fazemos de errado. Deus proíbe que julguemos aos outros, só somos juízes de nós mesmos; então, toda a energia que gastamos olhando para fora, devemos utilizá-la para olhar para o nosso interior e identificar o que estamos fazendo de errado, para que haja correção.

O fato de não olharmos para nosso interior e não corrigirmos nossos próprios erros nos fará sofrer as consequências de nosso pecado — inclusive, levando-nos à morte! A Bíblia diz que se não julgamos a nós mesmos e estamos julgando aos outros, estamos "fazendo" nosso próprio juízo! Todos nós sabemos qual será o veredicto: somos culpados!

Creio que nossa vida cristã (a vida "normal", até mesmo a vida cotidiana) mudará radicalmente quando formos capazes de aprender esta lição. É um mandamento de Deus que diz: tudo o que fizermos, seja confrontado com o que Ele diz e quer de nós. Em nossa vida espiritual, nos nossos relacionamentos diários com os outros, no nosso trabalho e no nosso serviço na igreja — em tudo o que fizermos, devemos examinar-nos à luz da Palavra de Deus. Só assim poderemos corrigir, aprender e reconhecer o que fazemos, bem ou mal, a fim de alcançar a meta proposta!

> ...se nos julgássemos a nós mesmos, não seríamos julgados.
> —1 Coríntios 11:31

Leitura de hoje

1 CORÍNTIOS 11
SALMOS 15,52

Oração

Ajuda-me Senhor, a examinar-me e reconhecer tudo o que está contra a Tua vontade. Quero Te obedecer cada dia mais...

Se você não corrige seus erros, Deus se verá obrigado a fazê-lo.

6 de janeiro

Sexo

Goza a vida com a mulher que amas, todos os dias de tua vida...
—Eclesiastes 9:9

Quando se fala de futebol, imediatamente, vem à nossa mente o nome do Brasil. Em poucos países o futebol é tão sinônimo de arte, como aqui. O melhor jogador do mundo de 2007 foi o KAKÁ. Ele falou publicamente que contraiu matrimônio sem ter relações sexuais, esperando até casar-se com sua esposa Caroline para seguir a vontade de Deus em sua vida. Obedecer a Deus e manter-se virgem até o dia do casamento é a melhor forma de vencer os problemas sexuais.

Há muito tempo, os conflitos nesta área causam a queda de muitas estrelas do esporte. E não só no esporte, desde reis até o mais humilde dos súditos viram suas vidas destroçadas ao desobedecer às leis de Deus em algo tão maravilhoso que Ele mesmo criou: o sexo. Veja bem a conclusão de Salomão no texto que lemos hoje, apesar de ele mesmo ter tido mais de mil mulheres! É óbvio que o sexo foi criado para a total realização do homem e da mulher, única e exclusivamente, dentro do casamento — essa é a lei que Deus estabeleceu.

Leitura de hoje

CÂNTICO 7–8
GÊNESIS 24

Devemos lembrar aqui que todas as antigas civilizações conhecidas, foram destruídas por causa da promiscuidade sexual e a perda da união familiar. Estes dois problemas são as bases (juntamente com a má utilização do dinheiro) da maioria das situações de conflito nos dias de hoje. A unidade espiritual, intelectual, emocional e física, pode ocorrer somente no casamento. Deus diz que as relações sexuais fora do casamento estão em conflito com a lei natural, portanto, são pecaminosas e trazem suas consequências.

Nos dias atuais, frequentemente a liberdade sexual é incentivada, mas além de ir contra a lei natural, trará como única consequência a destruição da própria sociedade. Essa liberdade sexual está evidente em situações que aniquilam a dignidade da mulher e do homem. A pornografia é um exemplo dessas situações. É triste comprovar como grandes impérios econômicos se estabelecem baseados no apetite sexual das pessoas, sobretudo dos adolescentes. É curioso que a revista *Playboy* seja somente isso: uma leitura para rapazes (*boy* = rapaz) e não para homens e mulheres, cujas mentes já desenvolvidas não admitem enganos fraudulentos. Todos nós, cristãos, devemos saber que o objetivo da pornografia é ir direto à mente das pessoas e que, por trás de tudo isso está o inimigo de Deus, que quer introduzir "lixo" em nossos pensamentos. O único ganho em colocar lixo na mente é uma vida cheia de desperdícios e não de glória.

Oração

Senhor, obrigado por ter criado algo tão lindo; quero apreciá-lo, única e exclusivamente, de acordo com a Tua vontade.

O amor e o sexo são muito bonitos para serem desperdiçados.

7 de janeiro

Isso Não é Justo!

Campeonato de Basquete nos anos 70: *Real Madrid* e *Juventud de Badalona* estão empatados em primeiro lugar. Em um dos últimos jogos, o *Juventud* está ganhando do *Real* por uma grande diferença; o campeonato já é quase do *Juventud*, mas algo acontece: Cardona, o árbitro auxiliar, apita um monte de faltas contra o *Juventud* e acaba expulsando vários jogadores da equipe. Assim, o *Real Madrid* ganha o jogo e o Campeonato. Foi o último jogo que aquele árbitro apitou. A injustiça foi tão grande que ele foi excluído para sempre.

Muitas vezes nos encontramos em situações nas quais a injustiça é tão chocante, que gostaríamos de fazer algo para remediá-la. Quase nunca é possível, e o que nos resta é protestar: "É injusto! Isto não se faz!"

Estas situações aparecem no trabalho, na escola, na política, na sociedade… E sempre, sempre, sempre dizemos: "algum dia Deus o fará pagar por isso".

É certo que Deus é onisciente e, portanto, vê e sabe de tudo: sabe quando nos enganam, quando falam mal de nós, quando nos perseguem. Deus sabe quantos pequenos ditadores há no mundo, vivendo e agindo de acordo com o que lhes vem à cabeça. Ele conhece as injustiças desta terra, todas e cada uma delas. De Deus foi a primeira palavra no mundo e também dele será a última. Ninguém pode se esquecer disto: não haverá injustiça que não seja reparada, mal que não seja julgado. Nada escapará da grandiosa justiça de Deus.

Mas no texto de hoje, há outra lição que temos que aprender. Os três amigos de Daniel foram injustamente denunciados e enviados à morte, e, em lugar de se queixarem, disseram: "Sabemos que Deus quer livrar-nos!" Todos nós poderíamos dizer isto, não é verdade? Mas, e a segunda parte da resposta? "Se Deus não nos livrar, nós seguiremos lhe obedecendo e confiando somente nele." Esta é a maior lição de confiança que existe.

É fácil acreditar que a Justiça de Deus acontecerá, mas é difícil dar o passo seguinte e pensar: "ainda que Deus não resolva esta situação, eu continuarei confiando nele". Pode ser que neste momento estejamos na equipe perdedora devido à injustiça; mas é neste momento que comprovamos nossa confiança em Deus. A nossa mensagem ao mundo continua sendo muito simples: Deus sabe tudo e Sua justiça vencerá um dia, não há nenhuma dúvida sobre isso e por enquanto eu seguirei com confiança, porque sei que o Senhor tem poder para me livrar!

> … ele [Deus] nos livrará […] Se não, fica sabendo, ó rei, que não serviremos a teus deuses…
> —Daniel 3:17-18

Leitura de hoje

SALMO 50
ISAÍAS 32
DANIEL 3:13-25

Oração

Senhor, obrigado porque tens poder para mudar esta situação, mas se não o fizeres, obrigado porque posso continuar confiando em ti.

Injustiça! Grita o impotente. Nós gritamos: Deus tem tudo em Suas mãos.

8 de janeiro

Não te Deixarei ir

...Não te deixarei ir se me não abençoares.
—Gênesis 32:26

Leitura de hoje

GÊNESIS 32:2
1 SAMUEL 7

JUNINHO PERNAMBUCANO é um dos jogadores brasileiros mais queridos na Europa. Chegou à França para fazer parte da equipe do *Olympique de Lyon*, e junto com outros brasileiros como EDMILSON, CAÇAPA, FRED e CRIS, fizeram a equipe que nunca havia ganhado uma taça, ser a campeã da Liga, seis temporadas consecutivas. JUNINHO é conhecido por sua vontade de ganhar, tanto com sua equipe como com a *Seleção Brasileira*. Nunca abandonou a luta para conseguir a vitória.

Às vezes perdemos grandes coisas porque não as conhecemos.

Nenhum cristão triunfará na sua vida se não treinar ajoelhado. Nenhuma pessoa conhecerá a Deus se não passar horas em comunhão com Ele. Nenhuma situação terá razão de ser se não a colocarmos na presença de Deus. Como estão seus joelhos? Como está sua comunhão com Deus? Quantas vezes você tem se colocado em Sua presença? Não há desculpa. Não existem razões que possam mascarar nossa necessidade de Deus; nunca alguém falou com Deus e o encontrou ocupado. Nunca alguém se aproximou de Deus e ouviu dele estas palavras: "não tenho tempo para você"! Quantas vezes nós, sim, é que estamos ocupados! Quantas vezes dissemos a Deus, direta ou indiretamente, que não tínhamos tempo para Ele? Desprezamos a vitória, desprezamos a bênção, os melhores momentos da vida.

É algo que todos nós precisamos aprender. Se nos ocupamos demais estaremos ocupados demais também para Deus. Em nenhum lugar a palavra de Deus nos diz que é muito espiritual praticar atividade após atividade, destruindo nosso corpo, sem tempo para renovar nosso espírito. Não há espiritualidade em sofrer uma crise nervosa, uma depressão, um colapso mental ou até um problema familiar grave por culpa de nosso "trabalho". É muito mais carnal do que parece.

Não aprendemos ainda o que significa a renovação espiritual de nossa mente, e a restauração de nossa alma e corpo. Agora que você é jovem, tem a possibilidade de edificar as bases mais importantes de sua vida, separar sempre um tempo para renovação e restauração na presença de Deus.

"Não te deixarei ir, se me não abençoares", é a verdadeira atitude de alguém que sabe o que é realmente importante na vida. Você se identifica com essas palavras?

Oração

Senhor, eu preciso passar um tempo a sós contigo, agora mesmo...

Deus nunca nos disse: "não tenho tempo para você".

9 de janeiro

Levando Nossa Carga

No *Celta de Vigo* da temporada 2001–02 jogavam dois grandes futebolistas brasileiros, mas devido aos planos do treinador, poucas vezes disputaram os jogos na sua totalidade, quase sempre eram reservas ou eram substituídos, embora pelas suas qualidades, poderiam jogar em qualquer equipe do mundo. Falamos de Doriva e Silvinho.

Normalmente, ninguém gosta de ser substituído. Hoje, no entanto, vamos falar de alguém que nos substituiu, e que o fez para o nosso bem; para nos dar vida. Você leu os textos? Eu gostaria que você lesse novamente o capítulo 53 de Isaías e sublinhasse todos os "nós" e "nossos" e os "Ele" que se referem ao Senhor.

É impressionante tudo o que Cristo teve que passar em nosso lugar. Nós éramos os únicos culpados, o pecado era nosso, a cruz era para cada um de nós. No entanto, Jesus foi nosso substituto e recebeu em seu próprio corpo o pagamento e o castigo de nossa maldade.

Não existe uma só pessoa no mundo que possa se apresentar como perfeita diante de Deus. A Bíblia diz que todos pecamos e por isso estamos longe da presença de Deus. O único pagamento que o nosso pecado merece é a morte, por isso não tínhamos outro remédio senão morrer — uma morte eterna. É um panorama desanimador, não é? Ninguém pode se salvar, todos merecemos a morte.

É neste momento que o amor de Deus se manifesta. Jesus Cristo levou na cruz o pecado da humanidade. Ele levou nossas dores e o castigo que nos traz a paz foi sobre Ele. Quando aceitamos o que Ele fez, estamos aceitando que pague por nossos pecados perante o juízo de Deus. Isto não quer dizer que agora somos justos, mas que Deus nos justifica porque alguém pagou nossa dívida: Jesus. Ele foi nosso substituto e, graças a esta substituição, temos vida para sempre.

Só mais uma coisa: Jesus morreu e ressuscitou por você também, mas você deve aceitar essa morte e ressurreição. Se você não faz isto, é porque quer seguir "jogando" para si mesmo, sem se dar conta de que é impossível se salvar. Se não quiser ser substituído, você mesmo terá que levar o seu pecado e as consequências dele e terá que ir a juízo sozinho. A morte é certa. Muitos não aceitam que Jesus morreu por eles na cruz e, portanto ainda pesa a condenação sobre suas vidas. E você? Aproveite. Fale agora mesmo com Deus e aceite ser substituído; peça-lhe que o sacrifício de Jesus na cruz tenha valor para você. Peça-lhe que seja o seu Salvador.

> ...ele tomou sobre si as nossas enfermidades e as nossas dores...
> —Isaías 53:4

Leitura de hoje

ISAÍAS 42,53

Oração

Senhor Jesus, me salva, sei que não posso fazê-lo por mim mesmo e sei que Tu morreste em meu lugar. Tal como sou, hoje venho a ti.

Se Jesus não é hoje seu Salvador, um dia ninguém poderá salvá-lo.

10 de janeiro

A Volta por Cima

> Agora, pois, deitai fora os deuses estranhos que há no meio de vós e inclinai o vosso coração ao Senhor, Deus de Israel.
> —Josué 24:23

Leitura de hoje

MATEUS 26
LUCAS 24
JOÃO 21

Quase todos nos lembramos da grande catástrofe do Titanic. Poucas vezes na história ocorreu um naufrágio de tais dimensões: 1513 pessoas mortas. Muitos pensaram que para os sobreviventes da tragédia, a vida tinha perdido todo o sentido. E era muito provável que sim. No entanto, poucos anos depois, Norris Williams, um dos sobreviventes, ganhou uma medalha de ouro nos Jogos Olímpicos de Paris (1920). Norris aprendeu que não se perde uma partida enquanto ela não acaba. Ele saiu vivo do naufrágio, para ganhar!

Poucas pessoas na história caíram tão fundo quanto Pedro. Foi capaz de negar ao Senhor e dizer a todos os que o rodeavam que nunca o conhecera. Jurou e blasfemou que não tinha nada a ver com aquele nazareno condenado à morte. Quando Jesus o encontrou instantes depois, Pedro chorou amargamente; tinha falhado no momento mais importante, fracassado com o Seu Salvador quando Ele mais necessitava tê-lo ao seu lado.

Pedro se foi, desistiu de si mesmo, crendo que Deus não lhe perdoaria nunca mais e abandonou sua missão para voltar ao seu antigo trabalho. A sua vida já não tinha sentido; tinha dado tudo para seguir a Jesus, mas no momento mais importante, o negou e o abandonou. Pedro nunca mais foi o mesmo: durante os dias que se seguiram todas as sombras o faziam recordar seu medo; todos os sons lembravam aquelas palavras "me negarás três vezes...". Pedro não pôde dormir mais... Todas as manhãs, o encontravam chorando e recordando o seu mestre: aquele que havia ido sozinho para a morte, porque ele não teve coragem de estar com Ele. Também queria morrer porque agora a sua vida não tinha objetivo.

Três dias depois, seus amigos — os seguidores de Jesus, vieram buscá-lo. Pedro pensou que vieram reprová-lo pelo que havia feito, mas, não! Vieram contentes, transbordando de alegria e dizendo: "O Senhor ressuscitou, e vai voltar outra vez, e quer que tu estejas conosco" (Marcos 16:7). Pedro não pôde acreditar. Foi correndo, cheio de alegria, ao sepulcro onde deixaram Jesus e vê que não está ali. É verdade! Ressuscitou! E quando se encontra com Ele naquela mesma noite (João 21), Pedro não sabe o que fazer para pagar seu pecado: trabalha, traz os peixes, faz tudo sozinho! E Jesus, com Sua sabedoria divina lhe faz só uma pergunta: "tu me amas?" e a faz três vezes — tantas quantas Pedro o havia negado! Sim, Pedro entendeu que Jesus o perdoou e que Ele nunca nos nega!

Você já negou ao Senhor? Já o desobedeceu? Está caminhando longe dos Seus planos? "Deitai fora os deuses estranhos que há no meio de vós e inclinai o vosso coração ao Senhor." Você foi muito longe e tem medo de Deus? Corra para os Seus braços! Não há outro lugar mais seguro e cheio de amor.

Oração

Deus meu, pequei e me distanciei de ti. Quero voltar e Te amar muito mais do que antes. Perdoa-me. Obrigado.

Ninguém está tão longe de Deus, que Ele não possa ouvi-lo.

11 de janeiro

Não Reclame

É possível ganhar um jogo que se está perdendo por 3 a 0 em campeonato mundial de futebol? Muitos de nós diríamos que não, mas a resposta é: sim! Quartas de final, Inglaterra 1966; Portugal e Coréia jogam — a revelação do torneio. O jogo está 3 a 0 para a Coréia, mas Eusébio (artilheiro do mundial) marca quatro gols em poucos minutos e o resultado foi 5 a 3 para Portugal. Eusébio seria eleito mais tarde *Chuteira de Ouro* dos anos 67 e 73, e *Bola de Ouro* em 65. Durante toda sua carreira futebolística marcou mais de 1.000 gols.

Uma das tendências mais generalizadas entre os esportistas é a de se lamentar. Quando marcam um gol sem graça, quando cometem uma falha que todos viram, quando estão perdendo de 3 a 0, a única coisa que fazem é reclamar e lamentar. Todo mundo faz isto! Escute uma conversa na rua entre duas pessoas: grande parte de suas palavras são queixas, reclamações. Reclamam das circunstâncias, da família, do trabalho, do estudo, do governo, da comida. Reclamam por que o outro fez, ou por que deixou de fazer... Tudo são reclamações! Se você quer um "amigo", comece a reclamar e em seguida você terá companhia. Pode-se dizer que há um mandamento que todos obedecem "sempre reclamar".

Deus diz que as queixas e reclamações produzem desânimo, e se no mundo esportivo, ter um companheiro de equipe que reclama pode arruinar a todos, na vida cotidiana não é diferente. Às vezes quase precisamos fugir de certas pessoas, porque sabemos que a única coisa que farão será: reclamar. São especialistas em encontrar as coisas que vão mal! Com certeza existem muitas coisas que não vão bem, mas creio que não ganhamos nada reclamando delas. Por exemplo, experimente isto para ver o que dá mais resultado: reclame sempre do que uma pessoa faz, e sempre se irritará com ela; agradeça-lhe pelas coisas que faz bem e terá uma pessoa que aprenderá a apreciá-lo.

Uma vida amargurada nunca ajudou a mudar este mundo, pelo contrário, contribui para torná-lo mais triste. As reclamações nos cansam, nos fazem enxergar tudo obscuramente, nos fazem perder de vista as bênçãos de Deus, nos fazem renunciar e ser derrotados! Como cristãos temos que vencer a tendência de lamentar. Temos que consertar isso e continuar jogando! Precisamos agradecer a Deus por todas as coisas! E não esquecermos que, também, é nossa obrigação sermos agradecidos para com os outros. As reclamações produzem desânimo, as reclamações nos levam à derrota. Não gaste nem mais um dia reclamando!

> A língua serena é árvore de vida, mas a perversa quebranta o espírito.
> —Provérbios 15:4

Leitura de hoje

PROVÉRBIOS 15–16

Oração

Senhor, obrigado por todas as coisas que Tu me dás, e por todas as pessoas que me permites conhecer, e pelo que o Senhor é. Obrigado por tudo!

Quanto mais você reclamar, mais triste ficará!

12 de janeiro

Deixando sua Marca

...para o SENHOR nenhum impedimento há de livrar com muitos ou com poucos.
—1 Samuel 14:6

Leitura de hoje

2 SAMUEL 21–23

Todos nós concordamos que a *NBA* é especial. É um mundo à parte dentro dos acontecimentos esportivos. O campeonato americano de basquete é, sem dúvida, o mais forte do mundo. Mas dizemos que é especial porque muitas tradições têm sua origem ali. Uma delas é a dos "números imortalizados". Quando o jogador foi muito importante para o clube, seu número é retirado e ninguém mais poderá usá-lo — para sempre. Assim, o *Philadelphia* retirou o número 6 em homenagem a JULIUS ERVING; os *Celtics* retiraram também o número 6 em homenagem a BILL RUSSELL, *Los Angeles*, o número 33 por causa de K. ABDUL JABBAR. Foram homens que deixaram sua marca no basquete.

Deus também "imortalizou" seus números no céu. Foram páginas de glória escritas por milhares de pessoas, em todo o mundo e em toda a história. Pessoas que, com o poder de Deus, conquistaram os reinos do mal e os levaram à luz do evangelho. Pessoas que não temeram nem as autoridades terrenas nem as diabólicas, quando decidiram obedecer à voz de Deus acima de todas as coisas. Pessoas que, talvez, trabalharam nos confins do mundo para que todos chegassem a conhecer o glorioso amor de Deus. Muitas destas pessoas eram simples, mas estavam dispostas a pagar o preço para vencer e glorificar a Deus onde estivessem.

Sim, um dia entrará no céu uma infinidade de pessoas que, como os valentes de Davi, não tiveram medo de perder a própria vida em troca de obedecer ao seu rei. Homens e mulheres escolhidos por Deus. Muitos deles ignorados por seus semelhantes, mas marcados pelo dedo do Criador dos céus e da terra. Homens e mulheres com visão, que conheceram a perdição do mundo e com o poder de Deus levaram a salvação a todos. Muitos renunciaram ao que tinham e ao que eram para ajudar outros. Muitos nem sequer são conhecidos, mas têm sua glória escrita no mesmo céu, e milhares de anjos entoam um cântico de louvor a Deus quando os veem chegar ali.

Deus continua à procura de homens e mulheres dispostos a lutar pela herança que Ele prometeu, dispostos a lutar pela vitória em todos os aspectos da vida. Lutar para que tudo glorifique a Deus. Lutar para ajudar a outros. Arrancar dos laços do mal, milhões de pessoas que se perdem para sempre! Deus está buscando mulheres e homens que deixem suas marcas de participação. Você será um deles?

Oração

Senhor, eu quero ser o tipo de pessoa que contribui para encher a terra de Tua glória.

Um homem ou uma mulher, ao lado de Deus podem transformar o mundo.

13 de janeiro

Relações Familiares

Os jornais estampam fotografias dos jogadores mais importantes. Entrevistas com as mesmas perguntas, respostas, resultados e afins. Se algo sai do normal, logo chama a atenção.

Esse foi o caso de Edu — jogador do *Betis FC* da Espanha, cunhado de Fábio Aurélio do *Liverpool* da Inglaterra. As duas famílias creem no Senhor e exemplificam a relação familiar saudável.

E os milhares de exemplos contrários? Gente que vive desesperada em seu lar. Há jogadores que não rendem bem porque as relações familiares vão mal. E sem perceber, pensam que podem viver tranquilos, mesmo com problemas em casa. Se você tem problemas com as pessoas em casa, como pode estar bem com os de fora? Às vezes, queremos aparentar que tudo vai bem: saímos com a família, fingimos que estamos contentes ao sermos vistos, dizemos coisas apenas para que nos ouçam, e, sentimos o vazio, a sensação de cansaço. Queremos que tudo acabe, pois para muitos o fim de um relacionamento significa o fim dos problemas. E isto nunca acontece.

O rendimento de uma pessoa é alterado por causa dos problemas pessoais, em todas as áreas da vida: trabalho, relações, tempo livre, projetos, e vida espiritual. Buscamos as causas de nossos fracassos em diversos lugares até percebermos que o problema está dentro de nós mesmos. Se tivermos problemas com nossa família, com certeza os teremos com os outros. Como vão seus relacionamentos com os pais, cônjuges, filhos e família em geral? Como está o seu lar? É local de segurança, onde todos desejam estar? Muitas pessoas sentem pânico ao retornar a casa, talvez por isso haja tantas pessoas nas ruas, bares e centros de entretenimento esperando o tempo passar. E não podemos culpá-los, pois em problemas que envolvem relacionamentos, os dois envolvidos são culpados.

Deus quer que o amor reine em nosso lar. Ele não só deseja, mas exige. Nós é que devemos amar os outros. Deus, diz que se as coisas vão mal, nossas orações são interrompidas por nosso comportamento. Não temos desculpa, não podemos acusar pais, filhos, marido, ou mulher. Se não fizermos tudo que é necessário, a culpa será nossa também. É impossível viver bem se em nossa casa vamos mal.

...para que não se interrompam as vossas orações.
—1 Pedro 3:7

Leitura de hoje

1 PEDRO 3:1-7
COLOSSENSES 3:18, 4:18

Oração

Senhor, muito obrigado pela família que me deste. É o melhor que tenho em minha vida! Ensina-me a amá-la e a cuidá-la cada dia mais.

Lar é o refúgio para onde vamos quando tudo está escuro

14 de janeiro

Bem Concentrado

...buscarei, pois, Senhor, a tua presença.
—Salmo 27:8

Não há dúvida de que a concentração é uma das bases mais importantes do rendimento esportivo. Não importa o esporte praticado, os resultados dependem da maior ou menor concentração no momento da prova. Talvez, se tivéssemos que destacar um dos esportes em que a necessidade de concentração é maior, poderíamos citar o nado sincronizado: centenas de movimentos diferentes de todas as partes do corpo em contato com água e de acordo com uma organização de equipe. É realmente impressionante!

Se, no esporte, a concentração é de fundamental importância, não é diferente na vida cristã. Diariamente precisamos dar prioridade a Deus: buscar Sua presença, orar, falar com Ele, ler Sua Palavra, escutar, ter em nossa mente Seus pensamentos e buscar Sua vontade em todas as situações.

Leitura de hoje

SALMOS 27, 96, 134

Muitas vezes, saímos ao "campo" (nosso campo é o mundo) e não estamos concentrados. Caímos num "ativismo" de fazer muitas coisas, inclusive para servir a Deus e aos outros, mas sem ter buscado a presença de Deus. Muitas vezes, passam-se os dias sem que tenhamos escutado a Deus ou falado com Ele, e assim nossa vida não pode ser completa. Falta-nos concentração.

Creio que muitas pessoas não buscam a presença de Deus porque não o conhecem. Sim, talvez você me diga que já lê a Bíblia, ora, vai à igreja, etc., mas... você conhece a Deus? Sabe como Ele é? Eu lhe proponho algo que pode ser de fundamental importância para sua vida: buscar a presença de Deus no livro dos Salmos.

Há mais de 60 atributos da personalidade de Deus no livro de Salmos. Você só precisa orar primeiro, depois ler com atenção e finalmente anotar em algum caderno tudo o que está aprendendo. Por exemplo, você encontrará que Deus põe alegria no nosso coração:

Deus é fiel,
Deus é justo,
Deus é santo,

Oração

Deus é maravilhoso pela Sua criação, etc.

Você vai encontrar muitíssimas razões para dar graças e louvar a Deus, e passará a conhecê-lo um pouco melhor. Lembre-se, por mais que conheçamos a Deus, é impossível compreender toda Sua Majestade. Ele é infinito e você sempre descobrirá coisas novas ao se aproximar dele.

Quero conhecer-te mais Senhor, eu quero buscar Tua presença cada dia.

Não é possível vencer se não estiver bem concentrado.

15 de janeiro

Doce Veneno

No começo da temporada de 1990–91 da *NBA*, algo raro estava acontecendo. O *Atlanta Hawks*, considerada uma das melhores equipes, perdia jogos atrás de jogos e ninguém encontrava a solução para o problema. Um dia, seu treinador descobriu o segredo: "os jogadores não se davam bem entre si na quadra, e nos intervalos todo mundo tinha algo a dizer sobre o que os outros deviam fazer, e não sobre si mesmos". Os desentendimentos eram causados pelos ressentimentos guardados dentro de cada jogador.

Não se pode negar que o mundo em que vivemos está cheio de ressentimentos. Mesmo quando dizemos que perdoamos as pessoas, muitas vezes, escondido em nosso coração, guardamos um ressentimento que irá aflorar quando menos esperamos.

Ao tentar descobrir a razão do ressentimento sempre descobrimos que há um equívoco: às vezes nosso; às vezes de outro. Uma pequena pergunta: sobre quem colocamos a culpa por nossos equívocos, nossos erros? Aceitamos a culpa, ou a depositamos nos ombros dos outros? Davi nos dá uma grande lição no texto de hoje quando diz: "seja, pois a tua mão contra mim." Sabia que havia se equivocado e reconheceu que só ele tinha que levar a culpa e as consequências. Infelizmente os ressentimentos aparecem quando não sabemos reconhecer nossa culpa e não sabemos perdoar a culpa do outro.

É fácil esquecer que Deus nos perdoou quando nossa culpa era imensamente grande (tanto que não podíamos pagá-la) e Ele não guardou nenhum ressentimento contra nós. Nosso problema é não sabermos perdoar e ficarmos ressentidos. Diante de qualquer situação existem três formas de reagir:

Pagar o bem com o mal (assim age o Diabo)
Pagar o mal com o mal (assim agimos nós)
Pagar o mal com o bem (assim age Deus)

Enquanto reagirmos como a segunda alternativa: nossa vida estará cheia de ressentimentos e ao mesmo tempo traremos ressentimentos à vida dos demais. Se pagamos o mal com o bem, pelo menos tiramos o mal de nossos ombros e, quem sabe arrumamos um amigo! Deus diz que devemos abençoar e orar por aqueles que nos perseguem, que falam mal de nós, que nos causam males.

Não colecione rancores, não os guarde no álbum da sua mente como inimigos dos quais tem que se vingar. Esvazie seu coração e peça a Deus que o ajude a dar aos outros, ainda que não queiram aceitar. Se você quiser esquecer ressentimentos, reconheça sua culpa e aprenda a perdoar os outros, como Deus nos perdoou.

Ao guardar o mal dentro de você, você será o primeiro contaminado, e depois serão os outros.

...seja, pois, a tua mão contra mim...
—1 Crônicas 21:17

Leitura de hoje

1 CRÔNICAS 21–22

Oração

Senhor, quero pedir que me ajudes a amar _____ e a não ter ressentimentos contra outros. Quero me parecer contigo e oferecer sempre o bem aos outros.

16 de janeiro

Jogando Para a Equipe

...sejamos também como todas as nações...
—1 Samuel 8:20

Um exemplo: CESAR SAMPAIO, jogador chave na *Seleção Brasileira,* finalista do Mundial da França (1998) e um dos artilheiros da equipe com três gols, apesar de jogar em uma posição defensiva. Os entendidos dizem que é um dos melhores jogadores de equipe que se conhece.

Uma história: são 10h da manhã, hora do treinamento. O treinador olha todos os jogadores e dá falta do número 6, Felipe. "Onde está o Felipe?" Os jogadores lhe dizem: "Treinador, Felipe estava com muito sono e ficou na cama". Disse que "estará conosco em espírito". "Bom, deem-lhe um abraço... e Sebastião? Onde está o Sebastião?" "Treinador, ele disse que uns amigos haviam chegado e tinha que recebê-los. De qualquer forma, ele já treinou bem na semana passada." O treinador continua olhando e... hei, está faltando o Antônio também! "Onde está o Antônio?" "Treinador", diz outro dos jogadores, "como o tempo estava tão bom, ele resolveu dar uma volta pelos arredores, virá na próxima semana". "Está bem", disse o treinador "vamos começar a trabalhar".

Um dos jogadores fica sentado. Não faz nada. O treinador lhe pergunta: "O que há, porque você não treina?" Ele responde: "Olhe, senhor técnico, não gosto do Eulogio; enquanto ele estiver na equipe, eu não vou treinar". "Bom", disse o treinador, "vamos continuar".

Ele monta duas equipes (com os poucos jogadores que lhe restam) e começa uma "peladinha". Na primeira jogada, André pega suas coisas e vai embora. "Hei! O que está acontecendo?", pergunta o treinador. André responde: "Sempre falamos antes de jogar a "pelada" e hoje não fizemos isto; não gosto que as pessoas mudem a tradição que mantemos durante tantos anos."

"Cada vez somos menos! No próximo jogo vão ganhar da gente de goleada!", disse o treinador. Neste momento, Júlio pensou "Tenho que dizer agora: Treinador, eu não vou jogar no domingo; minha família disse que as cores vermelhas e verdes da camisa não ficam bem em mim. Você não quer que as pessoas fiquem rindo de mim, não é?" Estava pensando nestas palavras, quando Luís disse: "Eu também quero dizer uma coisa: estou cheio de tantos treinamentos, o que temos que fazer é sair e jogar, e não passar a vida aqui. Eu não treino mais." E se foi.

Só ficaram Tomás, João e o treinador. Ninguém fala nada. Logo, João, tão pensativo diz: "É curioso... não sei por que estava lembrando o que acontece na minha igreja...".

Uma última palavra: não podemos ser iguais aos outros. Somos parte de uma equipe — a equipe de Deus. Se ninguém toleraria uma situação como esta numa equipe, como nós nos comportamos assim na igreja? Você é parte da equipe: precisam do seu trabalho, do seu ânimo, do seu serviço, das suas palavras, suas ideias. Deus quer que você jogue em equipe!

Leitura de hoje

JOSUÉ 22
JUÍZES 9

Oração

Senhor perdoa-me. Tantas vezes tenho me comportado mal com meus irmãos, inclusive os tenho abandonado. Sou parte da equipe e quero ser útil para vencer o poder do mal.

Ninguém é tão necessário quanto um jogador de equipe.

17 de janeiro

Eu sou o Bom

Acabara de completar 20 anos, e no Brasil foi declarado o melhor jogador da Liga de Futebol. Além disso, jogava no *Santos*, e com o número 10 nas costas, o mesmo do Pelé. Um dos melhores clubes do mundo, o *Barcelona*, o contratou, e ele considerou-se praticamente o dono do mundo: envergonhou-se de Deus que tinha lhe dado tudo... Até que as coisas começaram a mudar e o sofrimento bateu à sua porta; tanto que teve que abandonar a equipe espanhola. Então procurou ajuda junto ao Senhor Jesus, e Deus lhe deu a oportunidade de jogar em outra grande equipe (o *Olympiakos* grego) para se tornar atualmente um dos melhores jogadores da Europa. Estamos falando do brasileiro Giovanni, que recentemente declarou numa entrevista: "Pode-se seguir a Deus por amor ou pela dor. Quando você não é capaz de segui-lo por amor, Ele permite a dor na sua vida para que você aprenda a confiar nele novamente."

A Bíblia nos diz que o orgulho foi a principal causa do primeiro pecado do homem. O homem queria ser como Deus e achou que, desobedecendo-lhe, poderia igualar-se a Ele. Sim, o homem sempre quer ser superior: superior aos outros, melhor que todos e... "eu sou o melhor"!

Há pessoas que acreditam que o orgulho não existe em suas vidas, mas estão enganadas. Quando alguém diz: "Eu não quero saber de Deus!" Está mostrando seu orgulho e seu pecado. Quando alguém quer chegar a Deus por meio de suas boas ações, está dizendo: "Chegarei ao céu porque sou bom." Não esqueça que, se você não aceitou o que Jesus fez na cruz em seu lugar, a razão é seu próprio orgulho. Orgulho que faz com que você acredite que é superior aos outros.

Uma vez mais, podemos fazer um pequeno exercício: vamos pesquisar todos os textos do livro de Provérbios que falam sobre o orgulho e anotar as lições que Deus quer nos ensinar. Já fez isto? É impressionante reconhecer que nós normalmente nos portamos de maneira orgulhosa.

Somos orgulhosos quando não consideramos os motivos dos outros e achamos que eles sempre estão errados; quando desprezamos aos outros e pensamos que somos superiores pelo que temos ou pelo que fazemos; quando queremos fazer tudo sozinhos e não admitimos receber qualquer tipo de ajuda (nem sequer do próprio Deus!); quando procuramos as pessoas que nos elogiam e falam bem de nós e até abaixamos a cabeça dizendo: "não sou digno disto que você diz", enquanto que, por dentro, desfrutamos deste momento e gostaríamos que não acabasse nunca. Sim, quando temos orgulho, nosso pecado nos vence.

O final do orgulho sempre é a queda. Não importa quão alto você sobe, dali cairá. Só Deus merece a glória, por menor que seja.

Quem se orgulha de si mesmo, está se orgulhando de um tolo.

Quem a si mesmo se exaltar será humilhado...
—Mateus 23:12

Leitura de hoje

GÊNESIS 11
ISAÍAS 2

Oração

Senhor ensina-me a ser humilde como Tu foste na terra.

18 de janeiro

Paciência, já

...tu me atenderás,
Senhor Deus meu.
—Salmo 38:15

Leitura de hoje

APOCALIPSE 13–14

Rafael Jaques e Roger Guerreiro são dois atacantes excepcionais. Eles são reconhecidos por serem crentes em Jesus e são jogadores que demonstram paciência pelo fato de saberem esperar no Senhor. Ambos começaram sua carreira esportiva na Espanha e agora Jaques está jogando em uma equipe no Chipre, e Guerreiro é jogador na *seleção da Polônia*.

A paciência é fundamental na vida. Muitos bons negócios foram perdidos pela impaciência; muitos estudantes foram reprovados por falta de paciência quando estudavam; muitos relacionamentos amistosos se romperam pela impaciência de uma ou ambas as partes... Na vida, ser impaciente é perder.

Um dos frutos do Espírito é a paciência, e como o Espírito de Deus habita em nós, deveríamos ser pacientes! Está certo? Em teoria sim, mas na prática temos que reconhecer que a paciência não costuma ser uma de nossas qualidades. Pelo menos, não somos como nossos irmãos dos capítulos 13 e 14 de Apocalipse nos quais são mencionadas várias vezes "sua paciência e sua fé".

Deus permite que muita coisa nos aconteça a fim de desenvolver nossa paciência. Às vezes há pessoas que nos fazem mal, circunstâncias imprevistas que destroem nossos planos, ou simplesmente algo não acontece no tempo previsto... e imediatamente queremos resolver tudo por nós mesmos. Como é difícil dizer como o salmista "Tu me atenderás, Senhor"! Muitas vezes Deus atrasa as respostas às nossas orações para nos ensinar a ter paciência.

Ainda bem que Ele é paciente, mais que qualquer outro ser no mundo! Se não fosse assim, já teria se cansado de nós há muito tempo! Somos capazes de arrumar e desarrumar algo em questão de segundos, ao invés de deixar que Deus aja! Não temos percebido que as pessoas conhecem parte da paciência de Deus quando olham para nós, pois somos Seus filhos. Não sei qual é a situação pela qual você está passando agora, mas se estiver colaborando para aumentar sua paciência, Glória a Deus!

Oração

Quero ser mais paciente, Senhor. Ensina-me a descansar em ti em todas as circunstâncias da minha vida e, a saber esperar em ti.

É melhor ser mais paciente do que valente.

19 de janeiro

Tirando o Corpo Fora

Existem muitos esportes nos quais as mãos são imprescindíveis, mas em poucos são tão importantes como no Pólo Aquático. Um dos melhores jogadores do mundo é MANUEL ESTIARTE, artilheiro em quase todas as competições em que participou, entre elas, campeonato da Europa, jogos olímpicos e mundiais. Neste esporte, as mãos e braços suportam o peso durante mais de 70 por cento do jogo. Mãos e braços nus.

Às vezes subestimamos nossas possibilidades. Achamos que nossas mãos e nossos braços não aguentam qualquer missão. Esta é a razão pela qual costumamos doar muitas desculpas quando nos pedem algo. Deus está buscando pessoas dispostas para servir, enquanto nós, estamos inventando desculpas para não servi-lo. Bem…, na verdade, achamos que estamos inventando. Hoje lemos a história de um campeão desculpando-se: Moisés.

1. "Eu não sirvo para nada, não sou ninguém importante" (Êxodo.3:11). Deus não precisa que sejamos influentes, nem de nosso dinheiro, nem do que somos capazes de fazer. Deus necessita de nós. Se Ele chama, é porque você é importante para Ele. Não arranje desculpas.
2. "Não estou seguro de que Deus me chamou, nem sequer sei quem me chama" (Êxodo 3:12). O chamado de Deus é o mais importante que uma pessoa pode atender. Deus não espera que estejamos seguros de algo ou de alguém, Ele espera simplesmente que obedeçamos. Não arranje desculpas.
3. "Ninguém vai acreditar em mim, nem farão caso" (Êxodo 4:1). O mesmo Deus que nos chama pode fazer as pessoas nos escutarem. Deus tem o poder de chegar ao interior de uma pessoa e lhe fazer ver sua situação. Deus só espera que respondamos ao Seu chamado. O resto, Ele soluciona. Não arranje desculpas.
4. "Não sei falar, me expresso muito mal" (Êxodo 4:10). No caso de Moisés, podia ser uma boa desculpa porque era gago. Ainda assim, Deus não aceitou essa desculpa, porque Ele promete que falará por nós. No Antigo Testamento diz que Deus já fez até um jumento falar! Não arranje desculpas.

"Por favor, envie outro" (Êxodo 4:13). Por fim esta foi a verdadeira desculpa: "Eu não quero ir, envie outro." Esta é a razão de todas as outras desculpas mas… você vai dizer a Deus que não quer ir? Ele te escolheu pessoalmente. Não arrume desculpas.

Deus fez uma pergunta a Moisés: "O que tens em tuas mãos?" Mesmo com mãos vazias, Deus pode usá-las e você pode ser útil a Deus e aos demais. Não arranje desculpas.

…Envia aquele que hás de enviar, menos a mim.
—Êxodo 4:13

Leitura de hoje

ÊXODO 3–4

Oração

Aqui estou Senhor, disposto a te servir no que me disseres.

Não invente mais desculpas, Deus já conhece todas elas.

20 de janeiro

Errar é Humano

Quem há que possa discernir as próprias faltas?
—Salmo 19:12

LEONARD MITCHEL foi um grande jogador de basquete da primeira divisão na Espanha. Nos primeiros dias em seu novo clube, os diretores lhe deram um carro para ir aos treinos, que se realizavam a 40 quilômetros de onde morava. A primeira vez que chegou com o carro disse ao presidente: "vou comprar um carro para mim, porque este anda muito devagar e solta muita fumaça". O presidente estranhou porque o carro era novo e muito caro, mas quando o viu, compreendeu tudo. Leonard nunca tinha dirigido um carro com câmbio manual e foi, desde a sua casa até o centro de treinamento, na primeira marcha e, logicamente, sem conseguir passar dos 50 km/h. Todos os carros que havia dirigido eram automáticos.

Espere aí! Não fique rindo tanto do pobre Leonard. Se todos soubessem daquela vez que você… Sim, todos nós "pisamos na bola". Não existe uma só pessoa no mundo que não tenha cometido erros na vida e o perigoso não é errar: o realmente perigoso é não reconhecê-lo.

Somos especialistas em culpar alguém por nossos equívocos desde o tempo de Adão, que reagiu colocando a culpa em sua mulher (a mulher que me deste…). A história está cheia de pessoas que nunca souberam reconhecer seus erros. Quantas vezes você ouviu estas palavras: "Eu não sabia…", "Foi ele, que…", "Não pude evitar…", "Se alguém tivesse me dito…", "Qualquer um, na minha situação, teria feito o mesmo…", "Eu sou assim…" Centenas e centenas de vezes a gente inventa qualquer coisa antes de reconhecer nossos próprios erros.

Deus diz que os "pobres de espírito" são felizes. Uma pessoa pobre de espírito é aquela que sabe que precisa aprender, que é capaz de reconhecer seus erros, que é capaz de pensar em toda situação que talvez seja ele a pessoa errada… Todos os sábios são de certa maneira "pobres de espírito", porque um sábio é aquele que sabe consertar seus erros.

Nossa capacidade para crescer na vida espiritual depende de sermos capazes de reconhecer e corrigir nossos equívocos. Nossa capacidade para vencer o inimigo depende de sabermos enxergar nossos pontos fracos, pedir a Deus que os transforme, e considerar que, em muitas situações, os erros são nossos. Como Deus nunca vai cometer um erro, é melhor que sejamos sábios e diante de qualquer situação duvidosa nos perguntemos: "Eu me equivoquei?"

Leitura de hoje

ECLESIASTES 7
EZEQUIEL 8
NEEMIAS 9

Oração

Obrigado Senhor porque Tu perdoas nossos erros. Ensina-me a compreender os meus enganos o mais rápido possível, antes que prejudique outras pessoas.

Só quem reconhece seus erros tem possibilidade de corrigi-los.

21 de janeiro

Em Boca Fechada não Entra Mosca (nem sai)

"Dos árbitros prefiro não falar, mas é que tem coisas que...". Esta frase era pronunciada por um famoso presidente de uma equipe de futebol, obviamente depois de um jogo, e também, como desculpa para dizer mil e uma coisas contra a arbitragem.

Desgraçadamente, uma das práticas mais normais é falar mal dos outros; murmurar de amigos e inimigos, mas sempre que não estejam por perto e não possam se defender. No caso do esporte isto é uma prática gravíssima porque a violência verbal estimula a violência física. Muitas vezes escutamos opiniões de diretores, jogadores, jornalistas, cuja única finalidade é falar mal do adversário e, portanto, aumentar o nível de violência em campo. Muitas destas palavras são as responsáveis por brigas (inclusive crimes) que às vezes ocorrem nos campos esportivos. O insulto verbal ou a provocação deveriam ser penalizados tanto quanto uma ação.

Deus diz que a murmuração é diabólica. Mais precisamente, "Diabo" significa "murmurador". Assim, quando falamos mal de outra pessoa somos isto: diabos. Sempre temos sido muito espertos nisto ao falar de outros, buscamos as desculpas mais deslavadas para deixar alguém mal: "Não é tão boa pessoa como parece, por que...", "Não diga a ninguém, mas...". E você ainda lhe dá atenção? "Se soubesse...".

O que sai de nossa boca? A Bíblia nos diz que não pode sair bênção e maldição da mesma fonte. Como podemos falar de Deus aos que nos rodeiam, e instantes depois maldizer a um de Seus filhos? (maldizer é "falar mal dos outros"). Demonstramos a categoria de pessoas que somos se sabemos controlar nossa língua: a pessoa que não controla o que diz, não é digna de ser tida como leal.

Nossa língua pode causar destruição a outras pessoas: podemos destruir sua reputação, suas amizades, seus relacionamentos, sua família e até seu trabalho. E ficamos tão tranquilos! Deus castigará todas as nossas murmurações! Deus diz que tudo o que semeamos vamos colher: ao semearmos murmurações, nos responderão da mesma maneira. Se falamos mal de outros, outros o farão de nós. Se destruirmos os outros com nossa língua, outros nos destruirão. Não podemos pecar contra Deus e ficar tranquilos!

Uma das principais características do Senhor Jesus, é ter vivido semeando bênçãos. Nós devemos fazer o mesmo: bendizer sempre. Lembre-se, "bendizer": "dizer bem". Que nossa boca seja uma fonte de bênçãos!

De uma só boca procede bênção e maldição...
—Tiago 3:10

Leitura de hoje

TIAGO 3–4

Oração

Senhor ajuda-me a controlar minha língua e não falar mal de outra pessoa.

Se você não tem algo bom a dizer, permaneça calado!

22 de janeiro

Culpado!

...não somente as fazem, mas também aprovam os que assim procedem.
—Romanos 1:32

Leitura de hoje

ROMANOS 1–2

Quando se fala das Olimpíadas de 1988 em Seul, é preciso lembrar um nome: BEN JOHNSON. O homem mais rápido do mundo teve todas suas medalhas e recordes cassados por ter tomado substâncias proibidas. A sua punição foi dois anos de suspensão esportiva e muitas e muitas páginas escritas contra sua pessoa. Ele nunca mais foi o mesmo.

Não vou defender Ben Johnson. Ele fez algo proibido, e, portanto, mereceu seu castigo; mas é curioso que numa sociedade hipócrita e imoral como a nossa, se puna por dois anos quem cometeu uma falta esportiva.

A sociedade que castiga Ben é a mesma que tolera as faltas do político corrupto. É a mesma que permite o tráfico de influências. É a mesma que permite que milhares de seres morram de fome, enquanto todos se preparam para matar nas guerras. É a mesma sociedade que permite "roubos", mais ou menos encobertos, de milhões de dólares. É a mesma sociedade que destrói o mundo e permite que fábricas contaminem os rios e os mares. É a mesma sociedade que discrimina a pessoas pela cor da sua pele, pelo sexo, e, sobretudo, pela sua classe social. E por todas estas coisas não há quem a castigue.

Quando Adão pecou, buscou algo para se vestir (uma das características do pecado é que você sente-se descoberto, nu). E, o que fez foi cobrir-se com simples folhas de figueira. Assim faz o homem com seu pecado: acredita que pode tampá-lo com uma simples folha. Nossa sociedade vive dia a dia colocando simples folhas de figueira (como o caso – Ben Johnson) enquanto o mal segue reinando sem que ninguém possa fazer nada. Que castigos teriam que receber por cada mentira? E por cada engano? E por um roubo? E por uma morte? Não podemos continuar, porque chegamos à conclusão de que todos nós estamos sob juízo.

Deus chegou à mesma conclusão! Todos nós pecamos e estamos longe de Sua presença. Não tente se desculpar agora porque você e eu somos como todos em nossa sociedade. Talvez você não tenha poder para mudar as coisas... você estaria pronto a dizer que é perfeito? Nos capítulos 1 e 2 de Romanos temos uma descrição exata do que é nossa sociedade nos dias de hoje e, portanto, do que nós somos! Todos nós somos culpáveis diante de Deus. Pode ser que achemos que alguns mereçam ser castigados, mas a verdade é que nós merecemos o mesmo veredicto.

Oração

Senhor, eu sei que sou culpado e só Tu podes me perdoar. Todo meu ser o diz: perdoa-me, Senhor.

A história pronunciou sua sentença: a humanidade é culpada.

23 de janeiro

A Admiração é Uma Virtude

Vamos falar um pouco de tênis. O mais jovem ganhador do *Open* dos Estados Unidos foi PETE SAMPRAS, aos 19 anos. Quando lhe perguntaram o segredo do seu jogo, ele foi taxativo: "sempre admirei os antigos astros do tênis e tentei aprender com eles".

Nos dias de hoje, poucos jovens crescem com esta mentalidade; poucos são os que admiram e seguem os ensinamentos de alguém que os possa guiar em qualquer área da vida. Os jovens têm a tendência de pensar que sabem o que fazer: "os mais velhos estão antiquados e não vão nos ensinar nada. Não são da nossa época!"

Se esta mentalidade é perigosa na vida em geral, é muito mais ainda no campo espiritual! Fazemos parte do corpo de Cristo, e a Bíblia diz que todos nós somos imprescindíveis nele, portanto, todos podemos aprender uns com os outros. Devemos ter sabedoria para aprender com os mais velhos e admirar tudo aquilo que eles fizeram. Grande parte das lições da vida será obscura para nós se rejeitarmos o conselho dos demais.

Samuel sabia muito bem disso, pois, desde pequeno viveu no Templo aprendendo o que Deus ensinava por meio de Eli. Apesar de jovem, não sentia vergonha por servir a Deus em companhia de um ancião. O mesmo que fez Pete Sampras. Ele descobriu que podia aprender muito ao lado de alguém que dedicou toda sua vida àquilo que ele estava apenas começando.

Pode ser que você ache "complicado" muita coisa que os mais velhos dizem. Pode até parecer que seus pais pensem que você só tem cinco anos. Não os despreze: chegará um dia em que você compreenderá muitas coisas que eles disseram. Chegará um dia em que você mesmo tentará dizer a seus filhos o mesmo que agora escuta deles, e pensará com seus botões: "porque não escutei antes?"

Não quer dizer que eles sejam perfeitos, mas podem nos ajudar numa série de coisas que nós não conseguimos enxergar. Podem nos aconselhar em centenas de situações que nós nem sequer saberíamos que iriam acontecer. Escute-os! Você não terá melhores amigos que eles e o tempo o ensinará o quanto eles fizeram por você. Chegará o dia em que dirá: "Sim, estou aqui porque sempre os admirei e tentei aprender com eles".

> Samuel ministrava perante o SENHOR, sendo ainda menino...
> —1 Samuel 2:18

Leitura de hoje

1 SAMUEL 2
ISAÍAS 33

Oração

Obrigado Senhor pelas pessoas mais experientes, e, sobretudo, pelos meus pais. Eles podem me ensinar muito de ti.

A admiração é o primeiro passo para a aprendizagem.

24 de janeiro

Pendurando a Chuteira

...completei a carreira, guardei a fé.
—2 Timóteo 4:7

Leitura de hoje

2 TIMÓTEO 3–4

ALEX DIAS RIBEIRO é desde 1986, o Diretor Executivo do grupo Atletas de Cristo no Brasil — um dos grupos esportivos mais importantes do mundo. Em 1999 já tinha como "membros" mais de seis mil atletas de todos os esportes e categorias. Só existe um laço comum para todos: o reconhecimento de nosso Senhor Jesus como Salvador de suas vidas. Muitos se lembram de Alex como um famoso piloto de Fórmula 1, e esta característica sua fica bem refletida em algumas de suas palavras: "A vida é como uma corrida e todos nós corremos na 'pista' de nossa vida." Esta não é uma pista como as que nós conhecemos: "Montecarlo", "Monza", "Interlagos" ou outra, cujo traçado, curvas, freadas, etc. conhecemos muito bem. "A vida é uma pista muito mais difícil: não sabemos se a próxima curva será para a direita ou para a esquerda... de uma hora para a outra podem acontecer lances emocionantes, derrapagens, acidentes, alegrias, tristezas, grandes vitórias ou tragédias."

O apóstolo Paulo conheceu as diversas circunstâncias da vida. Ele experimentou alegrias e tristezas, perseguições e vitórias; bons e maus momentos. Mas uma coisa pôde dizer no final de sua vida; "completei a carreira, guardei a fé". Pode ser que muitos jovens que leem este livro devocional pensem que o dia de terminar a corrida esteja muito longe. Não sabemos. Talvez para alguns, a sua carreira possa terminar rápido, antes de terminar este ano, este mês...? Talvez, outros tenham um tempo muito maior. O certo é que um dia, nossa carreira vai terminar.

A decisão de completar fielmente nossa carreira em relação a Deus não deve ser tomada nos últimos momentos da vida. É uma atitude que temos que tomar agora mesmo. Não importa nossa idade, se somos idosos ou jovens, o que importa é nossa fidelidade a Deus. Se hoje mesmo terminasse nossa carreira, se agora mesmo nossa vida chegasse ao seu fim, poderíamos dizer: "completei a carreira, guardei a fé"?

Oração

Ainda sou bem jovem, mas quero ser sempre fiel, Senhor. Quero terminar minha carreira da mesma forma que Paulo.

Todos nós estamos correndo a carreira da nossa vida. Como você está correndo? Corre para guardar a fé? Muitas vezes dizemos que "está bem o que acaba bem". Como será o final de sua vida? Nunca esqueça que o desejo de Deus é: que não desanimemos, e que não fiquemos parados no meio do caminho. Não esqueça que Deus estará do nosso lado para nos ajudar a terminar bem, a guardar a fé na nossa carreira. Ele prometeu separar uma coroa muito especial, para você e para mim, então... vamos correr, guardar a fé e terminar bem a carreira!

O mais importante em uma corrida, é terminá-la bem.

25 de janeiro

Sem Máscara

Poucos clubes de futebol conquistaram tantos títulos como o *Liverpool*. Grande parte de suas vitórias vêm da "filosofia do clube" — que vai se conservando ano após ano e treinador após treinador. Michael Robinson, um de seus jogadores da década de 80, explicava que ao chegar ao clube, perguntou ao treinador como queria que ele jogasse. O treinador só respondeu: "faça o que você sabe". A filosofia é: fazer as coisas da maneira mais simples; cada um faz o que é seu próprio trabalho, simplesmente. E o clube ganha os jogos. Simples assim.

Todos nós vibramos com as atuações "fora de série". Achamos o máximo quando as pessoas nos impressionam com os atos que deixam todos boquiabertos, as atividades grandiosas. Queremos mesmo ser "estrelas" e não nos damos conta de que esta maneira de ser nos distancia do que é a verdadeira vida cristã.

Nossa vida é mais uma sucessão de atos simples e contínuos. Não é feita de sucessos transcendentais. Estes até aparecem, mas não como via de regra. Da mesma forma no esporte, a vitória não se alcança sempre com atuações extraordinárias, mas sim com o simples transcorrer e trabalhar de cada dia. É nestes momentos que Deus mais se manifesta: nos momentos em que somos simples e fazemos o que sabemos — nada mais.

Qual é o segredo de uma vida simples? Sem dúvida alguma, a transparência. Ser transparente é não sentir a necessidade de aparentar, de trajar disfarces, de desejar que as pessoas nos vejam de uma forma que nós não somos. Ser transparente significa ser sincero, significa não ter segundas intenções, nem esperar vê-las nos demais; significa fazer as coisas de uma maneira tranquila, simples, sem ostentação nem "movimentos políticos" que possam ferir a outros. Ser transparente é estar de coração limpo diante de Deus e também dos outros. Um exemplo de pessoa transparente pode ser o próprio rei Davi, que sempre tentou apresentar diante de Deus todos os seus pensamentos e sentimentos: fosse alegria ou tristeza, confiança ou medo, bênção ou sentimento de culpa… Não havia nada no coração de Davi que fosse escondido de Deus.

Deus não pede que façamos algo fora do normal: isto é trabalho dele. Deus não espera que você esteja buscando grandes milagres na vida; Ele os faz para você no simples transcorrer de cada dia. A Bíblia diz que Deus deseja que cada um de nós faça aquilo para o que nos preparou e no lugar onde Ele nos colocou, e que o façamos com um coração limpo. Simplesmente.

…símplices como as pombas.
—Mateus 10:16

Leitura de hoje

MATEUS 10
MARCOS 7

Oração

Senhor faz-me ser simples e transparente diante de ti. Não quero ter nenhum segredo na Tua presença. Assim serei simples também diante dos outros.

Ser simples é ser genial.

26 de janeiro

Dinheiro, Um Assunto Espiritual

...os ribeiros de Deus são abundantes de água...
—Salmo 65:9

Algumas situações parecem tiradas de um conto de fadas, mas são reais. DELFO CABRERA era um argentino, bombeiro de profissão, que queria participar dos Jogos Olímpicos de Londres (1948), mas não tinha dinheiro para a passagem aérea. Seus companheiros de corporação fizeram uma "vaquinha" e pagaram a viagem dele. Delfo conseguiu a medalha de ouro no Atletismo, na prova de Maratona.

É possível que alguém, ao ler a palavra "vaquinha", tenha pensado que daqui a pouco terá que colocar a mão no bolso! Nada disso! Mas é verdade que quando se toca no assunto de "grana", nem todo mundo se sente à vontade. Acontece que dinheiro é um assunto importante e espiritual.

Leitura de hoje

SALMOS 85, 89

Hoje quero falar da necessidade e do privilégio que todos temos de ser bênção para outros. Sim, porque ainda que tenhamos lido que os ribeiros de Deus são abundantes, nunca secam (e nós o sabemos por experiência) parece que nossos "ribeiros", sim, sempre secam. Somos capazes de encontrar a qualquer momento mil e uma desculpas para não ofertar, para não ser bênção para outros.

Esquecemos que Deus diz que não fazer o bem é tão pecado quanto fazer o mal. Se ao seu lado há alguém passando necessidade e você não o ajuda, está pecando como se estivesse roubando. Deus é muito claro. Muitas vezes é impossível que alguém possa fazer algo se nós não o ajudarmos. Esquecemos que o dinheiro investido em ajudar a outros é o melhor investimento. Você não acha? Pense: por mais que você tenha agora, vai deixar tudo aqui quando terminar esta vida, mas o que tiver dado para ajudar a outros seguirá com você no céu. Muito claro.

Isto não quer dizer que no céu vamos ter riquezas materiais, mas sim que Jesus nos ensinou que devemos acumular tesouros nos céus. Se quiser seguir gastando mal o seu dinheiro sem ajudar a ninguém, pode fazê-lo, mas lembre-se que isto também terá consequências eternas. Deus nos chama para sermos bênçãos a outros. Seja, você mesmo, uma bênção para alguém hoje!

Oração

Senhor, eu conheço o caso de algumas pessoas que passam necessidade. Vou ajudá-las em Teu nome.

O dinheiro investido em outros é o melhor investimento.

27 de janeiro

O Princípio da Autoridade

Todos os esportes têm um árbitro. Em alguns, sua participação é mínima: única e exclusivamente para que a autoridade seja patente. Em outros, muitas jogadas dependem da avaliação do árbitro porque, ainda que as leis sejam muito concretas, é ele que tem a última palavra. Um dos exemplos mais claros é no handebol: grande parte de suas regras são aplicadas em último caso, de acordo com o critério do árbitro (jogo passivo, faltas de defesa e ataque, passos...). Ainda que seja difícil, um bom esportista é aquele que sabe intervir no jogo e submeter-se à autoridade do árbitro, inclusive quando este se engana. O esportista sabe que ao submeter-se à autoridade, não só está cumprindo as leis às quais se submete, como ajudando a não criar um clima de violência nas torcidas.

Mas, como é difícil! Às vezes, a mesma palavra nos faz tremer! Por que tem que haver autoridade? Não iríamos viver melhor sem elas? Se fôssemos capazes de viver sem cometer um só erro, sim: seria melhor viver sem autoridade. Mas, creio que estamos muito longe disto. Por outro lado, e pensando bem, a autoridade nunca é destrutiva. Posso até afirmar que é impossível ser livre se não existir uma autoridade. Por quê? Porque nosso afã ambicioso e nosso desejo de expansão nos levariam em muito pouco tempo a esmagar a liberdade dos outros. É por isso que Deus nos deu situações de autoridade: existe a autoridade familiar, a autoridade social e política, a autoridade espiritual e eclesiástica. Temos o dever de nos submeter a todas elas. Até que ponto? Até que não caia em contradição direta com a Palavra de Deus e, portanto, em contradição com o próprio Deus.

Muitas vezes esquecemos que o mundo é escravo do pecado e, portanto, obedece à sua própria autoridade: o mal. Um dia nós também éramos escravos do mal, mas Deus nos libertou e nos fez seres capazes de decidir, de atuar, de pensar. Fez de nós Seus próprios filhos e, consequentemente, nós estamos debaixo de Sua autoridade.

Deus fez desaparecer a tirania de nossa vida. Estávamos debaixo do ditador do mal e Ele nos fez vencer os poderes das trevas. Agora, nós pertencemos a Ele. Agora, somos servos de Deus. Além disso, somos também Seus amigos, como o próprio Senhor Jesus disse: Já não somos estranhos, agora somos filhos.

Todo homem esteja sujeito às autoridades...
—Romanos 13:1

Leitura de hoje

SALMOS 24, 72, 97

Oração

Ensina-me, Senhor, a reconhecer a Tua autoridade e a daqueles a quem Tu colocaste para nosso bem e nosso crescimento espiritual.

Quem não sabe viver debaixo de autoridade, será um escravo para sempre.

Peso Morto

...lançando sobre ele toda a vossa ansiedade, porque ele tem cuidado de vós.
—1 Pedro 5:7

Leitura de hoje

SALMOS 46, 121, 142

Cuba sempre foi um dos países que mais atletas levaram aos Jogos Olímpicos. Uma das vice-campeãs olímpicas em Barcelona 92, Ana Fidelia Quiro esteve a ponto de perder a vida num acidente doméstico. Estava grávida e perdeu o filho que esperava e muitos temeram que ela nunca voltasse a correr... felizmente se recuperou.

Pode ser que nenhum de nós tenha sofrido um acidente tão grave, mas muitas vezes nosso comportamento é muito parecido. Levamos conosco as provas de nossas dificuldades e os rastros de nossas angústias, ansiedades e até de nossos problemas físicos. Por muitas vezes carregamos peso demais em nossa vida: ficamos com todos os problemas, com todos os ressentimentos, com todas as frustrações e é difícil viver carregando tanta coisa.

Deus diz que a solução dos problemas não é que estes desapareçam (isto nos agradaria muito...), mas que os entreguemos a Ele. Sim! Ainda que pareça tão infantil e tão simples, é isso mesmo! Deus quer que lancemos toda nossa ansiedade sobre Ele por uma razão: Ele está cuidando de nós. Então, quando levamos nossos problemas perdemos a possibilidade de Deus solucioná-lo. Quando vivemos preocupados e amargurados, indiretamente dizemos a Deus: "O Senhor não é capaz de resolver esta situação". Tantas vezes vivemos sobrecarregados e cansados com tantas coisas, quando a solução é deixá-las nas mãos de Deus!

Às vezes, nos parecemos com um menino que entrega um brinquedo estragado ao seu pai e, antes que passem cinco minutos, volta a pedi-lo porque acredita que ele não vai saber arrumá-lo. Devemos apresentar diante do Senhor todas as situações que nos dominam, que nos fazem ansiosos e abandoná-las completamente! Devemos viver muito mais descansados nele, e deixar de levar nossas próprias cargas!

Os psiquiatras de hoje estão cheios de pacientes devido à problemas nervosos e depressivos graves, por guardar todas as coisas dentro do coração! O interior das pessoas está cheio de amarguras, de ressentimentos, problemas, ansiedades. Não sabem que podem descansar no Senhor. E você e eu, sabemos? Hoje é um bom dia para começar a obedecer a Deus, e entregar-lhe também nossa ansiedade: vamos orar, vamos falar com Deus e deixar tudo aos pés de Jesus e depois... caminharemos tranquilos e com um peso bem menor.

Oração

Pai que estás nos céus, sabes o que acontece com esta situação... Descanso em ti, porque sei que farás tudo de acordo com a Tua vontade.

Se você carrega muito peso, viverá "carregado" demais.

29 de janeiro

Coração Alegre

A Copa do Mundo de futebol da Itália em 1990 serviu para tornar famosos alguns jogadores quase desconhecidos até então. Um dos melhores jogadores do Mundial foi o inglês Paul Gascoigne, que, aos 23 anos, assombrou o mundo com seu jogo. Paul não só é famoso pela sua maneira de jogar, mas também pelo seu senso de humor. Só pela cabeça dele passa a ideia de esconder uma colher dentro do sanduíche de um companheiro de equipe, ou aproximar-se de um jogador veterano que estava caído e perguntar-lhe se a artrite incomoda, ou perguntar ao massagista se tem aspirina infantil, quando o árbitro está no chão por ter sofrido uma trombada.

Um dos grandes esquecimentos da vida moderna é o senso de humor. Não quer dizer que devamos sair por aí sempre brincando, como nosso personagem de hoje, mas sim que devemos viver alegres. Deus deixou escrito várias dicas na Bíblia a respeito de nossa vida interior, e uma delas é que vivamos alegres.

A vida moderna tem tudo para que as pessoas vivam deprimidas. Ou, pelo menos, tristes. Centenas de pessoas morrem a cada dia em situações evitáveis: muitas delas, crianças. Nosso planeta se destrói cada vez mais devido aos interesses de muitos inconsequentes. A pressa, o consumismo, a solidão, a deslealdade, o ódio, a inveja, e outros males parecidos, se converteram em verdadeiros cânceres de nossa sociedade. Entretanto, a vida tem um gosto diferente quando sabemos que nem tudo acaba aqui.

Sim, por mais escuro que possa parecer o panorama, nossa relação pessoal com Deus nos ensina que o coração tem o direito de ser feliz e se alegrar! Não importa quão difícil seja uma situação, o cristão é capaz de se alegrar e lembrar que terá um futuro feliz e eterno.

Como está seu coração? Você é capaz de encontrar o lado divertido de todas as circunstâncias? A Bíblia diz que quando nosso coração vive alegre, está estampado em nosso rosto! E todos ao nosso redor podem ver a alegria que temos, vinda de nosso Deus! Se nosso coração está enfermo, se não somos capazes de brincar, pelo menos uma vez ao dia, nosso semblante será triste e ninguém vai acreditar quando dissermos que Deus transformou a nossa vida. Nunca esqueça que a alegria é uma criação de Deus e que Ele quer que vivamos sempre com uma alegria que ninguém pode nos tirar. Você já sorriu hoje e já deu graças a Deus por ser feliz? Vamos, creio que não vai doer nada caso você sorria!

Um cristão triste é... um triste cristão!

O coração alegre aformoseia o rosto, mas com a tristeza do coração o espírito se abate.
—Provérbios 15:13

Leitura de hoje

DEUTERONÔMIO 12:1-12
1 CRÔNICAS 15
ESTER 9

Oração

Senhor ajuda-me a viver sempre feliz e alegre por estar contigo.

30 de janeiro

Contando Até Dez

Irai-vos, e não pequeis…
—Efésios 4:26

George Gervin foi o "cestinha" da *NBA* por quatro vezes (1978,79,80 e 82) e melhor jogador do *All Stars* (jogo com os melhores jogadores da liga) no ano de 1980. Foram nove temporadas jogando pelos *San Antonio Spurs*. Quando estava na Universidade foi selecionado para participar das Olimpíadas de Munique 1972, mas brigou com outro atleta num jogo, sendo expulso da Universidade para sempre. Anos mais tarde, pôde entrar nos profissionais — quase um milagre, já que todos tinham se esquecido dele. Tudo por causa de uma briga.

Leitura de hoje

SALMO 57
MATEUS 11,18

Muitas vezes estamos a ponto de explodir. Alguém aprontou alguma conosco (ou pelo menos pensamos que o fez) e em seguida queremos que pague por sua ousadia. É muito fácil nos irritarmos e isto acontece com muita rapidez. Vidas inteiras se perdem e, o que é mais triste, pessoas morrem por causa de uma coisa pequena, um insulto ou uma irritação que terminou em violência. Irritar-se ou não, aí está o dilema.

É muito difícil convencer os outros de que responder com a mesma moeda quando nos atacam, nunca é a solução. O único que se obtém é desencadear a violência e a vingança, e Deus diz que violência e vingança são pecados. A violência não pode resolver um conflito ocasionado por outra violência, mas só faz aumentar o "climax", assim como um fogo incontrolado que se estende, alcançando culpados e inocentes. Não, a violência nunca é a resposta adequada, a violência nunca é a solução.

Na Bíblia está escrito que o fruto do Espírito é composto também por domínio próprio. Uma pessoa tem domínio próprio quando sabe esperar e não responde com violência. A história da humanidade nos mostra centenas de exemplos de pessoas que tiveram domínio próprio e foram tão valentes que souberam não responder com o mal ao ataque violento. Deus diz que a gente pode se irar, se posicionar contra o que vai mal, falar e dizer claramente quais são as situações que destroem o homem…, mas nunca, nunca, nunca, pecar.

Oração

Senhor enche-me do Teu Espírito. Que Ele me controle para que possa ter mais domínio próprio.

Deus não diz que não podemos ter um caráter forte e para não ferirmos o outro, Deus não nos proíbe de dizer o que pensamos. Deus não pede que estejamos sempre tranquilos e que nosso espírito não se preocupe com as maldades que existem no mundo. Não, Deus espera que sejamos fortes e que o Maligno tema nossas palavras e nossos atos. Mas Deus espera, também, que nunca façamos coisas das quais depois tenhamos que nos arrepender. O Espírito de Deus é de domínio próprio, e nós demonstramos que somos filhos de Deus quando esse domínio próprio governa nosso ser. Não se esqueça: responder com violência nunca é a solução.

Violência + violência = Destruição e mais violência.

31 de janeiro

Treinando Duro

O treinamento duro é o segredo do sucesso. Alguns jogadores podem chegar a jogar com o máximo de rendimento na sua vida esportiva quando se dedicam por completo ao treinamento e ao cuidado físico. E<small>DMILSON</small>, campeão mundial, é um dos melhores exemplos disso. Considerado como um dos melhores jogadores brasileiros; continuou jogando com altíssimo nível na Espanha, sendo campeão da Liga e da Europa com o *Barcelona FC*.

Em quase todos os esportes, o segredo é sempre o mesmo: treinar duro. Ao lado de cada triunfo, de cada medalha de ouro, de cada prêmio, está sempre a lembrança de dias e dias de treinamentos, esforços e, talvez, lágrimas. Às vezes pensamos que a vida espiritual é diferente: com dois ou três minutos de dedicação por dia, já está solucionado. Mas não é assim! O segredo é o mesmo: Paulo explicava muito claramente ao seu bom amigo Timóteo: "Exercita-te…".

E a palavra "exercita-te" não está colocada por acaso, da mesma maneira que todas as palavras da Bíblia, ela foi escolhida com toda sabedoria. Nossa vida é como um grande exercício, como uma grande escola. Escola que nos prepara para o futuro, que nos ensina a desenvolver o caráter de Cristo, ser controlado pelo Espírito Santo e a obedecer a Deus Pai. A vida é uma escola na qual temos muito "exames" e o valor de nossas "notas" vai refletir nosso futuro no céu porque, quando chegarmos à eternidade, já não haverá qualquer possibilidade de alguma melhora. Acabou-se o crescimento, o desenvolvimento do caráter e a busca da sabedoria. Quando chegarmos ao céu, teremos que "trabalhar" naquilo que somos aptos: nem mais nem menos. Se nosso conhecimento de Deus não tem crescido em nossa vida aqui, não teremos direito a postos de confiança no céu. Não nos enganemos: quanto mais desfrutarmos de Deus aqui, mais desfrutaremos no céu.

É preciso que nos exercitemos. Exercitar-se na devoção a Deus é ler cada dia Sua Palavra para conhecê-lo melhor. Exercitar-se é orar, é adorar a Deus pelo que Ele é, e pelo que faz por nós. Exercitar-se na devoção a Deus é testificar, servir aos outros, aprender com os outros, é viver em comunhão com os irmãos. Exercitar-se é permitir que nosso caráter seja moldado de acordo com o de Cristo, que nossa vida seja controlada pelo Espírito de Deus e que todos vejam em nós a devoção a nosso Pai. É preciso se exercitar. É preciso treinar duro!

Exercita-te pessoalmente na piedade.
—1 Timóteo 4:7

Leitura de hoje

SALMO 119:113-176
1 TESSALONICENSES 1
2 CRÔNICAS 28

Oração

Pai nosso, quero exercitar-me na Tua Palavra, na oração, no serviço aos outros, no testemunho… Quero parecer-me contigo!

Por trás de cada vitória investem-se milhares de horas de treinamento.

1 de fevereiro

Você Sabe Para Onde Vai?

...não sabemos para onde vais...
—João 14:5

Há jogadores cuja história está super ligada à própria história da *National Basketball Association* (Associação Nacional de Basquete) ou *NBA*. Um deles é Bill Russell, talvez um dos cinco melhores jogadores de basquete de todos os tempos. Quando Bill começou a jogar na Universidade McClymonds, havia jogadores muito melhores do que ele. Ele era o jogador n.º 16 de uma equipe com 15 camisas. Assim, quando o n.º 15 saía, tirava a camisa e a deixava para ele. Bill se submeteu bastante tempo a este esquema, porque sabia aonde queria chegar. Sabia que um dia seria o melhor.

Leitura de hoje

HEBREUS 8–10

Existem poucas pessoas no mundo que sabem para onde vão, talvez, saibam exatamente o que estão fazendo, saibam qual é seu trabalho ou o que têm que estudar; saibam onde estão e talvez um pouco mais.

Quando perguntamos às pessoas qual é o objetivo de suas vidas, a grande maioria nem sabe responder. Imagine, então, se perguntássemos o que acontecerá depois de sua morte!

E você? Sabe para onde vai? Sabe qual é seu destino?

Há pessoas que vivem despreocupadas quanto ao que possam vir a passar e dizem: "Depois a gente vê o que acontece, agora isto não interessa." Desconhecem que depois da morte há apenas dois destinos: vida eterna ou condenação eterna. O não tomar alguma decisão significa estar condenado, porque, ao recusar a oferta do amor de Deus, despreza-se a possibilidade de ter vida.

Você entraria num trem sem saber para onde vai? Passaria sua vida inteira nele? O simples fato de pensar nisto parece ridículo, entretanto, quantos vivem sem conhecer seu destino? Quantos seguem sua vida como se nada estivesse acontecendo enquanto se aproximam cada vez mais de sua própria perdição! Um dia, Jesus de Nazaré, o único capaz de vencer a morte, Deus feito homem, disse: "Eu sou o caminho." Ninguém pode ter vida para sempre, se não seguir este único caminho. Ninguém pode viver eternamente se Jesus não estiver com ele. Se hoje, todavia, você estiver perdido, não deixe passar nem mais um momento. Acerte sua situação com Deus.

Oração

Senhor, dá-me sabedoria para saber sempre qual é o próximo passo que devo dar.

Um momento, porque ainda tem mais! Pode ser que você saiba qual é o seu destino eterno e, no entanto, tenha dúvida sobre o que vai fazer, sobre o que será de sua vida até lá. O caminho é o mesmo. Deus nos ilumina por meio de Sua Palavra para que saibamos o que fazer na vida e para que ela tenha um propósito. Se há indecisão quanto ao amanhã, ore a Deus, fale de suas dúvidas e peça que Ele lhe mostre o rumo a tomar. Ao ler Sua Palavra, peça sabedoria para entender o que Ele quer dizer, e peça para Ele controlar todas as circunstâncias e relações pessoais, para cumprir Sua Vontade.

Quem não sabe para onde vai, não vai a lugar algum.

2 de fevereiro

Baixando a Bola

Todos que conheceram Di Stefano lembram-se de suas frases famosas. Uma delas resume o que é o jogo de futebol e foi dita a uma das equipes que treinou: "A bola é de couro, o couro vem das vacas e as vacas comem grama; então desçam o couro até a grama o mais rápido possível."

Nós também devemos aterrizar em muitas ocasiões, descer das nuvens, baixar a bola. Devemos nos preocupar com os problemas das pessoas e fazer todo o possível para ajudá-las a encontrar soluções. Claro que ninguém vai ser feliz enquanto não solucionar o problema mais importante de sua vida — sua relação com Deus. Também é certo que nós mostramos o amor de Deus quando nos preocupamos com a situação dos outros! De vez em quando, Deus também nos ensina que não podemos viver sempre "nas nuvens".

A fome, injustiças sociais, desemprego, problemas juvenis, drogas, racismo, discriminações e coisas do tipo são o resultado que o homem colheu por ter desobedecido a Deus. Não podemos ficar calados nem parados diante da injustiça. Quando se fala de fome no mundo, devemos ser os primeiros a fazer o possível para solucioná-la. Quando se fala de desemprego, os empresários cristãos devem lutar contra esse mal. Quando as pessoas sofrem racismo, devemos ser os primeiros a romper barreiras. Tem que ser assim! Demonstramos às pessoas que as amamos quando fazemos todo o possível para que seus problemas sejam solucionados.

Deus não quer que o homem viva se arrastando numa vida sem sentido, sem objetivos, cheia de todo mal. Todo homem leva em si a imagem de seu Criador. E todos os que nos rodeiam reconhecem o amor de Deus quando o veem refletido em nossos atos. Devemos falar através de nossos atos mais do que com as palavras, e começar com as pessoas que temos ao nosso redor. Quando alguém se machuca ou sofre um acidente, quando sabemos que alguém passa necessidade de qualquer tipo, devemos socorrê-lo. Devemos nos interessar pelas pessoas ainda que ninguém o faça. Devemos ser os primeiros a ajudar, a servir, a amar os que nos rodeiam, amigos e inimigos.

...me ungiu para evangelizar os pobres [...] para pôr em liberdade os oprimidos.
—Lucas 4:18

Leitura de hoje

LUCAS 3–4

Oração

Senhor, muito obrigado por todas as coisas que me tens dado. Lembro agora de _____ que está passando necessidade. Quero agora mesmo ajudar.

O amor de Deus se manifesta nas circunstâncias difíceis.

3 de fevereiro

Pequeno Erro... Grande Falha

...um pouco de insensatez pesa mais que a sabedoria e a honra. (NVI)
—Eclesiastes 10:1

Leitura de hoje

GÊNESIS 12–13

As equipes italianas, normalmente, têm sido as melhores na Copa da Europa. Uma das mais famosas é o *Simmenthal de Milão*, mas poucos conhecem um episódio muito importante de sua história: na Copa da Europa da temporada de 1959–60, o Simmenthal empatou com o campeão egípcio. Quando iriam jogar a partida, os de Milão souberam que o campo seria ao ar livre e de chão batido, e se negaram a jogar. Foi um erro grave, pois foram eliminados e impedidos de participar por um ano de competições europeias.

Muitas vezes, um pequeno erro acaba sendo uma grande falha. É comum os pequenos erros serem ocasionados por falta de humildade. Achamos que somos superiores e não aceitamos que nos digam nada. Não gostamos de conselhos, e muito menos das pessoas que os dão! Assim, quando há alguma dúvida, achamos logo que temos razão e ponto final!

"Um pouco de insensatez pesa mais que a sabedoria," diz a palavra de Deus que lemos hoje. Como sempre, a sabedoria de Deus nos deixa boquiabertos, correto? Quantas vezes temos feito as coisas bem, preparamos tudo direito, estudamos tudo muito bem, mas, de repente, um pequeno erro e... tudo vem abaixo. Quantos erros foram cometidos na história por se confiar nas aparências e não aceitar um bom conselho! Prestou atenção na leitura de hoje? Abraão aceitou a Palavra de Deus, enquanto Ló preferiu escolher o lugar aparentemente mais bonito, apesar de saber que seus habitantes poderiam destruir sua vida.

Só uma coisa mais: um dos pequenos erros que mais dano causam é o de não manter a palavra. São aquelas pessoas que sempre dizem: "amanhã sem falta eu lhe trago", "não se preocupe, que não voltará a acontecer, desta vez é sério", "ontem mesmo já fiz", "andei muito ocupado, mas desta vez farei". Pouca coisa diz mais de uma pessoa quanto à fidelidade de suas promessas. É muito melhor não prometer, do que prometer e não cumprir. Sempre que dizemos algo e não cumprimos, estamos mentindo, portanto, pecando contra Deus e contra os outros. Quanto tempo foi perdido por detrás do "hoje mesmo faço!" Pequenos erros, grandes falhas. Pequenos equívocos, grandes pecados.

Oração

Livra-me, Senhor, dos pequenos erros, e ensina-me a ser uma pessoa íntegra.

Nada pode ser tão grande quanto um pequeno erro.

4 de fevereiro

Pronto Para o que der e Vier

Muitas vezes as pessoas dão uma importância excessiva a equipe titular num determinado esporte. Pensam que, se têm uma boa equipe, podem ganhar. Em alguns esportes, como por exemplo o basquete, é óbvio que os cinco que iniciam têm uma grande importância, mas se não houver bons reservas, é difícil ganhar todos os jogos. Na *NBA*, inclusive, foi instituído um troféu anual ao melhor jogador reserva da temporada: o melhor sexto homem. Nos últimos anos, só um jogador conseguiu ganhá-lo várias vezes: Kevin McHale, o famoso homem dos *Celtics de Boston*. Sua ajuda na conquista de vários títulos da *NBA* sempre foi fundamental, apesar de não ser titular.

Não é simples sair do banco de reservas e começar a jogar quando todos os seus companheiros e seus adversários já estão em ritmo de jogo. É difícil superar a pouca concentração em que se está, e entrar ainda frio na partida. Por isso é importantíssimo estar sempre preparado.

Na vida, é comum o jovem ter a tendência de ficar "sentado no banco de reserva", descansando, deixando que os mais velhos trabalhem. É sempre mais fácil não entrar na luta — não se leva tanta pancada. Muitas vezes nos escondemos atrás de desculpas para não fazer nada: "ainda sou muito jovem", "eles dão risada de mim". E talvez a única verdade seja que não estamos preparados, não estamos dispostos, não estamos prontos!

Na Bíblia encontramos muitos exemplos onde jovens estavam prontos quando chegou a hora: Josué substituiu Moisés; Eliseu, a Elias; Samuel, a Eli.

E você? Está preparado? A hora de atuar é agora. A hora na qual o mundo necessita de nossa força espiritual é agora. A hora em que a Igreja necessita de nosso serviço é agora. Agora é nossa hora! Está preparado?

Devemos estar prontos para o momento em que o treinador nos pedir para entrar no jogo. Devemos estar preparados para substituir ou ajudar alguém de nossa equipe. Devemos estar dispostos a começar nosso trabalho para o Senhor. E para estarmos dispostos, preparados e prontos, precisamos ter tido um período de "aquecimento". Você não pode reclamar seu direito de entrar no jogo sem antes ter se aquecido. Você poderia se contundir seriamente. Da mesma forma, não podemos começar a trabalhar sem antes nos prepararmos a fundo: no conhecimento de Deus, no trabalho evangelístico e no serviço na Igreja.

Não espere que Deus o use se não estiver preparado: um bom reserva é aquele que pode jogar tão bem como o titular. Se não for assim, não vale a pena entrar no jogo. Você está pronto?

Assim, não fostes vós que me enviastes para cá, e sim Deus...
—Gênesis 45:8

Leitura de hoje

DEUTERONÔMIO 21
2 REIS 2

Oração

Quero estar preparado, Senhor, quero entrar na luta e ser útil onde Tu quiseres que eu seja.

Só quem está pronto para lutar, tem direito de fazê-lo.

5 de fevereiro

A Oração vai Longe

...longe de mim que eu peque contra o Senhor, deixando de orar por vós...
—1 Samuel 12:23

Leitura de hoje

1 SAMUEL 12
SALMO 4
DEUTERONÔMIO 5:23-33

Oração

Senhor, te agradeço pelo _____ e te peço pela vida dele. Quero dedicar tempo todos os dias para interceder por aquelas pessoas que conheço.

Há quem diga que o esporte também é uma arte. A verdade é que quando vemos pessoas como o Geovanni jogar, podemos quase afirmar que é verdade. A bola não parece ter segredos para ele. Pode levá-la aonde quer e como quer. Geovanni agora no *Manchester City* é, sem dúvida nenhuma, um dos melhores jogadores do mundo. Certa vez, comentou-se de uma entrevista em que ele menciona a necessidade de seguir o exemplo de Jesus fazendo todo o bem possível.

Como são importantes as pessoas que buscam o bem dos demais! Na maioria das vezes, nós buscamos mesmo é ser admirados. Queremos ser os que fazem as coisas, os que fazem os gols. Mas numa equipe, muitas vezes, é mais importante aquele que passa a bola, o que busca o bem de todos.

A melhor forma de ajudar um companheiro é orar por ele. Orar é conversar com Deus, falar com Ele. É contar-lhe sobre os problemas, dificuldades e situações que atravessamos na vida. É agradecer pelo que Ele faz por nós, adorá-lo.

Mas orar é também interceder por outros: ter em nossa mente e em nosso coração os demais "companheiros de equipe", os outros irmãos. É pedir a Deus que não cesse de abençoar a todos, que seus trabalhos deem fruto, que o Diabo não possa vencê-los em nenhuma situação. Saiba que a Bíblia diz que quando oramos pelos outros, estamos trabalhando com eles! (2 Coríntios 1:11) E assim glorificamos a Deus, porquanto ensinamos ao mundo que nos preocupamos uns com os outros.

Uma coisa mais: o nosso dever não é orar apenas por nossos irmãos, mas também por todas as pessoas do mundo. Bem, não se preocupe... Deus não vai pedir que se lembre de milhões e milhões de pessoas. Mas, sim, é sua responsabilidade orar pelos que você conhece, por seus amigos não-cristãos, para que através de seu testemunho possam vir a conhecer Deus. Orar pelos que o rodeiam, para que possam ser úteis sempre. Orar pelos seus inimigos (sim, por seus inimigos, você leu bem) para que Deus os abençoe, e lhe dê sabedoria para saber como tratá-los. Orar e dar graças por sua própria família.

O profeta Samuel dizia que é um pecado não orar pelos outros. Creio que já pecamos por tempo suficiente, não é verdade?

Orar a Deus pelos outros, é a melhor forma de começar a ajudá-los.

6 de fevereiro

Todos têm Valor

Todos os bons jogadores têm bons admiradores. MARK JACKSON, que foi um dos que serviram como base da equipe de basquete de *Nova York*, tem um admirador muito especial: seu irmão. Ele limpa a quadra onde jogam. Cada vez que um jogador cai nesse chão e o ensopa de suor, é o irmão de Mark que aparece para fazer seu trabalho.

A admiração sincera é o melhor antídoto contra a inveja. Você pode estar pensando agora: é necessário falar de inveja dentro da própria família? Pode crer que sim. Nossa limpeza de caráter começa quando sabemos admirar e não invejar os outros, começando por nossa própria família, nossos amigos, nossos conhecidos.

Quando algo de bom acontece, você é o primeiro a se alegrar? Estou falando de algo bom que acontece a outra pessoa, claro. Imagine que um familiar seu (ou um amigo, ou um membro da igreja, da equipe, etc.) receba um prêmio importante. Você é o primeiro a felicitá-lo sinceramente? Agradece a Deus pelo que ocorreu?

Sabe, às vezes cometemos o erro de nos achar muito importantes em função do que fazemos. Assim, nunca aprendemos que aquele que sua a camisa é tão importante quanto o que limpa o suor. Daí surge mais um problema sério, porque ao nos sentirmos importantes não somos gratos. De vez em quando deveríamos agradecer a quem limpa o suor. Muito mais a quem limpa nossa casa, ou trabalha para nós, ou cuida de nós, ou se preocupa com o que nos acontece, ou nos dá tudo o que temos. Olhe ao seu redor, e faça a lista você mesmo! Existem muitas pessoas a quem devemos admiração e gratidão.

Deveria ser sempre nosso objetivo: "Eu e a minha casa, serviremos ao Senhor." Creio que Josué era um chefe de família que conhecia quem vivia com ele e podia responder por eles. Que alegria quando nós sabemos e podemos responder por nossa família! Ah, e o mesmo se pode aplicar à família da fé.

Cada um deve servir no que pode fazer, porque assim ganha a admiração e o agradecimento: nosso... e até de Deus.

...Eu e a minha casa, serviremos ao SENHOR.
—Josué 24:15

Leitura de hoje

JOSUÉ 23–24

Oração

Senhor Deus, enche meu coração de agradecimento e admiração por minha família, por meus amigos, por meus irmãos na fé.

O que sua é tão importante quanto o que limpa o suor.

7 de fevereiro

Boicote

Ninguém se faça árbitro contra vós outros…
—Colossenses 2:18

Algumas das últimas Olimpíadas foram marcadas pelos boicotes. Nos Jogos Olímpicos de Montreal, as nações africanas se negaram a participar. Nos jogos de Moscou (1980), foram as nações ocidentais e os EUA. Nos Jogos de Los Angeles (1984), foi a URSS que não participou. Sempre por motivos políticos, os dirigentes das nações impedem seus atletas de participarem em determinada Olimpíada, e com isto os privam também da glória e dos prêmios.

É o governo do materialismo e da política sobre todas as coisas. São os "deuses" deste mundo, capazes de destruir os sonhos de milhares de pessoas unicamente por decisões arbitrárias. Sempre que existe um problema entre o materialismo e qualquer outra coisa (incluindo a vida das pessoas), o homem de hoje reage e vai contra tudo que se opõe ao dinheiro ou ao poder. Basicamente, a nossa sociedade fundamenta-se nas relações de poder ou de dinheiro. É por isso que os que têm dinheiro dominam o poder: os poderosos são pessoas de muito dinheiro. É, inclusive, uma filosofia de vida: a filosofia do êxito material, do poder e do engano político.

Leitura de hoje

COLOSSENSES 2
GÊNESIS 14,19

Esses inimigos podem nos privar de nosso prêmio espiritual, se cedermos às suas pressões, se permitirmos que governem nossa vida. São inimigos reais, que se infiltram em nossa vida sem perceber e fazem-nos pensar da mesma maneira que o mundo, ter as mesmas motivações, dar importância às mesmas coisas. Eles nos distanciam dos nossos objetivos e nos privam de nosso prêmio. Nas Olimpíadas da vida espiritual, o materialismo nos impede de participar e vencer.

Mas os inimigos não estão somente fora de nós. Tão perigosos como estes, são aqueles que vivem em nosso interior. Sim, ainda que não acreditemos, nosso próprio pecado é o maior inimigo de nossa vida. Este se manifesta de mil formas diferentes: egoísmo, orgulho, inveja, ciúmes, tentações… e o mais perigoso é que, muitas vezes, nem percebemos.

Oração

Senhor, ajuda-me a lutar contra toda mentalidade equivocada. Contra o mal que vier, tanto do exterior como do meu próprio interior.

Devemos estar dispostos. Dispostos a lutar contra todo inimigo que quiser boicotar nosso prêmio, seja exterior ou interior. Deus nos deu a vitória também nesta luta.

O único boicote válido é o boicote ao mal.

8 de fevereiro

Deus Nunca se Engana

Todos os fanáticos por basquete se lembram dele. Foi o melhor jogador estrangeiro em toda a história do basquete espanhol. Cestinha da Liga em quatro ocasiões, tinha os mais variados tipos de arremessos que se pode recordar, e só media 1,94 m! Tinha todas as condições para jogar na *NBA*, mas preferiu deleitar o povo espanhol com seu basquete. Centenas de jovens cresceram vendo-o jogar. Estou falando de NATE DAVIS. Sempre falava a todos de sua relação pessoal com Deus. Dizia: "Deus é o mais importante em minha vida." Nunca teve um gesto mau, uma palavra ruim. Faz alguns anos, sua mulher, Anne, morreu de Aids. Quando teve seu segundo filho, uma transfusão de sangue encheu aquela preciosa vida do mal e a condenou a morrer jovem. Nate nunca entendeu: "Se eu amo a Deus, porque me aconteceu isto?", dizia vez ou outra.

Às vezes, acreditamos que se amamos e obedecemos a Deus, tudo na nossa vida vai dar certo. Não é bem assim. Parece contraditório dizer, mas Deus não é um seguro contra o mal. Ele não nos prometeu uma compreensão real e exata dos milhares de "porquês" que temos quando uma situação inesperada nos golpeia e nos enche de amargura. Não, nem tudo na vida é compreensível.

É difícil reconhecer que Deus não cometeu algum engano quando acontece uma desgraça que enche de pranto nossa vida. Mas uma coisa é certa: Deus nunca faz algo errado, Deus nunca comete uma falta. Ainda que nossos caminhos se tornem escuros e difíceis; ainda que percamos a pessoa mais querida; ainda que a vida pareça não ter nenhum sentido para nós; ainda que cada dia que passa pareça mais incompreensível e os novos dias tragam dores e tristezas, devemos olhar para o céu e reconhecer, mesmo com lágrimas nos olhos, que Deus nunca se engana.

Deus não prometeu nos tirar de todas as situações difíceis, mas Ele prometeu estar sempre conosco. "Ainda que eu ande pelo vale da sombra da morte […] Tu estás comigo…" A Bíblia diz que Deus leva nossa dor: não existe um só filho Seu sofrendo que não esteja protegido e consolado pelo próprio Deus. E não só isto; toda dor que possamos sofrer, Ele carregou sobre si mesmo quando tomou a forma de homem. Ele tomou voluntariamente a dor de toda a humanidade e a fez Sua, para que nós pudéssemos ter vida. Nunca alguém sofreu tanta dor. Nunca alguém ficou tão desamparado de tudo e de todos, mesmo o próprio Deus, porque Ele desamparou Jesus para nunca ter que desamparar você.

O bom amigo é o que sofre com você.
Jesus é o melhor amigo, Ele sofreu por você.

Ainda que eu ande pelo vale da sombra da morte […] tu estás comigo…
—Salmo 23:4

Leitura de hoje

SALMOS 42, 23, 131

Oração

Senhor, não entendo por que razão me acontece isto. Sei que Tu estás comigo. Faz-me sentir Tua presença neste momento difícil. Obrigado, porque nunca me abandonas.

9 de fevereiro

O Melhor Ainda Está por vir

Não que eu [...] tenha já obtido a perfeição; mas prossigo...
—Filipenses 3:12

Estou certo de que muito pouca gente se lembra de Charles Olmen. Esse corredor do Haiti, foi o último a terminar a corrida de 10.000 m nos Jogos Olímpicos de Montreal 1976. Não só chegou por último, como o fez 14 minutos depois do penúltimo! Todos já estavam no chuveiro, enquanto ele continuava correndo.

Ainda que a salvação pessoal dependa de uma decisão na vida, a salvação "final" terá lugar quando estivermos na presença de Deus. É muito simples de entender: enquanto estamos nesta vida, o pecado segue combatendo contra nós, embora não tenha nenhum poder "judicial" sobre nós. É o que os estudiosos da Bíblia denominam como processo de "santificação". Vamos ver se entendemos:

1. A *justificação* é o ato pelo qual nos vemos livres do castigo do pecado.
2. A *santificação* é um processo pelo qual vamos alcançando mais e mais vitórias sobre o poder do pecado.
3. A *glorificação* será o momento em que nos veremos livres por completo da presença do pecado.

Leitura de hoje

2 PEDRO 1
JOSUÉ 8

A Bíblia nos diz que Deus nos justifica pela Sua graça, por meio da fé, quando aceitamos o que Cristo pagou em nosso lugar, na cruz. Deus nos faz "santos" (separados para Ele) desde esse momento, mas nos santifica fazendo-nos vencer sobre o poder do pecado ao longo da nossa vida. Só quando chegarmos diante dele, poderemos ser glorificados, porquanto o pecado já não existirá mais. Não se pode esquecer que ninguém pode ser perfeito até que o pecado tenha desaparecido por completo.

Nossa justificação foi efetuada pelo Senhor Jesus, através do qual temos "paz com Deus" (Romanos 5:1). Nossa santificação é possível mediante o poder do Espírito Santo (Efésios 5:18) que atua em nós. Nossa glorificação será efetivada por Deus Pai, no céu (Romanos 8:17).

Oração

Senhor, sei que estás trabalhando em minha vida. Ensina-me a ser santo como Tu és santo.

Uma coisa mais. A estrutura do processo de — justificação — santificação — glorificação — é idêntica para todos os filhos de Deus, mas os detalhes da santificação, não. Não caiamos no erro de limitar Deus em algumas leis iguais para todos. Deus não atua sempre da mesma maneira com todos Seus filhos: o que acontece a um deles pode não ser o ideal para você. Não se desespere nem julgue os outros se Deus dirige as coisas de uma maneira diferente. Recorde que Paulo teve que suportar um "espinho" na carne, enquanto outros se viram livres de seus problemas. Deus é Soberano e tudo o que faz é o adequado. Não se esqueça nunca.

O pecado deve ser vencido em sua consequência, seu poder e sua presença.

Quem Avisa Amigo é

A seleção de jogadores para a temporada de 1986 da *NBA* foi muito curiosa: muita gente na primeira fase apresentou problemas de todos os tipos, e não conseguiu atingir o que se esperava delas. Len Bias (morto com problemas de drogas), Chris Washburn e Roy Tarpley (problemas de substâncias proibidas também). Porém, todos os "bons" jogadores foram escolhidos na segunda fase: Mark Price, Hornaceck, McMillan... apesar das advertências de que poderiam ocorrer problemas com as estrelas das equipes universitárias daquele ano, muitas equipes ignoraram os avisos e deixaram passar as melhores oportunidades de escolhas.

A vida costuma nos mandar alertas de vez em quando. Ela nos avisa de que nosso tempo aqui está se acabando quando sentimos diminuir as forças e nosso cabelo embranquece. Ela nos alerta de que algo anda mal quando a dor nos ataca. Anuncia-nos a chuva quando começam a aparecer as nuvens. E assim, centenas e centenas de avisos. Às vezes nem tomamos conhecimento desses alertas. Somos mesmo insensatos!

Deus também nos fala pessoalmente: ensina-nos o caminho a seguir, nos corrige, nos disciplina, nos anima e encoraja. Conversa conosco. Será que o escutamos?

Pode ser que agora você esteja perguntando: como Deus pode falar comigo pessoalmente? Muito simples: Deus fala por meio da Sua Palavra — a Bíblia. Ele ensina sobre Seu caráter, Suas decisões, Suas promessas e Sua forma de atuar, e tudo isto pessoalmente. Não esqueça de que a Bíblia é a Palavra de Deus para você e para cada uma das pessoas deste mundo.

Deus nos fala através da oração. Quando oramos, falamos com Ele, contemplamos o Seu rosto e, portanto, nós o ouvimos também. Deus nos fala através de nossa família e nossos irmãos na fé, com seus conselhos e sua ajuda em todo o tempo. Deus nos fala através das circunstâncias da vida. Ele é o Senhor da História e nada escapa de Suas mãos. Quando não queremos escutar Sua voz, Deus nos disciplina para que vivamos de maneira diferente. E se ainda assim não o escutamos, Deus nos disciplinará mais duramente, ainda mais, se nos distanciarmos dele.

Você está escutando Deus? Pode ser que, em alguma situação concreta de sua vida, Ele esteja lhe falando agora. Escute Seus avisos.

Aquietai-vos e sabei que eu sou Deus...
—Salmo 46:10

Leitura de hoje

SALMO 29
LEVÍTICOS 26
SOFONIAS 1

Oração

Fala Senhor, quero escutar. Fala-me de minha vida, do que é de Teu agrado e do que tens que mudar em mim. E acima de tudo... ensina-me a te escutar sempre.

Deus está falando com você, não se faça de surdo!

11 de fevereiro

Viva a Diferença

A fim de poderdes compreender, […] e conhecer o amor de Cristo, que excede todo entendimento, para que sejais tomados de toda a plenitude de Deus.
—Efésios 3:18-19

Leitura de hoje

1 TESSALONICENSES 2–3
NÚMEROS 6:22-27

João Leite foi durante anos goleiro titular do Clube Atlético Mineiro e chegou a jogar pela Seleção Brasileira. Foi um dos melhores do mundo em sua posição. João é um dos fundadores de Atletas de Cristo no Brasil, juntamente com Baltazar e outros irmãos. No princípio, quando explicava seu trabalho evangelístico entre os demais jogadores, teve a oportunidade de falar em certa igreja. Depois de contar como Deus o tinha abençoado e dado tantas oportunidades de falar do evangelho, um dos dirigentes da igreja terminou o culto orando por ele assim: "Senhor, abençoa o João Leite com um novo emprego para que possa deixar o futebol." Toda a igreja havia captado a importância do esporte para evangelizar, menos este dirigente.

Todos nós cristãos precisamos compreender o amor de Cristo por nós. Se não entendermos Seu amor, não entenderemos que é nosso dever "viver como uma equipe e lutar em unidade contra o inimigo". Nesta equipe (que a Palavra de Deus chama "corpo de Cristo") somos todos necessários. Ninguém é mais importante que outro. Ninguém tem direito de dizer que o seu pensamento tem mais valor. Ninguém pode falar mal de outro porque é seu próprio irmão. Ninguém pode menosprezar o outro

Deus nos ensina que a principal arma do Diabo contra a unidade do corpo de Cristo é a acusação — murmuração. Quando murmuramos acerca do que um irmão fez, o Diabo está falando por meio de nós! Quando criticamos outro irmão, estamos lutando contra nossa própria equipe, entristecemos a Deus, e no inferno fazem festa!

O segredo para vencer está no versículo que lemos. No corpo de Cristo, todos os irmãos são imprescindíveis.

Quando fala de "largura", podemos pensar nos irmãos liberais, os que são mais amplos em sua compreensão das coisas.

Quando fala de "comprimento", logo pensamos nos nossos irmãos tradicionais, que valorizam os costumes ao longo do tempo.

Quando fala de "altura", pode referir-se a nossos irmãos "místicos" para os quais tudo se reduz a uma relação vertical.

Quando fala de "profundidade", nos ensina que devemos compreender os irmãos fundamentalistas, para quem o segredo de tudo está na sã doutrina.

Cristo morreu por todos: não somente pelos que pensam e atuam como nós. Precisamos compreender uns aos outros, e aprender a viver como um corpo.

Oração

Senhor, quero aprender a compreender, a amar meus irmãos, e acima de tudo não permita que o Diabo me utilize para criticá-los.

O que murmura sobre sua própria equipe, não merece estar nela.

12 de fevereiro

O Artilheiro de Deus

Muita gente já ouviu falar de Baltazar: Chuteira de Ouro como artilheiro do Brasil em 1980, e artilheiro da Espanha (Chuteira de Bronze da Europa) na liga 1988–89. E quem já ouviu falar dele sabe que Baltazar não só ficou famoso por sua grande capacidade de fazer gols, mas principalmente pelo seu testemunho cristão. Tanto é assim que muitos locutores de futebol nem mencionavam seu nome, mas diziam: "Lá vai o Artilheiro de Deus"; "Gol do Artilheiro de Deus". Sim, ele conseguiu que todos soubessem que antes de qualquer outra coisa, ele pertencia a Deus.

É muito importante viver como Deus quer que vivamos, mas também é muito importante compartilhar a mensagem do evangelho. As pessoas vão nos identificar pelo que somos, fazemos e dizemos. Muitas vezes passam-se dias e dias (e até meses) sem que tenhamos falado a alguém sobre o que Deus fez por nós, e é bem necessário que as pessoas saibam o que Deus pode fazer por elas! Cada dia morrem milhares de pessoas sem conhecer a mensagem do amor de Deus, e todas estas pessoas se perdem para sempre, muitas delas viveram, falaram conosco e às vezes (o que é mais triste) eram nossos amigos! É nossa responsabilidade falar aos outros do Senhor para que tenham vida de verdade.

Aquilo que demonstramos ser, determina a forma como as pessoas vão nos ver: se vivermos como se não tivéssemos esperança, eles pensarão que não a possuímos; se vivermos como se não tivéssemos uma relação pessoal com Deus, eles não verão o sobrenatural em nosso exemplo. Daí a importância transcendental de comunicar tudo o que Deus fez por nós para que as pessoas saibam que Deus as ama, pelo simples fato de nos verem!

Pense por um momento. Como você vai viver? Como uma pessoa normal com seu trabalho, estudos, relações, etc.? Ou vai tomar a decisão de viver como alguém que "é de Deus"? Nunca esqueça que a vida dos que o rodeiam depende de você.

Pois não me envergonho do evangelho…
—Romanos 1:16

Leitura de hoje

EZEQUIEL 33

Oração

Senhor, não quero deixar passar um só dia sem compartilhar o evangelho.

Quem se envergonha de Deus, se envergonha de si mesmo.

13 de Fevereiro

Vencer ou Morrer

>...somos mais que vencedores...
>—Romanos 8:37

Dizem os grandes jogadores de basquete que nenhuma experiência é semelhante ao ato de jogar no *Boston Garden*, a quadra na qual atuam os *Celtics*, da *NBA*. É uma quadra antiga, não muito confortável, não existem "animadores de torcidas", nem orquestra, nem dançarinas. A única coisa que se vê ali são as faixas colocadas no teto do ginásio indicando os anos nos quais os Celtics foram campeões. Isto impressiona! Nenhuma equipe ganhou tantos campeonatos como eles e a única coisa que seus adversários veem no ginásio são estes símbolos de vitórias. É "o orgulho celta" da vontade de vencer. Não importa os jogadores que estão em Boston, todos os anos estão no grupo dos vencedores.

Leitura de hoje

ROMANOS 7–8

Um dia aconteceu a batalha mais importante do universo. De um lado, estavam os reinos do mal, comandados pelo mesmo Diabo que havia controlado a grande maioria das pessoas através de seu domínio de escravidão e pecado. Do outro lado, estava o próprio Deus — o Criador, que havia derramado Seu amor sobre todas as Suas criaturas, mas estas responderam preferindo a escravidão ao invés da liberdade.

O cenário da luta é uma simples cruz. Ali, Jesus Cristo, Deus feito homem, levou consigo todos os pecados e maldades de homens e mulheres deste mundo. Foi declarado culpado e levado à morte. Deus o permitiu: era o primeiro passo da libertação. Durante três dias e três noites o corpo de Jesus morto, encerrado na tumba, foi a prova palpável de que o mal venceu. Pelo menos, isto é o que crê o Diabo e os seus.

De repente, na segunda parte da luta, Jesus Cristo ressuscita e se apresenta outra vez aos Seus. Derrotou o pecado e a morte para sempre. A Bíblia diz que o Senhor exibiu publicamente os troféus do Vencedor: Todos os editais, resoluções e sentenças que nos declaravam culpados são agora transformados pelo poder de Jesus, e já não têm qualquer poder sobre nós, porquanto Ele os levou consigo, carregando-os na cruz. Ele é o vencedor: toda a história e o mundo sabe disso.

Oração

Senhor Jesus,
Tu és o vencedor!
Ensina-me a viver
como um vencedor,
como um filho do Rei!

Todos querem estar na equipe vencedora e todos conhecem os vencedores. No céu, na terra e em todo o universo está o registro da história da cruz e do grito de vitória do Senhor. Um dia esta vitória será real para todos, mas só será válida para os que fizeram um contrato com a equipe vencedora.

Em que equipe você está? Jesus é seu Senhor? Não se envergonhe dele! Todo o universo pertence ao nosso Rei! E, portanto, somos mais que vencedores!

Não pode existir no mundo um filho do Rei, derrotado.

14 de fevereiro

Cara-metade

O esporte tem servido para estreitar laços de amizade entre pessoas desconhecidas, e também o "ponto de encontro" de muitos matrimônios. Alguns exemplos como o norte-americano Harold Connoly que casou com a tcheca Olga Fikotova (conheceram-se em Melbourne em 1956) ou Anne Packer (ouro nos 800 m de atletismo) da Grã Bretanha (Tóquio 1964) e Robbie Brightweel (prata em revezamento 4 x 400).

Deus firmou a base do casamento em Sua Palavra. Ambos, marido e mulher, devem dar tudo de si para que o amor governe seu dia-a-dia. Não existe outra relação entre duas pessoas mais importante e transcendental do que esta. Eu mesmo não poderia me sentir "completo" sem minha esposa Miriam. Ela é minha melhor amiga, minha ajudadora idônea, a pessoa mais importante para mim. É, sem nenhuma dúvida, um presente especial que Deus me deu. E eu, para ela. Temos aprendido a não deixar passar um só dia sem dar graças a Deus por nossa união.

A amizade mútua é uma das pedras fundamentais deste edifício. Marido e mulher devem aprender a confiar um no outro mais do que em qualquer outra pessoa. O casamento funciona melhor quando o melhor amigo do outro é o próprio cônjuge — mulher ou marido, pois o casamento também inclui uma relação de amizade suprema.

A fidelidade é um elemento imprescindível em qualquer relação de amizade, e muito mais no casamento, onde o amor é exclusivo. Não se pode entender uma relação matrimonial sem fidelidade de ambas as partes.

O perdão é o elemento primordial em nosso edifício. Quando convivemos diariamente com uma pessoa, sabemos que esta tem de suportar nossos defeitos, portanto precisamos pedir perdão e saber perdoar ao mesmo tempo. E não esqueçamos que o perdão é unilateral, incondicional, e que quem perdoa é conhecido por esquecer o que perdoou.

Aceitar o outro incondicionalmente é outra característica do verdadeiro amor. Um amor que tenta mudar o outro, não é verdadeiro amor. Nosso trabalho é amar o nosso cônjuge; o trabalho de Deus é mudar o que for preciso.

A amizade, a fidelidade, o perdão e a aceitação são aspectos diferentes do verdadeiro amor. Se temperarmos tudo com uma boa dose de bom humor e dependência total de Deus, teremos encontrado a fórmula do casamento quase perfeito. O casamento que reflete o exemplo de Cristo com os Seus escolhidos. Um casamento que se tornará possível no dia das bodas do Cordeiro: Cristo e Sua igreja — unidos para sempre. Ali estaremos!

Bem-aventurados aqueles que são chamados à ceia das bodas do Cordeiro.
—Apocalipse 19:9

Leitura de hoje

CÂNTICO 4–5
MARCOS 13

Oração

Senhor, ensina-me a saber expressar o verdadeiro amor que vem só de ti.

Só quem ama conhece o amor.

15 de Fevereiro

Um por Todos e Todos por Um

E perseveravam na doutrina dos apóstolos e na comunhão, no partir do pão e nas orações.
—Atos 2:42

Leitura de hoje

ATOS 15,18

Oração

Senhor, obrigado pela Tua igreja. Ensina-me a sentir o mesmo amor por ela que Tu sentes. Ensina-nos a colaborar juntos na difusão do evangelho, para que o mundo creia em Teu poder.

Em quase todos os esportes existem pessoas com técnica individual fora de série. No futebol de hoje um dos melhores jogadores do mundo é KAKÁ *(AC de Milão)*, campeão de Liga na Itália, campeão da Europa, e campeão do mundo com a seleção do Brasil; exemplo de habilidade e posicionamento, capaz de levar a equipe nas costas. Em todos os esportes há pessoas que podem jogar individualmente sem muito risco para a equipe, mas um dos problemas é que, às vezes, começa-se a "perder de vista" os companheiros.

Durante os primeiros anos do cristianismo, os seguidores do Senhor Jesus se comportaram de maneira completamente diferente. A história nos diz que todos eram "de um mesmo sentir". O que é o mesmo que dizer que eles faziam tudo juntos: juntos oravam ao Senhor; juntos se ajudavam em suas necessidades econômicas; juntos compartilhavam planos e trabalhos; juntos carregavam as alegrias e tristezas. As pessoas de sua época reconheciam a comunhão que existia entre eles, e chegaram a dizer que estavam "transtornando" o mundo.

Os seguidores de Jesus são a única sociedade que existe no mundo, da qual podemos dizer: "sentem o mesmo amor". Deus fez com que inimigos irreconciliáveis pudessem juntar-se para adorá-lo e amarem-se uns aos outros. Quando estava proibida a relação inter-racial em vários países do mundo, na Igreja era diferente: homens e mulheres de todo tipo e classe social, empresários e trabalhadores, reis e súditos, ricos e pobres, de diferentes culturas e pensamentos — ninguém conseguiu unir de tal maneira pessoas tão diferentes. Só o poder do evangelho de Deus o fez. E o fez em todo o mundo, inclusive onde a crença em Deus está proibida por lei. Ninguém perdoou tanto; amou tanto; deu tanto por seus semelhantes; conseguiu tantos laços de amizade e irmandade como Deus em Sua Igreja. Porque Ele nos ensinou a nos unirmos em amor.

Sim, "um por todos e todos por um", com o único fim de alcançar a maior quantidade possível de pessoas com a mensagem do evangelho. Jesus disse que quando trabalhamos em unidade, o mundo crê em Suas Palavras (João 17). Sua mensagem é clara: unidos na proclamação do amor de Deus e submetidos à direção e poder do Espírito Santo podemos transformar o mundo! Nada rompeu as cadeias do mal tantas vezes como a unidade dos filhos de Deus.

E há vitórias que ainda nos esperam, porque o poder de Deus não se acabou.

O corpo mais transformador do mundo é o corpo de Cristo.

16 de fevereiro

A Mão de Deus

Julius Erving foi um excelente jogador de basquete. Talvez nem todos concordem, mas sua influência no basquete mundial é impressionante. Poucos jogadores conseguiram que o basquete atingisse o grande público como ele o fez. Seu segredo — suas mãos tão grandes que o faziam jogar com muita facilidade. Ele conseguia fazer vários círculos com um só braço, sem que a bola lhe escapasse da mão!

Mas existiram outras mãos sem igual: que curavam e acariciavam; eram firmes e cheias de poder, que tocavam Seus semelhantes e expressavam amor. Mãos cheias de trabalho e calejadas por servir a outros. Mãos que sempre deram e nunca pediram. Quando ninguém as estendia aos desfavorecidos, Jesus o fazia; ninguém tocava em leprosos por medo de contágio e por serem considerados desprezíveis, mas Jesus se aproximava e os tocava. Sim, as pessoas conheciam as mãos de Jesus; sempre dispostas a ajudar, sempre amorosas. Quando lhe traziam os enfermos, Ele lhes impunha Suas mãos. Com Suas mãos multiplicou alimentos, para que não houvesse famintos. Suas mãos tocaram uma menina morta e ela reviveu. Tocou os olhos do cego e ele viu a luz pela primeira vez. Tocou os lábios do mudo e ele falou. Ao ver Jesus muitos pediam: "Põe Tua mão sobre mim"? Por todos os lugares onde Jesus passava, ouviam-se exclamações: "Quantos milagres fizeram Suas mãos"! As mãos de Jesus eram cheias de glória.

Mas um dia, cravaram aquelas mãos numa cruz! Elas foram machucadas, feridas, transpassadas, se encheram de sangue e dor, romperam seus tendões e músculos. Aquelas mãos levavam a dor do mundo! Logo Ele, que jamais fizera algo mau! Jesus rendeu Suas mãos poderosas por amor a quem o matava. Sabia que com Sua morte nos traria vida.

A história não terminou aí! Jesus venceu a morte e ressuscitou com poder. Quando se apresentou diante dos Seus, mostrou-lhes Suas mãos, Suas cicatrizes — provas da dor de Deus pelo homem. Então lhes disse: "Olhem minhas mãos", e os abençoou como tantas vezes havia feito. Mãos que, apesar de estarem feridas, ainda abençoam. E é isto o que o Senhor Jesus nos prometeu: "Ninguém os tirará de Minhas mãos!" É o lugar onde estou mais seguro — em Suas mãos.

As mãos de Jesus continuam com cicatrizes, no céu. Nenhuma pessoa poderá dizer a Deus que Ele não compreende a dor. Jesus a conhece, pois levou a nossa dor em Suas mãos. Ainda hoje, todos os anjos dão glórias a Deus pelos sinais da dor nas mãos cheias de glória, que pertencem a Jesus.

As cicatrizes nas mãos de Jesus são a prova maior da dor de Deus por nós.

...tendo amado os seus que estavam no mundo, amou-os até ao fim.
—João 13:1

Leitura de hoje

JOÃO 18–19

Oração

Senhor, não há nada mais bonito do que Tuas mãos. Eu também as quero sobre mim.

17 de fevereiro

Tudo em Tuas Mãos

> Nas tuas mãos estão os meus dias...
> —Salmo 31:15

O primeiro salto de Bob Beamon nos Jogos Olímpicos celebrados no México, em 1968, passou para a história. Sua distância: 8,90 m, um recorde mundial permaneceu até 1991. Bob recusou-se a continuar saltando, devido ao impacto que causou no primeiro salto. Ninguém soube explicar este recorde: nem seus saltos anteriores, nem seus saltos posteriores, nem o vento, nem a altura — ninguém sabe como aconteceu, porque Bob nunca mais se aproximou da medida deste salto.

Tudo dependeu de um momento feliz, ainda que inexplicável. Desconheço se Bob crê em Deus ou não, mas o certo é que a vida está nas mãos de Deus. E não só as vidas de milhares de pessoas, senão também o universo em si. Deus é o dono da história.

Às vezes temos a impressão de que acontecem coisas incompreensíveis. Parece como se determinados atos escapassem do controle de Deus: ao escutarmos de guerras sangrentas, ou de catástrofes naturais, ou ao vermos o mal triunfando em cada milímetro da sociedade. Deus parece não se preocupar com cousa alguma. Parece que enquanto Ele espera o momento de atuar, o mundo está escapando de Suas mãos.

Mas não é assim. A Bíblia diz que Deus está por trás de todas as coisas, que nada escapa do Seu controle, e que nada interfere nos Seus planos. Não é um tirano ditador que faz o que quer. Não, a Bíblia nos fala do Ser mais amoroso que existe, procurando em todo momento o melhor para nós.

Uma das coisas mais impressionantes em Deus é que Seus planos sempre se cumprem. Por mais que o mundo se empenhe em destruir as coisas, Deus demonstra Seu poder, não apenas tornando em bem o que já está bem, mas também transformando em bem as más decisões dos homens, os maus atos, inclusive os pecados das pessoas! Sim, façamos o que for, nunca poderemos estragar os planos de Deus: Ele é o Senhor da história.

É por isso que não devemos nos preocupar. Saber que Deus controla todas as coisas significa confiar nele: por mais que nossos inimigos lutem contra nós e tentem nos destruir, não poderão, Deus é o dono da história — da história do universo e da história pessoal de cada um.

Leitura de hoje

ATOS 26
ISAÍAS 1

Oração

Senhor, obrigado por seres o Senhor do Universo. Obrigado por seres o Senhor da minha vida, por teres tudo em Tuas mãos.

Nada escapa das mãos de Deus.

18 de fevereiro

Violência não, Obrigado

Eram as eliminatórias para a Copa do Mundo de futebol de 1970. Era somente mais um jogo. Mas, infelizmente, os torcedores daquele jogo não tinham este sentimento: como resultado dos problemas que aconteceram em campo, começou uma guerra entre dois países. Sim, você leu direito: a guerra entre Honduras e El Salvador começou num jogo de futebol!

Todos os processos violentos começam da mesma maneira: ameaças contestadas. A ameaça é o primeiro passo da violência. Quando alguém ameaça, está esperando que lhe contestem: a pessoa ameaçada responde a esta ameaça e se vinga do ameaçador. É um processo muito simples, mas ao mesmo tempo muito perigoso, por uma razão: a contestação à ameaça — a vingança — sempre é superior em grau e em violência à ameaça anterior. Por este processo, a violência se multiplica; e muitas pessoas que não participaram na agressão original, são agora ameaçadas e respondem com mais ameaças e violência.

É um processo pecaminoso e impossível de parar, porque cada pessoa tem dentro do seu coração a raiz da violência: o pecado. Seria muito simples erradicar a violência do esporte (da vida, das guerras) se o coração de todas as pessoas fosse limpo, mas o grande problema é que o pecado reina no mundo porque reina também em nosso coração.

A violência é uma imposição do mal. Os animais não são violentos sem razão "existencial" (de defesa própria). Só nós, os miseráveis humanos, somos capazes de destruir, mentir, acabar com outra pessoa, ameaçar, e até matar em situações que não têm qualquer importância!

Deus nos ensina que só existe uma saída: não responder. Simples assim. "Sua glória consiste em passar por cima de uma ofensa", é o que Deus diz. Não dar importância a uma ameaça, não responder é algo glorioso! Não responder a uma ofensa significa cortar a raiz da violência. Não importa que os outros saiam contentes pensando que nos humilharam! A maior humilhação é ter o coração cheio de maldade e violência: não esqueça que cada um mostra aquilo que tem no seu coração. Só necessitamos seguir um exemplo: o Senhor Jesus nos ensinou a perdoar unilateralmente, ainda que a outra pessoa não o mereça. Lembre-se: diante de qualquer ofensa ou ameaça, sua glória consiste em não responder!

...sua glória é perdoar as injúrias.
—Provérbios 19:11b

Leitura de hoje

PROVÉRBIOS 9
SALMO 10

Oração

Senhor, ensina-me a confiar em ti e deixar que controles todas as situações. Tu farás justiça por nós.

Toda resposta violenta gera maior violência, até o ciclo terminar em morte.

19 de fevereiro

Buraco Negro

Buscai o Senhor enquanto se pode achar, invocai-o enquanto está perto.
—Isaías 55:6

Existem pessoas para as quais o sentido da vida depende única e exclusivamente de conseguir aquilo a que se propuseram fazer. Para muitos jogadores de basquete, jogar na *NBA* parece ser o único objetivo e a única causa de satisfação pessoal. Mas jogar na *NBA* não é tudo. Rick Berry, um dos melhores do *Sacramento Kings*, cometeu suicídio com um disparo na cabeça após ter discutido com sua mulher. Len Bias, n.° 1 no *draft*, contratado pelos *Boston Celtics*, foi encontrado morto por uma overdose de droga. Acabava de assinar um dos contratos mais altos de que se tem notícia. Ser o melhor, não é tudo na vida.

Não só o mundo do esporte está cheio de histórias de pessoas que não encontraram sentido na vida: o mundo do espetáculo também. Todos conhecemos as vidas de Marilyn Monroe, Elvis Presley e Jimmy Hendrix. Tinham tudo: dinheiro, amigos, fama, poder. Mas ser o melhor, não é tudo na vida.

Leitura de hoje

ISAÍAS 55
OSÉIAS 7

Muitos pensam que se trabalharem o suficiente, se adquirirem muita grana, se escalarem os degraus do poder, conseguirão ser felizes e dar sentido à vida. É um grande erro: a felicidade não está no dinheiro nem no sucesso.

Outros pensam que se forem conhecidos por todo o mundo (ou então em sua cidade) e admirados por grandes e pequenos, se todos reconhecerem que são grandes esportistas, empresários, artistas, comerciantes, etc. serão felizes e darão sentido à sua vida. É um grande erro: a felicidade não está no poder.

Alguns dizem que a chave da vida é desfrutá-la enquanto possível; romper os dias e as noites com prazeres que ninguém conhece e não ter limites quando se trata de satisfação. É um grande erro. O sentido da vida não está no prazer.

Oração

Senhor Jesus reconheço que estava vivendo longe da Tua presença e isto estava me levando à morte. Entra em minha vida e preenche-a Senhor. Só assim ela terá sentido.

A pessoa bem aceita socialmente diz que o melhor é se portar bem: fazer todo o bem possível aos outros e se preocupar sempre em que o mundo seja melhor. Isto não é ruim, mas torna-se um grande engano se for a única motivação na vida: o nosso vazio não se enche com a tentativa de preencher o vazio dos outros.

Ter tudo, ser o melhor, ser admirado, nadar em dinheiro e ter todos os prazeres... não é tudo na vida. Há algo mais. Há algo mais importante. Todas as pessoas têm dentro de si um vazio que só Deus pode preencher. Todos temos dentro de nós um espaço reservado que só Deus pode compreender. Todos somos feitos de tal forma que só uma relação pessoal, direta e real com Deus dará sentido à nossa vida.

Quem tem tudo e não tem Deus, tem dentro de si um vazio pelo qual tudo lhe escapa.

Heróis Desconhecidos

Eles existem em todos os esportes e em todas as equipes. São imprescindíveis, embora em certas ocasiões seja difícil vê-los. São os heróis que fazem as pequenas coisas funcionarem, aqueles que diariamente trabalham para que tudo esteja em seu devido lugar. São roupeiros, massagistas, administradores, pessoal da limpeza. O mesmo acontece dentro do campo. Muitas vezes os que jogam no meio do campo não são tão conhecidos quanto os que marcam os gols, ou talvez como os zagueiros, ou os goleiros que os evitam. O trabalho "invisível" não é tão apreciado, como no caso de Gilberto Silva (Arsenal, Inglaterra), Iriney (Almeria, Espanha) ou Fredson (Espanhol de Barcelona) mas seu trabalho é muito importante na equipe.

A vida está cheia de heróis desconhecidos que são imprescindíveis para que o mundo funcione. Todos se acostumaram a honrar aqueles que se destacam, e esquecemos que todos nós dependemos de centenas ou mesmo milhares de pessoas que fazem diariamente seu trabalho.

Você acha um exagero? Então vamos fazer uma pequena lista. Agora mesmo você não poderia estar lendo este livro se:

Na imprensa, vários trabalhadores desconhecidos não houvessem feito seu trabalho; não houvesse um editor; um encadernador; um corretor; um distribuidor; pessoas trabalhando em livrarias; transportadores; armazenadores; publicitários; todos os que confeccionaram o material, o papel, a tinta, etc.

A lista chega a mais de duas mil pessoas! Se você acha que ainda são poucas, posso acrescentar mais algumas. Dependendo de onde este livro estiver sendo lido, pode ser que tenha luz artificial, móveis, ar-condicionado ou aquecedor ambiente, talvez alguma coisa para comer... onde quero chegar? Muito simples: você só tomará conhecimento do nome de duas ou três pessoas, mas seria impossível que o livro fosse feito completamente só com elas. É necessário milhões de desconhecidos em lugares desconhecidos e com trabalhos quase desconhecidos.

Sabe de uma coisa? Os heróis desconhecidos são imprescindíveis. A Bíblia diz que Deus os conhece, porque Deus conhece a todos pelo nome. Pode ser que o nosso trabalho não pareça ter importância (ou pareça aos outros), mas diante de Deus não é assim. Ele simplesmente espera que façamos o que sabemos fazer, no lugar que Ele nos colocou, porque para Ele somos heróis. Heróis conhecidos. Homens e mulheres amados por Deus.

Para que concordemente e a uma voz...
—Romanos 15:6

Leitura de hoje

GÁLATAS 2
FILEMOM 4

Oração

Ensina-me, Senhor, a reconhecer a importância crucial de todas as pessoas. Ensina-me a reconhecer que também sou muito importante para ti.

Impedir de viver àquele que nem sequer pode se defender é o mesmo que assassinar.

Volte Para Casa

...quando seu pai o avistou, e, compadecido dele, correndo, o abraçou, e beijou.
—Lucas 15:20

Leitura de hoje

LUCAS 15,11,32
JOÃO 3

Oração

Senhor, andei muito longe de ti, mas volto hoje. Volto para ti. Minha vida não tem nenhum sentido sem ti.

Paulo Pereira nasceu em Campinas (SP) num lar cristão. Começou a jogar futebol e em seguida se tornou famoso. Mas quando era jovem se envergonhava de carregar uma Bíblia na mão. Então, se afastou do evangelho e começou a ter uma vida longe dos caminhos de Deus. Até que um dia, Deus o chamou outra vez e ele voltou, para se sentir mais feliz do que nunca nos braços do Pai. No futebol chegou a jogar nas melhores equipes europeias, como o *Porto* e o *Benfica* de Portugal.

O Senhor Jesus contou uma história que durante dois mil anos vem chegando diretamente ao coração de milhões de pessoas. É sobre a volta do filho pródigo. Este filho quis ser independente, não dar satisfações. Pediu dinheiro a seu pai e se foi. "Agora a vida vale a pena", pensou.

E você sabe o que lhe aconteceu: bastou que o dinheiro do bolso acabasse para que "a boa vida" e os "amigos" desaparecessem imediatamente. Agora, o filho pródigo já não anda de festa em festa, nem de banquete em banquete. Já não encontra um lugar para comer, nem um trabalho para ganhar dinheiro. Tudo se torna bem diferente. Há pouco tempo achava que em sua casa não era bom, mas agora que conhece o que significa estar só, desamparado e vazio, descobre que estava redondamente enganado ao abandonar seu lar.

Voltou, sim, voltou para casa. Tremendo de medo, mas voltou. Fez mil e uma promessas de mudar o modo de viver, pediu perdão, ofereceu-se para viver como um simples empregado... só pensava em como conquistar outra vez o amor do pai. E que surpresa quando viu seu pai esperando por ele no caminho! Quase não pôde dizer-lhe palavra, pois o pai o abraçou, perdoou, consolou... não sei quantas coisas mais... porque seu pai o amava. Nunca havia deixado de amá-lo. O amor do pai era um pequeno reflexo do amor de Deus.

Qual é a sua situação? Acredita que está muito longe de Deus? Talvez você quisesse contar-lhe tudo que aconteceu em sua vida até hoje. Poderia dizer, inclusive que, já rejeitou o amor de Deus centenas de vezes. Talvez quisesse falar sobre os pecados cometidos contra Deus, contra você mesmo e contra os outros. Mas você sabia que Deus o esperava, dia após dia, para você voltar para Ele? E que Ele não deixou de amá-lo? Tenho provas: Jesus Cristo veio ao mundo para morrer numa cruz e o fez por amor a você. Volte. Volte para Deus. Sua misericórdia o espera há muito tempo.

A misericórdia de Deus significa que Ele colocou Seu coração para diminuir nossa miséria.

22 de fevereiro

A Morte dos Inocentes

Sempre causa tristeza escutar a respeito da morte de um esportista. Quem não se lembra do dia 1.º de maio de 1994, quando AYRTON SENNA sofreu aquele acidente fatal diante das câmeras do mundo inteiro, enterrando consigo muitas esperanças de vitórias.

Sim, a morte sempre causa tristeza. No entanto, a grande maioria das pessoas que morrem tiveram oportunidade de viver, de tomar decisões, de desfrutar de bons momentos; tiveram oportunidade de decidir sobre a sua vida espiritual e sua situação após a morte.

Há quem morra, no entanto, sem ter visto sequer a luz do sol; sem ter respirado uma só vez; sem ter sentido o calor de um só abraço. São os não nascidos, os milhões de embriões e fetos que são abortados em todo mundo. Consideramos terrível a morte de qualquer pessoa, e muito mais terrível é a daqueles que não têm ao menos a possibilidade de se defender.

Muita gente argumenta a favor do aborto: os direitos da mulher, o sofrimento dos pais, as escassas condições econômicas, mas muito pouco se fala dos sofrimentos do feto, direitos do feto ou suas nulas possibilidades de vida. Sabemos que a partir de 3–4 semanas o embrião não somente já se desenvolveu como um ser diferente da mãe (dependente sim, mas diferente), mas também sabemos que recentes estudos embriológicos concluíram que o feto é capaz de sentir e compreender a realidade de uma maneira diferenciada. Portanto, tirar a vida de alguém que é capaz de sentir e pensar por si mesmo e ter uma existência diferenciada, é um assassinato. Na Bíblia, Deus nos diz que conhece todas as pessoas mesmo antes de nascerem (Salmo 139), portanto para Ele não há diferença entre um nascido e um não nascido. Diante de Deus, abortar é assassinar.

É óbvio que aqui não temos o tempo e espaço necessário para comentar caso por caso, como os de gravidez de risco para a vida da mãe. Em toda regra há exceções, mas neste caso as exceções são muito poucas. A lei geral é muito clara: abortar é tirar a vida; tirar a vida é assassinar. O que devemos fazer? Muito simples: "livrar" aos que são levados à morte. Fazer o possível, na esfera pública e individual para que este tipo de crime não continue sendo cometido.

Impedir de viver àquele que nem sequer pode se defender é o mesmo que assassinar.

> Livra os que estão sendo levados para a morte…
> —Provérbios 24:11

Leitura de hoje

SALMO 139
JEREMIAS 8

Oração

Senhor, ensina-me a "livrar" os que são levados à morte. Não quero me calar sobre o que a Tua Palavra diz sobre os temas atuais.

23 de fevereiro

O Rali da Vida

Destruímos argumentos […] que se levanta contra o conhecimento de Deus, e levamos cativo todo pensamento, para torná-lo obediente a Cristo. (NVI)
—2 Coríntios 10:5

Leitura de hoje

MATEUS 3–4

Um dos esportes mais apaixonantes e arriscados é o automobilismo, e dentro deste, os ralis. Muitos deles são bem famosos: o *Paris-Dakar*, o *Mil Lagos*, o de *Monte Carlo*. Outros não têm tanto nome, mas são difíceis de percorrer porque têm trechos desconhecidos para os participantes. Neles é testada a capacidade do piloto para vencer situações inesperadas.

Muitas vezes, quando falamos com as pessoas, não sabemos o que dirão nem o que perguntarão. São trechos desconhecidos em nosso "rali". É por isto que Deus diz que devemos estar preparados para responder a quem nos pedir a razão de nossa fé. Quer dizer que a partir de agora vamos estudar todas as objeções possíveis? Não, porque isto seria impossível. A única maneira de estar bem preparado é conhecer a Palavra de Deus o melhor possível. Como? De maneira muito simples: memorizando versículos. Imagine que guardando um versículo em sua mente cada dia, ao final de 40 anos memorizará praticamente toda a Bíblia!

Quem sabe você se pergunte: que importância tem memorizar a Palavra de Deus? Vou mencionar só algumas coisas: em todas as provas, tentações, situações difíceis, tomadas de decisão, comportamento com os outros, explicação do evangelho, ajuda a outros, relações pessoais, etc., o Espírito de Deus trará à sua mente o texto apropriado, porque você o tem em seu coração. Se quiser conhecer mais razões, estude o Salmo 119 — está cheio delas.

Como memorizar? Muito simples também:

Agrupe os versículos por temas e faça seu próprio fichário;

Aplique cada um dos versículos a situações concretas;

Aprenda um por dia;

Anote os versículos e as situações diferentes em que Deus lhe falou.

Você sente medo, temor, pânico ao falar do evangelho? Treme as pernas ante situações que não conhece? Sente-se fraco para cair em qualquer tentação? Não se desespere! Prepare-se antes. Por mais desconhecido que seja o caminho que tem pela frente, Deus o ajudará por meio da Sua Palavra.

Oração

Senhor, ensina-me a ter Tua Palavra em meu coração e mente, e a colocá-la em prática sempre.

A melhor maneira de falar é viver.

24 de fevereiro

Pequenos Gigantes

No mundial de basquete na Espanha, em 1986, um homem se destacou acima dos outros: TYRONE BOGUES. Não pelo "tamanho" porque Tyrone mede 1,59 m! É um dos menores jogadores, que se conhece, na história do basquete mundial e capaz de defender com acerto quando os adversários (PETROVIC, VALTERS) saltavam mais de 40 cm acima dele, como também chegou a ser base dos *Hornets* na *NBA*. Este Bogues é na verdade um gigante.

Desde pequenos, escutamos centenas de vezes a história de Davi e Golias: que Davi era pequeno e Golias tinha uma altura de quase três metros, e que Davi o derrubou com uma pedra, e cortou-lhe a cabeça. Comecemos pelo princípio: um gigante. Pode ser que nossa luta não seja contra gigantes físicos (será se você jogar basquete!), mas não podemos negar que existem muitos *gigantes* que estão diante de nós.

Qual é o Golias que está rindo de você agora? Quem é o gigante que o faz dar um passo atrás? Será a solidão, incompreensão, dúvidas, depressões, medos, temores, desânimo, maldade, pecados específicos, maus hábitos, tentações, enfermidades, gozações e desprezo, dificuldades econômicas, problemas sociais ou raciais, dificuldades físicas, ataques diabólicos? Seja qual for o gigante que você enfrenta, lembre-se que a luta não é só contra você. Ela também é feita contra o Deus Todo-poderoso.

Davi sabia que Deus é mais poderoso que qualquer gigante, e por isso se atreveu a desafiar Golias: "O Senhor te entregará em minhas mãos. Prepara-te para morrer!" Davi sabia que Deus não salva com a espada nem com a lança, mas com Seu Santo Espírito, e disse: "Eu vou contra ti em nome do Senhor Todo-poderoso." Todos sabemos o final da história. Nenhum gigante pode enfrentar Deus. Todos são vencidos.

Muito bem, isto foi o que aconteceu há uns três mil anos; mas e hoje? Você teme os gigantes que o desafiam? O Senhor os entregará em suas mãos! Que se preparem para morrer! Nunca tente vencê-los com suas próprias forças: não poderá. Ore ao Senhor e ponha a situação em Suas mãos e logo poderá exclamar, "eu vou contra ti em nome do Senhor Todo-poderoso"! E deixe o final dessa luta com Deus. Não se preocupe!

...eu, porém, vou contra ti em nome do SENHOR dos Exércitos...
—1 Samuel 17:45

Leitura de hoje

1 SAMUEL 17
2 SAMUEL 5

Oração

Senhor, tenho diante de mim esta situação que tem me vencido durante_____, e que se apresenta diante de mim como_____. Entrego tudo em Tuas mãos! Tu podes vencer!

Deus é maior que qualquer pessoa ou circunstância.

25 de fevereiro

O que Vale é a Intenção

> Igualmente, o atleta não é coroado se não lutar segundo as normas.
> —2 Timóteo 2:5

Leitura de hoje

2 TIMÓTEO 1–2

Alguns dias atrás, falávamos de Julius Erving, um homem que fez história na *NBA*. Julius foi entrevistado em inúmeras ocasiões, e numa delas afirmou: "Acima de tudo, jogo limpo; não é tão importante o que você faz física e tecnicamente quanto o que tem no coração." Palavras muito sábias.

Todos queremos receber o prêmio, seja como for. Muitas vezes, até a custa de cometer pequenos enganos. Muitas vezes gostaríamos de ser melhores do que somos, mas sem pagar qualquer preço. Gostaríamos de ser homens e mulheres maduros e espirituais em nosso comportamento, dar frutos em abundância e saber vencer as situações difíceis. Mas quando nos falam que, para conseguir isto, existem regras básicas, já não gostamos tanto. Talvez porque pensemos que ler a Bíblia, orar, evangelizar, servir aos outros, ajudar, etc., parece chato. No entanto, não podemos ganhar o prêmio se não lutarmos de acordo com as regras.

Não se luta de acordo com as regras se o coração não quiser. Qual é a motivação de nossa vida? Por que fazemos as coisas? Por que estudamos, trabalhamos ou praticamos esporte? Por que razão lemos a Bíblia, servimos aos outros ou trabalhamos na igreja? Existe um perigo muito grave ao fazer as coisas, até mesmo as espirituais, por uma razão egoísta (Mateus 5–7). Muitas vezes oramos, evangelizamos ou servimos na igreja só para que nos vejam e admirem. E quando as pessoas falam bem de nós e tudo caminha bem, ficamos contentes. Mas quando chegam os tempos difíceis, quando em vez de admiração colhemos críticas, o que pregávamos já não queremos pregar mais, e o que cantávamos já não queremos cantar mais, pois já não nos elogiam! Afinal, fazíamos as coisas só porque nos elogiavam?

Todos corremos o grave perigo de cair em motivações egoístas. Queremos que as pessoas nos admirem, nos elogiem, que olhem para nós, e Deus diz que essa é uma motivação carnal e diabólica. Nossa única motivação deve ser buscar a glória de Deus: Ele é o único que a merece. Assim, não teremos preocupação se nos elogiarem ou não. Se não buscarmos a glória de Deus em primeiro lugar em nossa vida, é porque nosso coração não está limpo. Há algo em nosso coração que acabará por nos destruir?

Oração

Corrige-me e limpa o meu coração Senhor, se eu estiver agindo por qualquer outra razão que não seja Tua glória.

O mais importante na vida é o que temos dentro do coração.

26 de Fevereiro

Estão de Olho em Você

Não passaria na cabeça de alguém correr numa olimpíada com um peso na mão, certo? Errado! FORREST SMITHSON ganhou a corrida de obstáculos nos Jogos Olímpicos de Londres (1908) correndo e saltando com uma Bíblia na mão: com este ato, testificava de sua fé diante de milhares de espectadores assombrados. Quando lhe entregaram a medalha de ouro, ele a dedicou a Deus.

Milhares de espectadores observam o que os atletas fazem e a maneira como agem. Pessoas que vibram ou se desiludem. Os atletas são pessoas especiais que têm ao redor de si tantas outras! Qualquer coisa que façam, torna-se de domínio público: qualquer gesto, qualquer situação, qualquer palavra é exposta com detalhes, e muitas vezes tomada como exemplo. Não se pode negar que é uma vida difícil.

Sabe que ao seu redor mais pessoas o observam do que ao atleta mais famoso? Já sei que você está olhando para todos os lados para ver onde estão, mas deixe-me contar-lhe algo: sua vida é muito mais valiosa porque o observam sem que você mesmo o saiba. São pessoas que veem o que somos, o que fazemos, como nos comportamos. Pessoas cuja vida depende em muitos casos de nossa forma de ser e atuar.

Deixe-me colocar alguns exemplos:

Milhares de pessoas que vivem conosco não conhecem Deus. Tudo o que poderão saber do Senhor, de certa forma, dependerá de nós.

Nossos irmãos em Cristo: os ajudamos e animamos com nosso exemplo e dedicação. Eles aprenderão com nossa fidelidade a Deus.

Grande parte das forças do mal: nos vigiam e tentam para nos ver cair em muitas e diferentes situações. Eles aplaudirão nossas derrotas, mas serão completamente vencidos ao confiarmos em Deus.

Centenas de anjos aprendem lições espirituais ao contemplar-nos, dariam tudo para estar em nosso lugar, mas colaboram conosco, prestando-nos sua ajuda, sempre às ordens de Deus.

A Bíblia diz que temos ao nosso redor tantas pessoas! Sabe, a história futura depende também, em parte, do que fazemos. Deus nos colocou como seus colaboradores na reconciliação do mundo. Quando falamos do Evangelho, estamos levando as boas notícias de Deus a cada pessoa. É por isso que, a vida eterna de uma pessoa pode depender de nossa resposta a esta tarefa. Sim, é certo que Deus pode falar às pessoas (e de fato o faz) sem necessitar de nós, mas a Bíblia diz que Ele deseja usar-nos também. A você e a mim. Milhares de espectadores estão nos observando. Vamos lutar!

> ...temos a rodear-nos tão grande nuvem de testemunhas...
> —Hebreus 12:1

Leitura de hoje

HEBREUS 2
APOCALIPSE 7

Oração

Tudo o que faço, Senhor, tem muito mais transcendência do que pensava. Ensina-me a comportar-me em todo momento como Tu farias em meu lugar.

Muitos me observam. O que estão aprendendo de mim?

27 de Fevereiro

Tem Gente que é Cega

...porque, no que julgas a outro, a ti mesmo te condenas, pois praticas as próprias cousas que condenas.
—Romanos 2:1

Leitura de hoje

SALMO 90
SALMO 6

Oração

Santo Espírito, ensina-me a reconhecer meus erros (que são muitos) e olhar menos os dos outros (que sempre são menores do que eu julgo).

Esta é uma das piores sensações que conheço no mundo do esporte. Você fica com uma cara de bobo que não se aguenta: você gostaria que a terra o tragasse para que ninguém visse o erro que cometeu. Ao jogar tranquilamente um jogo de basquete, recebe a bola, vai arremessar e acredita que o fará perfeitamente, e quando parece que a bola está na altura e direção necessária para entrar na cesta, aparece uma mão, não sei de onde, que dá um tapa na bola e impede que siga sua trajetória. Um dos melhores especialistas do mundo nestas defesas foi Tiago Splitter, campeão da Espanha no Tau de Vitória.

A chave para crescer em qualquer âmbito da vida está em saber reconhecer os erros, corrigi-los e seguir adiante. Quem acredita que nunca se engana, está muito enganado! Muito provavelmente algumas das coisas que estão escritas neste devocional sofrerão mudanças. Não me refiro às realmente importantes ou às que a Palavra de Deus diz, mas sim nos argumentos, ideias ou impressões. O próprio Deus, o estudo de Sua Palavra e o tempo irão me ensinando e corrigindo os erros. É a única maneira de avançar, de me fortalecer nele, de triunfar.

Quase sempre *sabemos tudo*. Temos as respostas para todos os problemas e situações dos outros. Julgamos e condenamos a todos por não fazerem o que dizemos. Sempre são os outros que estão errados, ou que não sabem fazer, ou que se comportam indevidamente. Sempre são os outros os carnais, e nós os espirituais!

O que a Bíblia chama "ser sábio aos seus próprios olhos", é um dos grandes pecados dos homens. Independentemente de quem somos, sempre pensamos que a razão é nossa: o que há para nos ensinar? Os outros são ignorantes, são eles os que não entenderam realmente o que Deus disse... Enquanto pensamos assim, Deus está dizendo que sempre que julgamos o outro, nos tornamos culpados. E quando Deus diz: "Você!", não se pode olhar para outro lado.

Que grande equívoco: julgar os outros, crer que sempre temos razão, não corrigir nossos pecados, não formar nosso caráter como Deus espera de nós. Não caiamos nesse erro. Não descanse em sua própria confiança, nem confie em sua própria sabedoria.

O que crê que se engana pouco, está muito enganado!

28 de fevereiro

Quem Ama se Importa

Sem nenhuma dúvida, nada atrai e arrasta maior quantidade de gente nos dias de hoje do que espetáculos esportivos. Comentam que mais de dois bilhões de pessoas veem os Jogos Olímpicos pela televisão, e que milhões de pessoas veem os jogos de futebol ou basquete mais importantes do ano. Multidões sem número, milhões de pessoas que esperam um pouco de diversão durante poucas horas.

Milhões de pessoas vão aos campos. Milhões seguem outras "estrelas" nos campos musicais, cinematográficos e políticos. Centenas e centenas de ídolos são observados diariamente por homens e mulheres como nós. Só que estes ídolos não conhecem os seus seguidores e nada podem fazer por eles. Mas isso não importa — muitos vivem felizes com esta hora de diversão.

Milhões de pessoas sem rumo, sem esperança, sem vida, sem sentido, vivem felizes tendo diversões passageiras, enquanto seu tempo vai se esgotando. Quando a morte os golpeia, choram desesperadamente porque não sabem o que fazer pelos seus entes queridos. Alguns se voltam contra Deus, pensando que Ele é o culpado de seus próprios erros e então se perguntam: "Para que vivemos?"

Milhões de famílias não conhecem o que é uma boa relação familiar — ninguém lhes falou disto. Pais que cometem barbaridades com seus filhos, filhos que abandonam seus lares e nunca mais retornam. Milhões de jovens buscando diversões obscuras e emoções diversas em substâncias que os levarão à destruição e à morte. Milhões de crianças morrem sem saber sequer que alguém as ama.

Pessoas que caminham em direção à morte. Alguns o fazem com a cabeça levantada, desafiando algo que sabem que será sua perdição. Outros choram sua vida e sua desgraça. Uns e outros estão condenados por seu próprio pecado, porque sempre deram as costas a Deus e não querem ouvir falar dele.

Milhões de pessoas que baseiam sua esperança em coisas materiais e sem futuro: seres humanos que se agarram a religiões sem sentido, muitas vezes cheios de medo pelo que lhes possa suceder. Homens e mulheres enganados pelos que compram e vendem, e na verdade sem se preocuparem com o Juízo Final. Milhões de iluminados que vão para o inferno pelo caminho das crenças e seitas, cujo futuro é a condenação eterna.

Quando Jesus viu as multidões chorou, porque sentia compaixão pelas pessoas. E você?

> Vendo ele as multidões, compadeceu-se delas...
> —Mateus 9:36

Leitura de hoje

MATEUS 9
MARCOS 5–6

Oração

Senhor, tanta gente ao meu redor que está perdida e eu não lhes falei de ti! Hoje mesmo vou começar a fazê-lo. Dá-me compaixão por todos.

Compadecer-se, é padecer com o outro.

29 de fevereiro

Adeus, Mundo Cruel!

> Porque gritas por motivo da tua ferida? Tua dor é incurável. Por causa da grandeza de tua maldade e multidão de teus pecados é que eu fiz estas cousas.
> —Jeremias 30:15

Leitura de hoje

JEREMIAS 15,30

Todos os fiéis torcedores do tênis recordam John McEnroe, um dos cinco jogadores que maiores prêmios conquistou em toda a história do tênis. Desde muito jovem, assombrou o mundo com um jogo extraordinário. Quase todos recordam seus célebres protestos: era raro o jogo em que nosso amigo não brigava com os árbitros falando impropriedades que não são adequadas a um bom esportista. Sempre encontrava razões para protestar.

Se agora protestar já não é muito conveniente, porque todos nos equivocamos, chegará um dia em que todos os nossos protestos terão menor sentido. Um dia haverá um Juízo, no qual todos os que desprezaram o perdão, e viveram de costas para Deus, irão ao inferno, com Satanás e seus anjos. Não é uma brincadeira, não é algo inventado: há pessoas que riem com o fato de se mencionar o inferno. Agora não creem a respeito do inferno, mas crerão no minuto após a chegada. O mundo não teria sentido sem uma manifestação profunda de justiça, e o inferno é parte desta manifestação. Milhões de pessoas, desde imitadores do mal, inquisidores, terroristas assassinos, ditadores, não serão perdoados pelo que fizeram.

Todos nós cremos que somos boas pessoas, no entanto, ao não querermos saber nada de Deus, estamos cometendo o maior pecado que um homem ou uma mulher podem cometer: rejeitar o seu Criador. Todo o que rejeita a Deus voluntariamente, escolhe seu próprio destino. Que fique bem claro: Deus não vai condenar você por rejeitá-lo; vai condená-lo por sua própria escolha.

Você não se dá conta de que o seu pecado é tão escandaloso que levou à morte de Jesus? Não havia outra possibilidade de perdão! E você continua protestando! Sabe de uma coisa? Um dia já não terá possibilidade de continuar fazendo isto: durante sua vida aqui, Deus lhe deu (e continua dando) centenas de possibilidades de voltar a Ele, para crer no que Ele fez por você, para receber uma vida que não se acaba. Se rejeitar todas estas possibilidades (por mais religioso que seja), um dia tudo vai se acabar, e sua dor não terá fim.

Oração

Senhor, sei que mereço o castigo por haver pecado contra ti, mas também sei que me perdoas se me achego e creio em ti. Hoje mesmo entrego minha vida em Tuas mãos.

Rejeitar a Deus é algo tão terrível que provoca a separação eterna.

1 de março

Fazendo Pouco Caso

A conhecida frase do Senhor Jesus "ninguém é profeta em sua própria terra" se aplicou em infinitas ocasiões e situações diferentes e, em muitas delas, às pessoas ligadas ao mundo do esporte. Recordo-me do caso de um dos melhores jogadores do Brasil, o jogador Cesar Sampaio, que conseguiu muito mais fama no Japão do que em seu próprio país. Só depois da Copa do Mundo de 1998 muitos o reconheceram como jogador. Hoje ele é uma "estrela".

Quantas vezes já lhe aconteceu algo parecido? Você tem trabalhado em sua própria igreja, em sua própria cidade ou próximo a pessoas que o conhecem há muito tempo e que parece não darem importância ao que você faz. Às vezes, as pessoas nos conhecem, nos amam e nos ajudam em muitos lugares, menos no lugar de nossa origem. Temos trabalhado com todas as nossas forças, dedicado nosso tempo e nosso dinheiro às pessoas que nos rodeiam, mas pelo fato de todos nos conhecerem e terem estado conosco há anos, não somos valorizados. Qualquer desconhecido que entre pela porta parece receber mais honras do que nós!

Muitas vezes, as razões para este menosprezo se encontram no interior das pessoas: inveja, ciúmes, dissensões, algumas pessoas não admitem que outros lhe sejam hierarquicamente superiores e, muito menos se forem pessoas conhecidas ou mais jovens! Sabe, é uma situação difícil, mas não deve nos preocupar. O Senhor Jesus sentiu isto quando não pôde fazer milagres em Sua própria terra devido à incredulidade dos que o cercavam. Muitos pensavam: "nós o conhecemos desde pequeno. Conhecemos o seu pai e sua mãe! Sabemos que trabalhou em uma carpintaria e agora diz que é o Filho de Deus?" Sim, Jesus sentiu o menosprezo dos Seus e nos ensinou que, muitas vezes, um profeta não é honrado em sua própria terra. Se isto aconteceu ao Senhor Jesus, que dirá conosco?

Não quero terminar sem dizer ainda, se não gostamos de sentir o menosprezo em nossa própria terra, muito menos poderemos menosprezar alguém pela mesma razão. Como é seu comportamento com os que o cercam? Você é capaz de dar oportunidades e honras a outros? Ainda que sejam mais jovens que você, mais débeis que você? Honre as pessoas que trabalham em sua própria terra, as pessoas de sua equipe, os seus amigos e conhecidos. Honre as pessoas de sua igreja. Seja você uma exceção e não se preocupe demais se os outros às vezes não o valorizarem.

…um profeta não tem honras na sua própria terra.
—João 4:44

Leitura de hoje

MATEUS 13–17

Oração

Senhor, muito obrigado pelo lugar no qual me colocaste. Sei que Tu honras meu trabalho. Quero ser um exemplo para os outros e honrar todos aqueles que te seguem.

O que menospreza aquele que está próximo terá que se empenhar muito para ganhar aquele que está longe.

2 de março

E o Tempo Levou

...sabendo que a tribulação produz a perseverança.
—Romanos 5:3

Estamos na *NBA* no ano de 1980. Os *Golden State Warriors* querem montar uma equipe que obtenha resultados imediatos. Para isto negociaram um jogador jovem, ROBERT PARISH para a *Boston Celtics*, da terceira divisão do *draft*. Na troca o *Golden State* ficou com o melhor jogador universitário, o n.º 1. Este jogador foi JOE BARRY CARROL; para o n.º 3 os *Celtics* escolheram KEVIN MCHALE. O *Golden State* não teve paciência de esperar. Carrol foi um fracasso, enquanto Parish e McHale se tornaram gênios do basquete.

É curioso como a paciência é uma das virtudes que mais faz falta no mundo de hoje. Vivemos em um mundo que se movimenta a toda velocidade: podemos ver o sol surgir várias vezes ao dia, graças aos meios de transporte tão rápidos que possuímos. Mas não temos paciência. Anos atrás se uma pessoa tivesse que transpor 50 km de distância e perdesse a "diligência" (carruagem de cavalos) não se aborreceria: no mês seguinte pegaria outra. Hoje, nos chateamos se alguém fura a fila do supermercado porque não temos paciência. Queremos tudo já.

Leitura de hoje

NEEMIAS 4,6

Deus nos fala da importância de saber esperar. Muitas vezes um bom negócio, uma boa amizade, uma boa relação se estraga por falta de paciência. Muitas vezes, não saber esperar nos conduz a fracassos que depois fazem a nossa consciência remoer durante anos. "Paciência", "saber esperar", são palavras que até parecem não soar bem, mas ambas são de importância fundamental.

Na Bíblia, Deus nos diz que os frutos do Espírito Santo são: amor, gozo, paz, paciência; portanto, a única maneira de ser paciente é ser controlado pelo Espírito de Deus. O Espírito Santo é o próprio Deus vivendo dentro de nós e nos ensinando a ser pacientes. Muitas vezes, as circunstâncias externas são utilizadas por Deus para nos fazer aprender a esperar. Sabemos que as situações difíceis produzem paciência; que a tribulação produz perseverança; que a frustração produz paciência. Se estivermos passando por estas coisas, sabemos que a consequência em nós será a de nos tornarmos mais pacientes.

Oração

Senhor necessito aprender a esperar em ti, em todas as situações da minha vida. Enche-me do Teu Espírito para que Ele me torne paciente.

Lembre-se: a paciência não aparece de um minuto para outro. É necessário que a tenhamos desenvolvido com as circunstâncias. Só quem vive cheio do Espírito de Deus aprende a esperar seu momento, a não se desesperar. Tenha paciência, aguente até o final. O triunfo sempre é de quem sabe esperar.

Ser paciente é não se deixar dominar pelas circunstâncias.

3 de março

Feliz Comigo Mesmo

Dois dos mais conhecidos goleiros jogam na Itália nos dias de hoje: Dida é o goleiro do *AC Milan* e Julio César é o goleiro do *Inter de Milan*. Os dois foram campeões da Liga Italiana.

A carreira dos goleiros costuma ser solitária, pois, enquanto todos os seus companheiros jogam, eles têm que viver "sós" diante do gol, e têm que ser muito especiais para conseguir aguentar.

Sempre existem coisas que não gostamos em nossa vida. Não, não estou me referindo a defeitos morais, mas às partes do nosso caráter ou do nosso físico com as quais não estamos de acordo. Inclusive, é comum colocarmos a culpa em Deus por nos ter feito como somos e pensamos: "ah, se eu fosse o fulano! Se Deus me tivesse feito como ele"! Pensamos que poderíamos ser melhores se Deus nos tivesse criado diferentes.

Deus, entretanto, atua de outra maneira: Ele transforma aquilo que achamos que é desagradável ou negativo, e o utiliza. Cada um de nós recebeu de Deus dons naturais e espirituais. É pecado pensar que somos inúteis. Deus nos aceita tal como somos. O que possuímos agrada a Deus. Nossa forma de ser pode glorificar a Deus e servir de auxílio aos demais também, se a colocarmos em Suas mãos.

Todas as equipes necessitam de pessoas para todas as posições, com características diferentes e qualidades específicas. Se todos fossem iguais, a equipe não ganharia um só jogo. A Bíblia nos ensina que ninguém é igual. O mundo gira em torno de modismos e muitos seguem a maré e vivem de acordo com a moda, sem dar-se conta de que isto lhes tira a liberdade. Deus nos ensina que há diversidade de características porque há diferentes trabalhos e que cada um deve ser como é. Não como seus ídolos, não como os ditames da moda, não como outros querem ou esperam. Deus fez cada um especial, diferente e único. Você é especial, diferente e único.

Deus nos fez diferentes e ninguém é perfeito. Quando o Senhor Jesus escolheu os 12 discípulos, buscou pessoas diferentes: pescadores, publicanos, zelotes, gente extrovertida e introvertida, homens fortes e amáveis. Não havia um só que se parecesse com o outro. A atitude de Deus para com o homem não depende do caráter do homem, mas do amor de Deus.

E a graça foi concedida a cada um de nós segundo a proporção de dom de Cristo.
—Efésios 4:7

Leitura de hoje

NEEMIAS 3
MARCOS 2–3

Oração

Senhor, obrigado pelas coisas que me deste. Obrigado pela maneira como me fizeste e, sobretudo, obrigado por me amar tanto.

Deus não faz lixo. Tudo o que tem utiliza e serve para algo.

4 de março

A Entrega de Prêmios

...Porém cada um veja como edifica.
—1 Coríntios 3:10

Um dos momentos mais lembrados por todos os esportistas é a entrega de troféus. SILAS desfrutou muitas vezes destes momentos, mas de um em especial: quando a equipe em que jogava *(San Lorenzo)* venceu o campeonato Argentino, Silas disse que Deus é mais importante do que os troféus em sua vida.

Chegará um dia na história, em que o próprio Deus também vai entregar troféus. Estes troféus serão única e exclusivamente para Seus filhos: aqueles que creram nele (João 1:12). Nenhum filho de Deus será submetido a julgamento como os incrédulos, mas, sim, julgar-se-á o que fizeram e sua fidelidade ao Senhor. Neste dia nós mesmos poderemos olhar para trás e pensar: qual foi nosso jogo, nosso comportamento? Foi bom? Foi razoável? Vivemos de qualquer maneira? Neste dia poderemos nos regozijar ou nos lamentar; alegrar-nos ou entristecer-nos; dar graças a Deus ou reconhecer que fomos néscios. Tudo depende do que tivermos feito aqui. Tudo depende do que tivermos construído aqui.

Leitura de hoje

1 CORÍNTIOS 1,4

É certo que todos nós estaremos na mesma glória de Deus, mas a entrada e o desfrutar desta glória será distinto. Quanto mais tivermos crescido espiritualmente, mais vai ser nosso gozo. Quanto mais tivermos trabalhado para o Senhor, mais nos alegraremos. E o que dizer quando virmos pessoas que estão ali, no céu, como fruto (em parte) de nosso trabalho. Eles serão os melhores troféus.

Um troféu não se recebe por ações "sobrenaturais" em algum momento; da mesma maneira que um goleiro não o recebe por ter feito apenas um bom jogo. O que se premia é a constância, a fidelidade. E isto é algo que temos perdido de vista, uma porção de vezes. Deus nos pede que sejamos fiéis — fiéis a Ele e à Sua Palavra. Nada mais e nada menos.

Fidelidade significa agarrar-se a alguém em todas as circunstâncias, ocasiões, problemas e situações. Fidelidade a Deus significa que Ele é o mais importante para nós em toda nossa vida. Fidelidade significa chegar diante do Senhor e oferecer-se tal como se é — sem nenhuma condição. Fidelidade significa amar a Deus acima de todas as coisas, e, lhe obedecer custe o que custar.

Oração

Senhor, eu quero ser fiel a ti. Em todas as coisas, quero te obedecer. Ensina-me a te amar cada dia mais.

Um dia, o próprio Deus nos dará um troféu. Como será? O que Ele poderá dizer de nós? Que dia glorioso será se Ele puder dizer: "Muito bem, servo bom e fiel!"

Ao olhar para trás em sua vida, o que você sente? Desejo de lamentar-se ou de agradar a Deus?

5 de março

Tamanho não é Documento

Muitas vezes cometemos o erro de julgar um inimigo pelo seu tamanho. Todos nós ficamos incrédulos durante a partida final da Copa do Mundo de Futebol (França 1998) pela atuação de um dos melhores jogadores do planeta, RONALDO. Parecia não estar em campo durante o jogo. Mais tarde soubemos do problema que enfrentou e o impediu de render o que todos esperavam. Muitas vezes os pequenos problemas nos causam mais danos, talvez porque não lhes damos importância.

Quando falamos de pecado, todo mundo sabe do que se trata. Ou pelo menos pensamos isto. Achamos que pecado é matar, roubar, prejudicar a outros, grandes mentiras. Nisto, quase todos estão de acordo, mas não Deus. A Bíblia nos diz que o pecado é tudo aquilo que ofende a santidade de Deus.

Muitas vezes pensamos que somos justos: não cometemos "grandes" pecados, nos comportamos bem, tentamos fazer o bem aos outros; quem pode dizer algo de nós? No entanto, Deus diz que não há uma só pessoa justa no mundo: todos pecaram. Não há ninguém perfeito. Bom, você pode dizer: "Isto é certo, mas, por que Deus não passa por cima destes pecados pequenos? Afinal de contas, não fazem mal a ninguém." Pois bem. Imagine que você está indo para um hospital submeter-se a uma cirurgia: o médico veste um jaleco branco, muito limpo e tudo está perfeitamente organizado. De repente, quando pega o bisturi, você vê que não está limpo. "Ei, o que está fazendo?" — você diz — "Não quero que me opere com este bisturi sujo!" "Não importa," diz o médico: "são só uns micróbios. São tão pequenos que nem dá para ver. Nosso lema neste hospital é: viva e deixe viver, os micróbios também têm direito à vida." Sem pensar duas vezes, você foge desse hospital rapidamente porque sabe que um só dos microorganismos no bisturi pode matá-lo.

Deus não é injusto ao não deixar passar um só de nossos pecados. Ao fazer isto, defende a nossa própria vida. Você acha que é justo? Seu pecado marca você. Por menores que pareçam os seus pecados, eles podem destruí-lo. Um só microorganismo pode paralisar o corpo de alguém. Na vida espiritual, um só pecado pode condená-lo!

E agora, o que fazemos? Muito simples: houve alguém que tomou o nosso lugar e recebeu o castigo que merecíamos por nosso pecado, Jesus Cristo. Sua morte nos livra da condenação, e Sua ressurreição nos dá vida. Você crê nisto? Porque Deus diz que só o que crê tem direito a receber o perdão.

...Não há justo, nem um sequer.
—Romanos 3:10

Leitura de hoje

ÊXODO 20
EZEQUIEL 6,21

Oração

Senhor, eu reconheço meu pecado. Reconheço que tenho vivido longe de ti e que rejeitei o Teu perdão muitas vezes. Neste momento abro minha vida a ti, e te recebo como meu Salvador pessoal.

O mal não é medido pelo seu tamanho, mas por suas consequências.

6 de março

Zé Bonitinho

> Mas confiaste na tua formosura, e te entregaste à lascívia, graças à tua fama…
> —Ezequiel 16:15

Leitura de hoje

2 SAMUEL 15,18

Creio que o jogador de futebol que mais vezes atuou em uma seleção nacional foi HECTOR CHUMPITAZ. Desde 1963 até 1982 jogou todos os jogos da equipe nacional do Peru, num total de mais de 150 partidas.

E isto apesar de dizerem que sua aparência não ajudava muito!

Ser mais bonito, estar em forma, não ter um grama de gordura são coisas que não são más em si mesmas, mas que têm se transformado quase em "deuses" atualmente. Gente que gasta milhões com sua aparência, em parecer mais jovem, mais bonito ou mais forte enquanto o interior permanece vazio.

Hoje em dia, as pessoas apreciam mais aquele que tem boa aparência. Vivemos nos tempos dos "reis e rainhas da beleza". Se você tem uma boa aparência, é mais fácil conquistar a todos. Se não é muito favorecido, ou, se as rugas já chegaram, até seus amigos o discriminarão. Nossa sociedade é cruel quando só se fixa na aparência. Esta é a razão de existirem milhões de academias em todo o mundo (e tantas clínicas de beleza e estética). Não importa o que alguém seja, se a aparência for boa tudo se resolve mais facilmente.

Esta forma de ver as coisas não é tão moderna como muitos pensam. Hoje lemos a história do filho de um rei que achava que era muito bonito e inteligente, mais do que todos. Mais que seu próprio pai, claro! Não se encontrava ninguém tão belo como Absalão. Pelo menos, era o que ele pensava. Você já sabe como terminou a história: um dos seus motivos de beleza, seu cabelo comprido, ocasionou sua morte porque ao ficar preso por eles numa árvore, foi morto pelos soldados. Todo aquele que confia só em si mesmo tem um futuro muito curto.

Hoje, o orgulho é um dos maiores perigos para o homem e para a mulher. Muitos cristãos vivem derrotados por este inimigo, falam de si mesmos, de seus estudos, de seu trabalho, do que eles fazem e inclusive de sua relação com Deus! Isto sim, com muita "humildade". É impossível falar dois minutos com eles, sem que falem do que fazem. E, claro, nem pense em corrigir nada! Eles fazem tudo com perfeição! Não compreendem como os demais ainda não perceberam que eles sempre têm razão!

Um sinal de orgulho é aplicar todos os ensinamentos aos outros e nenhum a nós mesmos. Deus nos adverte do perigo de confiar em nossa formosura (seja do tipo que for) e em nossa fama. Pode nos levar à destruição, mais rápido do que pensamos.

Oração

Meu Deus e meu Pai ensina-me a não confiar em mim mesmo. Quero aprender a escutar os outros e ser ensinado por eles. Quero aprender a te escutar e ser ensinado por ti.

Aparentar não é nada mais do que passear com nosso orgulho.

Mãe é Uma só

7 de março

A *Detroit Pistons* foi a equipe campeã da *NBA* em 1989–90. Um dos jogadores mais determinantes foi Isaiah Tomas, o pequeno base de pouco mais de 1,80 m de estatura. Ele foi considerado o melhor armador de jogo de todas as equipes do Leste americano. No ano de 1987 foi declarado o melhor jogador no *All Star* e em uma de suas entrevistas declarou: "Não chegaria a lugar nenhum sem a ajuda de minha mãe."

É difícil em nosso mundo de hoje encontrar gente agradecida. Mais ainda, encontrar pessoas que reconheçam a grandeza de seus pais. E muito mais, encontrar jovens que o sejam. Parece que é algo fora de moda. Entretanto, Deus nos ensina em Sua Palavra que devemos ser agradecidos. E não nos enganemos, devemos ser gratos aos nossos pais nesta terra. E em primeiro lugar, gratos a nossa mãe.

Ninguém passou tanto sofrimento, sustos, aflições, problemas físicos e psíquicos, horas sem dormir, dias sem sair de casa, momentos eternos de espera, intranquilidade (e muitos e difíceis etecéteras), como nossa mãe. Dizem que só quando uma mulher é mãe pode chegar a compreender e sentir isto. Eu não sei se entendo completamente, mas sei, sim, o que minha mãe "Carminha" significou para minha irmã e para mim. Tanto Quely quanto eu não chegaríamos a lugar algum, se não fosse por ela. Minha mãe, por sua vez, foi educada por seus pais para colocar sempre Deus em primeiro lugar em sua vida. Quando em nossa casa havia algo para se decidir, Deus era o primeiro a ser consultado e obedecido. É o mesmo que agora tentamos fazer em nossos lares.

Talvez alguém pense que o nosso devocional hoje está um pouco "emotivo". Não importa. Permita-me dizer uma coisa: ninguém fez e deu tanto por você como seus pais. Pode ser que agora você tenha muitos amigos, pode ser que pense que seus pais estão um pouco "antiquados" e que não o entendem, pode ser que você acredite que fica contente quando eles não estão por perto. Cedo ou tarde, você se dará conta de seus equívocos. Ninguém o ama tanto como seus pais. Ninguém estaria disposto a dar tudo o que tem (e mais se fosse possível) como eles. Ninguém está sempre disposto a perdoá-lo. Ninguém tem um lugar tão grande em seu coração para você como seus pais. Um dia, quando você mesmo formar uma família, vai perceber isso. Não perca mais tempo, comece hoje mesmo a agradecer-lhes. Comece a honrá-los hoje mesmo. Seus pais são as pessoas mais importante no mundo. Você mesmo não estaria vivendo se não fosse por eles.

Se você não ama seus pais terrenos, como poderá amar ao Pai celestial?

Honra a teu pai e a tua mãe (que é o primeiro mandamento com promessa).
—Efésios 6:2

Leitura de hoje

PROVÉRBIOS 3–4

Oração

Senhor quero te agradecer pela vida dos meus pais. Quero te agradecer pela vida de minha mãe e por todas as coisas que ela fez por mim, em particular. Hoje mesmo direi isso a ela.

8 de março

O Melhor de Todos os Tempos

Mas recebereis poder, ao descer sobre vós o Espírito Santo…
—Atos 1:8

Leitura de hoje

ATOS 1–2,4

Oração

Senhor, muito obrigado por fazer a Tua obra depender de nós. Enche-nos do Teu Espírito para falarmos com poder a todos os que vivem conosco.

Se você é um bom torcedor de futebol, deixe-me fazer-lhe uma pergunta: Qual é a melhor equipe de todos os tempos? Dou alguns minutos para você pensar quem poderia estar nas onze posições. Pronto? Com certeza muitos nomes entrarão na lista de todos: PELÉ, DI STEFANO, CRUYFF, BECKENBAUER, MARADONA, ZICO, ROMÁRIO, GARRINCHA, RONALDINHO, e alguns outros. Se lhe disser que a melhor equipe que houve foi formada por: PEDRO, JOÃO, TIAGO, ANDRÉ, FILIPE, BARTOLOMEU, MATEUS, TIAGO (Filho de Alfeu), TOMÉ e JUDAS (filho de Tiago) e SIMÃO, você quer saber onde jogaram? Não foi uma equipe esportiva, foram 11 homens capazes de mudar e transformar o mundo.

Quando o Senhor Jesus ressuscitou e subiu aos céus, ele foi "tranquilo", por saber que deixava na terra 11 homens capacitados para levar o evangelho a todo o mundo. Tinha passado três anos com eles, ensinando-lhes todas as coisas sobre a vida espiritual. Tinham sido três anos de treinamento duro, com alegrias e tristezas, com perseguições e louvores: três anos de saúde, de ajuda, de serviço aos outros. Três anos vivendo e compartilhando a vida com o próprio Deus.

Jesus treinou estes 11 homens e este foi o plano de Deus. E não houve outro. O que aconteceria se eles tivessem fracassado? Deus não deixou anjos para que proclamassem o evangelho, Deus não deixou sinais escritos no céu. Deus não utilizou uma voz potente que ressoasse em todo o Universo para fazer saber aos homens a Sua vontade. Todo o plano de Deus ficou nas mãos de onze homens simples, sem nenhum poder humano, bastante medrosos e incrédulos. Onze homens à espera de um poder sobrenatural.

Este foi o segredo. Deus enviou o Espírito Santo e encheu de poder a todos os que creram nele. Os medrosos agora proclamavam a mensagem até ao martírio e à prisão. Os antes incrédulos agora eram capazes de "transformar" o mundo: antes que terminasse o primeiro século, seriam mais de meio milhão de seguidores de Cristo!

Mudar o mundo — é para isto que Deus nos chamou, porque esta equipe original veio se ampliando e hoje milhões de pessoas fazem parte dela. Todos aqueles que seguem ao Senhor Jesus e a Seus ensinamentos formam esta equipe; o mundo é melhor por causa delas. Deus está nos chamando para transformar o mundo com uma tática muito concreta: mudar cada uma das pessoas que o habitam. Deus tem poder para fazer esta mudança. Esta equipe não perde nunca.

Nunca alguém na História fez tantas coisas boas pelo homem como Jesus e Seus seguidores.

Grito de Guerra

Na metade dos anos 1980 o *Real Madrid* de futebol se tornou famoso em toda a Europa pelas "viradas" no estádio Santiago Bernabeu. Não importava o resultado do jogo na eliminatória, (3x0,4x1,5x1), o *Real* dava a volta no marcador e seu adversário se via eliminado da competição. Caíram no estádio Bernabeu, o *Anderlecht*, o *Borussia*, o *Inter de Milão* e outras grandes equipes europeias. Um dos responsáveis pelo triunfo foi o jogador J. A. Camacho. Semanas antes do jogo ele gritava com cada companheiro: "Vamos fazer cinco gols neles! "Já estão tremendo de medo!"; "Se alguém está assustado ou acredita que vamos perder que não venha ao jogo"; e assim, um a um, quase "saltava" em cima deles e os convencia de que o milagre era possível. Se algum companheiro de equipe estivesse desanimado, ele era capaz de segui-lo até sua casa, gritando que iam ganhar. E no final sempre ganhavam.

As pessoas que exteriorizam seus sentimentos, são sempre pessoas bem-vindas em qualquer lugar e também na vida cristã. Eu diria que são imprescindíveis. No texto bíblico que lemos hoje, encontramos um homem que foi capaz de entrar em um lugar público andando, saltando e louvando a Deus.

Muito bem, sei que você vai me dizer que ele tinha motivos de sobra para isto. Fora paralítico durante mais de 40 anos e, agora Deus, por meio de Seus filhos, lhe fortalece as pernas e os tornozelos e ele consegue andar! Imagine a alegria deste homem! Não dava para ficar calado! Por toda parte ia andando, saltando e louvando a Deus. Não passava despercebido em nenhum lugar que estava: Deus tinha feito um milagre em sua vida e ele sabia agradecer-lhe publicamente.

E nós? Muitos poderiam dizer que em lugar de andar, saltar e louvar a Deus ficamos quietos, sem nos mover e sem dizer uma palavra. Às vezes até nos parece algo meio exagerado quando alguém louva a Deus desta maneira. Talvez porque estejamos meio mortos, ou porque não nos demos conta do que Deus fez em nossa vida.

Já nos esquecemos do que Deus fez por nós? Todos estávamos mortos e Ele nos deu vida (Efésios 2), nos salvou e nos fez Seus filhos, e todos os livros do mundo seriam poucos para escrever tantas bênçãos que recebemos dele. É por isto que Paulo, ao escrever o primeiro capítulo da carta aos Efésios nos diz que Deus nos abençoou com toda sorte de bênçãos espirituais. E as bênçãos materiais? Tente escrevê-las e verá como não é capaz de recordar nem uma centésima parte delas, elas são inumeráveis!

Não podemos ficar calados! Já chega de estarmos quietos! Ande, salte, louve a Deus! Grite ao mundo que não há nada maior do que Ele!

Às vezes deveríamos subir a um lugar bem alto e gritar: Deus meu, quão bom Tu és para conosco!

---

9 de março

...saltando e louvando a Deus.
—Atos 3:8

Leitura de hoje

ATOS 3
2 SAMUEL 2

Oração

Senhor perdoa-me por não ser agradecido. Quero te louvar mais a cada dia e fazê-lo com alegria. Que todos me escutem!

10 de março

Entregando o Jogo

> E não vos conformeis com este século…
> —Romanos 12:2

Leitura de hoje

ROMANOS 12–13

Nos jogos de classificação para a Copa do Mundo de 1994 aconteceu uma das maiores surpresas da história. A Colômbia ganhou no campo da Argentina de 5 a 0. Nunca havia acontecido algo semelhante antes. PACHO MATURANA, o treinador da Colômbia havia dito antes do jogo: "Eles têm história, nós temos talento." Ganharam porque souberam impor seu ritmo de jogo.

Deixar o adversário impor seu estilo de jogo é a causa de uma série de derrotas na vida esportiva. Na vida espiritual, corremos o mesmo perigo quando nos conformamos com o mundo. Conformar-se não é outra coisa senão tomar a forma do outro. Quando nos conformamos, nos deixamos levar, nos submetemos voluntariamente às normas e aos costumes do mundo. Isto significa fracassar e ser vencido.

E como isto acontece? Na maioria das vezes é um processo do qual nem sequer temos consciência. Tudo começa em nossa mente. Quando o inimigo chega a controlá-la, sabe que tem muito campo ganho. O Diabo tenta, por todos os meios, introduzir em nossa mente pensamentos que não estão de acordo com a vontade de Deus, e ele o faz de uma maneira muito sutil. Ele introduz ideias contrárias à Palavra de Deus com muitos meios: televisão, rádio, imprensa escrita, informações dos companheiros, conversas isoladas. Quando deixamos entrar informações em nossa mente, sem examiná-las à luz da Palavra de Deus, ficamos com o coração cheio de coisas que não valem a pena, e estamos destinados ao fracasso.

Temos a obrigação de renovar a nossa mente a cada dia. Como? Aprendendo a pensar como Deus pensa, sentindo como Deus sente, vendo todas as coisas tal como Deus as vê e fazendo em todo momento aquilo que Deus faria. Isto pode soar espiritual demais, não? No entanto, é possível viver desta maneira! Renovamos nossa mente quando tiramos dela todo o lixo que o mundo quer introduzir e a enchemos com a Palavra de Deus, do conhecimento de Cristo, do domínio do Espírito Santo em oração e obediência constante a Deus, fazendo o que fizermos, estando onde estivermos.

Conformar-se é deixar de lutar pelo melhor. É sempre mais fácil adaptar-se e conformar-se do que lutar para ser o primeiro. Da mesma maneira é mais fácil ser mais um nesta vida e ser dominado pelo mundo, do que lutar para ver as coisas como Deus vê. Mas se você se renova e não se conforma com o mundo, todos irão imitá-lo, porque vale a pena ser diferente.

Oração

Deus meu, abra minha mente e tira dela o que não é Teu. Ensina-me a julgar as coisas à luz da Tua Palavra e a renovar meus pensamentos. Quero pensar como Tu pensas.

Quem permite que sua mente se encha de lixo, vai cheirar mal.

11 de março

Corrida com Obstáculos

Quando se fala de corridas com obstáculos e de meio-fundo, imediatamente pensamos nos Quenianos. Nos Jogos de Seul 1988, Kariuki e Koepeh foram os dois primeiros atletas na prova dos 3.000 m com barreiras. Sempre que os "verdes" (como são chamados por causa da cor da camiseta) aparecem em uma prova, todo mundo sabe que vai ser difícil ganhar.

A vida é de certa forma, uma corrida com obstáculos. Assim como na prova há obstáculos, barreiras de tamanhos e distâncias diferentes entre elas, na vida existem circunstâncias que temos que superar.

Há obstáculos naturais, que são aquelas leis que regem o Universo: leis físicas, morais e espirituais, que não se alteram nem podem ser infringidas.

Há obstáculos artificiais criados pelo próprio homem quando pecou. Problemas oriundos da desobediência a Deus.

Há obstáculos criados por nós mesmos por causa das nossas limitações, quando desobedecemos às leis ou quando desprezamos o que Deus diz.

São muitos os obstáculos, mas a nossa glória consiste em terminar a corrida. Nossa força se demonstra ao irmos superando todos eles. Conforme avançamos na vida, adquirimos a capacidade de ultrapassar obstáculos mais perigosos, maiores, mais difíceis, mas o exercício é o mesmo: confiar em Deus uma vez e milhões de vezes. Quanto mais difícil for o obstáculo seguinte, mais se fortalecerá a nossa confiança nele. Não há um só obstáculo que Ele não tenha vencido. Não há uma só prova, uma só tentação, uma só situação difícil que possa sequer fazer cambalear o Deus Todo-poderoso.

Obstáculos não são nada mais do que dificuldades passageiras. A carreira continua e nós necessitamos da sabedoria de Deus para viver de acordo com a Sua vontade e saber saltar os obstáculos.

> Se, porém, algum de vós necessita de sabedoria, peça-a a Deus…
> —Tiago 1:5

Leitura de hoje

SALMOS 71,7,13

Oração

Senhor, Tu dizes que se temos falta de sabedoria, devemos pedi-la a ti. Dá-me hoje sabedoria para viver de acordo com a Tua vontade e que nenhum obstáculo me faça cair.

Quanto mais obstáculos saltarmos, mais nos fortaleceremos.

12 de março

O Homem Perfeito

> Porquanto, nele, habita, corporalmente, toda a plenitude da Divindade.
> —Colossenses 2:9

AMARILDO foi um dos jogadores brasileiros que mais impressionaram na Europa nos últimos anos. Desde sua chegada ao *Celta de Vigo* (Espanha) como um centroavante rompedor, baseou grande parte do seu jogo em sua força e em nunca duvidar ao encarar o "choque". Apesar de ser um grande jogador, Amarildo sempre tentou explicar, na maioria das entrevistas, quem era para ele o melhor exemplo de alguém realmente forte, e que não falhava nunca em sua vida: o Senhor Jesus.

Se nós perguntarmos quem foi o homem mais importante da história da humanidade, a resposta só pode ser uma: Jesus Cristo. Se perguntarmos quem foi o homem que mais influenciou nas decisões do mundo, no progresso da humanidade, no estabelecimento de liberdades e no desenvolvimento pessoal de cada indivíduo, a resposta só pode ser uma: Jesus Cristo. Se perguntarmos quem é o homem que mais seguidores teve a resposta só pode ser uma: Jesus Cristo. Uma vida de três anos de ensinamentos, sem meios de comunicação, sem grandes viagens, sem publicidade, sem dinheiro nem influências, foi capaz de dar um giro na História tão transcendental que até nosso tempo cronológico se conta antes e depois de Cristo. Ele não era só um homem. Era muito mais.

Hoje lemos a carta de Paulo aos Colossenses. Vou lhe pedir um pequeno favor: vamos lê-la outra vez, mas agora sublinhando tudo o que diz a respeito deste homem transcendental: Jesus Cristo. Examinando a Bíblia, a História e a experiência, não podemos chegar a outra conclusão senão esta: que Jesus era mesmo Deus feito homem. Isso Ele mesmo falou em muitas ocasiões (tanto que os judeus quiseram matá-lo pelo que havia dito). Ele demonstrou isto com Seus atos. A natureza o obedecia e o admirava. Os homens (inclusive Seus inimigos) reconheciam que Sua vida era diferente. Deus mesmo falava e atuava nele. Que incrível! Jesus foi o meio mais perfeito pelo qual Deus nos falou. Jesus era um homem perfeito e muito mais, era Deus feito homem.

Você já encontrou alguma das coisas que Deus nos diz em relação ao Senhor Jesus na carta aos Colossenses? Vou lhe dar algumas pistas:

O poder da glória de Cristo (1:11)
Cristo é a imagem do Deus invisível (1:15)
Cristo é o Criador de todas as coisas (1:16)
Cristo existe antes de todas as coisas, e todas as coisas vivem nele (1:17).

Você pode continuar com os outros versículos? Isso terá grande importância para você. Não existe nada mais importante que reconhecer a Jesus como Senhor. Ele é o Senhor do universo. Ele é o Senhor da sua vida?

Leitura de hoje

COLOSSENSES 1

Oração

Senhor, Deus nosso, te louvamos pela Tua manifestação no mundo, na pessoa de Jesus! Não queremos nos cansar de proclamar que Tu és o Senhor.

Quem vê em Cristo apenas um homem, está cego. Quem o reconhece em Deus, deu o primeiro passo à liberdade.

13 de março

Que Sorte!

No final dos anos 1990 o jogador de futebol Sávio foi uma das grandes revelações. Desde seus primeiros jogos no Brasil ele se destacou pelo drible fácil e por uma qualidade de jogo quase incrível. Teve a "sorte" de chegar a um dos clubes mais importantes do mundo, o *Real Madrid*, onde se tornou uma peça chave da equipe, nos anos que se seguiram, a ponto de voltar a defender a camisa da Seleção Brasileira na condição de titular.

Ninguém teve tanta sorte nesta vida como nós, os que aceitamos a Jesus em nosso coração. Deus, um dia nos nomeou herdeiros de tudo o que possui e repartiu a Sua herança conosco. Temos parte nela. Tivemos "sorte".

As pessoas pensam que ter sorte é receber vários milhões de reais, subir na escala social, alcançar um projeto quase impossível ou ser admirado por todos. Na verdade não é assim, porque tudo o que se consegue nesta vida acaba um dia, e então, de que terá valido a nossa sorte? No entanto, o que Deus dá, não acaba com o tempo nem com os nossos dias: é algo que dura para sempre, algo que se recebe uma vez e ninguém e nem nada pode tirá-lo de nós. Veja o que diz o Salmo 16:5 "…tu és o arrimo da minha sorte."

Você já parou para pensar que Deus é o dono do Universo? Todas as estrelas, as galáxias, os mundos, são de nosso Pai! Como não ter "sorte" com um Pai assim? Quantas vezes estamos atrás do "lixo" que o mundo oferece e perdemos a glória que já nos pertence, que é nossa herança! Quando recebemos Deus pela fé em nossa vida, passamos a ser as pessoas mais "ricas" que existem: temos vida para sempre, Deus passa a viver conosco, a cuidar de nós. Tornamo-nos parte da família mais importante que existe. Contamos com o poder do Espírito de Deus e o Senhor Jesus não se envergonha de chamar-nos irmãos! Tudo isto, além de milhares de promessas da Palavra de Deus para nós. Queremos mais?

O que Deus nos dá sempre é o melhor, mesmo que às vezes seja difícil de entender. Tudo o que somos é herança de Deus para nós. É nossa sorte. Somos felizes com o que Deus fez em nós, com o que somos física, moral e espiritualmente. Não amaldiçoe a sua sorte! Deus tem uma herança preparada. Você é o mais importante para Ele.

…segundo o propósito daquele que faz todas as cousas…
—Efésios 1:11

Leitura de hoje

EFÉSIOS 1
2 SAMUEL 9

Oração

Senhor e Deus do universo, muito obrigado pelo que sou e pela maneira como me fizeste. Sei que me amas e que para ti tenho muito valor. Sou feliz pelo que fizeste em minha vida. Sou feliz pela herança que tens preparado para mim.

É privilégio ser filho de Deus. Nosso Pai é o dono de tudo.

14 de março

Levanta e Sacode a Poeira

Prossigo para o alvo, para o prêmio da soberana vocação de Deus em Cristo Jesus.
—Filipenses 3:14

Os participantes das provas de atletismo se caracterizam por sua resistência. Independente da especialidade são necessárias horas e horas de disciplina e de trabalho contínuo. Alguns chegam ao auge depois de muita persistência nos treinamentos e na competição: este é o caso de Javier Sotomayor, cubano, recorde mundial de salto em altura (2,45 m, em 1995) e vencedor do Prêmio *Príncipe de Astúrias*. Muitos dias treinando, correndo e saltando.

Quando uma pessoa corre grandes distâncias, dentro do atleta ocorrem processos físicos e psicológicos muito interessantes. Quando o corpo começa a se aquecer, as glândulas sudoríparas liberam líquidos para refrescá-lo. Quando as pernas e todo o corpo em geral necessitam de mais oxigênio, o cérebro ordena ao coração que acelere suas batidas e bombeie mais sangue a todo o organismo. Este sangue não vai todo na mesma direção. A parte superior do corpo recebe uma quantidade muito pequena, enquanto que a grande maioria vai do coração para as pernas. Os vasos sanguíneos destas se dilatam para receber este sangue suplementar. Ao mesmo tempo, a respiração se faz mais profunda para que o oxigênio chegue a todos os lugares do corpo. Ainda que nos sintamos cansados, o corpo reage com força para continuar correndo.

Como é importante chegar à meta! Como é importante correr e não desmaiar! Deus nos deu um corpo que é capaz de fazer verdadeiros "milagres interiores" para seguir adiante, mas a carreira não depende só do nosso físico, mas também da nossa mente.

É a mente que muitas vezes nos força a abandonar, e que em muitas situações na vida nos diz: "não vale a pena seguir"; já caiu tantas vezes, se sente tão cansado. Abandona de uma vez! Muitas vezes estamos a ponto de fazer isto mesmo. O importante, no entanto, é alcançar à meta. Não importa as vezes que caiamos, nem o cansaço que sintamos. O importante é chegar! Ninguém pode se livrar das quedas, mas sim de ser derrotado. A Bíblia nos diz que ainda que caiamos sete vezes, tornemos a nos levantar! É verdade que, quando caímos, temos a impressão de que não poderemos continuar. Talvez na nossa vida cristã tenhamos caído centenas de vezes no mesmo lugar e parece que Deus ficou muito longe. "O que Ele pensará de mim agora? Outra vez estou no chão!" Não fique aí! O importante é seguirmos adiante e não perdermos nosso amor e obediência a Deus. O que Deus mais admira em nós é nossa lealdade (Oséias 6:6), apesar de nossas quedas. Não fique no chão. Prossiga para o alvo e seja leal a Deus. O prêmio está muito próximo.

Leitura de hoje

ISAÍAS 40
FILIPENSES 2:13-21
SALMO 78

Oração

Senhor Jesus, Tu sabes que caí pela enésima vez. Quero confiar novamente em ti. Sabes que Tu és quem mais amo no mundo. Ensina-me a ser sempre leal a ti sempre e a completar minha carreira contigo.

Cair não é tão perigoso quanto permanecer caído.

15 de março

Não há Gigante que Resista

Todos os fanáticos por basquete conhecem Larry Bird, talvez o melhor jogador de basquete, branco, que o mundo já viu em todos os tempos. O que poucos conhecem é o começo de sua vida esportiva. Quando Larry chegou à Universidade de Indiana, ao ver o seu tamanho comparado ao de quase 20 mil alunos que estudavam ali assustou-se tanto, que voltou ao seu povoado. Trabalhava de lixeiro quando o treinador da equipe *Indiana State* (que havia escutado falar dele) o convenceu a voltar a jogar. Mais tarde seria campeão do mundo em várias oportunidades.

Creio que não existe qualquer pessoa que não tenha tido medo pelo menos em uma ocasião. Sempre encontramos situações, pessoas ou lugares que nos impressionam. Às vezes não nos importamos e seguimos adiante, mas normalmente retrocedemos assustados. Talvez pensemos que não valha a pena "encarar". É melhor vivermos tranquilos.

Em Josué 1:9 encontramos a seguinte ordem: "Sê forte e corajoso." Isto quer dizer que o cristão nunca tem medo? Não, o que quer dizer é que necessitamos de mais coragem. Os gigantes não têm que nos vencer sempre. As circunstâncias mais adversas não têm direito de governar sobre nós. Deus continua nos dando a mesma recomendação que dava ao Seu povo na antiguidade: "Usa a força que tens."

Você talvez ainda pense: "Eu não posso fazer nada!" Quando nos deparamos com alguma situação difícil todos nós cremos que fomos vencidos e descobertos. Quando levamos muito tempo orando pela solução de um problema grave e nada acontece, começamos a achar que este gigante não será vencido. Quando pedimos a Deus que toque o coração de uma pessoa e passam os dias sem nenhuma mudança... tendemos ao desânimo.

No entanto, a vida cristã é uma vida de valentia. Ninguém sabe mais o que significa enfrentar a tudo e a todos, como os cristãos. Estamos acostumados a desafiar o mal e para isto é necessário coragem. Quando testificamos do que cremos e as pessoas zombam de nós, necessitamos coragem! Quando queremos servir aos outros e alguns acreditam que estamos loucos, necessitamos ser valentes, utilizar a força que temos. Ser valente é mostrar aos outros o que somos, sem medo do que possa acontecer!

Todos precisamos aprender a ser valentes. Nada pode nos vencer. Deus continua chamando cristãos corajosos. Deus continua pedindo que usemos a força que temos: a Sua força. Não há gigante que possa resistir.

...Vai nessa tua força...
—Juízes 6:14

Leitura de hoje

JUÍZES 6–7

Oração

Senhor ensina-me a ser valente e a não me envergonhar de ti em nenhuma situação. Coloca o Teu poder em mim e ensina-me a usá-lo adequadamente.

Ser valente é mostrar o que somos, digam o que disserem!

16 de março

A sós com Deus

Ele, porém, se retirava para lugares solitários e orava.
—Lucas 5:16

Um dos tenistas que mais prêmios ganhou ao longo da história foi o argentino GUILLERMO VILAS. Inclusive em Torneios como "Roland Garros", ninguém ganhou tantas partidas como ele — 57. Foi famoso não só por ter vencido todos os grandes torneios *(Roland Garros, Austrália, USA, Masters)* como também por suas poesias.

Os grandes prêmios são conquistados sempre no tempo a sós, no treinamento, nas práticas intermináveis.

Algo muito parecido ocorre em nossa vida cristã: o tempo a sós com Deus é o segredo. E preste bem atenção que escrevi *tempo*. Da mesma maneira que a ninguém ocorreria ganhar um grande prêmio com uns minutos de treinamento diário, nós não temos direito de pensar que nossa vida cristã irá bem com apenas uns minutos a sós com Deus.

Leitura de hoje

JOÃO 17
1 REIS 8
SALMO 79

Tantas vezes falamos da importância de passar uns minutos com o Senhor, que acabamos tendo a impressão de que só isto já basta. Não é bem assim. Não podemos reconhecer Seus planos para nós em conversas de poucos segundos. Não podemos lhe explicar a situação de nossa vida em questão de momentos. Necessitamos passar tempo a sós com nosso Deus. Precisamos falar com Ele.

Olhe o exemplo do Senhor Jesus. Diante de qualquer decisão em Sua vida, Sua atitude era sempre a mesma: retirava-se para lugares solitários e orava. E às vezes, a noite toda! E Ele era Deus! Se Ele precisava deste tempo a sós em oração, quanto mais nós! Quando a situação se torna difícil, quando desconhecemos o futuro, precisamos orar a Deus. Quando algo muito importante vai acontecer em nossa vida, quando falamos a alguém de Jesus, e em todo tempo precisamos orar a Deus.

Oração

Senhor Jesus, aqui estou a sós contigo. Quero colocar em Tuas mãos minha vida, quero te falar de _____ .

Ah! Preste bem atenção, que estamos falando de orar, conversar com Deus e não essa coisa de rezas aprendidas que você não entende, os chavões que colocamos sempre no começo, no meio e no fim de nossas orações. Algumas pessoas são tão mecânicas e repetitivas em suas orações, que se colocarmos uma gravação dá o mesmo resultado. Não. Orar é conversar com Deus: ser sincero e pessoal diante dele. Orar é abrir nosso coração a Deus. Orar é falar com o melhor amigo que temos; nosso pai, nossa fortaleza, nosso protetor, nosso refúgio, nosso amor, nosso criador, aquele que nos ajuda... Ele sempre nos escuta, e só existe um segredo para conseguir a vitória: tempo a sós com Deus. Vamos, o que você está esperando?

Nenhum momento é mais valioso do que o tempo a sós com Deus.

17 de março

Sem blá, blá, blá

O ganhador do *Tour de France* durante os anos 1924–25, foi Botechia. Durante a Primeira Guerra Mundial ele havia combatido na frente austríaco-italiana e muitas vezes teve que levar mensagens a seus chefes de bicicleta, em meio das balas do inimigo. Tudo o que aprendeu ali, lhe serviu para ganhar a corrida mais importante do calendário ciclista. Havia aprendido a viver em circunstâncias muito difíceis, e a arriscar sua própria vida por amor aos outros.

Sempre que alguém se vê envolvido em situações difíceis, aprende a ter mais força em sua vida. Nossa vida cristã não depende do que dizemos, mas do que fazemos. Muitas vezes necessitamos estar em situações complicadas para depender de Deus e para receber poder. Estamos acostumados a falar muito e fazer pouco. Somos especialistas em palavras e analfabetos em poder. E esquecemos que o reino de Deus não consiste em palavras, mas em poder.

Onde está o poder para mudar o mundo? Deus pode nos usar para fazer isto?

Acostumamo-nos a vencer através das circunstâncias da vida ou normalmente escapamos de todas as situações complicadas? Deus usa aqueles que têm aprendido a suportar dificuldades e a resolver conflitos não com palavras, mas com poder.

A raiz do poder não costuma estar na grandeza, nas grandes privações ou em alguma "fórmula secreta". Deus coloca o poder em nossa vida de acordo com o nosso amor aos outros. Pode-se dizer que o poder vem da compaixão que temos uns para com os outros. Se nossa vida consiste em somente olhar para nós mesmos, não necessitamos do poder de Deus para nada. Se não somos capazes de sofrer pelos demais, lutar pelo bem dos outros, chorar ao vê-los longe de Deus, se não temos compaixão, nosso cristianismo não passa de palavras sem poder.

Quando o Senhor Jesus estava fisicamente na terra, sentia compaixão pelas pessoas: curava, amava, ajudava, falava do reino de Deus; fazia tudo para que as pessoas tivessem um significado em sua vida. E Ele o fazia por amor: Seu interior chorava ao ver o homem ou a mulher sem direção. Enquanto não aprendermos a ver cada pessoa desta forma, nosso cristianismo é só de palavras, e sem poder. Precisamos depender do Espírito de Deus para receber dele compaixão e poder.

> Porque o reino de Deus consiste não em palavra, mas em poder.
> —1 Coríntios 4:20

Leitura de hoje

1 CRÔNICAS 19–20
ISAÍAS 37

Oração

Senhor perdoa-me porque muitas vezes só prestei atenção às palavras, e não sentia compaixão pelas pessoas. Ensina-me a amar a todos e a lhes mostrar o Teu poder.

Se você não pode ser exemplo, é melhor sentar-se e calar-se.

18 de março

Quer ele venha na segunda vigília, quer na terceira, bem-aventurados serão eles, se assim os achar.
—Lucas 12:38

Leitura de hoje

ISAÍAS 60, 63, 65–66

Oração

Senhor prometeste voltar outra vez e eu estou te esperando. Ensina-me a aproveitar o tempo de espera e ganhar mais almas para ti.

De Plantão

EARVIN JOHNSON. Lembra-se deste nome? Com certeza se eu disser "Magic" já sabe a quem me refiro. Tem sido o melhor na posição de base de toda a história do basquetebol. Campeão com os *Lakers* na *NBA*, durante os anos 1980, 82, 85, 87 e 88. Melhor jogador da Liga em 1987. Melhor jogador dos *play-offs* em 1980, 82 e 87. Um dia disse: "aos garotos que querem ser alguém no basquete, digo: joguem dia e noite".

Antes de o Senhor ressuscitar e subir aos céus deixou muito claro uma coisa: um dia voltaria. Durante três anos ensinou às pessoas e aos Seus discípulos as verdades do Reino de Deus, dedicou parte do tempo a explicar detalhes de Sua segunda vinda. Sinais estão se cumprindo; profecias, que indicam o dia e a hora de Sua volta. Acontecimentos vão aparecendo na História como foram preditos por Ele. Sim, logo Ele vai voltar... Antes que termine este ano? Antes do final do mês? Ou virá antes que chegue a noite?

Muito tempo tem sido dedicado a estudar os sinais e os acontecimentos. Muitas vezes têm havido informações e conclusões erradas com as quais o Diabo pretende lançar dúvidas sobre a Palavra de Deus. Mas o certo é que, a cada dia que passa, falta menos tempo para que Jesus Cristo volte. Muitos o estão esperando, anelam ardentemente vê-lo chegar. Muitos sabem que chegará o dia mais glorioso da história atual, quando o Senhor chegar com poder e glória. Todos irão vê-lo! Muitos oram diariamente para que este momento chegue. E nós, também desejamos Sua volta?

Bom, sei que todos os que cremos no Senhor Jesus e em Sua obra na cruz em nosso favor, desejamos Sua volta, mas só uma pergunta mais: demonstramos este desejo em nosso viver? Gostamos muito de falar de sinais e profecias. Ficamos encantados ao ler a Palavra de Deus e reconhecer com segurança que Jesus vai voltar rápido! No entanto, buscamos tesouros na terra como se Ele nunca fosse voltar. Lutamos contra nossos irmãos, deixamos de falar do evangelho aos perdidos, somos muito egoístas e materialistas esperando que Ele demore em voltar.

Como nos encontrará quando voltar? A melhor maneira de saber se o que fazemos é correto ou não, é responder a um teste muito simples: Se soubéssemos que Ele viria em poucas horas, faríamos o mesmo que estamos fazendo neste momento? Se a resposta for não, não estamos vigiando e esperando que Ele venha. Mas, ainda não é tarde. Ainda podemos buscar a glória de Deus e ensinar às pessoas ao nosso redor que olhem para o céu. Cristo virá outra vez, e pode ser que venha hoje mesmo!

Jesus voltará a qualquer momento. Seus amigos já sabem disto?

19 de março

Não Coloque a Vida em Jogo

Em 1975 no *GP de Fórmula 1* de Nurburgring, aconteceu um terrível acidente em que Niki Lauda se viu envolvido. Niki era o primeiro no campeonato mundial daquele ano, mas esse acidente o afastou por vários meses das pistas. Ele chegou a tempo de disputar a última prova no Japão: necessitava poucos pontos para ser campeão mundial. No entanto, após a largada decidiu abandonar a corrida. A chuva e as más condições da pista o fizeram recordar seu acidente e preferiu se retirar a arriscar sua vida. Niki Lauda foi três vezes campeão mundial e um dos cinco melhores pilotos de toda a história da Fórmula 1.

Poucas vezes se ressalta a importância de saber retirar-se a tempo. Ainda que a princípio pareça uma derrota, é muito sábio não arriscar-se em situações que não têm qualquer importância.

Muitas vezes nos empenhamos em levar adiante nossos planos, caia quem cair… e às vezes nós é que caímos. Arriscamos nossa vida, nossa reputação ou nosso futuro em guerras perdidas. Nosso inimigo, o Diabo, se alegra quando caímos e, muitas vezes, em armadilhas que nós mesmos preparamos.

Há muitos exemplos e vamos falar de um dos mais óbvios. Sabe qual é a causa número um de mortalidade nos países desenvolvidos? As estradas. Mais certo seria dizermos — os carros e, "dando os nomes aos bois" — os motoristas. Quase 80 por cento dos acidentes mortais se devem às falhas humanas e, destes, a grandíssima maioria são falhas que poderiam ter sido evitadas.

Algumas pessoas se transformam quando sentam atrás de um volante. Pensam que são "donos do mundo". Os sinais de trânsito, limitações e polícia não foram feitos para elas. Parece que a única coisa certa para elas é o cemitério. O pior é quando brincam com a vida dos outros. Suponho que ninguém que diz amar a Deus e as pessoas pode dirigir desta maneira. É curioso que todas as limitações que alguém possa ter, desaparecem quando se acha ao volante e alguns demonstrem que não são mais do que homicidas enrustidos.

Só uma recomendação: não entre no jogo desta gente. Estas pessoas buscam outros motoristas para competir em plena estrada e fazem todo o possível para "mexer com você", fazer "pegas" jogando com sua vida e com a dos outros. Não brinque com a vida tentando competir com um louco! É melhor cumprir as regras de trânsito e continuar vivo! De nada serve uma vitória se receber como prêmio uma estada numa suíte de hospital. De nada serve alimentar nosso orgulho por algo que fizemos se estamos arriscando a vida dos demais. Uma retirada a tempo pode ser uma grande vitória. Cuide da sua vida e da vida dos outros, porque alguém se alegrará ao ver você cair. Não arrisque a sua vida!

Por mais importante que seja o jogo, não vale a própria vida.

…e não se regozijem os meus adversários, vindo eu a vacilar.
—Salmo 13:4

Leitura de hoje

MATEUS 14
JUÍZES 20

Oração

Senhor ensina-me, a saber, perder para poder ganhar. Ensina-me a não responder com violência. Ensina-me a receber vida e não a perdê-la.

20 de março

Sob Controle

E não vos embriagueis com vinho, no qual há dissolução, mas enchei-vos do Espírito.
—Efésios 5:18

Todos os anos celebra-se na *NBA (All Star)* com os melhores jogadores de basquete de todo o mundo. Antes do jogo (normalmente no dia anterior) se promovem os concursos de "cestas" e "triplos". Este último, para lançadores de longa distância: o que consegue mais acertos após os sete metros é o vencedor. Um destes vencedores foi Dale Ellis (dos *Sonics*) um jogador muito jovem com um futuro impressionante. No entanto, este jogador viu a sua carreira interrompida: sofreu um acidente de carro que produziu várias fraturas e hematomas de difícil recuperação. E tudo por dirigir embriagado.

Leitura de hoje

ATOS 3,6,8

Deus nos adverte em muitas passagens bíblicas sobre o perigo do álcool. Um deles está no texto lido hoje: "não vos embriagueis com vinho". Qualquer substância que faz uma pessoa perder o autocontrole é má, e o álcool é talvez a mais perigosa delas, considerando seu uso generalizado na sociedade. Milhares de vidas têm sido destruídas pelo álcool. Pode se perder uma vida de sucesso por meio de um só ato: permitir que o mal penetre o nosso interior, ainda que seja em uma só ocasião. O ensinamento bíblico é muito claro: quando uma pessoa se alcooliza, é controlada por esse líquido. Quando somos cheios do Espírito de Deus, somos controlados pelo Espírito Santo. "Cheios do Espírito", esta é a chave. Tão simples e tão complicado ao mesmo tempo. Simples, porque quando uma pessoa está cheia do Espírito de Deus, é Ele quem controla tudo e busca aquilo que glorifica a Jesus. Complicado, porque para que o Espírito controle a nossa vida, precisamos dar-lhe o direito de fazê-lo. E isto é difícil. Somos orgulhosos demais para ceder o controle de nossa vida a alguém, nem mesmo a Deus.

Oração

Senhor examina o meu ser e limpa-me de tudo o que é pecaminoso. Enche-me do Teu Santo Espírito para que Ele controle toda minha vida, assim poderei glorificar-te.

É impossível viver uma vida cristã que agrade a Deus se não formos cheios do Seu Espírito. Ou é o próprio Deus que controla os nossos atos, ou somos nós. Ou lhe damos o direito de governar a nossa vida, ou nós o fazemos. Se realmente desejamos obedecer a Deus, devemos começar fazendo algo muito simples: pedindo a Ele que limpe todo nosso ser e o preencha com o Seu Espírito. Você já tentou alguma vez encher uma vasilha que contém todo tipo de papéis, pedras ou plásticos? Não é impossível? Da mesma maneira nós temos que nos esvaziar de tudo o que é pecaminoso para que Deus nos encha do Seu Espírito. Isto é uma obrigação, não é opcional.

Ah! Ia me esquecendo: ser cheio do Espírito é algo que necessitamos todos os dias. Sermos renovados conforme a imagem do Senhor e conforme a Sua vontade; é um exercício espiritual diário. Não há nada que substitua isto.

Nada deve nos dominar, somente o Espírito Santo.

21 de março

Não Olho Para as Circunstâncias

Ao longo da história da natação houve homens e mulheres que sempre foram admirados, como Michael Gross, apelidado de "albatroz", campeão nos Jogos Olímpicos de Los Angeles, em 100 e 200 m de nado borboleta, com vários recordes mundiais. Quando nos Jogos seguintes, em Seul ele perdeu a final dos 100 m, muitos disseram que ele estava acabado, que já não servia para tal competição. Michael demonstrou que seus críticos estavam redondamente enganados ao obter, poucos dias mais tarde, a medalha de ouro nos 200 m de nado borboleta. As pessoas são terríveis: em um momento nos elogiam e admiram, em outro nos odeiam.

Com o Senhor foi assim: num curto espaço de tempo, os mesmos que queriam fazer dele um rei, quiseram crucificá-lo. Quando Jesus entrou triunfalmente em Jerusalém, todos o aclamavam e gritavam: "Bendito o que vem em nome do Senhor!" Todos lançavam palmas aos Seus pés e, alguns até lançavam ao chão seus próprios mantos para que o jumentinho montado pelo Senhor não pisasse na terra. Queriam fazê-lo rei! Dariam sua vida por Ele se fosse necessário! Era a pessoa que mais admiravam e todos o seguiam pelo caminho.

Dias mais tarde, a mesma multidão gritava tanto que o governador quase não podia falar. Mas agora não queriam que Jesus fosse seu rei, queriam matá-lo. Agora não lançavam seus mantos ao chão, mas arrancavam o manto dele para deixá-lo nu. Já não estavam mais dispostos a dar suas vidas por Ele, mas gritavam para que Ele fosse crucificado e que em Seu lugar fosse libertado um malfeitor. Por quê? Qual a razão desta mudança? Só uma: o pecado da humanidade; nosso pecado, porque eu e você teríamos feito o mesmo, não tenha nenhuma dúvida.

Jesus disse aos Seus discípulos: "Se isto fazem a mim, o que não farão a vocês?" Se pensamos que nossa vida pode ser melhor do que a do nosso Mestre estamos enganados: se a Ele perseguiram, farão o mesmo conosco.

Muitas vezes nos preocupamos sem motivo porque não aprendemos a viver independente das circunstâncias. Dói-nos quando nos rejeitam e nos sentimos bem quando nos admiram. E isto não é sábio nem sequer correto. Devemos aprender a tratar o sucesso e o fracasso como dois impostores que querem influenciar nossa vida. Se os que nos elogiam ou nos criticam têm algum poder sobre nós, na verdade temos que nos lamentar.

Deus nos diz que devemos aprender a ter alegria independente das circunstâncias. Temos um exemplo admirável em Jesus: Ele foi o mesmo quando o queriam tornar rei e quando o desejavam crucificá-lo. Ele soube seguir, amando Seus amigos, e Seus inimigos.

O sucesso e o fracasso são dois ladrões da alegria. Não permita que o dominem!

...Bendito é o Rei...
—Lucas 19:38

...Crucifica-o!
—Lucas 23:21

Leitura de hoje

LUCAS 18–19

Oração

Senhor ensina-me a amar todos os que me cercam. Tanto os que me elogiam como os que me criticam.

22 de março

Um Pé na Cova

…indignaram-se contra os dois irmãos.
—Mateus 20:24

Leitura de hoje

MATEUS 19–20

Creio que este é o esporte que todo mundo gostaria de praticar: dá a impressão de que não é muito cansativo e os grandes passeios pelo campo fazem parecer divertido. Mas não é assim. Todos os que já o jogaram alguma vez sabem da dificuldade do golfe e muito mais em uma grande competição! Um dos melhores jogadores do mundo chama-se BERNARD LANGER. Praticamente, não existe um só grande prêmio que ele não tenha vencido. Bernard é um estudioso da Bíblia, que a lê com os jogadores adversários antes de começar os percursos! Há pouco tempo, Bernard disse: "Acho algo grandioso quando cristãos de equipes diferentes podem adorar o mesmo Deus."

É uma qualidade importante amar aos outros, mesmo quando são nossos adversários. E é um grave perigo sentir ciúmes do outro jogador. Ainda mais quando se é da mesma equipe! Diariamente escutamos notícias sobre problemas ocasionados pelo ciúme dentro de uma equipe. Deus diz que o ciúme é obra da carne e, portanto, é algo animal, terreno e diabólico. Ele destrói nossa relação com os outros e também a nós mesmos, pois nos impede de amar. No fundo, uma demonstração de amor a si mesmo, uma manifestação palpável de egoísmo e orgulho.

A toda hora ouvimos sobre divisões nas igrejas motivadas por ciúmes de algum de seus membros. "Porque não me pediram para fazer isto? Porque pediram a outro? Porque fulano é quem leva toda a glória, se fui eu que fiz o trabalho?" Ciúmes — um monstro que machuca e destrói.

E não é só isto. O que dizer dos ciúmes dentro da obra de Deus? Em muitas ocasiões, por trás das críticas a alguém, não existe nada além de ciúmes de sua influência, de seu poder ou até de seu sucesso espiritual! Quão maus conseguimos ser! Esquecemos que somente Deus deve receber glórias. E quantas vezes nós buscamos esta glória! Não nos damos conta de que esta glória em mãos humanas, não dura e não faz qualquer bem; sabemos que não pode ser nossa, mas prosseguimos sentindo ciúmes.

A Bíblia diz que o ciúme é duro como o sepulcro, porque pode chegar a "matar" a pessoa que o guarda dentro de si. Aquele que dá lugar ao ciúme em sua vida, vive cego ao amor dos outros: levanta uma barreira que impede que outros atravessem. É incapaz de ver o bem que outros fazem por ele, somente sente ciúmes e o ciúme o destrói, mata e afoga o amor; inclusive o amor de Deus.

Oração

Senhor quero te agradecer pela vida de _____ e por todo o bem que fez em minha vida, e que abençoe especialmente a _____.

Ao que vive cego pelos ciúmes, tudo parece mal.

23 de março

O Pioneiro

ALEX DIAS RIBEIRO é o Diretor Executivo do grupo "Atletas de Cristo" há 14 anos. Quando participava nas provas de Fórmula 1, levava um adesivo no seu carro que dizia "Cristo Salva" e por isso, com o tempo, ficou conhecido por "Alex Cristo Salva". O que queria era levar a mensagem mais importante que há na vida e que esta mensagem chegasse a outros atletas. Hoje, são milhares os que já conhecem pessoalmente a Jesus, mas Alex tem a satisfação de ter sido um dos pioneiros entre os desportistas cristãos.

É difícil ser um pioneiro: ele trabalha mais do que ninguém e os frutos, são colhidos por quem vem a seguir. É necessário ser um tipo de pessoa especial para ser pioneiro em qualquer campo da vida.

Na vida cristã, o pioneiro é aquele que vai ajudando aos outros, o que vai adiante, o que entra em lugares onde nenhum outro se atreveu a entrar. É comum passar anos e anos só conhecendo o desalento, lágrimas e o desespero. Ele chega a pensar em abandonar sua missão, que não está no lugar certo, ou que algum outro poderia ter feito melhor.

Sabe, nenhum de nós estaria agora onde está se não fosse pelos pioneiros. Nenhum de nós teria conhecido o evangelho, se pessoas não tivessem renunciado a tudo o que tinham para ir a outros lugares como pioneiros. Nenhum de nós teria crido em Deus se não houvessem homens e mulheres que decidiram ser pioneiros na proclamação da mensagem do amor de Deus. Todos nós lhes devemos muito.

O melhor exemplo destes pioneiros a serviço de Deus é o do apóstolo Paulo. Pouquíssimas pessoas chegaram a tantos lugares diferentes como ele: não existia um só lugar conhecido para onde ele não quisesse levar a mensagem do evangelho. Toda sua vida foi uma contínua viagem pioneira para alcançar novas pessoas. Paulo sabia da aventura de chegar a novos lugares e desafiar todas as coisas, conhecidas e desconhecidas, pregando a verdade.

Deus utiliza o trabalho dos pioneiros para chegar aos lugares em que nunca se ouviu o evangelho. Existem muitas formas de ser um pioneiro. Você é um?

Só o pioneiro conhece a aventura de abrir novos caminhos.

Eu plantei, Apolo regou…
—1 Coríntios 3:6

Leitura de hoje

1 REIS 17
GÊNESIS 48–49

Oração

Senhor dos céus, obrigado pelas pessoas que me ensinaram o evangelho. Eu também quero levar Tua Palavra a outros.

24 de março

> Se te remontares como águia e puseres o teu ninho entre as estrelas, de lá te derribarei, diz o Senhor.
> —Obadias 4

Leitura de hoje

EZEQUIEL 9
OSÉIAS 9–10

Antes que a Casa Caia

Vice-campeão do mundo, mas vítima da liberdade. Como pode ser possível? O russo Konichev, um dos ciclistas com mais futuro de todos os tempos, ficou completamente arruinado para o esporte ao sofrer um acidente de automóvel quando dirigia em más condições e mal-acompanhado. Não é uma história nova. Muitos dos melhores esportistas se perdem pelo exagerado desejo de ter tudo, desfrutar de tudo, de acharem-se os melhores do mundo, até que um dia "a casa cai".

Algumas pessoas, quando conseguem muitas coisas na vida, passam a acreditar que de mais nada necessitam. Grandes esportistas chegaram ao ápice de suas carreiras e então começaram a "desfrutar a vida", sem dar ouvidos a nenhuma voz que lhes lembrasse que são simples mortais. É um dos maiores problemas: o orgulho da vida, o impulso de satisfazer todos os desejos. A única coisa importante é se divertir. Que são uns poucos dias?

Mas, espere! Este estilo de vida me parece muito familiar. Creio que não só os famosos, mas muitas outras pessoas colocam as suas esperanças na diversão, no dinheiro, no poder, nos "amigos". Para tais pessoas é só isso que vale. Se alguém lhes fala de Deus, dizem que ninguém até agora provou que Ele existe: "eu não creio, só creio no que se pode ver e apalpar, o que fazemos com nossas mãos". E assim vivem, dia após dia, sem se importar com seu futuro, seu passado ou presente.

Não se dão conta de que eles mesmos estão crendo diariamente em milhares de coisas que não veem nem entendem. Muitos fenômenos naturais (o ar, muitos componentes químicos, etc.) não são "demonstráveis" e, no entanto, não quer dizer que não existam. E sem falar dos espirituais! Você já viu alguma vez o amor? E a paz? E a segurança? Não lhes ocorre dizer que não existem, porque milhões de pessoas no mundo são testemunhas de que existem! E Deus? Não é mais real do que todas as outras pessoas? Tanto o é, que sem Ele nada mais seria possível.

Qual é a esperança de sua vida? Por mais alto que você suba, Deus vai fazê-lo cair dali. Ainda que ponha seu ninho entre as estrelas. Um dia, sua esperança vai se destruir com sua própria morte e então, o que você fará?

Oração

Senhor, não quero viver sem ti. Rompe meu orgulho e ensina-me que sem ti nada sou: faz de mim uma nova pessoa.

Quanto mais alto você subir, maior será a queda.

25 de março

O Pequeno Também Derruba

Frequentemente achamos que as pequenas coisas não têm importância. Botechia foi um dos vencedores do *Tour de France*, na primeira metade do século. Faleceu poucos anos depois. Apareceu morto na estrada: e durante muito tempo não se soube o que havia acontecido. Queda? Assassinato? Anos mais tarde, um agricultor confessou ter matado um desconhecido com uma pedrada, porque estava roubando frutas de sua terra. Este desconhecido era Botechia, que apesar de ter quase tudo, se "divertia" roubando frutas.

Várias vezes, ao longo do ano, falamos dos pequenos detalhes, das coisas que parecem não ter importância. É curioso: somos capazes de ser "fiéis" no muito... e caímos por qualquer bobeira. Pensamos que tudo estará resolvido se não roubarmos, se não adulterarmos, se não matarmos, se não blasfemarmos e, no entanto, dizemos "pequenas" mentiras para tirar proveito próprio, olhamos com paixão e desejo para o outro sexo, somos capazes de arruinar a vida de outro falando mal dele e não obedecemos ao que Deus diz.

E fazemos isto em muitas ocasiões. Talvez falemos de não roubar, mas, e as pequenas coisas com as quais ficamos e que não são nossas? Podemos falar de sinceridade, mas, e as "pequenas mentiras", as mentiras "piedosas"? Este devocional então, pode tornar-se bem incômodo se começarmos a falar de orgulho, inveja, pequenos ciúmes, murmurações, vaidade, indiferença para com o mal, pequenas superstições, desconfiança, mal entendidos, "rancores insignificantes" e uma lista interminável de pequenas coisas que nos estragam por dentro, que prejudicam a nossa relação com os outros e que vão diretamente contra a vontade de Deus. Portanto, são pecados, e fazê-los maiores ou menores é tolice.

No texto que lemos hoje, Deus nos faz uma pergunta muito direta: "até quando?" Até quando viveremos vencidos pelo mal com centenas de batalhas que nos fazem perder a verdadeira guerra? Até quando seguiremos nos enganando? Devemos lutar para ganhar todas as batalhas, não só as grandes, mas também as pequenas.

Deus nos prometeu a vitória em qualquer ocasião que lutemos contra o mal. Não existe inimigo grande ou pequeno para nós, pois Deus pode vencê-los. Viveremos derrotados por inimigos insignificantes?

...Até quando sereis remissos em passardes para possuir a terra que o Senhor, Deus de vossos pais, vos deu?
—Josué 18:3

Leitura de hoje

JOSUÉ 18
LEVITICO 10

Oração

Pai sei que Tu tens poder para vencer todas as coisas. Sabes que necessito ajuda, para lutar contra as "pequenas coisas". Estou decidido a ganhar também esta batalha, em Teu nome.

Centenas de pequenas derrotas são maiores que uma derrota em uma grande batalha.

26 de março

Jovem Demais

Ninguém despreze a tua mocidade…
—1 Timóteo 4:12

No jogo decisivo do campeonato da *NBA* na temporada de 1979–80 um "estreante" de 20 anos foi eleito o melhor jogador das eliminatórias, pela primeira vez na história. Muitos o conhecem: "MAGIC" JOHNSON, sua atuação foi excepcional no jogo contra o *Philadelphia:* 42 pontos, 15 rebotes e sete assistências!

Algumas vezes os jovens não têm oportunidade para demonstrar seu potencial. Quando se fala de um posto de responsabilidade não se pensa em alguém jovem: é muito inexperiente. Quando é preciso tomar uma decisão importante, poucos perguntam o que um jovem tem a dizer: não é uma pessoa de peso, ainda tem muito que ralar na vida.

Leitura de hoje

TITO 1–2

É um grande erro. O Senhor Jesus era um jovem de 30 anos quando começou Seu ministério na terra. Muitos o haviam visto crescer e podiam apontar e dizer: é só um jovem que fala de uma maneira desrespeitosa com os mais velhos e os escribas. No entanto, Jesus nunca pensou que devia deixar de fazer Seu trabalho só porque era jovem. Sim, todas as pessoas são úteis e importantes, independentemente de sua idade, sexo ou condição.

Não devemos nos limitar por causa daqueles que dizem que somos jovens demais e que devemos esperar para fazer algo. A única coisa que devemos fazer é: ser exemplo. E Deus diz para que o sejamos em várias situações específicas:

- no modo de falar,
- no modo de nos comportar,
- no amor,
- na fé,
- na pureza de vida.

Oração

Senhor ajuda-me a ser exemplo em tudo aquilo que Tu esperas de mim. Ensina-me a trabalhar e ajudar aos outros, e a não sofrer quando desprezarem minha pouca idade.

Se quando falamos, as pessoas escutam a Palavra de Deus; se quando vivemos todos veem o nosso amor, fé e pureza de vida; se quando fazemos o que sabemos, todos veem que o Senhor é quem nos dirige… ninguém tem o direito de nos menosprezar.

Ser é mais importante do que fazer ou ter.

27 de março

Amigo é Para Isso

Uma das páginas mais bonitas dos Jogos Olímpicos de Seul foi escrita pelo corredor Boutaib, ganhador dos 10.000 m. Já no final da corrida, ele estava na primeira posição muito adiantado e com muitas chances de bater o recorde do mundo, mas baixou seu ritmo, olhando para trás onde estava Salvatore Antibo e lutou para chegar ao segundo lugar. Quando chegaram à meta, Boutaib (em 1.º) e Antibo (em 2.º) se abraçaram na presença de milhões de pessoas. Os dois eram grandes amigos e treinavam juntos. Boutaib considerou muito mais importante ver o seu amigo chegar ao segundo lugar do que bater ele mesmo o recorde do mundo.

Várias vezes temos falado de amizade e poucas coisas são tão importantes na vida como os bons amigos. Deus mesmo criou a amizade. Apesar de Ele ser perfeito, e não necessitar de nada criou o homem para poder brindá-lo com Sua amizade. A história da humanidade é a história de Deus concedendo Seu amor a cada pessoa do universo, apesar de nós o rejeitarmos milhares de vezes.

Nenhum livro definiu a amizade melhor do que a Bíblia. Vou fazer uma proposta: procure no livro de Provérbios todos os textos sobre a amizade, e anote-os em algum lugar que lhe seja bem visível e facilmente aprenderá as lições que há neles. Posso lhe dar uma mão para começar:

Provérbios 3:29	Lealdade
Provérbios 10:32	Consolo
Provérbios 16:28	Apoio incondicional
Provérbios 10:12	Perdão
Provérbios 19:6	Ser generoso
Provérbios 25:9	Fidelidade
Provérbios 27:14	Amabilidade

Ah! Não esqueça que estas qualidades são para nós também! Um bom amigo nunca reclama, sempre dá.

Só há um exemplo de amizade que reúne todas as qualidades em grau supremo: Jesus. Ele é o melhor amigo. Ele é o amigo que nunca o abandonará, o amigo que quer ganhar sua amizade por toda a eternidade. O amigo que o ama e o compreende como você é. Ele nos dá o exemplo para que aprendamos a tratar nossos amigos e amigas. Nem mesmo um recorde mundial vale tanto como uma amizade. Não esqueça.

Em todo o tempo ama o amigo…
—Provérbios 17:17

Leitura de hoje

2 SAMUEL 10
2 SAMUEL 1

Oração

Ensina-me, Senhor, a ser amigo dos outros. Ensina-me a ter as qualidades de amigo que Tu tens para comigo. Nunca esquecerei que foste capaz de morrer por mim quando eu era Teu inimigo, para ganhar minha amizade.

Cuide dos amigos que você tem, eles são para sempre!

28 de março

De Ouvidos Abertos

...na multidão de conselheiros está a vitória.
—Provérbios 24:6

Leitura de hoje

ÊXODO 18
SALMO 143
JÓ 12

Oração

Senhor, muito obrigado por me haveres ensinado esta lição por meio de _____. Quero aprender a escutar os bons conselhos dos outros e distinguir neles o que Tu mesmo queres me ensinar.

Em muitas ocasiões, a vitória em um jogo depende de pessoas "desconhecidas". Sim, é certo que foi o atacante que marcou o gol, ou o famoso ala que encestou o lance de três pontos quando só faltavam segundos para o final do jogo. Entretanto, nenhum deles poderia acertar sem um bom ensino técnico de seus treinadores. RANDY KNOWLES foi, durante anos, o segundo treinador do *Joventut de Badalona* (Espanha). Também treinou outras equipes, como a do Chile (em certa ocasião na liga chilena, sendo ainda jogador, marcou 107 pontos, recorde americano em um jogo de basquete). Pode se reconhecer um jogador que passou por suas mãos, por muitas coisas que ele ensinou: arremesso, posição, corrida... Poucos conseguiram melhorar a técnica dos jogadores, como o Randy.

É importantíssimo saber receber bons conselhos. A vitória depende dos muitos conselheiros. Quando se joga basquete, um simples conselho de correção de arremesso pode fazer alguém marcar mais ou menos cestas. Na vida, um bom conselho pode ser decisivo para seu futuro. A vitória depende de bons conselhos.

Mas, você sabe qual é o problema? Muitas vezes não queremos escutar um bom conselho. Os jovens acham que sabem as respostas para todas as situações. O que eles têm para nos ensinar? Sempre pensamos que são os outros que erram. Não estamos dispostos a ouvir nada, muito menos que nos deem conselho! Porém, a vitória depende dos muitos conselheiros.

No fundo somos pessoas independentes. Somos orgulhosos e não gostamos de reconhecer. Preferimos aprender com centenas de erros antes de escutar quem já os cometeu em anos anteriores. Tantas situações seriam mais fáceis de suportar se tivéssemos alguém em quem nos apoiar. Tantas decisões difíceis quanto ao nosso futuro seriam mais compreensíveis se escutássemos a voz de um bom conselho: a vitória depende de muitos conselheiros.

Em muitas ocasiões, Deus usa Seus filhos para nos ensinar as lições mais importantes da vida. Não devemos menosprezar quem nos dá um bom conselho. Não devemos esquecer quem nos fala da parte de Deus. A vitória depende dos muitos conselheiros. Nossa vida depende, em muitas ocasiões, de saber admitir estes conselhos.

Um bom conselho é o melhor presente que podemos receber.

29 de março

O Rei Ressuscitou

BERNARD KING é apelidado "O Rei" na *NBA*, fazendo um jogo de palavras com seu sobrenome ("king" em inglês, significa rei). Bernard foi um grande jogador no *New York*. No princípio da década dos anos 80 ele sofreu uma contusão terminal no joelho. Necessitou reconstruí-lo totalmente e todos os médicos disseram que ele estava acabado para o basquete. Meses depois, após uma nova cirurgia disse: "Doutor, quero voltar a jogar, fazer mais de 50 pontos e ser estrela outra vez." Ninguém acreditou nele. No início de 1991, com 35 anos de idade, Bernard King foi um dos maiores cestinhas da *NBA*, jogou no *All Star* e marcou 52 pontos contra o *Denver!* A bola deste jogo foi parar nas mãos de seu médico. Alguns jornais disseram: O rei ressuscitou!

A página mais importante da história foi escrita pelo Rei dos reis e Senhor dos senhores, Jesus, no dia em que venceu a morte e se apresentou às pessoas que o haviam visto morrer. Agora o contemplavam glorioso e triunfante. A ressurreição de Jesus marcou de tal maneira a história, que ninguém pode continuar vivendo insensível à mensagem do evangelho. Pode-se crer ou não, mas o fato histórico está aí. O mundo inteiro sabe que só uma pessoa disse que a morte não iria ter poder sobre Ele. Cumpriu Sua promessa.

Existem muitas religiões nos dias de hoje. Crenças para todos os gostos e desgostos. Milhares de pessoas seguem seus líderes espirituais cegamente até a morte. Muitos homens e mulheres são capazes de dar suas vidas por um ideal, todos seguindo deuses mortos. Você pode repassar todas e cada uma das crenças da atualidade e verá que aqueles que as fundaram estão no túmulo. Só Jesus Cristo disse ser Deus feito homem, e o demonstrou. Só o túmulo de Jesus está vazio: esta é a grande diferença. Nós seguimos a Jesus, o único que ressuscitou, e venceu a morte.

O Diabo creu que havia vencido quando viu Jesus pregado na cruz. O Diabo pensou que sua vitória foi total quando contemplou como colocaram o corpo de Jesus sem vida no sepulcro. Todas as forças do mal saltavam de alegria durante o passar das horas e Jesus não saía do sepulcro. "Está morto e bem morto", pensaram. E o mundo inteiro creu que Jesus havia desaparecido para sempre. Seus próprios discípulos também pensaram isso. Haviam esquecido aquelas palavras do mesmo Senhor: "em três dias ressuscitarei". Quando foram ao sepulcro, foi preciso que um anjo lhes dissesse: "Porque buscais entre os mortos ao que vive? Jesus está vivo!" Como ressoaram estas palavras desde aquele dia até o dia de hoje! Jesus continua vivo!

Você mesmo pode decidir a quem vai confiar o seu futuro. Pode decidir se vai seguir a um deus morto, ou tomar a melhor decisão de sua vida: seguir ao único que vive e que venceu a morte: Jesus Cristo.

...Porque buscais entre os mortos ao que vive?
—Lucas 24:5

Leitura de hoje

1 CORÍNTIOS 15
JOÃO 20

Oração

Senhor posso falar contigo porque sei que estás aí e me escutas. Sei que estás vivo e que vou vencer a morte um dia — como Tu o fizeste. Obrigado, Senhor.

A chave da história é a ressurreição de Jesus Cristo.

30 de março

O Tempo Não Para

> Estrangeiros lhe comem a força, e ele não o sabe...
> —Oséias 7:9

A nação está ficando fraca como um velho de cabelos brancos, mas o povo não percebe isso. Todos os esportistas têm uma vida limitada. Não, não estou me referindo à morte prematura, mas que a sua vida ativa como atletas costuma terminar aos trinta e poucos anos. Sempre há exceções, jogadores que continuam jogando com alto nível apesar da idade. E uma das exceções mais curiosas é a do brasileiro RAI, que com 33 anos joga no *São Paulo* e é avô! Teve sua filha Emanuella com somente 18 anos, e agora ela deu à luz.

Apesar de tudo, o fim sempre chega. É curioso: quando se é jovem parece que o final da vida está muito longe. Mais tarde você se dá conta de que os anos em que se é forte se escoam rapidamente e, no final, parece que os dias competem entre si para ver qual termina antes. Todos temos um período de vida limitado e a única coisa que sabemos é que caminhamos para o final.

Muitas pessoas querem ignorar este fato. Vivem como se jamais fossem morrer. Não se preocupam com seu futuro nem creem que um dia tudo vai terminar. Para elas, a vida é uma rápida sucessão de situações diferentes e a única motivação é viver o momento ao máximo. E o tempo passa. E o final chega. O final é a morte, todos sabemos, mas não gostamos nem sequer de mencioná-la. A morte é o desconhecido que nos aguarda, é também aquela visita que nunca esperamos; o hóspede que cremos que demorará para vir.

No texto bíblico de hoje, Deus está falando de alguém que não percebe que seu tempo está terminando, "velho de cabelos brancos, e o povo não percebe isso". É sempre difícil contemplar nosso próprio envelhecimento. Estamos perdendo a nossa vida dia a dia... e nem percebemos. As situações nas quais vivemos; as pessoas que não conhecemos, os erros que não vemos, estão tirando nossas forças dia a dia... e não sabemos. Nossa cabeça se cobre de cabelos brancos... e não percebemos.

Esta é a sua situação? Não importa se você é muito jovem ou mais idoso. Os dias passam para todos. Ainda que você seja jovem, cada dia está mais próximo do final. Agora pense um momento: você está preparado para a morte? Ou já está começando a cobrir-se de cabelos brancos e ainda não notou? Muitos não querem sequer escutar a mensagem de Deus e creem que estão muito ocupados em viver sua vida, até que a perdem. Todos os que pensam que a condenação eterna não existe, mudam de opinião no minuto seguinte após conhecerem-na, quando não há mais remédio.

Leitura de hoje

SALMO 86
JÓ 14
DEUTERONÔMIO 11

Oração

Pai, Rei do universo, entrego a minha vida em tuas mãos. Cada dia, cada momento só vale a pena ser vivido ao Teu lado.

Desde que nascemos, estamos mais próximo do final do que no dia anterior.

31 de março

Natureza Viva

MIRSADA BURIC foi uma atleta que tornou-se famosa nos jogos olímpicos de Barcelona ao competir nos 3.000 m com obstáculos. Não ganhou medalhas, mas todos se lembram dela. Poucos meses antes dos jogos, sua foto enquanto treinava na Bósnia — sua terra natal, cercada de máquinas de guerra e prédios destruídos, saíra estampada em todos os jornais do mundo, devido ao conflito bélico com a antiga Iugoslávia. Era irônico que treinasse sua prova entre tais 'obstáculos'.

Não é necessário ser muito observador para percebermos que nossa Terra está muito distante do propósito para o qual Deus a criou. Estamos destruindo nosso planeta. Desde o primeiro ato de rebelião contra Deus, desde o primeiro pecado, a terra geme e é destruída pelas mãos do homem.

Quando Deus criou o mundo, colocou o homem e a mulher como donos e senhores da natureza. Eles eram os que tinham que dar contas de tudo que fora criado, porque eles eram os "donos" do mundo, por designação do próprio Deus. Quando o homem desobedeceu ao Criador e pecou, ele começou a destruir o mundo, porque o pecado destrói tudo que é bom. E o que Deus havia feito era bom, muito bom. Desde então, os homens e as mulheres que habitam a terra preferiram obedecer ao rei da destruição, o Diabo e, portanto, a terra tem seus dias contados.

Sempre podemos decidir a quem vamos obedecer em nosso trato com a natureza e os seres criados. Podemos obedecer ao Criador e amar e cuidar tudo o que Ele criou, ou podemos obedecer ao destruidor e fazer todo tipo de coisas que, deterioram mais o ambiente e que fazem a natureza seguir gemendo. Não há meio termo, ou estamos com Deus, o Criador... ou com o Diabo, o destruidor.

Tenha certeza, um dia Deus colocará um fim a este processo de destruição. Um dia existirá um novo céu e uma nova terra na qual ninguém terá direito de colocar o mal. A natureza espera este dia glorioso. Os animais, as plantas, o mar, as terras que hoje sofrem enfermidades e a morte devido aos pecados do homem aguardam este dia. O dia no qual o Rei Criador, Jesus Cristo, fará valer a Sua lei: a lei do AMOR. Não haverá mais destruição. O Diabo terá sido julgado e com ele todos os que o seguiram. O mal já não terá mais oportunidades.

Enquanto este dia não chega, nós temos a responsabilidade de cuidar do que Deus nos deu. Montanhas e animais; terras e mares; nuvens e abismos; astros e rios, desejam voltar ao seu Criador. Todos aguardam com esperança este grande dia. Nosso dever é cuidar deste mundo, amá-lo, senti-lo. A natureza nos transmite muitas coisas sobre o glorioso caráter do nosso Deus.

> Porque sabemos que toda a criação, a um só tempo, geme e suporta angústias até agora.
> —Romanos 8:22

Leitura de hoje

GÊNESIS 1–2
JÓ 38–40:1

Oração

Senhor, muitíssimo obrigado por tudo o que criaste. A criação conta a Tua glória. A natureza te louva. Ensina-me a cuidar de todas as coisas e a não destruir o que Tu mesmo construíste.

Quando você destrói a natureza, destrói a si mesmo.

1 de abril

Santo Remédio

…Continuarei a orar enquanto os perversos praticam maldade.
—Salmo 141:5

Leitura de hoje

SALMO 141
JÓ 19

Oração

Senhor Jesus, Tu sabes o que aconteceu em minha vida. Tu prometeste me escutar e todas as coisas estão em Tuas mãos. Venham os golpes que vierem quero seguir olhando para ti.

O número 1 no *draft* da *NBA* (1997) foi TIM DUNCAN, um grande jogador que nasceu nas Ilhas Virgens. O que poucos sabem é que Tim praticava a natação e aos 13 anos era um dos melhores de sua categoria em toda América. Um dia um furacão destruiu a piscina em que treinava e ele decidiu se dedicar ao basquete. O golpe havia sido duro, mas não definitivo.

Uma das armas favoritas do inimigo é o desânimo. Não importam os golpes que levamos, mas a atitude que adotamos diante deles: achamos que é melhor render-se e esquecer. No entanto, hoje lemos na Bíblia sobre uma atitude completamente diferente: "apesar da maldade, continuarei a orar." Esta é a atitude que Deus espera de nós.

Às vezes os golpes são duros e o desânimo parece ser a única saída. O que fazer quando nosso melhor amigo tem que se mudar da cidade? Quando alguns de nossos familiares queridos morrem? Quando um acidente acabou com nossa corrida? Quando não calculamos bem, e acabamos endividados? Quando somos reprovados em um teste importantíssimo? Quando ficamos enfermos por um longo tempo? Quando nos decepcionamos com a pessoa em quem mais tínhamos confiança?

"Apesar dos golpes, continuarei a orar." Pode parecer uma solução muito irreal, mas não é. A oração tem poder para nos ajudar a sair do desânimo e para nos aproximar de Deus, que conserta todas as situações de acordo com Sua vontade (Tiago 5:16).

Não existe qualquer outro antídoto contra o desânimo. Nem poderia haver algo melhor: nada pode se comparar com a possibilidade de falar com o nosso melhor amigo, com a pessoa que entende perfeitamente tudo o que acontece em nosso coração, com aquele que prometeu nunca nos abandonar: o próprio Deus. Apesar dos golpes, não se desanime, continue orando.

Aquele que enfrenta os problemas, conhece a vitória.

2 de abril

Mais que Vencedor

Sempre que falamos de futebol e queremos lembrar os campeões, a seleção do Brasil é a primeira que vem à mente. Única seleção nacional que conseguiu cinco vezes a Copa do Mundo, a última delas em 2002, conquistada contra a Alemanha.

Um dos integrantes da seleção nesse momento começava a ser conhecido como um dos melhores jogadores da história do futebol, RONALDINHO GAÚCHO. Talvez você se pergunte: o que isso tem a ver com nossa vida? É muito simples. A vida cristã é exatamente igual — uma vida de vitórias. Quer dizer que podemos participar em qualquer esporte e vencer? Não, mas algo muito mais importante: Deus já nos deu a vitória em todas as situações, por meio de nosso Senhor Jesus Cristo.

Em muitas ocasiões vivemos vidas derrotadas, amarguradas, preocupadas, dependentes do "que vão dizer os outros" e de cada uma das pequenas frustrações que temos nesta Terra, enquanto Deus nos diz na Bíblia, que nossa vida há de ser vitoriosa. Não se trata de um remédio mágico, nem se trata de fugir da realidade, a questão é muito mais simples. O segredo reside em descansar na vitória de Jesus na cruz, sobre todas as forças do mal. Não há qualquer problema, mal, situação, ou frustração que seja maior que nosso Deus e que Ele não possa vencer. Portanto, se nosso Pai tem a vitória em todas as situações, por que vivermos derrotados?

Pode ser que, agora mesmo, você esteja em uma situação complicada. Pode ser uma tentação com a qual você está lutando terrivelmente, pode ser que você até ache que não tem mais saída. Não continue tão equivocado: fale com Deus agora mesmo, e clame pela vitória que Ele dará para este problema real, e, descanse nele e em Suas promessas. Lembre-se que Ele nunca foi derrotado.

> ...nos dá a vitória por intermédio de nosso Senhor Jesus.
> —1 Coríntios 15:57

Leitura de hoje

ISAÍAS 4,41
SALMO 80

Oração

Senhor nosso Deus, rei do universo, põe a Tua mão nesta situação, porque Tua mão é vitoriosa.

Você é filho do vencedor, não viva como um derrotado.

3 de abril

Um Passe Super Caro

> ...esse magnifico preço em que fui avaliado [...] trinta moedas de prata...
> —Zacarias 11:13

Leitura de hoje

LUCAS 22–23
2 REIS 10

Na metade do ano de 1997, uma notícia correu por todo o mundo esportivo como algo incrível. Um dos melhores jogadores do Brasil, DENÍLSON, era contratado pelo *Betis* (Espanha) que pagou vários milhões de dólares por ele. Mas o que mais chamou a atenção não foi a contratação em si, mas a cláusula de rescisão do jogador: quase 50 milhões de dólares! Esta é a cifra que outra equipe teria que pagar se quisesse contratá-lo agora — o jogador mais caro do mundo.

Na Antiguidade, o escravo só tinha um preço: 30 moedas. Era o que se pagava por um homem de muito pouco valor. Quando entregaram Jesus para morrer, pagaram por ele um preço "esplêndido", o preço de um escravo. Que cruel é a humanidade! Avaliar Deus feito homem, pelo preço mínimo! No entanto, Ele aceitou este preço por uma simples razão: ia morrer no lugar de todos. Inclusive no lugar do homem e mulher mais miserável.

Jesus pagou na cruz o "preço" de toda nossa maldade. O que nosso pecado oferece como pagamento é a morte, portanto tínhamos que morrer por nossa própria culpa. Jesus o fez em nosso lugar, por nos amar, de tal maneira que agora podemos ser livres, porque Ele pagou o preço de nossa liberdade. Um preço muito alto, porquanto a justiça de Deus necessitava ser cumprida.

Quanto vale Jesus para você? Quão importante Ele é? Ele foi capaz de dar tudo o que tinha, deixando o céu e Sua glória para se fazer homem e ser como um de nós. Ele foi capaz de morrer por você. Não lhe importaram todos os desprezos a que foi submetido. Ele era o próprio Deus e não se importou com nada, porque o ama.

O que é mais importante em sua vida? Deus deve ser o rei de nosso ser, sem nenhum concorrente. Se amarmos alguma outra coisa, seja: o trabalho, família, diversões, estudos, nós mesmos, mais do que a Ele, nossa vida será guiada por um timão, um leme equivocado. Nosso amor a Deus deve estar em primeiro lugar. O Senhor Jesus deve ser o primeiro de nossa "lista". Ninguém pode ser maior do que Ele. Ninguém merece que dediquemos mais forças, mais tempo, mais esperança. Nada há que possa se comparar a Ele.

Muitas coisas podem mudar na vida, mas há uma que nunca pode ser mudada: nosso amor a Deus deve ser o primeiro sempre, o mais importante. Nada pode estar acima disto.

Oração

Senhor, quero te dizer que és o mais importante para mim. Nada há em minha vida mais valioso do que minha relação contigo. Tu és único para mim.

Deus pagou alto preço por nós e nada pagamos pelo mais alto benefício.

4 de abril

Bola Perdida

JORGINHO, de certa forma, revolucionou a posição de lateral direito no futebol. Ainda que outros já o houvessem feito antes, poucos jogadores foram capazes de tomar conta da lateral como ele. Não só sabia defender bem, como levava a bola praticamente até a área contrária. Durante muitos minutos de cada jogo, a bola lhe pertencia. Esse foi um dos segredos do Brasil, campeão de 1994.

Os que jogam mais sempre perdem mais bolas. Só os que estão jogando são criticados por seus erros. Os que ficam só olhando nunca perdem bolas. Os que estão na arquibancada não aparecem nas estatísticas de erros cometidos. Os que julgam nunca estão nas classificações de nada. O problema é que nem nos acertos estão também.

Aquele que nada faz nunca tem problemas, mas comete o maior erro que existe: o erro de nada fazer. Quando você se encontra no meio da luta, este é o momento em que pode errar. Ao dar todas as suas forças em seu trabalho, este será o instante em que poderá ficar sem forças no momento decisivo. Quando é o primeiro a agir, a ajudar, a servir, poderá também cometer mais erros e receberá mais críticas.

Não se preocupe com as bolas perdidas! Não se interesse só pelas críticas! Não se intimide por elas. Não tenha medo da responsabilidade! Foi Deus quem te chamou. Ele vai repor suas forças e o levantará cada vez que cair. Ele ensinará o que você precisa aprender com cada crítica e o fará não importar-se com o que os outros dizem. Ele fará de você uma pessoa cada vez mais responsável, sem precisar escutar o que os outros dizem motivados por ciúmes, invejas, ou pouca vontade de entrar na luta.

Todas as pessoas no mundo têm falhas, e nós também as temos. Na Bíblia encontramos muitos casos de pessoas que falharam. Cometeram erros, e foram destruídas. No entanto, Deus colocou ao seu lado pessoas que acreditavam nelas, ainda que muitas vezes falhassem; pessoas que animam e alentam, pessoas capazes de falar da mensagem do amor de Deus centenas de vezes se for preciso! Eu quero ser este tipo de pessoa!

> Por que, pois, desanimais o coração dos filhos de Israel, para que não passem à terra que o SENHOR lhes deu?
> —Números 32:7

Leitura de hoje

NÚMEROS 31–32

Oração

Senhor Jesus, ajuda-me a animar sempre aos outros e a perceber a importância de participar da luta. Ainda que caiamos muitas vezes, Tu nos ajudarás a levantar.

Aquele que só olha nunca faz melhor do que aquele que já está fazendo.

5 de abril

Proibido Olhar Para Trás

O coração está enternecido, despertou-se toda a minha compaixão. (NVI)
—Oséias 11:8

Leitura de hoje

OSÉIAS 11,14
2 REIS 23

Oração

Senhor, eu sei que tenho vivido longe de ti, mas sei também que Tu queres me salvar, e me aceitas tal como sou. Perdoa meus pecados e faz de mim uma nova pessoa.

O campeonato universitário de basquete (NCAA) nos EUA foi decidido no ano de 1990 com a vitória da *Universidade de Nevada*. Muitos jogadores da equipe tinham um passado acadêmico deficiente. Os espectadores gritavam para LARRY JOHNSON: "Onde está minha bicicleta?" (as pessoas diziam que Larry, quando pequeno, roubava bicicletas). Para BUTLER diziam: "Coloque na camisa suas notas finais da escola!". Desta maneira, as torcidas contrárias "animavam" aos jogadores desta equipe.

Muitas pessoas ao olharem para trás envergonham-se de sua vida. Acreditam que foram longe demais e agora não há mais solução. Muitos vivem angustiados e deprimidos porque creem que em sua vida nunca existirá a palavra "perdão". Muitos creem que Deus não voltará a escutá-los porque pecaram contra Ele, de palavra e de fato e acreditam que não têm nem possibilidades de recomeçar.

Quem crê que não merece o perdão de Deus, não conhece o caráter de Deus. Aliás, ninguém merece Seu perdão, mas Ele o dá a todos por Seu amor! Sim, você está lendo bem, por mais longe que você tenha se distanciado dele, o coração de Deus se comove ao pensar em você; toda a Sua compaixão emerge quando Ele o vê. Para Deus não importa o passado, se estamos dispostos a voltar para Ele. Existem milhares de exemplos na história: assassinos, adúlteros, ditadores, prostitutas, bandidos, alcoólicos, viciados, ladrões de alta e baixa condição financeira, mentirosos, bruxas e adivinhos, não importa o que você queira acrescentar nesta lista, não importa a sua situação atual: Deus pode e quer te perdoar.

A Bíblia diz que Deus pode transformar a vida de qualquer pessoa. Se você tem alguma dúvida, talvez lhe faça bem saber quem foram algumas das pessoas mais úteis para o Senhor. Paulo foi perseguidor. Moisés foi assassino, Jacó foi enganador, Pedro foi inconstante, Raabe foi prostituta, Davi chegou a ser adúltero e assassino, mas Deus mudou suas vidas e os proibiu de olhar para o passado. Deus os perdoou, Ele também pode te perdoar. A Bíblia diz que Ele lança nossos pecados no profundo do mar. E então coloca um alerta que diz: "Proibido pescar".

Como pode ser isto? Por obra de Jesus na cruz. Deus nos "é propício", quer dizer, nos olha com agrado através de Jesus, visto que Ele levou e pagou na cruz todos nossos pecados. Necessitamos nos reconciliar com Deus e crer nele. Cremos que Jesus pode nos dar uma nova vida. Deus pode fazer isto em você hoje mesmo. Deus pode fazer de você uma nova pessoa.

Quando Deus nos perdoa nos diz: "Proibido olhar para trás".

6 de abril

Cada Vez Estou Mais Longe

Faina Melwick, a lançadora de disco da URSS, conseguiu o recorde do mundo em 1971 (64,22 m) e chegou a batê-lo mais de 12 vezes, e bem acima dos 70 metros. São poucos os atletas que conseguem bater recordes mundiais, e menos ainda os que chegam a fazê-lo tantas vezes.

Melhorar. Este é o objetivo de todas as pessoas. Melhorar no trabalho, melhorar a casa, o status social. Poucos não se incomodam em permanecer onde estão, ano após ano. A palavra chave é: melhorar. É a aspiração de meio mundo. É o sonho de todo jovem, nos estudos, no trabalho, nos esportes, etc...

É uma motivação correta, mas também perigosa se a aplicarmos ao terreno espiritual. Muitos homens e mulheres tentaram, ao longo da história, chegar a Deus por seu próprio caminho. Muitos tentaram melhorar sua vida para serem considerados justos por Deus. Muitos, inclusive hoje mesmo, estão trabalhando com todas suas forças para Deus aceitá-los e para serem dignos de Deus.

E não notam que cada vez se distanciam mais. É impossível melhorar tanto e chegar à presença de Deus: teríamos que ser perfeitos como Ele. Deus disse: "mesmo que você se lavasse". Seja o que fizermos, o nosso pecado nos impede de chegar a Deus.

Da mesma maneira, não podemos fazer nada pelos que já morreram. Se Deus não admite que possamos nos salvar por nós mesmos, muito menos poderemos fazer algo pelos outros (ainda mais se nem estão aqui!). A Bíblia ensina que cada um é responsável por seu próprio pecado, e, por mais que nos esforcemos neste sentido nada podemos fazer por nós mesmos, nem pelos outros. Além disso, a simples tentativa nos separa ainda mais de Deus, porquanto estamos lhe desobedecendo. Por mais coisas que façamos, nosso pecado está presente diante de Deus. Mesmo que muitos tentem nos enganar para ficarem com nossas forças ou nosso dinheiro. Deus não admite chantagens.

Deus indicou o caminho, e este caminho é somente Jesus. Ele morreu em nosso lugar para podermos ser declarados justos ao crer nele. E Ele o fez por você também, ainda que você fosse a única pessoa do mundo que tivesse pecado, Jesus teria ido à cruz por você. Qual será sua resposta agora? Só os que aceitam o sacrifício de Jesus serão salvos. Imagine que você está em uma prisão e alguém vem e paga uma fiança por todos os presos: alguns a aceitam e outros não. Você a aceita e é liberto; outros acham que é um sonho e permanecem presos. Não é questão de ser melhor que os outros. É uma questão de aceitar o que Deus fez por nós. Por você e por mim.

> ...ainda que te laves com salitre [...] continua a mácula da tua iniquidade perante mim, diz o Senhor Deus.
> —Jeremias 2:22

Leitura de hoje

JEREMIAS 3,10

Oração

Senhor, eu sei que por meus méritos não posso chegar a ti. Aceito o que fizestes por mim na cruz e me entrego a ti.

Nunca se pode melhorar a ponto de ser digno de Deus.

7 de abril

Porta Aberta

…para que eu saiba dizer boa palavra ao cansado…
—Isaías 50:4

Já falamos alguma vez da "locomotiva humana" — o tcheco EMIL ZATOPECK —único homem capaz de ganhar todas as corridas de fundo numa mesma olimpíada? Devido aos seus êxitos esportivos, o governo o nomeou Coronel do Exército Tcheco. Na famosa "Primavera de Praga", revolução anti-URSS, Emil foi um dos dois mil assinantes de um manifesto em apoio a ALEXANDER DUBCEK, que era contrário à ocupação soviética. Como consequência, o governo o transferiu para o serviço de limpeza das ruas, ele passou a ser um gari. Contam que as mulheres do povo varriam as ruas para que ele não precisasse fazê-lo.

Muitos estão cansados de viver: uns por circunstâncias difíceis, outros por problemas familiares ou sociais. Outros ainda sofrem ataques depressivos e estão sós. Sim, apesar de nossa civilização "avançada" e "feliz", cada dia mais pessoas ao nosso redor vivem sem sentido e sem nenhuma ajuda.

Há milhares de anos o profeta pediu sabedoria a Deus para "ajudar ao cansado", e isto é algo que nós também precisamos continuar fazendo, à medida que os anos avançam. Deus nos ajuda sempre, e agindo assim nos pareceremos ainda mais com Ele — especialmente quando dermos nossa ajuda incondicional àqueles que sofrem; que estão cansados, solitários e deprimidos.

Esta é uma das melhores maneiras de falar aos outros sobre o evangelho de Deus: se alguém está cansado, sabe que pode contar conosco; se alguém está só, sabe que ficaremos do seu lado; se alguém está deprimido ou angustiado, sabe que o escutaremos. Dessa maneira estamos ensinando aos outros, o que Deus faz por nós! Um dos objetivos da vida do cristão é ajudar ao cansado, física e espiritualmente.

Muitas pessoas que nós conhecemos vivem sós. Devemos ser os primeiros a estar ao seu lado. Muitos têm problemas de todo tipo: familiares, sociais, pessoais e devemos ajudá-los a buscar soluções, orar por eles e explicar-lhes como Deus pode mudar qualquer situação. Muitas pessoas vivem derrotadas por suas próprias depressões e nós devemos procurar sabedoria de Deus para levar-lhes a palavra certa e sustentá-las com nossos conselhos e ações!

Leitura de hoje

SALMOS 107,144
EZEQUIEL 37:1-14

Oração

Senhor necessitamos muita sabedoria para saber falar com as pessoas cansadas, deprimidas e com problemas. Queremos ajudá-las!

Um cristão é como uma porta que nunca se fecha.

8 de abril

A Equipe de Deus

Todos os jovens sonham em ser contratados por uma grande equipe. Quando os treinadores de clubes europeus visitam o Brasil, sempre observam os melhores jogadores para convidá-los a jogar pelas equipes de seus respectivos países. Iriney triunfa na Espanha. Bordon na Alemanha, e Thiago Calvano na Suíça. Os três pertencem a boas equipes, mas o mais importante para cada um deles é pertencer à melhor equipe: a de Deus.

Existe uma equipe que sempre ganha. Uma equipe que não se desfaz com o passar dos anos. Uma equipe em que todos são imprescindíveis, e todos podem entrar sem que determinadas qualidades sejam necessárias. Uma equipe que dura para sempre, não só nesta vida, mas até a eternidade: a equipe de Deus.

Em alguns países do mundo, os esportistas cristãos se reúnem para louvar a Deus com canções como esta, composta por Aristeu Pires:

É bom te ver por aqui, na equipe de Deus.
Onde podemos cantar pra Jesus
E receber dele a luz, oferecer-lhe o louvor.
Que traz a Terra seu trono do céu
Quero te dar um abraço de amigo.
E transmitir o amor de um irmão
Te ver louvando aqui sempre comigo.
Dar-te a minha mão!
Estar por perto na tua tristeza.
E, na alegria, contigo sorrir.
Se andarmos juntos, com toda a certeza.
Será bem mais fácil seguir.

Há somente uma condição para ser parte desta equipe: ser filho do dono, o próprio Deus. E a Bíblia nos diz em João 1:12 como devemos fazê-lo — receber a Jesus em nossa vida, crendo nele. O objetivo desta equipe é o governo do universo, o objetivo mais importante que já existiu:

Deus está preparando os integrantes desta equipe para o desempenho de funções que hoje nem sequer podemos imaginar. Ao olhar para empresários, reis, ou governadores que têm em suas mãos milhares de pessoas e projetos, lembre-se que nada são se comparados com a grandiosidade do "empreendimento" que Deus tem preparado para nós. Nossas decisões são transcendentais, não só aqui na Terra, mas em todo o universo — visível e invisível.

Porque nenhum de nós vive para si mesmo, nem morre para si.
—Romanos 14:7

Leitura de hoje

ATOS 17
2 SAMUEL 7
SALMO 83

Oração

Pai Nosso, muito obrigado por me aceitar e me tornar parte dos Teus planos. Agradeço-te muito por ser Teu filho. Ensina-me a envolver todos os meus amigos como parte desta equipe.

Na equipe de Deus, há lugar para todos. Basta assinar o contrato colocando a sua confiança em Jesus Cristo.

9 de abril

Jogo Limpo

Resolveu Daniel, firmemente, não contaminar-se...
—Daniel 1:8

Sempre se fala muito de "jogar limpo". Todos fazem referência à obviedade de um jogador não ser violento e acatar, em todo momento, as regras do esporte. Um dos exemplos mais claros é o futebolista JORGINHO, que ganhou o prêmio *Fair Play* (Jogo Limpo) da FIFA, em 1991, como o jogador mais leal do mundo. Ele jogou quatro temporadas no futebol alemão sem receber um só cartão vermelho.

Mas ao falar de jogo limpo, também podemos nos referir a outra coisa: jogar e viver de forma limpa. Muitas vezes é relativamente fácil enganar o treinador e os diretores, quando estes não nos veem praticar todo tipo de "pequenas coisas" que destroem nosso corpo e nossas habilidades. Não só aquelas que introduzimos em nosso corpo sem qualquer necessidade, mas também atitudes e formas de comportamento que nos arrastam ao fracasso.

Leitura de hoje

DANIEL 1
ISAÍAS 45:20–46:13

Estávamos lendo na Palavra de Deus a história de Daniel, um adolescente que soube viver acima das circunstâncias e não permitiu que outros governassem sua vida. Coloque-se um momento em seu lugar: você é um jovem que foi levado à força para um lugar onde não conhece ninguém e ninguém o conhece; neste local nem seus familiares nem seus amigos poderão visitá-lo (antes não se podia viajar com as facilidades de hoje). Você pode fazer o que quiser, pois está sozinho. Como você vai viver?

Daniel sabia muito bem: ele propôs em seu coração não se contaminar. Ainda que ninguém o visse, ainda que pudesse fazer tudo o que quisesse, ele seria leal ao seu Deus. Como é importante ser autêntico, se atrever a ser diferente! Ainda que todos ao seu redor tivessem tentado convencê-lo, ele nada cedeu em sua fidelidade a Deus.

Oração

Senhor dá-me forças perante as pressões dos outros. Quero viver sendo leal a ti, e não contaminar meu corpo nem minha mente. Tudo o que sou pertence só a ti.

Devemos dar sempre o melhor a Deus, ao fazer sempre o melhor possível e nos cuidarmos até o limite, ainda que ninguém nos veja! Muitos agem de uma maneira na presença de todos, e de outra, quando ninguém os vê. Nós somos diferentes! Nossa maneira de atuar é limpa, transparente, leal em todas as circunstâncias. Não necessitamos enganar ninguém! Todo o que age às escondidas nunca será livre.

Creio que estamos dispostos a tomar uma decisão como a de Daniel. Nossa lealdade a Deus é o mais importante. Ainda que outros se contaminem, nossa decisão é não nos contaminarmos. Não precisamos viver às escondidas.

O bom esportista é como o bom cristão, que pratica a integridade em todos os momentos de sua vida.

10 de abril

Medo? Eu?

Há algum tempo falamos de BERNARD KING, lembra? Aquele grande jogador que sofreu uma contusão terrível e teve que reconstruir completamente seu joelho. Mas aos 35 anos ainda estava jogando *(Washington Bullets)* e foi um dos melhores jogadores da *NBA*. Sua recuperação foi complicadíssima. Depois da operação, quando voltou aos treinamentos com sua equipe *(New York Knicks)*, não podia jogar normalmente naquele momento e foi descartado — ficou sem equipe. Seu problema, a maioria dos esportistas conhece: medo de saltar e romper novamente o joelho.

Espere aí! Você não tem direito de pensar que Bernard era covarde. O fato de ter voltado a jogar e ainda ter sido um grande atleta demonstrou que sua valentia não tinha limites. O que faríamos em sua situação? Às vezes, temos uma ideia equivocada do temor. Não conheço uma só pessoa que não tenha sentido temor em algum momento de sua vida. Para alguns, ele surge quando há algum problema físico. Para outros, ele se associa ao desconhecimento do futuro. Outros vivem "valentes" até o momento da morte se aproximar. Todos nós temos temores, em maior ou menor grau.

Sentir temor não é pecado. O problema se estabelece ao convidarmos nossos temores para conviverem conosco dia a dia. Devemos apresentar os medos que sentimos a Deus, e deixá-los com Ele! A Bíblia diz que Deus pode "nos livrar de todos os temores". O procedimento é simples: quanto mais pensamos em Jesus e olhamos com fé para Ele, menores são os temores. Não necessitamos mencioná-los em cada momento, pois todo medo aumenta proporcionalmente à medida que o expressamos. Se colocarmos nossa atenção no medo, aumentará. Se colocarmos nossa atenção em Deus os temores se desvanecerão.

Por outro lado, há pessoas que temem sofrer, sentir dor, física ou emocional, ser enganadas pelos outros, que falem delas, serem feridas por amigos ou inimigos. E este medo as paralisa, e não reagem. Muitos não percebem que ao ter medo de sofrer, já estão sofrendo. Não sinta autocomiseração. Grite: "Posso lutar como antes!" Não tenha medo! Ore a Deus e deixe todos os seus temores e medos nas mãos dele. Você não precisa de seus medos para nada.

Ainda estou tão forte [...] tenho agora tanto vigor para ir à guerra... (NVI)
—Josué 14:11

Leitura de hoje

JOSUÉ 15
DANIEL 11

Oração

Senhor sei que Tu podes me livrar de todos os meus temores. Sabes o que há dentro de mim em relação a _____. Obrigado por me restaurar e fortalecer.

O medo paralisa. A confiança em Deus impulsiona para a luta.

11 de abril

Aqui Estou Eu

…eis-me aqui,
envia-me a mim.
—Isaías 6:8

Rubens Cardoso é o jogador de futebol brasileiro detentor do maior número de títulos. Nesta temporada está jogando na equipe do *Coritiba (Paraná)*, mas já foi campeão com o *Internacional, Santos, São Paulo, Palmeiras, Grêmio* e outras equipes. Apesar de ser um jogador extraordinário nem todos o consideram um astro. Entretanto, Rubens continua praticando um jogo de alto nível e recebendo novos títulos. Ele continuamente agradece ao Senhor Jesus por sua vida e por suas habilidades. Rubens além de ser campeão é um grande exemplo de fé e confiança em Deus.

Nem sempre os melhores são aqueles que demonstram ser. Em todos os lugares existem pessoas importantes que não foram destinadas ao seu trabalho atual, mas que souberam aproveitar a oportunidade e hoje poucos fazem suas tarefas melhor do que eles. Muitas vezes a questão não é quem está mais bem preparado, mas quem se propõe a fazê-lo, quem está disposto.

Leitura de hoje

ISAÍAS 6
1 SAMUEL 3
EZEQUIEL 33

Desde o princípio da humanidade, Deus está chamando mulheres e homens para entrar em sua "equipe". Deus chama pessoas dispostas a servi-lo: não espera que sejam os mais importantes, mais sábios, mais preparados. Deus chama homens e mulheres dispostos. As possibilidades de trabalho são imensas: levar a mensagem do evangelho por todo o mundo e oferecer a libertação a milhões de pessoas condenadas para sempre. Cada momento no qual duvidamos entre o obedecer ou não ao chamado, milhares de pessoas perdem-se em todo o mundo. Muitas delas talvez ao nosso lado e por nossa culpa.

Deus nos diz que o trabalho é imenso e os obreiros são poucos. Sempre que ouvimos o chamado de Deus, olhamos ao redor porque cremos que outro responderá. É como se tivéssemos mudado o texto bíblico e agora dizemos ao Senhor: "Aqui estou, envia meu irmão." Aprendemos a olhar e apontar a outros. Encontramos as habilidades perfeitas para nossos amigos e familiares servirem ao Senhor, mas não em nós. Ao fazermos isso, estamos desobedecendo à voz de Deus e, estamos pecando contra Ele.

Oração

Pai Celestial, sei que estás me chamando. Não quero olhar para o outro, mas quero responder: Aqui estou, envia-me a mim.

Não é questão de ser o melhor, nem de estar mais preparado. É questão de responder. Deus continua chamando da mesma forma a cada dia: "A quem enviarei e quem irá por nós?" Você pode encontrar muitas desculpas, uma infinidade delas. E até acreditar que são boas desculpas. Mas é o próprio Deus quem pergunta, e quando o faz só uma resposta é possível: "Envia-me a mim."

Somente a obediência deve ser nossa resposta a qualquer petição de Deus.

12 de abril

Na Medida Certa

Um dos melhores jogadores austríacos de toda a história do futebol foi Matias Sindelar. Era o centroavante da seleção da Áustria em 1938, quando todos os críticos a chamavam de "equipe maravilha" devido a sua forma de jogar. Quando o Terceiro Reich alemão anexou a Áustria à força, acabou-se a seleção e todos os jogadores foram absorvidos por equipes alemães. No dia 22 de janeiro de 1939, Matias apareceu morto. Parece que se suicidou por não suportar o que sabia que ia suceder mais tarde e que todos nós já conhecemos — a Segunda Guerra Mundial.

Às vezes, nos encontramos em situações "limites". Em certas ocasiões parece que o mundo já não tem sentido, e nossa vida também não. Se não encontramos rapidamente uma saída para nossos problemas, tudo se escurece ao nosso redor e achamos que é o fim. Um grande erro!

Todas as situações nas quais estamos envolvidos são suportáveis. Nenhuma é tão forte a ponto de nos fazer abandonar. Deus conhece a situação pessoal de cada indivíduo e sabe até onde podemos suportar. Se Ele soubesse que uma prova nos venceria, não permitiria que isto nos acontecesse. Se algo está acontecendo é porque Ele viu que temos forças suficientes para vencer.

Da mesma maneira que o saltador coloca a barra cada vez mais alto até a altura que ele possa saltar, Deus permite em nossas vidas, situações que nos ensinam a crescer e amadurecer. Situações que talvez há um ou dois anos não teríamos suportado, mas que hoje estão à nossa altura. Assim, Deus vai ensinando a cada um de nós — a linguagem da vitória. Ao vencermos após passarmos por alguma prova, estaremos preparados para suportar melhor da próxima vez.

Como é natural, desconheço neste momento qual é a sua situação, mas a Bíblia assegura, e você sabe bem, qual deve ser sua atitude: orar ao Senhor e descansar em Seu poder, porque Ele não permitirá que você caia. Aconteceu o mesmo na vida de Jó, quando Deus colocou um limite ao mal que caía sobre ele. Ele fará o mesmo em sua própria vida. Peça-lhe forças para vencer, e nunca desespere.

> Não vos sobreveio tentação que não fosse humana...
> —1 Coríntios 10:13

Leitura de hoje

JÓ 1–2, 40–41

Oração

Senhor, obrigado por cuidar de mim. Peço-te que me ajudes em _____. Dá-me forças para prosseguir.

Não peça provas, peça forças para vencer.

13 de abril

Essa Eu Não Engulo!

Acaso não sabeis que o vosso corpo é santuário do Espírito Santo...
—1 Coríntios 6:19

Uma liga de basquete tão importante e grande como a *NBA* sempre tem situações "especiais". Durante algumas temporadas, o maior ganhador de rebotes durante meses foi Roy Tarpley *(Dallas Mavericks)*, mas ele nunca conseguiu terminar um ano inteiro jogando. Sempre teve problemas "extra campo" tais como: consumo de álcool, drogas e estimulantes. Apesar de ser um dos melhores jogadores do mundo, nunca pôde demonstrá-lo na quadra.

As substâncias que maltratam o corpo são as maiores inimigas do esportista, e de qualquer outra pessoa. Elas atuam traiçoeiramente, quase sem que percebamos. Abrimos a porta de nossa vida para uma curta visita, e acabam tornando-se as donas de todo o edifício. Uma vez dentro, não querem sair, convertem-se em nossos "senhores" e destroem cada momento de liberdade que temos.

Milhares de pessoas no mundo estão submetidas a este tipo de escravidão. Muitas substâncias diferentes são ingeridas todos os dias. Ingeridas por pessoas de diferentes camadas sociais, culturas, países e de todas as raças, poucos escapam. "Ingestões" que escravizam porque a Bíblia diz que cada um é escravo daquilo que o domina. Há muito tempo Jesus ensinou que onde vive o Espírito de Deus, ali há liberdade. Só os que vivem de acordo com a vontade de Deus são capazes de vencer.

Seria quase interminável mencionar todas as coisas possíveis de introduzirmos em nosso corpo, através de todos os nossos sentidos. As mais comuns são: a droga, o álcool, o ocultismo, os estimulantes, a televisão, a comida, o sexo, às vezes até o trabalho e os esportes! Algumas destas coisas não são más em si mesmas, mas têm conseguido dominar e escravizar aqueles que as colocaram no centro de suas vidas.

Deus nos alerta para que estejamos atentos ao fato de que estas coisas podem destruir nosso corpo e nossa mente, podem nos tornar imprestáveis para nós mesmos e para os outros. Que podem tirar nossa liberdade e nos fazer depender delas até ao ponto de desejarmos a morte se não as obtermos. Substâncias e situações, armas que o Diabo usa para nos levar à destruição.

Leitura de hoje

FILIPENSES 3
TITO 3
JÓ 24

Oração

Senhor ajuda-me a me cuidar. Ensina-me a dizer não ao que possa me prejudicar.

Você não pode dizer que é livre se houver alguma coisa que não pode abandonar.

14 de abril

Dê Um Tempo!

Poucos atletas conseguiram, em toda a história dos Jogos Olímpicos, ganhar os 5.000 m e os 10.000 m nas provas de atletismo. Mirus Yifter o conseguiu nos Jogos Olímpicos de Moscou em 1980, demonstrando a categoria dos grandes corredores etíopes. A dificuldade não é somente dominar duas provas com distâncias diferentes, mas também, em pouco tempo recuperar-se entre as eliminatórias e finais das duas provas. Deve-se aproveitar muito bem o tempo de descanso que resta.

"Não tenho tempo!" É a desculpa que mais ouvimos ao pedirmos para alguém fazer algo. A verdade é que esta expressão tão "familiar" reflete muito mais certeza do que possa parecer, porque nenhum de nós tem tempo. Não somos donos nem sequer dos próximos cinco minutos de nossa vida.

Aproveitar bem o tempo é algo essencial que devemos aprender. Todos nós sentimos muitas vezes a rara sensação de que "o tempo está voando", e nos frustramos frente a 200 mil projetos que imaginamos, e não podemos concluir. Não existe uma "solução mágica" para que os dias sejam de 60 horas, mas sim alguns conselhos concretos para aproveitar muito melhor o tempo que Deus nos dá.

O mais importante é reconhecer que o tempo é um presente dado por Ele. Se quisermos ganhar nosso tempo, o perderemos porque ele sempre escapará de nossas mãos. Se o aceitarmos como um presente de Deus, não viveremos tão aflitos. Partindo deste princípio, a melhor forma de aproveitarmos bem o tempo é dedicando-o a Deus, em todas as áreas.

Da mesma maneira, o melhor que podemos fazer para ganhar tempo é aceitar o que Deus diz com relação ao trabalho e ao descanso (como vimos anteriormente).

Devemos ter nossos objetivos bem definidos a cada ano. Quando não há algo concreto para fazer, o tempo voa.

Devemos estabelecer objetivos concretos para cada dia e mês. É imprescindível listar o que devemos ou queremos fazer, o que é importante em uma agenda ou planejador diário, mensal, anual.

Dar importância ao que é importante. Não investir o tempo em coisas não planejadas, ou que não servirão para nada.

Os momentos de diversão e ócio são importantíssimos, mas não nos devem "dominar". Se permitirmos que nos roubem o tempo, estaremos perdidos.

Para alguns, é útil dividir o dia em períodos, escrevendo os objetivos para cada um deles. O importante é criar seu próprio método para controlar melhor seu tempo para que ele não escape.

...aproveitai as oportunidades.
—Colossenses 4:5

Leitura de hoje

ECLESIASTES 3
1 CORÍNTIOS 16
ATOS 13
SALMO 87

Oração

Senhor, meu tempo está em Tuas mãos, ensina-me a aproveitá-lo para ti.

O tempo é valioso demais para nós e não nos pertence.

15 de abril

Deuses de Araque

> Quando clamares,
> a tua coleção de ídolos
> que te livre...
> —Isaías 57:13

Creio que quase todos se recordam desta imagem, porque foi difundida pela televisão para todo o mundo: Copa do Mundo de Futebol de 1990. Jogam Argentina e Romênia. A Romênia estava vencendo o jogo, e depois de uma falta, MARADONA, o famoso jogador argentino, juntou suas mãos e rezou. É a típica atitude de quem só se lembra de Deus quando as coisas não vão bem.

Muitos vivem assim: preocupam-se com sua vida, com seus ídolos, com sua forma de ver as coisas sem considerar Deus, e mais tarde, nos momentos difíceis, quando as coisas vão mal, lembram-se dele. Mas Deus não admite chantagens: se adoramos outros "ídolos", devemos clamar a eles quando necessitamos.

Os ídolos são os "pequenos deuses" deste mundo. Eles são fundamentos de areia sobre os quais muitos edificam suas vidas. Há milhares e milhares de ídolos diferentes: para alguns é o prazer, é o viver sempre de acordo com os seus prazeres, é o tomar as decisões baseadas no que lhes agrada. Outros, "adoram" o poder, uma das enfermidades mais perigosas do nosso século: dariam qualquer coisa para subir um degrau na vida social, para dominar mais e mais pessoas. Para outros, o mais importante é o dinheiro: são capazes de destruir a própria saúde para possuir mais dinheiro, para juntar tesouros, para viver de aparências. Para muitos, entre os quais esportistas, o mais importante é a fama: dão qualquer coisa para que as pessoas os conheçam, admirem e os considerem superiores. Muitos outros colocaram toda sua confiança na ciência, e parece que só o que é provado cientificamente tem valor. Ídolos, pequenos deuses, grandes "enganadores".

Leitura de hoje

ISAÍAS 57
SALMOS 115, 135

Sabe como termina isto? Seja qual for o ídolo das pessoas, todas elas tentam voltar-se para Deus ao perceber que não há outra saída para suas vidas. Inclusive os que se dizem ateus — basta observar os instantes finais de muitos deles, para observar como clamaram ao mesmo Deus que por tanto tempo negaram. Mas se faz tarde. Deus nos dá centenas de oportunidades em vida para que voltemos a Ele, se não o fizermos, teremos que enfrentar as consequencias.

Não se deve viver como se Deus não existisse e, quando algo sai mal, deixar que Ele resolva. Não se deve ignorar Deus, e culpá-lo por todas as nossas desgraças. Temos o direito de viver como queremos. Temos o direito de servir a nossos próprios deuses, mas quando as coisas vão mal ou a morte chegarem em nossa porta, a eles que clamaremos!

Oração

Senhor, só Tu és nosso Deus. Só Tu mereces nossa adoração, e toda nossa vida. Não queremos colocar nossos olhos em nenhum outro deus.

A quem você confiou a sua vida?

16 de abril

Mantendo o Ritmo

Dentro das provas atléticas, talvez não exista uma tão dura como a Maratona. Uma das melhores corredoras do mundo foi a jovem portuguesa Rosa Mota, medalha de ouro nos Jogos Olímpicos de Seul, em 1988. O mais importante nesta carreira não é a rapidez, nem as táticas, nem o estado da pista, o crucial mesmo é a resistência: saber calcular o ritmo próprio na corrida e mantê-lo até o final. Se acelerarmos demais no princípio, correremos o risco de "amarelar" e abandonar. O importante é terminar a carreira e resistir até o final.

Nossa vida é uma maratona, uma carreira de longa distância. Ainda que sejam poucos os dias que estamos na terra. Se quisermos terminar bem nossa carreira, deveremos ter resistência. Não é só correr no princípio, ou em um momento determinado da vida, mas saber seguir adiante e ter forças em todo momento.

"Ainda que todos te abandonem, eu não te abandonarei". Quantas vezes somos como Pedro! Queremos correr todos os quilômetros nos primeiros minutos. Pensamos que somos mais capazes do que ninguém. Outros já tentaram e ficaram pelo caminho, mas nós podemos fazer! Assim, nossa vida cristã se confunde com um desfavorável ativismo, que nos faz perder a saúde; física e espiritual. Corremos muito rápido e quando percebemos, devemos abandonar porque não somos capazes de prosseguir.

Quantas vezes nos comprometemos com coisas para as quais não estamos preparados! Parece que é muito difícil dizermos "não", e esperar. Não aprendemos a manter o ritmo de nossa corrida para alcançar a linha de chegada. O mesmo que aconteceu com Pedro acontece conosco. Primeiro, andamos em nossa "esperteza", impondo atalhos por não compreendermos a vontade de Deus e mais tarde, somos capazes de abandonar e nos envergonhar de nosso Deus, devido aos nossos próprios erros!

Seria mais fácil não sermos tão "valentes" e reconhecermos nossas debilidades. Seria mais fácil admitir que a vida cristã será percorrida até o final, não só nos primeiros 100 m — depois abandoná-la e sermos vencidos e termos que começar outra vez.

Resistência, bonita palavra para o atleta e para o cristão. Deus não nos chamou para conquistar o mundo em cinco dias: Deus espera que façamos nosso trabalho diário em íntima comunhão com Ele, e que cada dia não tenha mais fadiga do que o necessário.

> "...Ainda que todos te abandonem, eu não te abandonarei!" (NVI)
> —Marcos 14:29

Leitura de hoje

MARCOS 14
2 CRÔNICAS 1

Oração

Senhor perdoa-me por comprometer-me a fazer mais do que posso, física e espiritualmente. Ensina-me a não prometer o que não posso cumprir, e a cada dia confiar em ti.

O mais importante não é como vai a carreira, mas como alcançar a linha de chegada.

17 de abril

Ganhando Todas

...Quão formosos são os pés dos que anunciam coisas boas!
—Romanos 10:15

Todos reconhecem a dureza do caminho que os vencedores e ganhadores percorrem. Para qualquer esporte que mencionemos, em todos são necessárias as condições físicas e de caráter para se construir um vencedor. O jogador de futebol ALOISIO é um grande exemplo. Conseguiu praticamente todos os títulos possíveis na Europa jogando no *Barcelona* e no *Porto*, e para ele o melhor acontecimento de sua vida foi conhecer Jesus como seu Salvador pessoal. "Fiz a melhor escolha e fiquei feliz."

Mas um ganhador não se compõe só de vitalidade. Deve-se acrescentar o treinamento, a concentração, a forma física ideal, o jogo de equipe. Enfim, todas estas qualidades são tão ou mais importantes do que a própria constituição física do esportista. Um vencedor se constrói, ainda que as qualidades pessoais ajudem muito.

Leitura de hoje

JUÍZES 8,10

A Bíblia também nos fala de ganhadores. São os "ganhadores de almas". Aqueles que são capazes de resgatar vidas e pessoas dos lugares de destruição e escravidão em que se encontram; levam a mensagem do amor de Deus a todos os cantos da terra; dão a vida por outros por meio do que Deus faz neles, e trazem boas notícias.

Como ser um ganhador de almas? Como ser um portador de boas notícias? Eis aqui os segredos do treinamento:

Concentração: buscar a face de Deus, contemplá-lo e aprender a adorá-lo. É imprescindível estar a sós com Ele em oração.

Boa forma física: estar limpos diante de Deus, sem pecados ocultos. Ter boa "respiração espiritual", exalar — confessar o pecado; inalar — receber o perdão de Deus.

Bons fundamentos: conhecer o que a Palavra de Deus diz e dominar cada vez mais os "fundamentos bíblicos".

Trabalho em equipe: cooperar com outros irmãos em Cristo, em tarefas evangelísticas.

Oração

Senhor Jesus, quero ser o portador das boas-novas a todos meus amigos. Quero falar do Teu amor a todos os que me rodeiam. Faz-me um ganhador de almas!

Obediência ao treinador: obedecer o Senhor, depender da sensibilidade do Espírito nas oportunidades de falar a outros do evangelho.

Bom equipamento: utilizar a armadura descrita em Efésios 6.

Você está preparado para ser um ganhador! Está pronto para levar as boas-novas a muitos! Agora... Atacar!

Nada é mais importante do que anunciar a Salvação.

18 de abril

Um Poema de Deus

Poucas pessoas estão contentes consigo mesmas. Inclusive os esportistas: muitos jogadores de futebol gostariam de ser mais altos, ou mais fortes, ou mais baixos, ou menos pesados, ou mais rápidos, ou mais calmos.

A liga espanhola de futsal, considerada a melhor do mundo, contratou muitos jogadores excepcionais: a maioria brasileiros. Alguns deles se naturalizaram e "presentearam" o futsal espanhol com qualidades distintas. VALTINO, JONAS, VALDO, ÍNDIO, FLÁVIO, CARLINHOS, RODRIGO, DANIELI, CIÇO ou LENÍSIO, demonstram o que se deve fazer em quadra, em cada partida que jogam. Não se preocupam com nada e jogam em sua melhor forma. Simplesmente.

Sempre recordo o exemplo de um dos melhores goleiros de futebol da Europa: ABEL do *Atlético de Madrid*. Todos os anos procuram um substituto para ele, pois falam que ele não é tão alto, que não tem muita experiência, que não é seguro. Abel responde da melhor maneira que sabe, batendo todos os recordes imagináveis. Recentemente, passou 1.275 minutos sem sofrer um gol sequer. É melhor ele não se preocupar com o que falam dele, e simplesmente, continuar a ser do jeito que sempre foi.

Todos nós corremos o risco de desejarmos ser de outra maneira. E digo o risco porque nenhum de nós seria melhor do que somos na pele de outro. Deus nos fez a cada um diferente dos outros e não existe ninguém melhor ou pior. Se nós desaparecêssemos do mundo, este perderia alguém único: alguém feito por Deus com um significado muito especial. Acredita? Você acha mesmo que não faria falta alguma ao mundo? Pois não estou de acordo, e Deus também não.

Como posso te assegurar? Muito simples, leia no livro de Efésios 2:10, e ali você descobrirá que cada um de nós é um *poema* (palavra original no grego, língua que foi escrita o Novo Testamento) de Deus. Você não sabia? Deus fez você como um ser único. Ninguém no mundo é igual a você e pode compreender e responder a cada situação da maneira que você o faz, ou como eu faço.

Vivemos em um mundo que dá muito valor à beleza. Só o bonito é querido. Deus não é assim: Ele nos ama a todos, independente de nossa condição. Ele ama todas as culturas e a Bíblia diz que Deus ama o mundo. Sim, pode ser que digam de nós o que disseram de Paulo, que temos uma presença fraca, mas temos muito valor. Somos um poema de Deus. Pode haver coisas que não compreendamos sobre o nosso físico, intelecto, posição social, mas o mundo não estaria completo sem nossa presença. Não esqueça, você é um poema de Deus.

> ...a presença pessoal dele é fraca...
> —2 Coríntios 10:10

Leitura de hoje

1 SAMUEL 10
2 CORÍNTIOS 6–7
SALMOS 99, 101

Oração

Senhor, meu Pai, quero te agradecer por tudo o que sou. Quero te agradecer pela minha vida, porque Tu me fizeste e me ama. Quero estar sempre grato, porque fizeste-me importante.

Você é único. Ninguém pode ocupar o seu lugar.

19 de abril

Para o que Der e Vier

O homem que tem muitos amigos sai perdendo; mas há amigo mais chegado do que um irmão.
—Provérbios 18:24

No ano de 1959, o francês-argentino Enrique Rivière ganhou a volta ciclística da Espanha. Até aqui, qualquer um poderia dizer que esta notícia nada tem de importante. O que acontece é que Rivière esteve a ponto de não correr a volta. E não foi por um problema de contusão. Não, simplesmente sua namorada queria marcar o casamento, para a mesma data e como Rivière lhe pediu que esperasse só uma semana, ela o abandonou. Alguns relacionamentos se rompem muito facilmente.

Muito se fala da amizade, mas, também, muitas vezes de uma maneira equivocada. Quando alguém diz que tem um amigo, quase sempre se refere a alguém "que está de acordo com ele em tudo". Amigos por interesse, pelo que lhe podem dar. No entanto, Deus nos fala de um tipo de amizade muito diferente, porque as amizades que buscam seus interesses se rompem muito facilmente.

Um amigo é aquele que lhe dá apoio em suas aspirações, um amigo é o que se alegra com os seus êxitos, tanto quanto, ou até mais, que você mesmo. Um amigo é o que compreende você, o que não busca mudar a sua forma de ser, simplesmente gosta de estar junto. Um amigo é o que fica quando todos se vão. Um amigo é o que permanece sentado ao seu lado quando você não está a fim de escutar reprovação porque as coisas saíram mal. Um amigo é o que o consola; e sabe exatamente a hora de falar ou calar. O amigo que tem ciúmes do êxito do outro é desleal! Um amigo é o que não quer dominar, mas servir.

Um amigo sabe como você é, e ainda assim, deseja a sua amizade. A verdadeira amizade nunca se vê defraudada, não se desilude ao saber que o outro tem profissão inferior, classe social diferente, raça diferente, etc.. O amigo nunca pede, sempre dá. O amigo tem confiança para falar sobre seus problemas, suas necessidades. Um amigo é aquele a quem você vai quando ninguém o escuta.

O melhor exemplo de amizade de todos os tempos é o do Senhor Jesus. Ele é o melhor amigo que temos. Um amigo que ama incondicionalmente; um amigo que sempre busca o melhor para nós; um amigo que nos conhece melhor que ninguém e ainda assim, nunca nos abandona! Um amigo que foi capaz de morrer por nós. Ninguém deu maiores provas de amizade que Ele. Jesus é um exemplo tão real de amizade, que quando falamos com Ele com todo coração, brotam de nós lágrimas de alegria.

Leitura de hoje

NÚMEROS 6:22-27
ISAÍAS 50
SALMO 133

Oração

Senhor quero te agradecer por Tua amizade. Tu és o melhor amigo que tenho. Quero te agradecer também pela amizade de _____. Ensina-me a ser um bom amigo para todos os outros!

Um bom amigo é o que há de maior valor na vida.

20 de abril

Juvenil

Poucos jogadores de futebol foram tão famosos em todo o mundo como Dino Zoff, goleiro da *Seleção Italiana* por mais de 100 vezes, campeão do Mundo na Copa de 1982 quando tinha mais de 40 anos de idade. Alguns dos seus rivais ainda não tinham nascido quando ele já era goleiro da *Seleção Italiana*, outros só eram meninos de poucos anos.

É bom ser "como meninos". É bom no que diz respeito à confiança, à compreensão, ao carinho, à ausência de malícia, mas é um grande perigo. Observe com atenção os seguintes versículos:

"…Não vos pude falar como a espirituais e sim como a carnais, como a crianças em Cristo" (1 Coríntios 3:1).

"…quanto ao juízo, sede homens amadurecidos" (1 Coríntios 14:20).

"Para que não mais sejamos como meninos, agitados de um lado para outro e levados ao redor por todo vento de doutrina…" (Efésios 4:14).

"Ora, todo aquele que se alimenta de leite é inexperiente na palavra da justiça, porque é criança" (Hebreus 5:13).

Entendeu? Quando nos fixamos em algum detalhe, nos aborrecemos e dizemos: "olha só o que estão fazendo comigo", estamos nos comportando como meninos. Quando nossa resposta é do tipo: "com este eu não falo", "me fez tal coisa", "agora já não quero mais, estou chateado…" estamos nos portando como meninos. Quando falamos, pensamos e raciocinamos como "meninos" demonstramos nossa pouca maturidade espiritual. Quando alguém vem com "novas ideias" e nos impressiona com argumentos extraordinários (lembra a discussão sobre quantos anjos cabem no buraco de uma agulha?), estamos nos comportando como meninos, ainda que tenhamos 20, 30, 40, 50 ou 80 anos.

As crianças reagem assim: se aborrecem se alguém lhes tira "o brinquedo"; não falam contigo se acharem que você fez algum mal; se impressionam com qualquer coisa — quanto mais "boba" melhor. Passam da alegria ao aborrecimento com uma rapidez impressionante e 300 vezes por dia! São incapazes de discernir o bem e o mal em uma situação. São como meninos no juízo!

E nós? Quantos cristãos permaneceram como crianças por toda a vida? Quantos vivem em função de argumentos, aborrecimentos, diversões, etc.? Quantos deixam de fazer algo para Deus porque "este me disse", "o outro não me falou", "aquele se aborreceu comigo", "me tiraram da _____" e razões "espirituais" semelhantes? Deus não quer que pensemos desta maneira. Ele quer gente madura, capaz de julgar e discernir corretamente.

> Irmãos, não sejais meninos no juízo…
> —1 Coríntios 14:20

Leitura de hoje

1 CRÔNICAS 11
ÊXODO 15

Oração

Senhor ajuda-nos a sermos inocentes como meninos, mas não no modo de pensar. Ensina-nos a trabalhar pelo que vale a pena, e a não colocar desculpas infantis para aborrecer-nos uns com os outros.

Pensar como criança é como ser um adulto infantil.

21 de abril

...Sede santos, porque eu sou santo.
—1 Pedro 1:16

Leitura de hoje

GÊNESIS 39
ÊXODO 20
SALMOS 105,108

Oração

Senhor, Tu conheces todos os meus pecados. Perdoa-me por _____ e ajuda-me a afastar-me deles. Limpa o meu coração e toda minha vida. Quero ser santo como Tu és.

Ficha Limpa

Batista, ex-zagueiro do *Atlético* (MG) e da *Seleção Brasileira*, foi um dos jogadores brasileiros que mais causou impacto com seu exemplo durante os anos em que jogou em Portugal. Foi vice-campeão olímpico com a *Seleção Brasileira* em 1988, mas sua vida estava vazia... Ele procurava ir à igreja todos os dias, e quando estava ali pensava 'vou ser uma boa pessoa', mas ao sair pela porta, já cometia os mesmos erros de sempre. Felizmente, Batista compreendeu, algum tempo depois, o que significava descansar completamente no poder de Deus.

Muito se fala na santidade, às vezes em sentido negativo: não faça isto, nem aquilo, nem aquilo outro. Quando pensamos em uma pessoa "santa", quase temos calafrios. Parece ser alguém triste e aborrecido, que não quer se misturar com os outros.

Deus não vê as coisas assim. Quando Ele nos fala de santidade, Ele o faz em termos de uma vida limpa: porque Ele é o melhor exemplo de santidade. Ao observarmos tudo o que Deus fez no universo, não dá para dizer que Ele é um tédio! Ser santo é aspirar a ser como Deus. Ainda que isto seja impossível, sabemos que quanto mais alto for nosso alvo, mais poderemos crescer. Santidade também é procurar ter um comportamento puro.

Como é nossa vida? É limpa, ou cheia de pecados?

Há pecados conhecidos dentro de nós. Pecados que Deus, nós e os outros já conhecemos. São estes pecados típicos tais como, "eu nasci assim, eu sou assim mesmo". Pecados que nós justificamos; que nos parecem pouco importantes. Mas são pecados que nos destroem.

Há pecados desconhecidos para nós, mas conhecidos pelos outros. Um pouco de orgulho, de vaidade, uma mentira de vez em quando. Nós achamos que somos muito bons, mas os outros nos veem como de fato somos.

Há pecados ocultos, pecados que não conhecemos e os outros não veem, mas Deus os conhece. O salmista dizia: "Livra-me dos pecados que me são ocultos". São frutos de nossa natureza carnal e podem nos causar muito mal.

Há pecados secretos, que só Deus e nós conhecemos. Ninguém mais, nem sequer nossa família; maus hábitos, maus pensamentos, pecados secretos que interferem em nossa relação com Deus. Tais pecados são manifestos no céu.

Há pecado em nossa vida? Se for assim, nossa vida de santidade é só aparência. Necessitamos urgentemente apresentarmo-nos diante do Senhor, confessar nossos pecados e nos afastarmos dele. Necessitamos limpar tudo que nos traz manchas. Custe o que custar!

Todo pecado nos destrói, por menor que seja, por mais oculto que esteja.

22 de abril

No Caminho Certo

"A nossa vida é um verdadeiro jogo, no qual não escolhemos participar. O mundo é o campo e os jogadores somos nós, o adversário é o Diabo e seus anjos. As regras estão na Bíblia e o árbitro é Deus. Neste jogo da vida entramos em campo para ganhar ou perder, não há possibilidade de empatar", são palavras ditas por PAULO SILAS, Atleta de Cristo e ex-jogador do *São Paulo* (SP), do *Inter* (RS), do *Vasco* (RJ), do *San Lorenzo* (Argentina) e que já atuou na *Seleção Brasileira*.

Vivemos uma só vez. Aqui temos a possibilidade de escolher o que seremos depois da morte. E só existem duas opções, conforme você leu no versículo de hoje. Só há dois lugares, duas situações que todos os seres humanos guardam: a vida eterna ou a condenação eterna. Eternidade com ou sem Deus. Salvação ou condenação. Este é o destino de todos: não existe outra possibilidade.

A Palavra de Deus nos ensina somente uma maneira sobre como ser salvo. É preciso crer em Cristo para ser salvo por Ele. Todo aquele que o rejeita está condenado. Você é livre para escolher seu destino, mas uma vez que o tenha escolhido, não poderá voltar atrás após a morte. Não há outra opção: se rejeitar a Cristo, você estará condenado.

Foi necessário que Deus fosse bem claro quanto à salvação da humanidade. Hoje mesmo centenas de religiões e seitas divulgam caminhos diferentes ou modificados. Para tirar a prova, faça a pergunta: "Jesus; Deus feito homem é o único caminho de salvação?" Se a resposta for afirmativa, significa que este é um bom caminho. Se existe qualquer tipo de acréscimo ou mudança, cuidado! Este caminho levará à condenação. O mesmo apóstolo Pedro disse claramente: "Em nenhum outro há salvação, porque não há outro nome dado aos homens em quem possamos ser salvos." (Atos 4:12).

Cristo é o único que ressuscitou. Todos os grandes fundadores de religiões (Buda, Maomé, Confúcio) e seitas estão mortos, e sabemos onde "descansam" seus restos mortais. O túmulo de Jesus está vazio: é o único que afirmou ter poder sobre a morte, e o demonstrou.

Esta é a diferença: seguir a Cristo, unicamente. Seguir a outros conduz a condenação eterna. Quem você está seguindo?

> Um morre em pleno vigor, despreocupado e tranquilo [...] Outro, ao contrário, morre na amargura do seu coração, não havendo provado do bem.
> —Jó 21:23,25

Leitura de hoje

LUCAS 16
ATOS 7
DEUTERONÔMIO 12:29–14:2

Oração

Toma minha vida desde agora e para toda a eternidade.

Se existe só um caminho, é melhor ter certeza de que se está nele. Quero seguir somente a ti Senhor.

23 de abril

Sou da Paz

Bem aventurados os pacificadores...
—Mateus 5:9

Os problemas raciais sempre tiveram consequências desagradáveis nos Jogos Olímpicos. A equipe dos EUA pretendia tirar dois dos seus melhores corredores da equipe de corrida por serem negros, no México em 1968. LEE EVANS quase se retirou voluntariamente, mas não o fez e ganhou os 400 m (primeiro homem a correr abaixo dos 44 segundos) e o revezamento de 400 m (durante mais de 20 anos foi recorde mundial). O treinador lhe havia dito: "Corre, Lee, mostra-lhes quem somos." Ao ser entrevistado, Lee disse: "Dedico esta medalha de ouro a todos os negros do planeta, e também a meus amigos brancos".

Como é importante a amizade sem fronteiras, sem ressentimentos, sem problemas, sem ódios. Quantas barreiras o homem criou! Barreiras que destroem, matam, discriminam outros pela cor; sexo, crenças, origens: barreiras que são subprodutos do pecado, pois Deus declarou que o salário do pecado é a morte.

É difícil encontrar pacificadores no mundo. É difícil encontrar pessoas que busquem a paz e a dependência em Deus. Quando alguém aparece falando de paz, parece ser sempre uma paz interessada e conveniente. No entanto Deus nos ensina que, de nossa parte devemos buscar a paz com todos, e o que a buscam são bem-aventurados.

Os pacificadores são imprescindíveis na vida cristã: homens e mulheres que rejeitam o mal; que preferem perder seus direitos para que Deus seja glorificado. Pessoas capazes de abandonar todas as disputas para que o evangelho não seja manchado por nossas atitudes. Pacificadores: gente feliz.

Quantas divisões foram feitas na igreja por muitos não saberem ceder! Quantos problemas as tradições sem sentido causaram ao evangelho! Quantos detalhes minúsculos separaram famílias inteiras durante anos! Quantos falaram "é-assim-porque-eu-digo-que-é", criaram inimizades só vencidas pela sepultura! Divisões, contendas, problemas, inimizades, ciúmes, ira, são armas favoritas do Diabo que as utiliza para destruir o povo de Deus. Bem-aventurados os que procuram a paz.

Deus diz que os pacificadores serão chamados Seus filhos, porque serão reconhecidos por todo o mundo. E não podemos negar que dentro deste mundo eles são imprescindíveis. Deus é o maior exemplo de pacificador porque Ele nos trouxe a paz por intermédio de Jesus, quando ainda éramos Seus inimigos. Não esqueçamos que uma das características de Deus é a Sua bondade ilimitada. Nós já sabemos por experiência, que os pacificadores são felizes.

Leitura de hoje

SALMO 1
SALMO 146

Oração

Senhor acertarei minha situação com o/a _____, porque Tu me ensinas que devo manter a paz com todos, enquanto é possível. Ensina-me a ser um pacificador.

Quem busca a paz é feliz porque não deixa o ódio viver em seu coração.

24 de abril

Vitória Roubada

No final da Copa Intercontinental de Futebol, o *Real Madrid* bateu o *Peñarol* por 5x0. Em um determinado momento do jogo, Di Stéfano, o famoso jogador do *Real Madrid*, entrou na área inimiga com a bola dominada. Diante do goleiro, ameaçou chutar num canto e bateu para o outro. O goleiro Maidana rebateu no ar e defendeu o chute. Quando o jogo acabou, apesar de ser campeão mundial de clubes, Di Stéfano só recordava esta jogada: "Você viu aquele goleiro? Estava indo para um lado, voltou e ainda defendeu meu chute, me roubou o gol", e repetia isto a todos que o felicitavam. Foi para casa, quase amargurado por um detalhe tão insignificante.

Quantos estragos as pequenas coisas, as pequenas amarguras fazem em nossas vidas! Em muitas ocasiões lutamos bem, trabalhamos o melhor possível, fazemos tudo quanto poderíamos ter feito, e nosso trabalho teve ótimos resultados. No entanto, voltamos amargurados para casa. Um gesto esquisito, um sorriso cínico, uma palavra mal intencionada podem transformar a grande festa em uma solitária e amarga celebração.

Muitas vezes participei de campanhas evangelísticas durante as quais Deus revelara Seu poder de maneira extraordinária. No final chorávamos de alegria, mas se alguém encontrasse um pequeno defeito, ou se aborrecesse por não ter feito nada "importante", ou alguém falasse algo indesejado contra o outro, tudo acabava em tristeza. A amargura é uma das armas prediletas do Diabo.

Nós esquecemos que a amargura é pecado! Não temos o direito de entristecer alguém alegre por servir a Deus com pequenas bobagens. Não temos nem o direito de entristecer por simples detalhes. Não temos direito de entristecer aos outros com nossas pequenas "sensações", "impressões" ou "amarguras". E, além disso, estes sentimentos nos fazem pecar. Ao permitirmos que a amargura crie raízes dentro de nós, estamos desagradando a Deus. Temos que cortar o mal pela raiz.

Busque suas raízes em seu interior. Observe o que está crescendo, e se há alguma raiz de amargura, não a cultive, mas corte-a. Comece a plantar raízes de alegria, e cultive o crescimento delas.

> ...nem haja alguma raiz de amargura...
> —Hebreus 12:15

Leitura de hoje

NÚMEROS 11,17

Oração

Senhor perdoa-me por estar triste por _____, pois é algo muito pequeno. Ensina-me a não cultivar a amargura em meu coração e ensina-me a viver com alegria!

Uma pequena amargura nunca pode ofuscar uma grande alegria.

25 de abril

É Impossível? Pra Deus é Moleza!

...não temais o povo dessa terra, porquanto, como pão, os podemos devorar...
—Números 14:9

Leitura de hoje

NÚMEROS 13–14

Várias vezes neste livro devocional temos falado da importância de nossa atitude. Acima de tudo a atitude de um "vencedor". O jogador de futsal Manoel Tobias, considerado pela FIFA em 2003, o melhor jogador do mundo, de todos os tempos. Ele chegou à Espanha no ano de 2001, contratado pela *Polaris World de Cartagena*, equipe que acabava de ascender para a divisão de honra pela primeira vez na sua história. Nessa mesma temporada jogaram até a fase final da taça da Espanha e três temporadas depois disputaram a liga. Grande parte dos êxitos deveu-se, sem dúvida, ao caráter ganhador de Manoel Tobias e sua absoluta confiança em Deus em todos os momentos.

Muitas vezes não importa tanto se o jogador é bom ou ruim, o que verdadeiramente importa é a sua atitude. Você é um ganhador, ou perdedor? Se você é muito bom, mas sua atitude é de perdedor, não chegará a lugar algum. Como na história bíblica que lemos hoje: foram enviados 12 espiões para a terra prometida e todos os que ficaram, dependiam das palavras deles. Os espiões informariam se havia possibilidades de conquistar a terra ou não.

Dez dos espiões eram perdedores: viram os grandes soldados inimigos, as grandes armas, os grandes exércitos, as grandes forças do inimigo, e disseram: "não vale a pena lutar". Josué e Calebe não conheciam a linguagem da derrota: "Sim, é certo que são grandes, mas, vão ser como pão, fácil de comer! Vamos enfrentá-los!" Se você necessitasse de pessoas para sua equipe quem você escolheria dos 12? Os ganhadores? No entanto, o povo de Israel escutou aos dez perdedores.

Não aprenderam a lição em Lucas 1:37. Você a conhece? É a lição que afirma que para Deus nada é impossível. Diante de problemas, complicações ou situações difíceis, aplique Lucas 1:37. Um filho de Deus nunca entra na equipe com a motivação para perder. Não se pode falar de derrota quando o Capitão da equipe é o maior vencedor de todo o universo. Jesus venceu a morte quando, depois de haver sofrido na cruz, voltou à vida apresentando-se vitorioso a mais de 500 pessoas em situações diferentes. Se o inimigo maior, a morte — já foi vencida, por que nos preocuparmos com os inimigos menores?

Oração

Senhor ensina-me a ter atitudes de vencedor. Nada me impede de vencer! Estando ao Teu lado, a vitória é garantida.

Você tem pela frente uma situação difícil? É como o pão! Coisa fácil! Você tem um problema complicado? É coisa fácil! Alguém que não quer ouvir sobre Deus? É coisa fácil! Um inimigo que quer derrotá-lo? É coisa fácil! Aplique Lucas 1:37

A atitude de um ganhador gera entusiasmo.

26 de abril

Dando o Sangue

CARLO ORIANI tornou-se famoso ao ganhar o *Giro da Itália* no ano de 1913, sem ter vencido uma só etapa. O que poucos sabem é como morreu este magnífico atleta. Durante a Primeira Guerra Mundial, enquanto lutava nas fileiras italianas em uma das batalhas, atirou-se à água gelada para salvar a vida de vários soldados. Morreu devido a uma infecção pulmonar. Era um dos soldados mais ilustres, mas não se importou com sua "fama" quando decidiu dar a vida pelos companheiros.

Deus, muitas vezes, nos fala que devemos ajudar aos outros. Muitas pessoas o fazem: são capazes de dar tempo, dinheiro, forças, para que outros sejam felizes. Mas talvez, muito poucas estariam dispostas a dar a própria vida.

Todos nós sabemos falar de amor. Dias inteiros seriam poucos para que cada um de nós explicasse tudo sobre o amor. No entanto, se precisarmos demonstrar "praticamente" este amor, escapamos o mais rápido possível. Ainda não aprendemos que amar é dar. Mas foi isto o que Deus nos demonstrou: "…Deus amou ao mundo de tal maneira que deu…" (João 3:16). Não podemos falar sobre o amor em outros termos. Se não somos capazes de dar, não aprendemos ainda o que o amor significa.

Até onde o ato de dar é nossa obrigação? Até atingir a nossa própria vida! Temos o melhor exemplo do mundo: o Senhor Jesus. Ele deu Sua vida por cada um de nós. E não só Sua vida: derramou até a última gota de Seu sangue para que pudéssemos viver. Foi, por assim dizer, a primeira transfusão de sangue da história.

E nós? Pense neste exemplo concreto: doar nosso sangue aos outros, literalmente. Quantos milhares de vidas se salvariam se todos nós estivéssemos dispostos a dar uma pequena parte de nosso sangue! Para nós inclusive é bom: nosso sangue se renova. Porque não fazemos isto? Quantas vezes apresentamos centenas de desculpas (até religiosas) para não obedecermos ao que Deus mesmo diz! Porque Deus nos diz que devemos dar nossa vida pelos outros. E por que não até o nosso sangue! Como podemos falar aos outros de nosso amor por Deus, se deixamos o nosso próximo morrer? Que possibilidades uma pessoa que morre por nossa culpa terá de conhecer este amor de que tanto nos orgulhamos? Pobres de nós! E ainda dizemos que amamos os outros?

…devemos dar nossa vida pelos irmãos.
—1 João 3:16

Leitura de hoje

1 JOÃO 3–5

Oração

Pai, muito obrigado por demonstrar Teu amor para comigo na pessoa do Senhor Jesus. Ensina-me a doar-me aos outros; ofertando meu próprio sangue quando outros necessitarem.

Quem não aprendeu a dar, não aprendeu a amar.

27 de abril

Eu me Basto?

Se te fatigas correndo com homens que vão a pé, como poderás competir com os que vão a cavalo?...
—Jeremias 12:5

Leitura de hoje

JEREMIAS 12–13
2 REIS 25

Oração

Senhor sei que sem ti não sou nada. Sei que não poderei acrescentar um só momento em meu viver, se Tu não me deres forças. Quero confiar e descansar completamente em ti. Desde agora e para sempre.

Está a ponto de começar a Copa do Mundo de Futebol de 1958. Uma seleção está na boca de todos: Espanha. Dizem que tem o melhor ataque de todos os tempos: Miguel, Kubala, Di Stéfano, Luis Suarez e Gento. No entanto, não se classifica para a Copa: é eliminada pela Escócia! Muitos disseram que a seleção havia perdido devido à autossuficiência. Somente com palavras não se pode vencer.

Assim é a humanidade: autossuficiente. Não necessitamos dos outros e sabemos nos virar. E sabemos perder sozinhos também. Em muitas circunstâncias da vida, mesmo que estejamos à beira do caos; preferimos seguir sozinhos, preferimos que ninguém nos aconselhe e, muito menos, que nos mande! Cremos que somos autossuficientes.

Este é nosso grande erro e a maior enganação da história: ninguém pode crescer sozinho. Se não receber cuidados, morrerá. Ninguém pode viver só: ainda que possa ir ao extremo do mundo, até ali precisará das coisas que Deus criou para se alimentar. Ainda que plante seu próprio alimento, não depende só de você que eles cresçam. Você não é autossuficiente. Nem você, nem ninguém.

Muitos já sabem, mas não querem reconhecer em suas próprias vidas. Muitos sabem que sua vida não tem sentido (talvez você mesmo?), mas preferem seguir vivendo dessa maneira. É curioso: o homem é o único ser que quanto mais perdido estiver mais depressa vai. Já aconteceu com todos: quando perdemos o caminho, tentamos ir mais depressa para ver se o encontramos! Como somos tolos! Cremos que somos autossuficientes. E tudo por não querer reconhecer que estamos perdidos.

Quando Deus falou pessoalmente para algumas igrejas no livro de Apocalipse 2–3, disse algo que é aplicável à grande parte das pessoas hoje: Tem nome de vivo, mas está morto. Só com o nome não se pode vencer, por mais espertos que pensemos ser. Por muito autossuficientes que nos sintamos, achamos que estamos vivos, mas a realidade é que somos "mortos ambulantes". Perdidos e cada vez mais sob difícil tratamento, porque nos consideramos autossuficientes.

Não conheço um só morto autossuficiente. Muitos de nós confiamos em Deus antes de chegar o nosso final. Muitos de nós reconhecemos nossa impotência espiritual e dependemos única e exclusivamente de Deus. E você? Ainda se acha autossuficiente?

O que se considera autossuficiente terá que se defender sozinho por toda a eternidade.

28 de abril

É Cara a Cara

Foi um dos melhores ciclistas de toda a história, mas nunca encontrou confiança nem sentido na vida. Ganhador de todos os mais importantes prêmios, uma vez afirmou: "em nosso ofício, ser humano é difícil. Ou você morde ou te mordem. O ciclismo é um esporte sem entranhas". Durante o ano de 1994 encontrou o final de sua vida; dizem que foi suicídio, apesar de ser difícil saber realmente o que aconteceu. Era Luis Ocaña, vencedor do *Tour de France* de 1973.

Infelizmente, falar mal dos outros é o esporte mais praticado no mundo. Não é necessário treinamento, estudos especiais, disciplina, só é necessário o público! Uma audiência que esteja disposta a escutar e a destruir pessoas! É praticado por 99 por cento dos covardes, aqueles que não se atrevem a solucionar seus problemas face a face. Neste esporte todo o participante é derrotado: pode-se causar dano ao criticado, mas esse dano nem se compara ao dano próprio. Cada palavra pronunciada contra outro é veneno que permanece inoculado em nós.

Uma calúnia é como uma maça (um porrete), porque quando você fala mal de outro, é como se desse um golpe. Pergunte primeiro a seus amigos. O que eles preferem? Falar mal de você pelas costas ou te golpear? Como não somos masoquistas, então não vamos responder esta pergunta, mas você mesmo pode reconhecer que, talvez, preferisse qualquer coisa ao invés de ouvir mentiras contra a sua pessoa.

Uma calúnia é como espada que atravessa a vida do outro; ferindo-o em sua condição e maneira de ser. As calúnias permitem que os outros não esperem coisas boas desta pessoa e acreditem que ela é da maneira como dela falam.

Uma calúnia é como uma flecha pontiaguda porque literalmente "crava" a outra pessoa em sua maneira de atuar. Ainda que seja seu amigo ou amiga, deixará de confiar em você quando souber o que você disse. E com todo o direito irá sentir-se traído ou traída!

Uma maça, uma espada, uma flecha, são armas que não pertencem a um filho de Deus. Deus nunca murmura contra alguém, portanto nós também não temos o direito de fazê-lo. A Bíblia diz que caluniar é pecado. Você está andando pela vida golpeando, atravessando e cravando o próximo?

Aquilo que você não pode dizer face a face, simplesmente cale!

Maça, espada e flecha aguda é o homem que levanta falso testemunho contra o seu próximo.
—Provérbios 25:18

Leitura de hoje

NÚMEROS 12
PROVÉRBIOS 19

Oração

Pai que estás nos céus, perdoa-me por haver falado de _____, guarda minha língua para não pecar contra ti, falando mal de outros.

29 de abril

Querendo Aparecer

Tudo o que fazem é para serem vistos pelos homens... (NVI)
—Mateus 23:5

Realmente é difícil não vê-lo no jogo. Ele chama a atenção pela maneira de vestir-se e jogar. Falamos de um dos grandes goleiros de futebol: o mexicano JORGE CAMPOS. Na temporada de 1992/93 ele marcou mais de 20 gols; é que este jogador da *Universidade Autônoma do México* gosta de atuar como atacante.

Existe um perigo em que podemos cair: fazer coisas só para sermos vistos. Colocar-se em todas as vitórias e nas fotos como um ganhador. Buscar os primeiros lugares: buscar ser amado, admirado e enaltecido. Outro perigo é vender a verdade em troca de um posto importante; acreditar que somos melhores e mais inteligentes que outros. O que sabem os outros? E, claro, fazer tudo isto hipocritamente, isto sim, da maneira mais sincera possível, e aparentemente só falando.

Leitura de hoje

LUCAS 11–12

O Senhor Jesus falou sobre este tipo de pessoas em várias ocasiões, leia a seguir:

1. Falam de uma maneira e agem de outra.
2. Colocam cargas pesadas sobre os outros.
3. Fazem tudo para serem vistos.
4. Gostam de aparentar espiritualidade.
5. Gostam dos primeiros lugares em grandes ocasiões.
6. Gostam que as pessoas os admirem e os saúdem.
7. Gostam que falem bem deles.
8. Gostam de liderar seja o que for.
9. São legalistas.
10. São os reis da hipocrisia.

Que gente terrível! Que hipócritas! Um momento. Esqueceu que Deus disse que ao julgares o outro se tornará culpado também? Não nos comportamos, às vezes, como os fariseus mencionados pelo Senhor? Vamos nos lembrar qual foi a última vez que renunciamos a algo porque a "recompensa" não era boa o suficiente? Qual foi a última ocasião em que fizemos algo, só porque éramos observados? Quem leva a glória daquilo que fazemos? Nós?

Oração

Senhor ensina-me a fazer as coisas para ti. Mostra-me quando meu comportamento é hipócrita e transforma o meu coração.

Um hipócrita é o que tem duas caras. Nunca se sabe quem é. Acaba enganando-se a si mesmo.

30 de abril

Vida Meia Boca

Um dos jogadores de beisebol mais importantes dos últimos tempos chama-se Orel Hershiser. Na temporada de 1988 bateu vários recordes de lançamentos e foi nomeado "Atleta do Ano" pela Associação de Imprensa norte-americana, mas o que mais se distingue na vida de Orel é o fato de ser um bom cristão.

Às vezes, pensamos que a vida interior não se relaciona com o esporte, e isto é um grande erro: Orel explica que "chamar-se cristão e não desejar ser o melhor e não fazer o melhor possível com os talentos dados por Deus seria hipocrisia. O ser cristão não é desculpa para a mediocridade nem para a aceitação passiva da derrota".

Os esportistas medíocres não triunfam e, da mesma maneira, os cristãos medíocres não vão a lugar algum. Ser cristão não é se esconder debaixo de religiosidade e nada fazer por medo do que vão dizer. Jamais esqueça que Deus não tolera cristãos medíocres (Apocalipse 3:16).

Não é questão de ser o mais importante, ou de fazer coisas excepcionais. O importante é fazer aquilo para o qual Deus nos preparou, e fazê-lo da melhor maneira possível. Pode ser que você seja um dos melhores esportistas, ou pode ser que só recolha as camisetas dos outros, mas o que fizer deve ser algo importante para você, porque você é importante para Deus. Não viva de qualquer maneira, não se arraste pela vida sem sentido, sem esperança: Deus o fez muito especial e tudo o que você faz tem uma dimensão especial.

Em tantas ocasiões oferecemos a Deus o que é barato, com pouco trabalho, as sobras, e ainda nos desculpamos: "como é para o Senhor, Ele sabe que...". Que ridículo!

Ser cristão é fazer as coisas da melhor forma que puder; empenhar-se o mais que puder e ter mais amor próprio que os outros! E por uma simples razão: pois fazemos todas as coisas para a glória de Deus. Aí, então, o mundo conhecerá muitas coisas de Deus, ao ver o que fazemos. A palavra mediocridade não voltará a aparecer em meu dicionário particular.

...porque não oferecerei ao Senhor, meu Deus, holocaustos que não me custem nada...
—2 Samuel 24:24

Leitura de hoje

2 SAMUEL 24
NÚMEROS 30

Oração

Senhor quero te oferecer sempre o meu melhor.

O cristão medíocre... é aquele que em nada se empenha.

1 de maio

Fazendo Cera

> ...Lembro-me de ti, da tua afeição quando eras jovem...
> —Jeremias 2:2

Leitura de hoje

JEREMIAS 1–2

Quase todos ainda se lembram da Copa do Mundo na Itália em 1990. Foi um dos eventos esportivos mais sem graça dos últimos tempos. As táticas empregadas por algumas seleções tiveram grande parcela de culpa, pois montaram equipes de atletas não muito técnicos (salvo exceções), cuja única finalidade era fazer cera: defender, segurar, deixar passar os minutos, destruir o jogo... e ver se conseguiam chegar ao final dos jogos sem levar gol. Depois, haveria pelo menos a possibilidade de se classificar nos pênaltis.

Muitas equipes utilizam tática semelhante. Especialmente, no final dos jogos quando a equipe que está ganhando encontra mil e uma razões para desperdiçar tempo. Todos se lesionam nos últimos minutos, todo mundo chuta a bola para fora do campo, decidem que o goleiro jogou pouco e mandam a bola para ele nos últimos minutos... Tudo é permitido, contanto que se perca tempo.

Esquecemos que quando perdemos tempo revelamos o nosso medo. Ao retrocedermos, demonstramos medo e covardia. Quando queremos que tudo acabe logo, é porque tememos perder nossa vitória nos últimos momentos. É o mesmo que acontece na vida! Não aproveitamos o tempo por medo: medo do que os outros vão dizer, medo de ser apontado como diferente; medo de que zombem do que fizemos.

Deus nos diz em Sua Palavra que devemos aproveitar o tempo: sobretudo quando somos jovens e ainda temos todas as forças. Quantos lamentam o tempo perdido quando já não podem fazer nada! Quantos dizem: "ah, se eu pudesse fazer o relógio voltar atrás"! Infelizmente, os lamentos não servem para nada. A única alternativa é aproveitar o tempo que temos agora! Se continuarmos nos lamentando pelo passado, ou sonhando com o futuro... O presente escapa de nossas mãos!

Quando esperamos que o tempo passe, quando nos aborrecemos e não sabemos o que fazer; quando o desperdiçamos, nos tornamos medrosos e covardes. Deus diz que devemos aproveitar os nossos dias. Vamos aproveitar e dedicar o tempo que temos para servi-lo. Há algo melhor do que um dia ouvir o nosso Deus nos dizer: "Lembro da tua fidelidade na juventude."

Oração

Senhor Nosso Deus, Tu me tens dado a vida e o tempo. Quero aproveitá-los bem. Ensina-me a valorizar o que é importante, e a não perder o tempo que me dás.

Lamentar-se pelo passado ou sonhar com o futuro, é a melhor forma de deixar o tempo que se chama hoje – escapar.

Sob Pressão

João Leite foi um dos fundadores do grupo "Atletas de Cristo" no Brasil. Tornou-se conhecido por uma pequena tarja que usava em sua camisa quando jogava. Estava escrito: "Cristo Salva". Logo, todos os jornalistas lhe perguntavam o porquê daquela tarja, pois ele era naquele momento um dos melhores goleiros de futebol do Brasil. João Leite aproveitava para explicar o que Deus havia feito em sua vida. Muitos disseram que não era legal levar qualquer mensagem escrita na camisa, e a federação de futebol decidiu então, que ele não poderia fazer isto. No primeiro dia da proibição, todos os jornalistas perguntaram ao João: "O que você acha da decisão com respeito à sua camisa, de não permitirem mais o 'Cristo Salva?'" E ele respondeu: "Tirei Cristo da camisa, mas ninguém pode tirá-lo do meu coração."

Nós, os filhos de Deus somos muito especiais. Aprendemos a viver neste mundo, mas realmente não somos dele. Deus é o mais importante para nós, e, portanto estamos "orgulhosos" em levar Seu nome diante de todos. Nosso amor a Deus é o mais importante em nossa vida. Nada pode se comparar com a segurança de nossa relação com Ele, e, com a paz que Ele coloca em nosso coração.

Muitas vezes nos sentimos pressionados por todos os que nos rodeiam pelo fato de sermos diferentes. Em outras ocasiões nos apontam ao comentar entre si, o que ouviram a nosso respeito. Pode, inclusive, ser que alguns não queiram estar conosco devido ao que outros disseram. Sim, é difícil ser diferente e às vezes, o preço que temos que pagar por isso é muito alto.

Entretanto, quantas vezes fizemos a mesma pergunta? O que dizem é correto? O que outros fazem é aceitável? — Não! Não é preciso ser muito inteligente para perceber que nosso mundo caminha para o caos. Seguir os outros, significa perder-se! Fazer o que todos fazem significa ser inútil! Nós somos únicos! E não importa o que os outros digam. Nossa vida vale a pena!

Deus nos ensinou a viver "de glória em glória". Podem zombar de nós, podem tirar-nos o que temos, podem nos apontar como estranhos, mas não podem nos apartar de Deus! Vivemos à "sombra" de um nome que é sobre todo o nome: Jesus. E debaixo deste nome podemos aguentar todas as pressões, zombarias, comentários e dificuldades. Somos um povo orgulhoso de levar este nome!

...pelo teu nome sou chamado, ó Senhor...
—Jeremias 15:16

Leitura de hoje

SALMO 33
FILIPENSES 2

Oração

Senhor, Tu sabes as dificuldades que tenho nos estudos, no trabalho, com os motivos pelos quais zombam de mim. Dá-me forças para ser eu mesmo. Ensina-me a orgulhar-me de ti.

Quando nos sentimos sob pressão, demonstramos exatamente como somos.

3 de maio

Tudo é Possível

Ora, àquele que é poderoso para fazer infinitamente mais do que tudo quanto pedimos [...] conforme o seu poder que opera em nós.
—Efésios 3:20

Leitura de hoje

1 CRÔNICAS 16–17
JÓ 36

Oração

Senhor sei que tens poder, e que ninguém pode vencer-te. Sei que não há nada impossível para ti. És invencível! Ensina-me a tornar o Teu poder real em minha vida.

Eu nunca tinha visto algo parecido. Creio que já lhes falei em outra ocasião dele: NATE DAVIS um dos melhores jogadores de basquete que pisou em terras europeias. No princípio dos anos 80 ele teve que imobilizar uma das mãos devido a fratura. O jogo seguinte era muito importante para sua equipe (*Valladolid-Miñon,* neste momento) e Nate decidiu jogar apesar de sua mão imobilizada. Marcou 30 pontos e foi o melhor do jogo. Quando o jogo terminou e os jornalistas lhe perguntaram como era possível jogar basquete com uma mão imobilizada, Nate, como bom cristão, respondeu: "Com a ajuda de Deus tudo é possível."

O poder de Deus é a maior força que existe no universo. Com o Seu poder Deus criou o mundo e a cada um de nós. É inigualável. Nós somos filhos do Deus Todo-poderoso, e, sabemos que Ele pode vencer em qualquer situação; que Ele pode tornar o nosso futuro melhor. Infelizmente agimos como "pedintes" de Deus: pedimos pouco quando Ele está pronto a nos dar tudo.

Às vezes, não conseguimos compreender que, por mais difícil que seja a situação, o problema ou o desejo, Deus poderá fazer tudo e muito mais do que pedimos ou entendemos, porque Deus gosta das coisas impossíveis. Busque um problema "impossível", e Deus o solucionará. Encontre uma pessoa impossível, e Deus a salvará. Pense em um projeto impossível, e, Deus o levará a bom termo. Se acharmos que um problema é impossível, então nós somos o problema; falta-nos conhecimento do Deus que servimos. Quantas vezes estamos fazendo nossos planos materiais e espirituais, e os fazemos tão pequenos que Deus quase não tem espaço dentro deles?

Como? "Pelo poder que atua em nós". Muitas vezes planejamos coisas, pensamos no que vamos fazer, idealizamos como falar a uma pessoa de Deus e, finalmente, nos ocorre pedir a Deus que nos dê poder para seguir em frente, quando já fizemos absolutamente tudo. E, no entanto, é muito mais simples começar pedindo a Deus este poder; e que nos ensine Sua vontade... e tudo o mais virá, simplesmente, no tempo certo, muito mais abundantemente além do que pedimos.

"Com a ajuda de Deus, tudo é possível," "Deus é poderoso, segundo o poder que opera em nós." Será que são simples frases ou significam algo para você e para mim? Um poder sobrenatural está ao seu alcance. Agarre-o!

Se crermos que o problema é impossível, somos nós o problema, pois desconhecemos Deus e o Seu poder.

4 de maio

Olho no Lance

Na final do Mundial de Interclubes de 1992, no Japão, além dos gols, aconteceu um lance que ficou na história. O poderoso ataque do *Barcelona* formado por Stoichkov, Laudrup e Rai, já comemorava mais um gol que poderia dar-lhes o título. Mas, para a alegria dos são-paulinos, surge o pé salvador de Ronaldo Luís que, como um anjo, protegeu a meta tricolor!

Às vezes esquecemos que as situações espirituais são tão reais quanto as físicas. Deus diz que manda Seus anjos para nos proteger em situações difíceis. Quase sempre são invisíveis: obedecem às ordens de Deus e se ocupam da luta espiritual. Uma luta que tem lugar no mundo celestial e que nós não podemos ver, mas sim sentir. Uma luta que mexe com nossa defesa e proteção. Uma luta contra os exércitos do mal, cujo único objetivo é contrariar o que Deus diz: uma luta na qual não há descanso.

Deus colocou anjos ao seu lado: anjos que olham, protegem e cuidam de você. Anjos que aprendem lições espirituais de sua vida: que o escutam e observam o seu comportamento. Anjos que o ajudam. E você precisa desta ajuda, como todos nós a precisamos. Você ficaria impressionado se soubesse a quantidade de vezes que eles tiraram você, literalmente, das garras do mal.

A luta é em primeiro lugar, uma luta espiritual e necessitamos de ajuda. Deus colocou ao nosso lado pessoas mais sábias do que nós, que podem nos ajudar em muitos momentos (não menospreze seus conselhos, se não, vai ter que aprender na marra, levando muitas trombadas da vida). Deus escuta as orações de nossos irmãos e irmãs por nós, e Deus manda anjos para nos proteger em resposta a estas orações. Pode ser que eu e você estejamos vivos agora "graças" a alguma oração que Deus respondeu. Você tem algum inimigo pela frente? Não sabe o que fazer? Não se preocupe! Você não está sozinho! O anjo do Senhor está consigo, está ao seu lado para o ajudar: peça ao Senhor que Sua proteção se faça muito real na sua vida. Porque Ele protege e salva aos que o honram.

> O anjo do Senhor acampa-se ao redor dos que o temem, e os livra.
> —Salmo 34:7

Leitura de hoje

NÚMEROS 22–24

Oração

Meu Pai, obrigado por me proteger. Obrigado porque anjos cuidam de mim. Obrigado porque a vitória é Tua.

A maior parte da luta se desenvolve no terreno "invisível".

5 de maio

Deixando Portas Abertas

A memória do justo é abençoada...
—Provérbios 10:7

Leitura de hoje

PROVÉRBIOS 10–11

Oração

Senhor enche-me do Teu Espírito para aprender a ser amável. Ensina-me a abençoar sempre e a refletir Teu caráter por onde eu for.

Uma das maiores aspirações de um jogador de futebol é jogar na Copa do Mundo. Zé Roberto é um dos jogadores brasileiros que não só participou de várias copas do mundo, como também foi campeão junto com a sua seleção, e campeão da *Liga da Alemanha*. Por onde passou Zé Roberto; a sua amabilidade, respeito aos outros e a confiança em Deus foi compartilhada com os bons amigos que deixou para trás.

A Bíblia nos diz que uma das características de Deus, é a amabilidade. O fruto do Espírito de Deus é amor, alegria, paciência, amabilidade, bondade, fé, mansidão, domínio próprio. Quando as pessoas amaldiçoavam a Jesus, o desprezavam e o insultavam, Ele respondia abençoando. Ninguém na terra foi tão amável e bom como Jesus, tanto que as crianças queriam estar com Ele. Jamais alguém ouviu uma resposta sem consideração da parte do Salvador.

Ser amável, como é difícil! Reagir abençoando quando todos o amaldiçoam; falar bem quando todos o criticam; ajudar quando todos riem de você; seguir servindo aos outros apesar de zombarem de você... Sim, a amabilidade tem um preço, e é muito difícil pagá-lo. No entanto, Deus nos diz que devemos ser amáveis, e mais: quando somos bons com os outros, refletimos em nós o Seu caráter!

Poucas coisas abrem tantas portas como a amabilidade. "A memória do justo é abençoada" lemos hoje. Você mesmo pode comprovar. De que pessoas você costuma lembrar? Aquelas que têm sido amáveis com você ou as que foram brutas? Ser amável significa não levar em consideração o que nos fazem de bom ou ruim, nem ter desconfianças. Ser amável é ser sempre o primeiro em ajudar aos outros.

E mais, Deus nos diz que, inclusive quando nos aborrecemos, temos que ser amáveis. Se você é capaz de se aborrecer com alguém pelo que lhe fez, e ao mesmo tempo amar e ser amável com ele... você então — já aprendeu muito do caráter de Deus. Ele não sai por aí acendendo fogueiras, e destruindo as pessoas a torto e a direito. Por mais "espirituais" que sejamos, o Espírito de Deus se mostra presente em nós quando somos amáveis. Quando você sai de um lugar, como você faz? Batendo a porta? Se você esteve num lugar e teve que abandoná-lo por algum problema, você deixa a porta aberta? É amável? Ou você fecha a porta de tal maneira que jamais poderá voltar a entrar? Você percebeu o que estou querendo dizer, não percebeu?

O Espírito de Deus nos ensina a ser amável. Da próxima vez, que tiver que fazer ou dizer alguma coisa, peça licença.

A pessoa amável é sempre bem-vinda.

6 de maio

Faça o Bem Sem Olhar a Quem

Alguns jogadores de basquete da *NBA* são "chaves" em suas equipes. Não são as "estrelas" da liga, mas são, sem dúvida, os mais importantes no jogo. Nenhuma equipe é a mesma sem eles. Um dos melhores alas é Terry Cummings, dos *San Antonio Spurs*. Terry nasceu em um dos bairros mais pobres de Chicago. Pertence a um grupo de atletas cristãos que se dedicam a ajudar crianças pobres. Sabe que a melhor maneira de pregar o evangelho de Cristo é fazendo o bem.

Muitas pessoas ressaltam a importância das boas obras. Alguns chegam até a exagerar, ao pensar que a salvação do homem depende de quão "bom" ele seja. É um grande erro, pois não se pode comprar Deus por preço algum. Não, Deus nos diz que a salvação é pela "graça", portanto não se pode comprá-la. Nossa relação com Deus depende de nossa fé nele, nossa confiança no que Ele fez; não no que nós fazemos.

No entanto, ainda que não nos salvemos pelas boas obras, a Bíblia diz que elas são o resultado da nossa vida. É fácil de explicar: antes, vivíamos afastados de Deus, fazíamos aquilo que bem entendíamos (geralmente coisas egoístas); agora que Deus nos deu nova vida, desejamos fazer bem aos outros, pois dessa forma fazemos bem a todos. É o fruto natural de nossa vida com Deus.

O Senhor Jesus ensinou o que é a bondade, quando explicou a todos a parábola do bom samaritano. Todos nós a conhecemos. E conhecemos o ensinamento: só aquele que faz o bem ao seu próximo demonstra ser um verdadeiro filho de Deus. Um dos frutos do Espírito de Deus é a bondade. Se Deus vive dentro de nós, temos que refletir esta bondade. Quando dizemos que Jesus é nosso Senhor, temos que viver ajudando aos outros.

As pessoas sabem um pouco sobre Deus — com base no que veem em nós. O que nossos amigos dizem a nosso respeito? Com certeza sabem o que cremos, mas... eles veem isto? Eles nos veem como alguém que se preocupa com os outros? Não nos enganemos, nossa bondade não pode ser demonstrada de outra maneira: se Deus vive dentro de nós, seremos como o bom samaritano. Seremos os primeiros a prestar ajuda.

...Quem é o meu próximo?
—Lucas 10:29

Leitura de hoje

LUCAS 10:25-37
JOÃO 5–6

Oração

Senhor, obrigado pela vida que tens me dado. Quero comprometer-me em ajudar a _____ e a demonstrar Teu amor pelas pessoas.

Não somos salvos por sermos bons, mas salvos também seremos bons.

7 de maio

Morando com o Inimigo

> Porém [...] não expulsaram os jebuseus que habitavam em Jerusalém...
> —Juízes 1:21

Uma das datas inesquecíveis para os componentes de duas equipes foi 18 de novembro de 1972. Era um jogo da *NBA* e os *New York Nicks* (Campeões em 1970) jogavam contra os *Milwaukee Bucks* (Campeões de 1971). Faltavam cinco minutos e 50 segundos, e os *Bucks* venciam por 86-68, o jogo estava nas mãos, mas... nos últimos segundos, *New York* marcou 19 pontos contra zero e ganhou o jogo por 87-86. Incrível! Os *Bucks* não souberam derrotar o seu inimigo.

Poucas vezes se fala da importância de "ganhar até o final". E agora não me refiro somente ao esporte, mas também à vida de forma geral. No texto bíblico de hoje, lemos sobre várias tribos de Israel que conquistaram suas terras, mas não expulsaram seus inimigos. Mais tarde, as poucas pessoas que ainda viviam entre eles os derrotaram.

Creio que você entendeu a lição de hoje, não é verdade? Se não vencer por completo, o jogo estará perdido. Se deixarmos o mal permanecer em nós, perderemos. Não podemos descansar um só momento em nossa luta contra o mal. Temos que vencer até o final. Como? Não permitindo que o mal permaneça em nosso interior. Lembre-se: você não pode vencer um inimigo com o qual convive. Ou você o lança fora, ou ele vencerá. E não devemos tolerar o que possa nos derrotar. Não devemos permitir em nós algo contrário à vontade de Deus.

E sabe qual é um dos inimigos mais perigosos de hoje? Leia a partir do capítulo 5 do evangelho de Mateus. Chama-se "desejo do poder". O desejo de ter tudo é a principal enfermidade de nossa sociedade de consumo: ensinam-nos a querer tudo, independentemente de ser ou não necessário. Faça um teste, para ver se este inimigo não está dentro de você: dê uma voltinha pela sua casa e conte o que possui que não são imprescindíveis. Pronto? Pensou que isto não acontecesse com você?

Muitas vezes temos enfermidades ocasionadas pelo desejo de poder. Uma das mais conhecidas é o estresse, e não é brincadeira: pode causar nosso fim. Talvez outro inimigo viva em nós, a luxúria, o desejo de ter, ter, ter, ter... um desejo que nunca se sacia. Expulse-o de dentro de você! Isso mata!

Leitura de hoje

JUÍZES 1
NÚMEROS 16
GÊNESIS 38

Oração

Senhor perdoa-me por abrigar dentro de mim inimigos que me destroem. Ensina-me a lançar fora todo o mal que há em mim, e a encher-me mais e mais de ti.

Aplique o remédio de Paulo: "Sou feliz com o que tenho, seja muito ou pouco."

8 de maio

Coroa de Espinhos

Coroa de vencedor. Quantos desejam tê-la na sua cabeça! Antigamente, nos jogos esportivos, o vencedor era premiado com uma coroa de louros. Hoje existem outros prêmios: medalhas, troféus, prêmios em dinheiro... Um dos maiores vencedores da história das olimpíadas foi AL OERTER, campeão de arremesso de disco nos Jogos de Melbourne (1956), Roma (1960), Tóquio (1964) e México (1968). Ninguém voltou a conseguir tal proeza.

Uma coroa, mas em um momento muito diferente, foi posta na cabeça do criador do mundo, Jesus Cristo. Todos nos lembramos da cena: momentos antes de Sua crucificação, os soldados decidem zombar do Rei dos reis e lhe colocam uma coroa de espinhos.

O Diabo vivia o momento mais feliz de sua existência. Os espinhos eram sua "insígnia". Quando no jardim do Éden, o homem pecou, a primeira consequência de seu pecado foi que a terra produziu espinhos. Onde quer que esteja o mal, ali estão os espinhos. Quando o Diabo viu a coroa de espinhos sobre a cabeça do Filho de Deus, creu que o futuro era seu. Havia derrotado Jesus, conseguira colocar seu próprio escudo na cabeça do Deus feito homem. O mal havia vencido para sempre, pelo menos, era o que ele imaginava.

A história não foi assim. Ainda que o Senhor Jesus tenha suportado todos os desprezos e as zombarias por amor a nós, não terminou derrotado. Apesar da coroa de espinhos, de todos os sofrimentos, de cuspirem em Seu rosto, apesar da cruz; de o traspassarem e de ter entregado Sua vida... apesar de tudo, Jesus venceu. Tudo o que suportou, o fez por amor a nós, por você e por mim: tudo suportou em nosso lugar, sofreu o que nós merecíamos — inclusive a coroa de espinhos. Três dias depois de Sua morte, o Senhor Jesus ressuscitou — voltou à vida. Demonstrou aos homens que Ele era Deus, e que a morte não tinha poder sobre Ele. É por isto que nós temos a certeza de que um dia vamos ressuscitar também. Nosso Deus é um vencedor e toda a natureza testifica isto. O Diabo tremeu ao saber que Jesus estava vivo, e continua tremendo hoje.

No livro do profeta Isaías, Deus nos diz que um dia a vitória será total. A prova? No lugar do espinho, crescerá o cipreste. O símbolo do mal será desterrado para sempre. Jesus é o vencedor e nunca mais o mal reinará na terra.

Só Jesus é o Vencedor e levará a coroa de glória para sempre.

...tendo tecido uma coroa de espinhos, puseram-lha na cabeça...
—João 19:2

Leitura de hoje

MATEUS 26–27
ISAÍAS 55

Oração

Senhor, obrigado por ter sofrido tudo em meu lugar. Obrigado por ter suportado todas as zombarias e desprezos. Vem, reina em minha vida, ela te pertence.

9 de maio

Colaborador nas Sombras

Ajudando-nos também vós, com as vossas orações a nosso favor...
—2 Coríntios 1:11

Às vezes os "astros" do esporte são quase inacessíveis. É muito difícil falar com eles porque sempre têm centenas de pessoas ao seu redor. Não é este o caso de Emilio Butragueño, uma das estrelas do futebol europeu (várias vezes reconhecido como o melhor da Europa entre os jogadores abaixo de 25 anos), e o melhor artilheiro da *Seleção Espanhola* de todos os tempos; sempre tem um momento para falar com qualquer um. Recentemente declarou: "Talvez um eletricista tenha mais glória do que eu".

Talvez alguém que se sinta insignificante leia este devocional. Talvez as circunstâncias causem este sentimento: pode ser que esteja doente ou prostrado na cama, incapaz; pode ser que pense que a vida o tratou mal e, como alguns dizem, "não serve para nada". Se você é uma destas pessoas, não acredite nisto: muitas coisas que estão acontecendo agora no mundo, dependem de você.

Não, não estou zombando de ninguém. Estou escrevendo aquilo que, há muito tempo, Deus nos ensinou. Estou falando de uma possibilidade de fazer e desfazer sem sair de casa. Estou escrevendo sobre a realidade do poder da arma mais importante que existe no Universo: a oração. Sim, a oração. Escrevo e voltaria a escrever centenas de vezes. Deus diz que quando oramos por alguém que está trabalhando (seja no que for) estamos colaborando com ele. É como se estivéssemos ali, ao seu lado, ombro a ombro, gastando nossas mesmas forças. A vitória ou a derrota depende de nossa oração!

Quando falamos com Deus e oramos por outra pessoa, quando oramos e intercedemos pelo trabalho de outro, estamos literalmente "amarrando" o príncipe das trevas e do mal; e pedindo que o Espírito de Deus atue e mande anjos para ajudar a pessoa pela qual oramos. Ao orarmos a Deus, nossas orações chegam ao trono do céu e podem mudar situações, mover montanhas, destruir impérios do mal, enviar forças sem limite. Quando oramos, colaboramos com Deus e com Seus filhos. Quem ora se aproxima de Deus e é muito importante estar em íntima comunhão com Deus. Não há tarefa melhor do que interceder por todos os outros.

Leitura de hoje

2 CRÔNICAS 19–20

Oração

Senhor, Deus Todo-poderoso, quero orar pelo _____ e pelas seguintes situações _____. Ensina-me a orar pelos outros!

A oração "ataca" o príncipe das trevas, e "liberta" a atuação do Espírito de Deus.

10 de maio

Vendo Fantasmas

Quando fazemos alguma coisa ruim, vemos fantasmas por todos os lados. Recordo o caso de Ben Jonhson, após ter vencido os 100 m nos Jogos Olímpicos de Seul 88, e sabendo que os testes dariam positivo para *doping* (com as devidas consequências), demorou mais de duas horas e meia para urinar, e precisou beber várias garrafas de cerveja e outros líquidos.

Deus colocou em todas as pessoas do mundo uma consciência que lhes mostra o que é certo e errado. Ninguém pode escapar do que sua consciência diz. Às vezes, com o tempo, conseguimos calá-la, distorcê-la ou enganá-la... mas nossa consciência sempre está presente. É uma das vozes que Deus usa; uma das muitas maneiras pela qual Deus fala a cada pessoa. Nossa consciência fabricou um medo muito característico: o medo de sermos descobertos.

Poucas pessoas podem fazer algo que sabem que é mau, e descansar tranquilamente. Por mais que alguém faça o medo sempre está lá, a culpabilidade sempre presente. Nesses momentos a pessoa percebe o que significa a paz, a tranquilidade, o descanso de se sentir perdoado... mas são justamente todas estas coisas as que se perdem quando se comete algo indevido. E lembramos aquilo que fazemos.

E então tentamos comprar Deus. E o fazemos à base de "penitências", quer dizer: praticamos ações ou atitudes para demonstrar a Deus que estamos arrependidos do que fizemos, mas de nada servem. Podemos fazer grandes coisas para ocultar nosso pecado, até percebermos que Deus não nos atende. O segredo do perdão não é o que nós fazemos, mas o que Deus já fez.

Nenhum de nós pode descansar tranquilo sabendo que nossa culpa, diante de Deus e dos outros, continua sendo real. O pecado oculto nunca pode ficar sem castigo. Só existe uma possibilidade de restauração: ir diante de Deus, e descansar única e exclusivamente no que Ele fez. Ele quer perdoá-lo, mas não com suas condições, com suas obras, ou suas penitências... Ele perdoa por amor, por amor a você. Não continue encobrindo seu pecado, não prossiga vivendo com medo de ser descoberto: descubra-se, você mesmo, diante de Deus.

...Por que jejuamos nós, e tu não atentas para isso?...
—Isaías 58:3

Leitura de hoje

ISAÍAS 58
SALMO 106

Oração

Pai Nosso, sabes o que eu fiz... Só Tu podes me perdoar. Mostra-me de que maneira devo restituir alguém pelo mal que causei. Obrigado pelo Teu perdão.

Quando fazemos algo indevido, vemos fantasmas em todos os lugares.

11 de maio

Boas Lembranças

…desembaraçando-nos de todo peso…
—Hebreus 12:1

O vencedor do *Tour de France* do ano 1959 foi FREDERICO M. BAHAMONTES. Não foi esta a primeira vez que correu a prova ciclística, nem tampouco a primeira vez que vestiu a "camisa amarela" que o indicava como líder da prova. Em anos anteriores Bahamontes já havia corrido nos primeiros lugares. Em certa ocasião, quando escalava uma montanha, Bahamontes parou por um momento para tomar um sorvete. Isto lhe fez mal e ele perdeu muito tempo, e a própria corrida.

Todos os esportistas correm ou jogam com a menor quantidade de peso possível. Ninguém ia querer correr com uma roupa pesada, ou jogar basquete com botas de alpinista. Tudo o que não é imprescindível ou adequado, estorva. Para todos é fácil estar preparados para grandes coisas… e difícil é não cair nos pequenos detalhes. São pequenos pesos e detalhes que acreditamos não terem importância: uma pequena mentira, um pequeno engano, só uma crítica… no entanto, estes pequenos pesos nos vencem e derrotam. Mas não são apenas as pequenas coisas interiores ou exteriores que nos fazem cair, em muitas ocasiões são, simplesmente, as pequenas lembranças. Sim, lembranças: lembranças de erros no passado. Oportunidades perdidas que às vezes retornam as nossas mentes. Tristezas do passado que pesam no coração e nos fazem andar angustiados: um amigo que nos enganou, alguém que nos devolveu o mal por bem, um problema sem resolver, uma pessoa que não perdoamos… más lembranças, pesos que nos impedem de vencer.

Existe uma maneira de nos despojarmos do peso: encher de doces lembranças nossa mente. Simples assim! Porque somos especialistas em lembrar o mal, mas, Deus nos diz que nossa mente deve estar cheia de tudo o que é agradável (Filipenses 4:8). Devemos lembrar os momentos agradáveis de nossa vida, as pessoas que conhecemos; os lugares que visitamos e as situações que nos fizeram felizes. Devemos dar graças a Deus por cada um desses momentos, pessoas, lugares e lembranças!

Todos nós temos boas lembranças, não importa se temos dez ou 100 anos; Deus já nos deu centenas de momentos felizes em nossa vida. Jogue fora todo o peso! Deixe de alimentar ressentimentos, dúvidas, problemas e más lembranças e coloque no lugar um momento de gratidão, de felicidade… uma lembrança doce.

Leitura de hoje

ATOS 5
GÊNESIS 27

Oração

Senhor graças te dou por tudo o que colocastes em minha vida. Lembro da situação em que _____. Ensina-me a agradecer pelas memórias que tenho.

É sempre bom lembrar, é sempre bom agradecer.

12 de maio

Quase...

Na história das Copas do Mundo, só houve uma que foi decidida nos pênaltis. Na final da Copa de 1994, nos EUA, 120 minutos de bola rolando não puderam definir o campeão entre Brasil e Itália. Ambos, além deste título, disputavam ainda o privilégio de serem os únicos tetracampeões do mundo. Como sabemos, o Brasil foi melhor na cobrança dos pênaltis e se sagrou campeão. O momento decisivo foi protagonizado pelo brasileiro TAFFAREL e por ROBERTO BAGGIO, craque absoluto da *Seleção Italiana*, que na sua vez de cobrar, chutou para fora. A Itália, "quase" chegou lá.

Imagine que você tem um encontro muito importante e terá de pegar um trem. Você chega à estação quase na hora: só um minuto de atraso, mas perde o trem. Em uma das provas finais na escola, você tira uma nota boa, quase o suficiente para ser aprovado, mas faltam uns décimos... e é reprovado. "Por pouco", quantas vezes escutamos estas palavras! Dia após dia aparecem exemplos novos de pessoas que "quase" conseguem aquilo a que se haviam proposto, mas fracassam. Quase. Palavra maldita. Pode-se chegar a ser "quase" tudo, sem ser "quase" nada.

Se, estar "a ponto de" e não conseguir pode ser algo grave em nossa vida, muito mais na vida espiritual! Deus não conhece uma pessoa salva pela metade. Tampouco conhece gente "quase" cristã. Na Bíblia não se admitem os "quase" convertidos. Deus é muito taxativo: ou é ou não é. Ser quase salvo nada significa: estar na porta não significa estar dentro. Ou você entra, ou está fora.

É muito perigoso viver na fronteira do "quase". Escutar a mensagem de Deus e pensar "é bonito"; conhecer o caminho da salvação e exclamar "é agradável"; ir a uma igreja na qual se prega que Jesus é o Senhor e dizer: "esta é a verdade", e, entretanto, estar perdido! Sim, o "quase" é perigoso porque nos dá a falsa impressão de que já estamos lá. Pode-se inclusive ser filho de um cristão e escutar a Palavra de Deus em casa cada dia: quase tomar uma decisão... mas nada mais. Pode-se estar quase comprometido com o evangelho! Pode-se estar às portas do céu e ter ao alcance da mão a misericórdia de Deus... e estar completamente perdido.

Milhares de exemplos na história nos falam de homens e mulheres que quase conheceram o Senhor. Pessoas que, por pouco, foram salvas. Deixaram passar sua oportunidade. Esperaram até o dia seguinte, o momento seguinte, a próxima decisão, e morreram completamente perdidos! Todo o que espera ser salvo na 11.ª hora... morre às 10h50. Não fique no "quase". Comprometa-se com Deus hoje mesmo, agora. O inferno está cheio de pessoas quase salvas.

Você está "quase" salvo? Então, está completamente perdido.

...Por pouco me persuades a me fazer cristão.
—Atos 26:28

Leitura de hoje

ATOS 26
MATEUS 16
MARCOS 4

Oração

Senhor Jesus, perdoa-me por uma e outra vez não obedecer Tua voz. Hoje mesmo venho a ti. Salva-me, não quero deixar-te mais um só momento.

13 de maio

Rir é Bom Remédio

...Deus me deu motivo de riso...
—Gênesis 21:6

Muitas coisas já foram ditas sobre o que os treinadores ensinam aos jogadores nas reuniões táticas; nessas ocasiões o treinador fala, e parece que não acaba nunca... Em certa ocasião, antes de um jogo importante, um treinador explicava como cada um dos componentes da equipe deveria jogar. Desenhava no quadro os seus jogadores e os adversários. Com o giz marcava a situação de cada um, e após vários minutos de explicação, disse: "quando chegarem a esta situação, chutem ao gol, porque o giz acabou...".

Muito se poderia escrever sobre a importância do bom humor na vida. Inclusive fisiologicamente está comprovado que as pessoas que vivem alegres são menos propensas às enfermidades. O organismo vive melhor quando há contentamento. Na Bíblia, Deus nos diz que devemos estar "sempre alegres". Não que dizer que devemos rir sempre, mas que nossa vida deve refletir a alegria de nosso Criador em todas as circunstâncias. Inclusive nos momentos tristes, podemos sentir a alegria interior, ainda que estejamos chorando; sabemos que em todas as coisas Deus tem a última palavra. E isto nos faz felizes.

Em muitas ocasiões, vemos as coisas com certo exagero. Nossa preocupação aumenta quando damos importância exagerada a um problema, situação difícil, fracasso e, na verdade, tudo é menos importante do que imaginamos. À luz da Eternidade de Deus e de nossa vida para sempre, muitos "detalhes" desta vida não são mais do que isto: detalhes sem importância. Às vezes, até é bom levá-los com bom humor.

Existe uma maneira de reconhecer um cristão feliz: contar as vezes que se queixa. Quanto mais queixas saem de seu interior, menos gozo há dentro dele. Quando nos queixamos, ensinamos aos outros que dependemos pouco de Deus. Quem confia em Deus não tem motivos para se queixar, para andar de mau humor, para viver de depressão em depressão... pode ser que tenha problemas sérios, situações difíceis ou fracassos. Não importa. Quem confia em Deus, sabe colocar todas estas coisas nas mãos dele. É possível perceber se a pessoa crê em Deus, quando vemos o gozo refletido em seu rosto.

Leitura de hoje

GÊNESIS 21
SALMO 68

Oração

Senhor, obrigado pela alegria que tens colocado em meu coração. Obrigado porque este gozo ninguém pode tirar. Quero que todos vejam em mim, que me fazes feliz.

Cristo vive! Não fique com cara de quem ainda não descobriu!

14 de maio

Mudando o Ritmo

Em todos os esportes, um dos aspectos fundamentais é a mudança de ritmo. No basquete, por exemplo, quando um jogador tem a capacidade de, no meio do jogo, quebrar o ritmo da equipe adversário, é cobiçado por todas as equipes. Um dos jogadores brasileiros mais conhecidos na Espanha é o EDU (ex-jogador do *Celta de Vigo* e agora no *Betis*), em poucos metros ele consegue acelerar ou parar em seco, com a bola controlada.

Mudança de ritmo — imprescindível na vida. Ninguém pode chegar a lugar algum se sempre vive do mesmo jeito, tanto em tensão máxima, como em descanso contínuo. Deus nos fez para termos tempo para trabalhar... e para descansar. Ele mesmo, apesar de ser perfeito, descansou no sétimo dia da Criação, para que nós aprendêssemos a ter tempo de descanso.

Sim, a pessoa que passa todos os dias de sua vida trabalhando não tem maior valor nem é mais espiritual. Ao contrário, a única coisa que você conseguirá com certeza será acabar com sua saúde, e talvez muito mais rápido do que você pensa. É muito importante um bom descanso: é crucial saber "mudar de ritmo". Nossa mente e nosso corpo são limitados, e foram feitos também para descansar. Se você não fizer isso, seu corpo deixará de funcionar direito. Na Bíblia, Deus nos dá muitos exemplos da importância do descanso. Lembra da vitória mais importante do profeta Elias (1 Reis 18 e 19)? Ele, teve que se retirar e descansar para repor suas forças.

E mais uma coisa: a melhor maneira de descansar é ter uma conversa íntima com Deus. É crucialmente importante em nossa vida mantermos momentos diários de meditação, de conversa, de concentração, de comunhão íntima com nosso Criador. Momentos nos quais sobram as palavras. Momentos em que abrimos completamente nosso coração a Deus. Momentos nos quais sabemos que Deus nos escuta e nos compreende. Momentos de descanso. Nossa vida não pode ser igual sem estes momentos de relação íntima com Deus.

E mais, a Bíblia nos diz que Deus está desejando passar estes momentos conosco. Deus está nos esperando cada dia para nos ensinar coisas grandes e maravilhosas. Deus está aguardando este momento íntimo com você. Nada faz descansar mais o corpo do que o contato com seu Criador.

Descansar é um mandamento tão importante quanto o trabalhar.

Invoca-me, e te responderei; anunciar-te-ei cousas grandes e ocultas, que não sabes.
—Jeremias 33:3

Leitura de hoje

SALMOS 102, 112

Oração

Senhor perdoa-me por estar tão ocupado, tanto, sem tempo para estar a sós contigo. Quero descansar, falar contigo e aprender a "mudar o ritmo" em minha vida.

15 de maio

Sem Desculpas!

> Busquei entre eles um homem [...] mas a ninguém achei.
> —Ezequiel 22:30

Sem dúvida um dos melhores jogadores do mundo de todos os tempos foi EDSON ARANTES DO NASCIMENTO — PELÉ. Foram nada menos que 59 taças em 21 anos de carreira! Tricampeão do Mundo, Bicampeão Mundial Interclubes, Bicampeão da Copa Libertadores, dez vezes campeão paulista e muito mais. Quando Pelé jogava, era como se sua equipe jogasse com 13 em campo.

Todas as equipes do mundo dariam hoje qualquer coisa para ter um novo Pelé em seu elenco. Cada novo jogador que surge; se for bom, é imediatamente comparado com ele. Todos continuam buscando alguém como ele.

No entanto, desde o princípio da humanidade, Deus está buscando homens e mulheres como nós. Deus não procura nada de extraordinário, somente pessoas dispostas a lutar para Ele. Deus busca pessoas dispostas a se colocarem em Suas mãos, e decididas a ir a qualquer lugar; sem condições; a qualquer preço.

Leitura de hoje

LUCAS 14
ISAÍAS 6

Todos nós podemos dar muitas desculpas. No evangelho de Lucas lemos algumas delas: "acabo de comprar...", "me casei", "comprei um terreno, e vou construir...". Talvez para nós pareçam boas desculpas, mas para Deus não. Existem poucas coisas tão inúteis como procurar dar desculpas a Deus. Não vale a pena. No fundo, nossa desculpa só tem uma razão: não estamos dispostos a pagar o preço. Achamos que viver de acordo com a vontade de Deus é algo que só os santos podem fazer.

Deus nunca agiu desta forma. Quando Ele chama, dá a cada um de nós as forças necessárias para o trabalho, ainda que às vezes não entendamos. Na Bíblia há muitos chamamentos ilógicos de Deus. Imagine Sansão, um homem dado a mulheres, sendo Juiz de Israel? E Saul, como rei? E o perseguidor Saulo, transformado no melhor evangelista da história? E a prostituta Raabe, que foi parte decisiva na conquista de uma cidade? E outra mulher, Débora, que foi comandante dos exércitos, porque nenhum homem respondeu ao chamamento? E um homem como Gideão "o medroso", que foi capaz de ganhar uma batalha com apenas 300 soldados! Coisas ilógicas de Deus que, ao examinarmos meticulosamente perceberemos que têm mais lógica do que parece. Deus sabe a quem chamar. Deus só espera uma coisa de nós, que respondamos.

Oração

Senhor, obrigado por me chamar para consagrar-me a ti. Sabes que tenho pouca força, mas o que tenho coloco em Tuas mãos.

Deus bate à nossa porta. Vamos abri-la ou Ele continuará nos procurando?

16 de maio

Não Morra na Praia

O estádio lotado. Milhares de espectadores contemplando o jogo. Final da Copa do Mundo de futebol de 1950. Contra todas as expectativas, o Uruguai ganha do Brasil em sua própria casa (Maracanã). Os jornalistas disseram que no final do jogo, o vestiário uruguaio era um verdadeiro "manicômio" cheio de alegria. Os jornais traziam a manchete: "Nunca tantos sofreram por tão poucos." O mais importante é sempre a vitória final.

Em todos os esportes, não importa o número de vitórias que você tenha obtido; o número de gols marcados, a sua posição de chegada na corrida — a vitória final é o que importa. Um sábio escritor espanhol da Idade Média dizia: "No final da jornada, aquele que se salva, sabe; e o que não, não sabe nada". Você pode ter vencido muitas batalhas e centenas de situações diferentes. Se você não tem a vitória final, de nada serve.

Qual é a vitória final? O campeonato? Uma boa posição? Fama? A "vitória final" é para você uma situação estável? Permita-me dizer uma coisa: só há uma vitória final, e só há um último jogo na vida: a morte e o além. Pode ser que você seja famoso e tenha muito dinheiro; pode ser que esteja em situação tranquila e não há mal no horizonte de sua vida; que se sinta imensamente feliz e se ache o dono do mundo... mas um dia, este último jogo vai chegar e você terá que enfrentar a morte e então, quem vencerá? Não esqueça que você não sabe quando esse dia será. Recorde o último enterro em que você foi: ninguém pode lhe assegurar quem será o próximo.

Pare um momento e pense: O que vai acontecer quando você morrer? Para onde você vai? Não serve qualquer resposta: você tem que estar seguro. Se no final da sua jornada, você não estiver salvo por Jesus... você não sabe nada! Não importa quem você é agora. O mais importante em nossa vida é sabermos onde iremos passar a eternidade. Sabe de uma coisa? Só existem duas possibilidades: eternamente perdido, ou eternamente salvo. Esta última vitória, a vitória final depende única e exclusivamente de nós. Única e exclusivamente de você.

Você já tem o último jogo ganho? Já sabe onde vai passar a eternidade? Se você não sabe, nada é mais urgente do que resolver sua relação pessoal com Deus. É impossível ter vida eterna se estiver separado de Jesus. Fale com Ele, agora. A vitória final depende desta conversa.

...alegrai-vos, [...] porque os vossos nomes estão arrolados nos céus.
—Lucas 10:20

Leitura de hoje

LUCAS 10
DEUTERONÔMIO 33

Oração

Senhor Jesus, só Tu vencestes a morte, e podes me assegurar vida eterna contigo. Venho a ti agora, toma minha vida em Tuas mãos, para sempre.

Tudo o que você já ganhou até o momento não ajudará se perder o último jogo.

17 de maio

Não Sofra Pelo Amanhã

...então desceu, e mergulhou no Jordão sete vezes, consoante a palavra do homem de Deus.
—2 Reis 5:14

Leitura de hoje

2 REIS 5
GÊNESIS 29

Um dos maiores inimigos do esportista é o medo do fracasso. Muitos jogadores sentem-se fracassados quando erram dois ou três passes seguidos, ou quando os últimos chutes ao gol foram bem longe do alvo... e se escondem para "quase" desaparecer no jogo. Mas Catanha foi exemplo de alguém completamente diferente. Foi também o caso de outro jogador brasileiro que desenvolveu quase toda sua vida esportiva em Portugal, mais tarde jogou no *Celta de Vigo* (Espanha).

Fracasso, cansaço, crise nervosa, infelizmente são termos muito familiares para nós. Sentimo-nos fracassados quando falhamos. Sentimo-nos muito cansados quando fracassamos, e caímos em uma crise nervosa. Da mesma maneira que o esportista não pode se abater quando comete um erro, nós não devemos desistir quando algo sai mal. Nossa confiança em Deus nos diz que Ele continuará ao nosso lado na luta seguinte. E na seguinte. E ainda na outra. Por mais que fracassemos, devemos seguir tentando. Lembre-se:

1. Pensar no cansaço produz mais cansaço. Quanto mais cansado você pensa que está (e o expresse), mais aumentará o mesmo cansaço.
2. Pensar só em si mesmo produz fracasso e cansaço. É uma demonstração de egoísmo e, portanto, é pecado.
3. O marasmo produz cansaço. Quanto menos objetivo na vida, mais preguiça. Quanto maior a preguiça, maior o marasmo, e cansaço.
4. As preocupações produzem temor. Um famoso refrão africano diz: "Não fique cansado amanhã". Se anteciparmos os fatos de amanhã nos preocupamos, nos levará ao cansaço e ficaremos propensos à crise nervosa. Deus diz que o dia de amanhã terá seu próprio afã. Devemos descansar no Senhor, e confiar nele.
5. É impossível eliminar o fracasso em nossa vida, pois sempre faremos coisas equivocadas. Sempre existirão situações nas quais falharemos. O segredo consiste em não desistir, não viver com a obsessão pelo fracasso.

Lemos no texto, que Deus pediu a um homem que mergulhasse sete vezes no rio. Nas seis primeiras vezes nada aconteceu, mas Deus quis que assim fosse, para que ele, pessoalmente (e nós), aprendesse a importância em não desistir. É importante obedecer e confiar em Deus. O fracasso é sempre passageiro.

Oração

Pai que estás nos céus, ensina-me a confiar em ti e não me preocupar com circunstâncias. Apesar de todos os meus fracassos, ensina-me a não desistir.

Falhar não é fracasso. Fracasso é decidir desistir.

18 de maio

Espírito Esportivo

Foi uma das páginas mais bonitas da história do ciclismo: o *Tour de France* do ano 1971. O famoso EDDY MERCKX era o primeiro, quando LUIS OCAÑA decidiu avançar em uma das etapas e deixou fora de controle 61 corredores! Merckx ficou mais de 10 minutos atrás, de forma que Ocaña foi o vencedor do *Tour*. Quando faltavam cinco etapas para o final, Luis Ocaña caiu numa descida e ficou mais de uma hora desacordado. Merckx não quis vestir a camisa amarela do líder no dia seguinte. Chorando disse: "o triunfo não me pertence". Foi uma grande lição de esportividade.

Ter espírito esportivo é uma das coisas mais difíceis hoje. Introduziu-se entre as pessoas uma espécie de mal entendido, que diz que todo aquele que não está de acordo com você é seu inimigo. E esta é a razão pela qual ocorrem tantas desgraças nos estádios. As pessoas esqueceram-se de se divertir com o simples jogo, e, cada vez mais, aumentam os que pensam que a vida está em jogo. E são capazes, inclusive, de matar por um simples gol, por um simples jogo, por uma simples bobagem.

Não se pode ganhar a qualquer custo; nem no esporte, nem em qualquer outro aspecto da vida. O fim não justifica os meios: não podemos fazer qualquer coisa, não podemos jogar com a vida dos demais, somente para ganhar: um jogo, uma posição ou dinheiro. Muitos querem ganhar a qualquer custo, sejam quais forem as consequências, e isto demonstra o tipo de pessoa que cada um é. E estes não merecem sequer a oportunidade de jogar.

Deus nos ensinou a pagar o que devemos, e a dar honra àqueles que a merecem. Devemos reconhecer e admirar os outros pelo que são e fazem. Se alguém fez algo muito bem, merece nossa admiração. Se alguém jogou melhor do que nós — merece nosso respeito. Se alguém se comportou de maneira honrosa, devemos agradecer, inclusive publicamente. Um bom cristão é aquele que sabe admirar as coisas boas dos outros. O bom atleta aprendeu a aplaudir as boas ações do adversário. O bom torcedor desfruta as boas jogadas, venham de quem vier. Não se pode viver sem dar honra a quem merece honra... porque o primeiro, e o que mais a merece, é o próprio Deus.

> Pagai a todos o que lhes é devido [...] a quem honra, honra.
> —Romanos 13:7

Leitura de hoje

ROMANOS 14–16

Oração

Senhor, obrigado pela vida de _____. Sempre admiro muito o que fazes. Ensina-me a gratidão.

Quem quer ganhar passando por cima de tudo e todos... tem muito que perder.

19 de maio

...a qual deixa o amigo da sua mocidade e se esquece da aliança do seu Deus.
—Provérbios 2:17

Leitura de hoje

PROVÉRBIOS 1–2

Oração

Senhor te agradeço pelo relacionamento familiar. Ensina-me a encontrar o cônjuge do Teu agrado para que juntos te honremos.

Eu te Amo

Todos os bons torcedores de futebol lembram-se de GARRINCHA, o melhor driblador do mundo, de todos os tempos. Os técnicos soviéticos gravaram seus "dribles", porque diziam que eram imprevisíveis. Campeão do mundo em 1958 e 1962 jogava de tal maneira que dava gols feitos aos outros atacantes. Seu declínio, como jogador e pessoa, começou ao separar-se de sua esposa e unir-se a uma cantora. Morreu alcoolizado.

Nenhum grande homem ou grande mulher no mundo chegaram onde estão sem ajuda. Para apoiá-los sempre há alguém da família, apoiando e ensinando, na maioria das vezes, a própria esposa ou marido. Poucas escolhas importam tanto como a decisão sobre a pessoa com quem você passará toda a vida.

Na Bíblia, Deus nos fala sobre a importância das relações familiares. Uma das melhores coisas que fiz na vida foi ler todos os textos bíblicos sobre a família e anotar o que Deus quer nos ensinar neles. Incentivo você a fazer o mesmo hoje mesmo. Use sua Bíblia, um caderno e comece a trabalhar! Com certeza gastará alguns meses, mas, vale a pena! Comece lendo o que diz sobre a relação entre homem e mulher no livro de Cântico.

Não há nada mais bonito do que a relação amorosa entre o homem e a mulher. Deus nos criou assim. Deus instituí o casamento para nosso prazer, compreensão, crescimento como pessoa e para centenas de coisas diferentes! Mas não se esqueça de uma coisa: a escolha do cônjuge deve depender de sua própria relação com Deus. Decisão tão importante não pode ser feita por nossa própria conta. Devemos pedir sabedoria a Deus e jamais esquecer que uma relação matrimonial fundamenta-se em unidade intelectual, emocional, espiritual e física. Nenhum dos componentes pode faltar e não deve haver divisões entre eles. O homem e mulher devem ter a mesma relação com Deus, compreender-se mutua e intelectualmente, amar-se e gostar-se fisicamente. Se não houver estes elementos, é melhor nem sequer iniciar a relação.

Após o casamento, não devemos esquecer as promessas que fizemos um ao outro, não só diante das pessoas, mas principalmente um ao outro. É necessário cultivar o amor todos os dias, para que ele vá crescendo. Precisamos nos colocar 100 por cento à disposição para ajudar, compreender e amar a outra pessoa. Precisamos depender completamente de Deus em tudo e, nunca abandonar o outro, sejam quais forem as circunstâncias. O amor é assim, não conhece condições, só ama, e o faz para sempre.

Dizer "eu te amo" significa mais que palavras...

20 de maio

Sexo Livre?

Um ciclista morreu durante a subida de rampas do Mont Ventoux, do *Tour de France* em 1967. Tratava-se de Tom Simpson. Sentira muito cansaço, e ao invés de parar, tomou estimulantes para disfarçar. Seu corpo não aceitou.

Nosso corpo é feito com determinadas leis que não podem ser rompidas. Cedo ou tarde pagamos as consequências, e em muitas ocasiões elas são irremediáveis. Tudo por não seguir as recomendações do fabricante. Ao comprarmos algum aparelho, seguimos ao pé da letra o manual de instruções. Se não o fizermos, correremos o risco de danificá-lo para sempre. No entanto, muitas pessoas ignoram o que Deus, nosso Criador, deixou escrito no manual de instruções de nosso corpo, a Bíblia. Ontem falávamos sobre a vida conjugal, hoje comentaremos algo sobre sexo. Deus criou o sexo, portanto sabe melhor do que ninguém instruir sobre seu uso. No entanto, nossa sociedade está acostumada a desobedecer à voz de Deus. Talvez tenha ouvido que a relação extraconjugal esporadicamente não fará mal a ninguém, que não há mal em uma relação amorosa entre pessoas que não estão casadas... muitos vivem desta maneira, e não percebem que, mais cedo ou mais tarde, seu pecado os alcançará.

A Bíblia diz que Deus criou o sexo para o convívio do amor entre homem e mulher dentro do casamento. Além disso, será contra a natureza e nós mesmos. As leis de Deus não podem ser quebradas: pode parecer que muitos vivam "livres" e não sofram pelo que fazem, mas Deus diz que algum dia serão castigados por este pecado.

Um dos muitos argumentos que dizem é este: "Porque não prova? Só um pouco não fará mal." Deus diz para examinarmos tudo antes de provar. Se você examina algo e conhece os resultados, se percebe que é contrário ao que Deus diz; se vê pelos seus companheiros que o único proveito que tiram disto é o vazio e o desespero... Para quê provar? Já sabemos as consequências. Não arruinaremos nossa vida, pois somos inteligentes o suficiente para dizer: Não.

Você sentirá muitas pressões. Seus amigos, os meios de comunicação, os vizinhos, a escola, os professores, muitos incentivarão o sexo livre. Mas você pode vencer. Seu corpo obedece às leis de Deus: não vá contra você mesmo. Não peque contra Deus, porque este pecado terá sua paga. Viva única e exclusivamente para seu cônjuge. Não há nada tão bonito como isto.

O sexo livre é a melhor maneira de tornar o praticante em escravo do sexo.

...e sabei que o vosso pecado vos há de achar.
—Números 32:23

Leitura de hoje

CÂNTICO 1,3

Oração

Senhor ensina-me a obedecer-te com o meu corpo. Tu me conheces melhor do que ninguém, pois me criaste. Ensina-me a vencer as pressões vindas daqueles que me empurram para fazer o que Tu não aprovas.

21 de maio

Com Vocação

…que andeis de modo digno da vocação a que fostes chamados.
—Efésios 4:1

Leitura de hoje

AGEU 1–2

Oração

Senhor! Eu te agradeço pelo que fizestes em mim, e porque me chamastes para ser Teu. Ensina-me a ser digno desse chamado em todos os momentos de minha vida: em meu trabalho, em meus estudos…

Alguns esportistas são "grandes" por vocação. São capazes de se cuidar todo o tempo, e viver sempre com a mente disposta a melhorar. Marcos Senna, brasileiro, jogador da *Seleção Espanhola* de futebol é um bom exemplo. Recentemente declarou: que o seu versículo chave na Bíblia é: "Deus dá forças aos que não tem nenhuma" (Isaías 40:29-31). É o melhor jeito de vencer o cansaço.

Quando uma pessoa é "chamada" para algo, ela se importa em pagar o preço. O esportista não pensa no sacrifício que lhe é exigido para estar sempre preparado. Talvez, enquanto outros se dedicam à diversão, eles passam horas treinando. Recusam inclusive a algumas comidas, coisas ilícitas, momentos de lazer. Tudo para viver digno da vocação.

Deus nos chamou para uma vocação muito superior. Independentemente do que sejamos na vida: esportistas, estudantes, trabalhadores, homens ou mulheres de negócios, se, somos filhos de Deus, devemos viver de acordo com esta vocação. Deus nos chamou para servi-lo e para ajudar outros. Este é um chamado importantíssimo, e, extraordinário.

A vocação requer cuidados em nosso interior e exterior. Devemos refletir aquele que é o nosso Pai e que está em nós. Devemos lutar contra o que há em nosso interior que nos impede de andar dignos de nossa vocação: orgulho, invejas, ciúmes, pensamentos carnais, maus hábitos, mentiras e coisas semelhantes a estas que nos destroem e nos colocam em "má forma". Não podemos vencer tendo isto em nosso interior.

Da mesma maneira, nosso chamado exige uma limpeza exterior, uma disciplina de comportamento. Como um bom esportista, há coisas que nos destroem e nos impedem de lutar o máximo. Devemos andar como é digno de nossa vocação.

Para nós, o mais importante é reservar o melhor que temos para o Senhor. A nossa força, nosso ânimo, nossa disciplina, nosso cuidado, nosso comportamento, tudo é para a honra de Deus! Nenhum chamado é mais importante! O serviço para Deus é um campeonato superior.

Deus nos chama para dar o que temos e o que somos.

22 de maio

Ele se Esqueceu de Comer

Anos atrás, eu assistia uma corrida ciclística muito importante: o *Giro da Itália* e o líder da prova era o famoso corredor espanhol FUENTE, que vestia a camisa rosa; camisa que o identificava como o melhor corredor até aquele momento. Era uma das últimas etapas importantes para o desfecho da prova e o bravo corredor controlava bem a situação. Num dos postos da montanha, o seu rival mais direto o passou, e Fuente perdeu posições. Mas percebeu que não teria problemas para alcançá-lo, já que se sentia mais bem preparado do que ele.

Alguns quilômetros adiante se encontravam os postos de provisão, onde os corredores recebiam as sacolas de alimentos para repor forças. Fuentes achou que não precisava de comida e desprezou sua sacola. Sentia-se forte e a única obsessão era alcançar ao disparado. Logo o avistou ao final de uma grande reta, quase o alcançou. Mas algo aconteceu: não sentia suas pernas, as forças sumiram, sentia-se cansado. Tinha o que no ciclismo se chama um "desfalecimento", que não é mais que uma debilidade ocasionada pela falta de alimentação. Essa etapa foi inesquecível! O grande corredor perdeu o primeiro lugar e chegou com mais de 20 minutos de atraso devido ao cansaço. Pensou que poderia vencer sem alimentar-se, e isso era impossível.

Muitas vezes, sentimos "desfalecimentos" incríveis por faltar a "comida espiritual" e caímos. Nosso alimento é a leitura diária da Bíblia e o contato diário com Deus em oração. Quando deixamos de fazê-lo, as forças desaparecem e não somos capazes de alcançar a meta, e se chegarmos, será em condição lamentável.

Poucos ciclistas percebem que estão à beira de um súbito desfalecimento, porque acreditam que têm forças suficientes e tudo correrá bem. Da mesma forma, nós deixamos de ler a Palavra de Deus e pensamos que somos suficientemente fortes para que tudo dê certo, e então, ao menor problema desfalecemos, e fracassamos.

Depois nos questionamos: por que falhei nesse momento? O que aconteceu? Quem teve a culpa? E não percebemos que é impossível ter forças se não estivermos bem alimentados.

Há poucas coisas tão imprescindíveis para nós quanto nossa "alimentação diária": leitura da Bíblia, oração, adoração, comunhão com outros cristãos, serviço. Não deixe passar um só dia, nem uma etapa da sua vida, sem se alimentar. Cuidado! Um súbito desfalecimento pode estar à espreita e você não terá forças para prosseguir.

Jesus diz:
Eu sou o pão da vida.
—João 6:35

Leitura de hoje

JOÃO 6,15
JEREMIAS 23

Oração

Senhor Jesus, obrigado por deixar Tua Palavra para nos alimentarmos. Não quero passar um só dia sem lê-la e praticá-la.

Alimentar-se corretamente e na hora certa traz forças para o viver.

23 de maio

Por quê?

Os sofrimentos do tempo presente não são para se comparar com a glória por vir a ser revelada em nós.
—Romanos 8:18

Leitura de hoje

JEREMIAS 37
JÓ 3
LAMENTAÇÕES 5

Oração

Senhor nosso Deus, por que está acontecendo isto em minha vida? Obrigado por estar comigo, me escutar e compreender. Obrigado por me ajudar e consolar.

A final da Copa da Europa de futebol foi disputada em Sevilha no ano de 1986. O Rei da Espanha prometeu um carro "Mercedes Benz" para o melhor jogador da final, e este foi Ducadam, o goleiro de *Steaua de Bucareste*, que havia ganhado a Copa do Barcelona (Espanha). Ducadam foi o verdadeiro herói do jogo ao defender todos os pênaltis que chutaram ao seu gol. Nunca mais se ouviu de Ducadam, até a abertura dos regimes comunistas. Segundo parece, quando o time regressou à Romênia, alguém próximo do ditador Ceaucescu decidiu ficar com o carro que Ducadam recebera e como o goleiro não concordou, dizem que pessoas ligadas ao ditador lhe quebraram os dedos a marteladas.

A vida está cheia de sofrimentos incompreensíveis, muitas vezes nos perguntamos os motivos de tanto acontecimentos — parece não haver respostas. Escutamos histórias que não compreendemos diariamente. Histórias de maldade, ódio e sofrimento. Coisas que parecem ilógicas. É pior quando estas cousas acontecem conosco. Se já achamos que o sofrimento não tem sentido, muito menos quando ocorre em nossa vida.

Quantas vezes temos visto o sofrimento e, quem sabe, na pessoa que consideramos menos merecedora. Quantas vezes temos visto um servo de Deus, uma mulher extraordinária, servos consagrados ao Senhor, cair na mais profunda escuridão da dor. Quantas vezes ouvimos de acidentes em que morrem crianças; problemas econômicos insolúveis para quem só praticou o bem: pais modelos, cujos filhos se rebelaram, uma boa mulher abandonada pelo marido. Centenas de outras situações de sofrimentos incompreensíveis.

Deus permite que questionemos as razões e "os por quês" de cada situação. Deus não nos diz que não devemos nos voltar a Ele quando falhamos em compreender algo. E a pergunta mais impressionante: "por que me aconteceu isto, depois de dar tudo, inclusive minha vida para a glória de Deus? Por quê? Por quê?"

Deus conhece o sofrimento tanto quanto nós. ELE DEU Seu próprio filho para morrer por Seus inimigos. E não esqueçamos que, quando Jesus estava na cruz, levava consigo todo o sofrimento do mundo. Ninguém sofre sem que o Senhor tenha conhecimento. Só Ele pode compreender nossas perguntas. Só nele podemos encontrar consolo e resposta.

Só Jesus sofreu o desamparo total de Deus para que nós nunca fossemos desamparados.

24 de maio

O Criador

Em todos os esportes, o campo de jogo é um dos fatores mais importantes. Poder ser maior ou menor, melhor ou pior, mas o atleta deve se adaptar a todos. No mundo do futebol o maior estádio é o Maracanã, No final da Copa do Mundo celebrada no Brasil o estádio comportou 200 mil pessoas.

Às vezes nos maravilhamos com alguma construção feita pelo homem, mas concordamos que as maravilhas criadas por Deus são muito maiores. Nosso universo é um símbolo palpável da perfeição de nosso Criador, inclusive nos pequenos detalhes. Precisamos de poucos exemplos para reconhecer a sabedoria de Deus: a Terra gira 365 vezes em torno de si mesma, e ao redor do sol durante um ano. Se isto ocorresse apenas umas duas vezes, a vida seria impossível. O ar tem a pressão exata para a nossa sobrevivência. A temperatura média é ideal para o nosso bem-estar, e poucos graus acima iriam matar os seres vivos. As leis que regulam o funcionamento do universo são exatas e não admitem variações. Elas nos dão segurança.

E o que diríamos do corpo humano? A perfeição de todos os nossos órgãos é tal, que levaram milhares de anos só para que fossem conhecidas algumas de nossas características, quanto mais para entender as razões de cada movimento! Se pensarmos em nossos olhos, uma câmara fotográfica perfeita em um espaço reduzido, com capacidade para enfocar simultaneamente, ver tudo em dimensão e profundidade exata. Nossos ouvidos são capazes de distinguir mais de 200 mil sons diferentes. Nossa mente, cuja atividade intelectual é ilimitada e cuja capacidade de ordenamento de atuações ultrapassa 1 milhão de sinais por segundo. Nosso coração que bombeia sangue ao corpo com um ritmo contínuo, durante anos e anos. Milhares e milhares de sinais que nos mostram a sabedoria de Deus — o Criador.

Ninguém tem o direito de negar a existência do Deus criador, pois seu próprio corpo o delata. Seu próprio ambiente lhe ensina o contrário. Seus órgãos gritam que Deus é bom e que Ele é o nosso Criador. Precisamos aprender a sermos agradecidos. Dar graças a Deus até pela terra que nos viu nascer. Dar graças a Ele pela natureza: pelas pessoas, por cada uma das partes do nosso corpo. Dar graças a Deus pelo que Ele é. Se Ele foi capaz de criar tanta beleza, ninguém pode ser mais maravilhoso do Ele próprio!

...que fez o céu e a terra.
—Salmo 121:2

Leitura de hoje

SALMOS 8–9
JÓ 26

Oração

Senhor quero te agradecer, pois criaste o mundo, tantas belezas, minha terra, minha família e todas as pessoas que conheço. Agradeço por me ter feito como sou, e agradeço por _____.

O melhor do Universo nos diz muito pouco sobre o melhor de Deus, Seu criador.

25 de maio

Quem Semeia Ventos, Colhe Tempestades

Aquilo que o homem semear, isso também ceifará.
—Gálatas 6:7

A final do campeonato de basquete na Espanha se decidiu para o melhor de cinco jogos. Os times foram *Real Madrid* e *Barcelona*, e um dos árbitros foi NEYRO, que apitou três dos jogos. O *Real Madrid* perdeu todos, e no quinto e definitivo jogo, Neyro expulsou um dos melhores jogadores do *Real Madrid*, PETROVIC, por cinco faltas pessoais. Com isto o *Barcelona* ganhou o campeonato. O que poucos recordam é que Petrovic havia cuspido no rosto de Neyro num torneio celebrado anos antes em Porto Real. Sempre é verdade, "quem semeia ventos, colhe tempestades".

Muitas vezes passamos toda a vida como se nós fôssemos os donos de tudo. Queremos fazer o que bem entendemos, sem que ninguém nos diga nada, sem que ninguém nos levante a voz. Muitas vezes fazemos coisas que machucam outras pessoas, e pensamos que vamos ficar impunes com nosso pecado. Deus nos ensina na Bíblia uma lei espiritual que sempre se cumpre: o que semeamos, é o que eventualmente vamos acabar colhendo mais cedo ou mais tarde.

Se semeamos ódio, inveja, ciúmes, más palavras, murmurações, etc.; colheremos o mesmo na nossa vida, mas talvez em escala maior. Se odiarmos aos outros, receberemos ódio em nossa vida. Se invejarmos teremos amargura em troca. Se falarmos mal dos outros, outros murmurarão de nós. Não se pode semear males e colher bens. Não podemos esperar que os demais nos tratem bem, se nós os temos humilhado. Não podemos pedir justiça para outros, se nós rirmos deles. Tudo o que semearmos é o que colheremos.

O Senhor Jesus, ensinou uma lição espiritual que sempre esquecemos: o que há em nosso interior é o que realmente importa. O que temos dentro de nós? Se temos ódio, receberemos ódio; se temos amor, receberemos amor. Não quer dizer que as coisas sempre vão correr bem, mas sim que, pelo menos, sabemos que temos feito nossa parte corretamente: nós damos amor, e logo Deus dará resposta!

Não podemos esperar outra coisa. Não podemos semear ventos e colher paz; se semeamos ventos, colheremos tempestades. E sempre mais duras, mais fortes do que imaginamos.

Leitura de hoje

GÊNESIS 30–31

Oração

Pai nosso, ensina-nos, a saber, reagir em todas as situações. Ensina-nos a colocar amor onde há ódio. Ensina-nos a semear o bem aos outros.

Não se pode semear trigo, e colher cevada.
Não se pode semear ódio... e colher amor.

26 de maio

O Próximo Jogo

A final da Copa do Mundo de futebol de 1954 teve um desenlace inesperado: Hungria, o time mais potente, perdeu para a Alemanha por 3 a 2. Sepp Herberger era o treinador alemão. Ele havia escolhido os jogadores alemães pelos povoados e aldeias, devido aos problemas econômicos do pós-guerra, e havia feito um time vencedor. A famosa frase que repetia no final de cada jogo era sua: "o jogo mais difícil é o próximo."

Na vida, todos os grandes êxitos se conseguem passo a passo. Ninguém chega ao topo por um passe de mágica, mas, sim, depois de ter aprendido a perseverar. Existe um plano e uma meta em nossa vida, meta que devemos alcançar... e isto só se consegue avançando lentamente. Exatamente como na vida espiritual: a etapa mais difícil é a próxima.

Não estamos acostumados a pensar em termos reais. Parece que "andamos nas nuvens" e que só fazemos caso de "coisas extraordinárias", mas, o crescimento na vida cristã depende de conhecer a vontade de Deus. É necessário obedecê-la, dia a dia; buscar o que Deus espera de nós em todas as coisas, e fazê-lo, sem alardes, mas tranquilamente. Devemos nos espelhar em Jesus, nossa meta e nosso Rei.

Devemos nos concentrar no que fazemos. Assim como no esporte existem campos melhores e outros piores, nós devemos vencer em todos eles. Talvez o próximo esforço seja o mais importante. Pode ser que a próxima tentação seja a mais difícil. Talvez apareçam em nossa vida dificuldades nos estudos ou no trabalho, sentimentais ou emocionais. O bom é sabermos que vamos vencer. Estamos acostumados a vencer independente do campo. Sabemos que o jogo mais difícil é o próximo.

Não nos preocupemos tanto em saber o que existe mais para frente. Não é nosso problema saber o que vai ocorrer dentro de dois anos, três, ou quatro... isto é de Deus. Nós, simplesmente, nos concentramos no passo seguinte a ser dado. E não é uma postura conformista: Deus conhece nosso futuro, e é um futuro glorioso. A Bíblia diz que é linda a herança que nos espera. Ninguém é mais feliz do que nós, porque ninguém pode sentir verdadeira segurança quanto a seu futuro, se está longe de Deus. O que Deus tem preparado para cada um de nós é algo único: feito para nós, Simplesmente, jogue o próximo jogo, nada mais.

...é mui linda a minha herança.
—Salmo 16:6

Leitura de hoje

SALMOS 16, 34, 91, 121

Oração

Senhor sei que controlas o meu futuro. Ensina-me a ter confiança em ti, e viver o "dia a dia" nessa dependência.

Qualquer viagem de milhares de quilômetros começa de maneira muito simples: com o primeiro passo.

27 de maio

Rumores

Não espalharás notícias falsas…
—Êxodo 23:1

Poucas coisas desconcentram tanto um esportista como os rumores. Saber que as pessoas estão dizendo coisas que não são certas, ou pelo menos não é tal e qual se diz, pode influenciar negativamente o rendimento de qualquer pessoa. Um dos melhores jogadores de futebol da atualidade, RICARDO OLIVEIRA viu-se envolvido em todo tipo de rumores quando jogava no *Betis* (Espanha) pelas inúmeras equipes que desejavam contratá-lo No ano seguinte foi contratado pelo *AC Milan* (Itália). Ricardo nunca se influenciou pelos rumores, porque sempre confiou em Deus ao tomar as decisões necessárias no mundo do futebol.

Leitura de hoje

ÊXODO 23
MATEUS 7

Situações impossíveis que podem machucar a qualquer um. E menos mal quando só são rumores de contratações! As pessoas mal-intencionadas propagam rumores que destroem: rumores de que um jogador se dopou; rumores de problemas entre jogadores do mesmo time; rumores de que o treinador não quer determinado jogador; rumores de que tal jogador tem problemas familiares graves, rumores. As pessoas os alimentam, os outros acreditam e, mais tarde, é praticamente impossível voltar atrás. Apóiam-se naquela frase de: "onde há fumaça, há fogo," e não percebem que algo tão simples como o rumor falso, pode acabar com a vida de uma pessoa.

Os rumores são algo destrutivo, desleal, cínico. Não ajudam em nada e nem a ninguém, não servem para fortalecer amizades nem obter carinho, só produzem frustrações e prantos. Só servem para fazer crescer o ódio entre as pessoas. Deus falou contra os rumores há milhares de anos. Deus falou que não devemos admitir falsos rumores, e é um mandamento tão claro como o de não roubar ou não matar.

Oração

Senhor Deus Todo-poderoso, perdoa-me por tantos rumores indevidos. Reconheço meu pecado e o mal que fiz. Não quero admitir falso rumor, nunca mais!

Muitas vezes caímos na armadilha, e certas ocasiões fazemos parte da "corrente" que constrói o rumor. Quantas vezes tudo daria em nada, se nos calássemos! Mas enquanto damos crédito a um rumor, enquanto o contamos a outro, inclusive enquanto escutamos, somos parte do mal, somos propagadores de rumores e merecemos o castigo. Talvez um dia digam coisas falsas de nós: pode ser que neste dia conheçamos a amargura e as lágrimas que causamos a outra pessoa, e decidamos jamais escutar outro mexerico, mas já será tarde.

Rumores. Pequenas armas diabólicas. Armas que são capazes de destruir um país inteiro. Armas que destroem vidas. Não colabore com o Diabo. Não admita os rumores. Não dê corda às fofocas!

Um rumor morre quando ninguém o escuta.
Deixe que alguns se acabem.

28 de maio

Pipocando

Pode-se dizer que foi uma das frases mais famosas em toda a Copa do Mundo celebrada na Itália em 1990. Foi pronunciada pelo treinador da equipe de CAMARÕES aos seus atletas, horas antes do começo do jogo contra os jogadores campeões do mundo, a Argentina. "Vai entrar em campo aquele que tiver mais coragem nos olhos", disse ele, e realmente deu resultado: Camarões ganhou da Argentina de 1 a 0.

Todos nós conhecemos muitos esportistas que têm tudo, tecnicamente falando, mas não são capazes de vencer. Falta-lhes coragem. Todos nós conhecemos pessoas na vida que têm todas as oportunidades para fazer o que é necessário material e espiritualmente falando, mas batem em retirada cada vez que é necessário mais força para lutar. São (ou somos) como os filhos de Efraim, "bem equipados, mas batem em retirada".

É a melhor maneira de perder tudo. No esporte, na vida, e no campo espiritual. Se batermos em retirada, jamais seremos alguém de valor, nem poderemos ajudar outros, muito menos servir a Deus! Estamos em uma guerra espiritual contra o mal e, portanto, não há lugar para covardes. Não há lugar para os que se desanimam e desanimam os outros, porque aquele que bate em retirada, não só ele é derrotado, mas também contribui para a derrota dos companheiros.

Deixe-me fazer uma pergunta: o que está diante dos seus olhos? Derrota ou vitória? Em situações difíceis, tentações, provas, momentos decisivos, oportunidades únicas, zombarias, lutas contra o mal, decisões importantes, relações pessoais, trabalhos duros e difíceis, você está bem preparado(a), mas bate em retirada? Se assim for, considere duas coisas: primeiro; você está contrariando a Deus e a si mesmo, porque você não pode viver batendo em retirada enquanto diz que segue alguém que nunca foi vencido. Em segundo lugar, você está dando mau exemplo aos seus companheiros e irmãos. É melhor que não entre no jogo, se tem medo das consequências.

Não devemos bater em retirada diante de qualquer dificuldade, por mais impossível que pareça. Deus pode solucionar problemas impossíveis, mas nunca deverão dizer a nosso respeito "estava bem preparado, mas bateu em retirada".

Os filhos de Efraim, embora armados de arco, bateram em retirada…
—Salmo 78:9

Leitura de hoje

MARCOS 1,11

Oração

Senhor perdoa-me quando me acovardei em situações difíceis. Enche-me do Teu Espírito de poder, para que todos te conheçam.

Nada é mais perigoso do que ignorar o inimigo.

29 de maio

Ser Feliz é...

Feliz o homem [...]
o seu prazer está na
lei do Deus Eterno.
—Salmo 1:1,2

Uma das histórias mais bonitas das Olimpíadas aconteceu nos Jogos Olímpicos de Sant-Louis (EUA) em 1904. É a história do cubano FELIX CARVAJAL: Felix era carteiro, e como não podia custear a viagem aos EUA, organizou uma coleta por todos os lugares conhecidos para comprar o bilhete. Chegou aos EUA e, no mesmo dia, lhe roubaram o pouco dinheiro que tinha, assim teve que percorrer 1.125 km andando para chegar a Saint-Louis. Chegou no dia anterior à prova. Na saída, se apresentou com seus calções e suas sapatilhas e todos riram dele e o tomaram por louco. Ele correria a maratona, a prova mais dura das Olimpíadas, e ia falando, parando e comendo com as pessoas que encontrava. Naquele dia, ao longo do percurso de 42 km, Felix fez muitos amigos e ainda restou tempo para chegar em quarto lugar, quase ganhou a medalha de bronze. Todos disseram que podia ter conquistado o primeiro lugar sem qualquer esforço, mas para ele, só interessava ser feliz. Foi o mais glorioso e feliz perdedor de toda a história.

Leitura de hoje

ATOS 9,14

Felicidade, quantas pessoas falam dela e poucos a conhecem! E, no entanto, é simples encontrá-la: só é necessário aceitar o que Deus diz. Um dos livros da Bíblia que mais falam sobre a felicidade é o livro de Salmos: a primeira palavra que aparece nele é: "feliz" e o livro termina louvando a Deus com alegria sem igual. Quer descobrir a base desta felicidade? Detenha-se no seguinte:

1. Feliz o que anda retamente (1:1; 37:37).
2. Feliz o que se refugia (2:12; 16:11) e confia em Deus.
3. Feliz o que é perdoado (32:1).
4. Feliz o que se alegra em Deus (32:11; 45:15).
5. Feliz o que pensa no pobre (41:1).
6. Feliz o que foi salvo por Deus (9:14; 21:1).
7. Feliz o que serve a Deus (65:4).
8. Feliz o que louva a Deus (81:1).
9. Feliz aquele a quem Deus escolhe (94:12).
10. Feliz o que reconhece como Deus nos dá cada dia de nossa vida (118:24).
11. Feliz o que desfruta de seu trabalho (128:2).
12. Toda a natureza transborda de felicidade (96:12; 48:12; 92:4).

Se você está buscando a verdadeira felicidade, já sabe onde encontrá-la.

Oração

Senhor ensina-me: a ser feliz como Tu és, a te dar graças por todas as coisas, e a refletir Teu gozo em minha vida.

A verdadeira felicidade não vem do exterior, mas do nosso interior.

30 de maio

Salto Alto

Antes de cada evento esportivo, de cada jogo, de cada corrida, se produzem as típicas declarações "fantasmas". Vou explicar: são as declarações daqueles esportistas que dão a impressão de que acreditam que são super-homens. Você sabe: "somos os melhores", "eles têm medo de nós", "Vamos ganhar de goleada" etc. Uns dias antes da Copa do Mundo de futebol, celebrada na Alemanha no ano de 1974, li declarações que me deixaram boquiaberto: "Vamos ganhar a Copa do Mundo". Diziam isto os jogadores de uma seleção centro-americana! Os resultados lhes devolveram a realidade: perderam para Itália (3 a 1), para a Polônia (7 a 0), para a Argentina (4 a 1), e voltaram para casa.

Há muitos anos a Bíblia contém estas palavras: "Quem crê ser algo não sendo nada, a si mesmo se engana." No dia de hoje, um dos maiores problemas na mente de muitas pessoas é sua soberba. Acreditam ser melhor do que outros. Não importa o tema que se trate, sempre há algum que sabe tudo. São pessoas especialistas em falar de si mesmas, não podem estar cinco minutos sem que falem de seu último feito (e de sua próximo também). Não há ninguém no mundo tão importante... e, no entanto, nada são.

É uma lição difícil de aprender. A humildade é algo que não tem muito espaço na mídia. Poucas pessoas gostariam de receber o qualificativo de "humildes", parece que soa até ofensivo. E, no entanto, Deus diz que exalta aos humildes, e resiste aos soberbos. E é normal. Não há jeito pior para se aproximar de Deus, do que com orgulho.

No fundo, tudo é um problema de decisões equivocadas: Quem é o dono de nossa vida? Quem é o que decide todas as coisas? Quem está no "trono" de nosso ser? O último livro da Bíblia nos explica que Jesus está no trono do céu, e é por isto que no céu tudo vai bem e é glorioso. Se nós somos os donos de nossa igreja, de nosso trabalho, de nossa família. Se cremos que somos os melhores e podemos tomar todas as decisões, nossa vida será um fracasso. E a dos que nos rodeiam também.

Se nos achamos melhores do que todos, se pensamos que somos mais importantes que os outros, se acreditarmos que temos o direito de dominar nossa vida e a dos demais... grave perigo, situação mortal! Quando cremos assim, estamos à beira do abismo. Quando nos sentamos no trono, o chão começa a tremer.

...não pense de si mesmo além do que convém.
—Romanos 12:3

Leitura de hoje

PROVÉRBIOS 28–29

Oração

Senhor perdoa meu orgulho em tantas ocasiões. Perdoa-me tantas vezes que tomei minhas próprias decisões e cri que era mais importante do que outros. Ensina-me a ser humilde.

Só Cristo tem direito de estar sentado no trono.

31 de maio

Contrato Renovado

Acaso pode uma mulher esquecer-se do filho que ainda mama? [...] eu, todavia, não me esquecerei de ti.
—Isaías 49:15

Muitas vezes não compreendemos a situação dos jogadores quando estão a ponto de renovar seu contrato. Neste momento sempre começam as dúvidas: "vão me querer ou não? Vão-me por na rua?". Aparentemente, Zé Ribeiro (jogador português) pôs de lado todas estas situações quando rejeitou um contrato milionário com pouco mais de 30 anos, para se dedicar a estudar a Bíblia e pregar o evangelho.

Sabe, Deus assinou conosco um contrato vitalício.

Em nossa relação com Deus não existe este problema. Deus prorrogou nosso contrato por toda a vida. Ele nos ama acima de todas as coisas, e empenhou Sua palavra e Sua fidelidade conosco. Hoje lemos Suas próprias expressões: "Poderá uma mãe esquecer seu filho? Ainda que ela o faça, eu não me esquecerei de ti." Preciosas palavras do próprio Deus!

Leitura de hoje

SALMO 40

Muitas vezes, as dúvidas, a desconfiança, os problemas nos atacam e pensamos que Deus não nos escutará, e esquecer-se-á de nós. Pensamos que não nos ama, e caímos na tentação de pensar que já não somos queridos. É um grande erro: Deus não nos esquece. A Bíblia diz que Ele nos ama para sempre, e que Sua fidelidade é eterna. São sentimentos amorosos como os de uma mãe, elevados ao grau supremo. Quando a Bíblia diz que Deus nos toma em Seus braços, demonstra uma figura de amor incomparável! E este amor é para você.

Sim, Ele não esquece de nenhum de Seus filhos e filhas. Ele não os abandona, e não os deixa sós: ainda que às vezes sintamos assim. Deus sabe o que há em nosso coração, Ele escuta os desejos íntimos de nossa alma. Deus está conosco em cada momento e situação, por mais difícil que seja. Deus é o amigo silencioso que nos compreende e "mima".

Oração

Meu Pai, sabes de meus temores com respeito a _____, e também sabes que me sinto só. Obrigado por estar ao meu lado e me consolar.

Jesus, sim, passou por uma prova de solidão sem igual. Momentos antes de morrer, todos o abandonaram. Todos creram que Ele era um derrotado. Nem sequer seus amigos mais íntimos confiaram nele. Jesus sentiu-se completamente só, e foi à cruz sozinho. Ninguém passou, nem passará nunca, uma prova de solidão tal qual Ele passou, e, por isso, Jesus o compreende melhor do que ninguém.

A fidelidade de Deus não é só para esta vida. É eterna!

1 de junho

Não Tem Bola Perdida

Em qualquer esporte são imprescindíveis: aqueles que não dão uma bola por perdida; capazes de ir até fora do retângulo de jogo se for preciso, para recuperar uma bola. Falando de um esporte como o beisebol, no qual, o fato de pegar a bola antes de tocar o chão é algo importantíssimo para jogadores que lutam até o último segundo para não "perder" a bola. Um grande exemplo é o que a *Seleção Cubana* de beisebol deu nos Jogos Olímpicos de Barcelona ganhando o ouro na competição.

E não se pode esquecer que estamos falando de um esporte, um jogo, algo que não tem excessiva importância. No entanto, como é necessário ter uma pessoa que lute por todas as bolas! Lutar, não dar um momento por perdido, pode ser algo decisivo na vida: pincipalmente, quando se fala da vida espiritual.

Todos passamos por esta situação em algum momento: lutar até o limite pela restauração de uma pessoa querida. Às vezes temos pessoas próximas que nos parecem impossíveis de serem ajudadas. Não querem escutar ninguém, por mais problemas que enfrentem ou por mais que tentemos lhes dizer alguma coisa. Talvez até já tenhamos lhes falado do que Deus pode fazer por elas… no entanto, parece que perdemos o tempo. E nos desanimamos pensando que não vale a pena seguir. E dizemos: "É impossível que esta pessoa venha a conhecer o Senhor."

Acontece-nos como ao povo de Israel: no caminho nos desanimamos. Sim, já sei que você pode dizer: "Você não conhece como ela ou ele é, tão cabeça dura." O caso que está mais perto de nós, sempre nos parece o mais difícil, mas Deus nos ensina a seguir adiante. Devemos continuar orando por esta pessoa, continuar falando com tato e com todo carinho: em cada oportunidade, sem desanimar e ao mesmo tempo sem ser "chato". Ainda que pareça muito difícil, ou já tenham se passado muitos anos, não é uma pessoa impossível. Deus pode falar ao seu coração.

Devemos seguir adiante, confiando no poder de Deus. Orando, falando e comportando-nos como Deus espera de nós. No momento que menos esperamos, teremos uma surpresa. Uma grande surpresa. Depende de nós.

Continue lutando e orando por cada pessoa. Nunca desista de alguém!

…porém o povo se tornou impaciente no caminho.
—Números 21:4

Leitura de hoje

NÚMEROS 20–21

Oração

Senhor Jesus, quero pedir-te por _____. Quero orar sempre por _____, para que chegue a conhecer-te. Dá-me a amabilidade e o poder necessários para falar-lhe do Senhor e não desanimar.

2 de junho

Classificado

...pela graça sois salvos...
—Efésios 2:8

Todos nós gostaríamos de participar nos Jogos Olímpicos, mas só os melhores podem ir. Em cada prova se estabelecem novos índices obrigatórios de serem superados. Todos sabemos o que isto significa: milhares de horas de treinamento, centenas de dias competindo, esforços incalculáveis... sem esquecer, uma constituição física própria de um atleta.

Mesmo com todas as circunstâncias favoráveis, não é garantido que um atleta possa competir numa Olimpíada. Todos ouvimos notícias a respeito de esportistas que depois de quatro anos de intensa preparação física e psicológica não puderam participar por diversas razões: uma contusão inoportuna, uma mudança importante na vida ou um problema de saúde. Um dos dias mais alegres na vida de um esportista é quando sabe que já está classificado.

Deus também colocou índices para nos classificarmos e termos acesso a uma vida que não tem fim. Ao contrário do que muitos pensam, não é necessário ser bom para "competir" no céu. Se Deus dissesse que a entrada ao céu depende de nossas boas obras, teríamos que ser tão perfeitos como Ele, já que no céu não pode entrar qualquer pecado. A única coisa que Deus pede é que creiamos no que Ele fez por nós e assim, pela fé, teremos entrada segura à vida eterna.

Deus não espera índices, marcas mínimas, não discrimina raças, sexo, condição social, política ou psicológica: Ele nos aceita, a todos, como somos. Ele o faz por Sua misericórdia, por amor a cada um de nós. Pode-se dizer que o que mais deseja é ver todos classificados para a Olimpíada mais importante da história: aquela na qual se joga a própria vida.

Deus estabeleceu um caminho tão direto que para algumas pessoas parece algo impossível: gratuitamente, pela fé na obra do Senhor Jesus Cristo. Não continue lutando por seus próprios meios para conseguir algo que só tem uma entrada; não tente comprar Deus. Reconheça que você nada pode fazer e aceite o que Ele fez por você. Hoje mesmo você pode se classificar. Fale com Ele.

Leitura de hoje

EFÉSIOS 2
SALMO 112
ISAÍAS 49

Oração

Senhor, obrigado pelo que fizeste por mim na cruz.

Deus nos classifica para a Olimpíada do céu sem necessidade de lutarmos para alcançar índices.

3 de junho

Gol de Placa

Na Copa do Mundo de Futebol na Itália (1990), uma frase chegou a todos os jornais e meios de comunicação sacudindo as consciências das pessoas: "Nenhum gol no mundial vale tanto como um encontro com Deus". Isto foi dito por um dos melhores jogadores, o brasileiro BISMARCK, um reconhecido cristão e membro do grupo "Atletas de Cristo". Num momento em que todos se entretinham com jogos, muitos tiveram que parar e refletir sobre o que estavam escutando.

Muitas vezes, os próprios meios de comunicação se perguntam sobre qual é a causa dos problemas entre as pessoas, se interrogam acerca da razão que leva milhares de pessoas que têm tudo na vida a terem depressões profundas. Muitos estão buscando a causa do aumento do número de suicídios em todo o mundo, e principalmente entre as pessoas que terminaram os estudos universitários! Como sempre, a solução dos problemas essenciais do homem é muito simples; tão simples que escapa das mãos.

Todo aquele que põe sua felicidade em qualquer coisa, logo a perderá quando não mais satisfazer ou desaparecer de sua vida. Se nossa segurança está baseada em algo que perece, esta segurança está fadada a morrer. A única maneira de nossa vida ser completa em todos os sentidos é estar fundamentada em Deus. Nada pode trazer a segurança que vem de conhecê-lo pessoalmente. Nada pode comparar-se com a amizade de Deus.

Pense um momento: todas as coisas belas da vida foram criadas por Ele! Não só as coisas que se podem tocar como a natureza, mas também os relacionamentos (a amizade, o amor…). O Deus que criou tudo isto tem que ser o mais bonito e agradável do mundo! E mais, a Bíblia diz que Ele está à nossa disposição… Sim, quer nos falar, escutar, passar tempo conosco, encher-nos de Sua beleza. Nenhum gol no mundial vale tanto como um encontro pessoal com Ele!

Deus nos fala em muitas ocasiões, sobre a importância dos momentos de "quietude" com Ele. Os momentos de conversação, de meditação, de contar-lhe nossos projetos e nossos problemas. Momentos nos quais falamos com nosso melhor amigo sobre todas as nossas alegrias. Momentos a sós com Deus. Momentos nos quais buscamos Sua face, momentos de valor incalculável. Os melhores momentos de nossa vida. Você já teve seu tempo a sós com Deus hoje?

…Buscai a minha presença; buscarei, pois, SENHOR, a tua presença.
—Salmo 27:8

Leitura de hoje

SALMOS 48, 84
ESTER 4

Oração

Senhor, aqui estou buscando Tua face… fala-me de ti.

Os cristãos não precisam de novos métodos, sabedoria ou planos, mas precisam procurar a face de Deus.

4 de junho

Vindo à Tona

...quando, por minha causa, vos injuriarem, e vos perseguirem, e, mentindo, disserem todo mal contra vós.
—Mateus 5:11

Leitura de hoje

1 PEDRO 1–2
JÓ 7,13

Um dos melhores ciclistas de todos os tempos foi EDDY MERCKX. Além de bom ciclista, foi desportivo 100 por cento em todos seus atos. Merckx já tinha ganhado o *Giro* 1968, e estava para ganhar o primeiro lugar no *Giro da Itália* 1969, ameaçando bater o recorde do Italiano FAUSTO COPPI (ganhador de 5 *Giros*). Numa das últimas etapas, a organização acusa Merckx de resultado positivo no controle antidoping e o desclassifica. Ninguém acredita. Meses mais tarde, se recebe uma carta na qual um espectador reconhece ter dado a Merckx uma garrafa com líquido "adulterado" no transcurso da corrida. Eddy Merckx volta no ano seguinte e ganha o *Giro*.

É uma situação muito difícil: só você mesmo sabe o que você fez quando é acusado. Todos acreditam. Apesar de suas explicações e do que aconteceu no passado, de sua história, basta uma pequena mentira para que todos lhe voltem às costas. E então não sabemos o que fazer, porque poucas coisas desanimam tanto como as que não são certas. São as inúmeras "pequenas injustiças" que acontecem cada dia.

O Senhor Jesus também passou por isto. Nunca foram ditas tantas mentiras sobre alguém como Ele. Ninguém tinha feito tanto bem à humanidade (nem ninguém fará) como Ele. No entanto, na primeira oportunidade, todos inventaram centenas de mentiras para condená-lo: era a inveja do impotente, a raiva do que se sabe inferior, o cinismo dos que não são capazes de conseguir as coisas de outra maneira. Pequenas mentiras, pequenas acusações... grandes injustiças.

Deus diz que as coisas não terminam assim, porque Ele mesmo é quem controla a história — a do mundo e a de cada um de nós. Por isto nos ensina que não nos preocupemos se dizem mentiras de nós por causa dele. Ele mesmo se ocupará de colocar as coisas em seus devidos lugares, no Seu tempo, no momento mais apropriado. Porque Deus sempre faz com que a verdade triunfe: Ele não permite que o mal domine a história para sempre. Deus disse a primeira palavra do Universo, e dirá também a última.

Sei que é fácil falar, mas devemos aprender a conter nossas reações até o final, até o momento em que Deus revelar publicamente a verdade. Enquanto isto é necessário confiar nele apesar das acusações contra nós, apesar dos maus momentos. Deus nunca deixou que as coisas terminassem assim.

Oração

Senhor quero colocar diante de ti esta situação... e tudo o que estão dizendo de mim... Estou em Tuas mãos, e sei que dirás a última palavra.

A principal característica da verdade é não ficar escondida. A injustiça tem os seus dias contados.

5 de junho

Jogo é Jogo!

AMÉLIA BOLAÑOS não era uma esportista importante. Amélia não era uma atriz, nem estava no mundo da política. No entanto ficou conhecida por seu grave erro — o equívoco mais terrível de sua vida. Amélia suicidou-se no dia em que a seleção de El Salvador de futebol perdeu seu primeiro jogo no mundial do México de 1970. E a grande desgraça é que não foi a única. Ao longo dos últimos anos, outros cumpriram o "ritual" sem sentido de tirar a vida quando sua equipe perdeu.

Como nós, os humanos, somos tão tolos! Chegar a ponto de tirar a vida por um simples jogo! Nenhum animal faria isto, no entanto nós… damos tanto valor a coisas que não têm qualquer importância. A vida é outra coisa, a vida é o que temos de mais precioso, a vida é o que nos permite poder desfrutar, sentir, ver, amar, sermos nós mesmos! Como pode haver gente que tire a vida por algo que não tem importância?

"Alto lá", diria você, "eu nunca faria isto!" Ah, não? O que acontece quando você dá muita importância a coisas muito pequenas? E quando fica deprimido porque um simples detalhe de sua vida não corre como desejava. Não, não diga que não é um simples detalhe: pense por um momento numa situação que o deixou triste nos últimos dias. Já? Parece assim tão importante? Muitas vezes levamos as coisas profundamente a sério e dizemos: "agora nada mais tem sentido", e chegamos a pensar bobagens do tipo: "é melhor estar morto". Melhor? Como pode ser melhor algo que não nos dá qualquer possibilidade de voltar atrás, de retificar, de começar de novo?

Acontece com todo mundo de vez em quando. Inclusive aos profetas. Você leu hoje que Jonas queria morrer simplesmente porque uma planta, que lhe dava sombra, havia secado. Muito bem, agora você ri e acha mesmo uma bobagem. E aquilo que o deixou sentindo de maneira parecida, não era bobagem também? Nada vale a pena a ponto de tirar nossa vida. Nosso problema pode ser muito importante agora, mas em poucas horas… veremos de outra forma. Não devemos fazer nada de que nos arrependamos depois!

Não é certa a filosofia de Jonas (ele mesmo reconheceu mais tarde). Nada tem tanta importância como parece neste momento. Um simples jogo tirou a vida de alguns! A maior parte das coisas na vida é só um jogo. Só nossa relação pessoal com Deus vale qualquer pena. Só Deus merece nossas forças, nosso tempo, nossa vida. Tudo mais é acessório. Não perca sua vida por isso!

…Melhor me é morrer do que viver!
—Jonas 4:8

Leitura de hoje

JONAS 1–4

Oração

Senhor, muito obrigado por Tua ajuda em todo momento. Muito obrigado porque nunca me abandonas: ensina-me a não dar importância às coisas que possam acontecer, mas somente descansar em ti.

O mais precioso bem que temos é nossa vida.

6 de junho

Replay

...Porque todo o povo chorava, ouvindo as palavras da lei.
—Neemias 8:9

Numa das últimas eliminatórias da Copa do Mundo de futebol celebrada no México (1986), Brasil e França estavam jogando os últimos minutos do segundo tempo. ZICO e SILAS, jogadores reservas da seleção naquele jogo, foram para o aquecimento, mas só Zico entrou. O jogo terminou empatado 1 a 1, e na prorrogação, entrou o Silas. Numa das últimas jogadas, Silas chutou ao gol e a bola bateu no travessão. Finalmente, a França eliminou o Brasil nos pênaltis. Silas, um grande jogador, recorda aquele momento e diz: "Esta grande derrota não mudou minha vida; a única mudança na minha vida foi aceitar Jesus como meu Salvador."

Muitas vezes é bom "repetir" as jogadas, voltar a vê-las "mentalmente", pois se aprende muitas coisas. Não só quando se ganha, mas acima de tudo quando se perde. É um tempo que ganhamos, tempo que nos pertence, se soubermos aproveitá-lo.

1. Confessar nossos erros: quando falhamos, devemos confessar nossa culpa. Pensar e meditar no que erramos; pedir perdão a quem for necessário. Lembra o versículo? "Todo o povo chorava...". No esporte, nas relações com os outros, com a família... e acima de tudo em nossa relação com Deus, é de crucial importância reconhecer nossos erros.

2. Aprender com o que acontece: se confessamos nossos erros, mas não aprendemos com eles, só percorremos a metade do caminho. Deus permitiu nossa queda para que aprendêssemos muitas coisas dele, e se não aprendermos, viveremos derrotados toda nossa vida. Já disse o sábio na antiguidade: "Quem esquece o passado tende a repeti-lo." De vez em quando é necessário deixar páginas abertas do passado para reconhecer aquilo que fizemos mal, e que é perigosíssimo repetir.

3. Esquecer a derrota e seguir adiante: Nenhuma condição é permanente: nem a vitória nem a derrota. Se cairmos, não devemos ficar assim. Na próxima vez pode ser diferente! Se ganharmos, devemos ter cuidado de não achar que já está tudo feito, que não precisamos aprender mais. Deus nos oferece a possibilidade do perdão: devemos ir até Ele, e deixar as coisas em Suas mãos. Nenhuma lembrança tem direito de nos atormentar, da mesma maneira que nenhuma vitória pode nos fazer pensar que não necessitamos de Deus.

4. Olhar para o futuro e renovar as esperanças para o jogo seguinte: "Virar a página", e nos concentrarmos no que está por vir... é como se começássemos do zero outra vez: o que passou só conta para nossa sabedoria, para que não caiamos nos mesmos erros; para que aprendamos a confiar mais em Deus.

Leitura de hoje

NEEMIAS 8–9
ESDRAS 9

Oração

Senhor, repassei em minha mente as últimas situações de minha vida. Aprendi. Necessito pedir perdão para _____ e restaurar... Obrigado por me ajudar a seguir em frente!

Repetição mental das situações: tempo que ganhamos do passado.

Brincadeirinha

FRED LORDZ foi o primeiro a alcançar a linha de chegada na Maratona dos Jogos Olímpicos de Saint-Louis (1904), mas não ficou com a medalha de ouro. Havia percorrido um bom número de quilômetros sentado comodamente num carro, enquanto os demais corriam. Quando se descobriu a armação, disse: "Era só uma brincadeira."

A Bíblia nos adverte quanto a não enganar outros: nem sequer "em brincadeira". Muitas vezes utilizamos estas palavras para causar danos e desilusões a pessoas que confiavam em nós.

Deus nos pede que sejamos transparentes, e que jamais enganemos. Ninguém tem que dizer de nós que lhes causamos um problema, enganando-os. Poucas coisas são tão importantes nas relações pessoais como a lealdade. Todo aquele que é leal, aprendeu a conhecer a Deus, porque uma das características mais importantes de Deus é sua fidelidade. Deus jamais engana alguém!

Se Deus nos pede que sejamos leais em todas as nossas relações, temos que ser assim com nossos amigos! É claro que um bom amigo é aquele que sabe rir e se alegrar com você, mas a amizade em si é algo muito sério que temos que cuidar; alimentar e ajudar a crescer, para que cada vez seja mais essencial, mais forte, mais duradoura. Pessoalmente tenho muitos bons exemplos no que se refere à lealdade de um amigo. Alguns deles me ajudaram em momentos difíceis e demonstraram estar sempre ao meu lado quando precisei. Um amigo leal é fundamental na vida. Sempre que falo deste tema, lembro-me de Xoan Carlos Caride, amigo desde que nasci e exemplo de lealdade e ajuda.

Poucas coisas são tão vitais numa amizade como ser transparentes e não enganar nunca. Poucas coisas têm tanta importância para Deus como sermos transparentes com Ele. Nenhum amigo é tão fundamental como o próprio Deus. Ninguém pode nos entender como Ele nos entende, por isso nos "manda" amigos que sabem estar conosco. Por favor, jamais engane um amigo... nem sequer de brincadeira.

7 de junho

Assim é o homem que engana a seu próximo e diz: Fiz isso por brincadeira.
—Provérbios 26:19

Leitura de hoje

ÊXODO 4–6

Oração

Senhor quero te agradecer pelos amigos que me deste... Ensina-me a ser leal com eles e nunca enganá-los.

Quando enganamos nossos amigos, nos autoenganamos.

8 de junho

O que Você Tem em Mente?

...seja isso o que ocupe o vosso pensamento.
—Filipenses 4:8

Um dos melhores jogadores de futebol de toda a história, JOHAN CRUYFF, disse numa entrevista realizada pelo jornal *O País*: "Agora com quase 50 anos, vejo tudo muito claro — não troco o calor de pessoas por uma medalha ou um título." Sábias palavras.

Alguém disse na antiguidade que cada homem era filho do seu pensamento. De acordo com o que cada um tem na sua mente, assim é, e se comporta como tal. Daí a importância de "controlar" o que entra em nossos pensamentos, o que há no fundo de nosso coração.

Leitura de hoje

PROVÉRBIOS 8
ROMANOS 6

O apóstolo Paulo nos explica o que Deus quer que governe nossa mente:
1. Tudo que é verdadeiro.
2. Tudo que é digno de respeito.
3. Tudo que é justo.
4. Tudo que é puro.
5. Tudo que é agradável.
6. Tudo que tem boa fama.
7. Tudo que é bom.
8. Tudo que merece louvor.

Não podemos permitir que entre "lixo" em nossa mente. E você já sabe o que é lixo: a mentira, a falta de respeito, as coisas que são distorcidas, o impuro, o desagradável, o que tem nome feio, o mal, e tudo aquilo que é contrário a Deus. Olhe bem para as coisas que o rodeiam, e não permita que entrem em sua mente aquelas que correspondem a estas características... podem chegar a destruí-lo, porque tudo aquilo que domina sua mente, acaba dominando você.

Hoje lemos o capítulo 8 de Provérbios. Quero lhe propor uma nova aventura: sublinhe nele todas as características da sabedoria de Deus, porque é a mesma sabedoria que deve estar na nossa mente. Nosso objetivo é renovar a mente, e pensar como Deus pensa. Você verá as coisas como Deus as vê.

Oração

Pai ensina-me a ter Tua Sabedoria, para controlar o que entra em minha mente. Quero pensar como Tu pensas.

O que entra em tua mente é o que sairá mais tarde. Se entrar lixo...

9 de junho

A Ocasião Pode Estar Careca

Poucas vezes desfrutamos tanto vendo um jogo de tênis. Era a final masculina de *Roland Garros* de 2000. Guga Kuerten ganhou de Magnus Norman. Apesar de já ter ganhado outros troféus, Guga estava lutando para ser o melhor jogador do mundo e um pouco mais tarde chegaria ao topo de sua carreira.

A vida nos ensina muitas vezes a esperar uma situação propícia. Nem sempre ganham os melhores, nem sempre os fortes são os donos. Os que decidem as coisas nem sempre têm "as cartas na manga". Nem sempre os sábios são os que dão o melhor conselho: temos que saber esperar o momento oportuno, e quando ele aparece, concentrar todas as nossas forças! Antigamente se conhecia o seguinte ditado: "A ocasião pode estar careca." Poucos sabem o seu significado. Dizia-se que a "ocasião" cavalgava a toda velocidade, e, quando aparecia, era como uma mulher bonita de longa cabeleira. Logo depois, quando passava ao seu lado, você percebia que ela só tinha cabelos na frente da cabeça, sendo atrás completamente careca, de tal maneira que se você não a pegasse quando vinha de frente, era impossível agarrá-la uma vez que passasse. Só tinha um momento para decidir. Só uns segundos para agir.

Muitas vezes nos queixamos de nossa má sorte. Na verdade teríamos que nos queixar de nós mesmos. Somos nós os que desperdiçamos as oportunidades que temos. Oportunidades de fazer o bem, oportunidades de ajudar aos outros, oportunidades de falar do amor de Deus. Oportunidades de vencer o inimigo. Pode ser que a vida de uma pessoa dependa hoje de nossa presença no lugar e momento oportuno.

Há um segredo aqui: um segredo que muitos conhecem. Consiste em depender sempre de Deus e estar preparado para dar tudo no momento oportuno. Em qualquer âmbito da vida — no estudo, no trabalho, no esporte, na família — tudo consiste em estarmos sempre preparados. Qualquer momento pode ser nossa ocasião. Qualquer instante pode ser a oportunidade de nossa vida. Talvez hoje ou muito mais rápido do que você pensa.

> …Os velozes nem sempre vencem a corrida; os fortes nem sempre triunfam na guerra… (NVI).
> —Eclesiastes 9:11

Leitura de hoje

ECLESIASTES 9–10

Oração

Pai sei que sabes todas as coisas. Ensina-me a estar preparado para os momentos importantes, ensina-me a aproveitar as ocasiões únicas que se apresentam diante de mim.

Tudo consiste em estar no lugar e momento oportuno.

10 de junho

Razão de Ser

...ai de mim se não pregar o evangelho!
—1 Coríntios 9:16

Várias vezes já mencionamos JULIUS ERVING, talvez o melhor jogador de basquete do mundo. Há vários anos, afirmou numa entrevista para a TV: "O basquete deve ser algo extra, não a principal motivação da vida". Sábias palavras.

Qual deve ser a motivação de sua vida? Perdoe-me por começar hoje fazendo a você uma pergunta tão direta, mas creio que vale a pena respondê-la. Sabe, vivemos num mundo cheio de motivações. Se você sair à rua para perguntar às pessoas qual é o objetivo de suas vidas, creio que encontrará tantas respostas diferentes como quantas pessoas existem no mundo, ou quase tantas. É questão de "absolutos": o absoluto que governa nossa vida.

Vou explicar. Todas as pessoas têm seu "absoluto", aquilo que rege sua vida; inclusive aqueles que dizem viver "como querem" e sem depender de ninguém — para eles o absoluto é sua própria forma de se comportar. Para uns, o mais importante são eles mesmos. Para outros, é o prazer, o dinheiro, a posição social, a fama, o poder, a comodidade, a família, o trabalho, centenas de absolutos diferentes.

Sabe qual é o problema? Qualquer motivação principal que você tenha em sua vida, tem que ser suficientemente forte para que dê sentido à própria vida. E deve ter respostas para todas as suas perguntas. Caso contrário, o seu "absoluto" é muito fraco, e sua posição também. Isso sem falar de seu futuro! Se você não tem segurança, sua vida não tem sentido. Por isto, repito a pergunta do princípio: Qual deve ser a motivação de sua vida? Qual é o objetivo de seu trabalho? Para que vive?

Se você tem qualquer outro "motor" em sua vida que não seja Deus, está perdido. Não porque Deus o queira perdido, mas porque você mesmo escolheu. Viver para algo que não pode mover até o fim, que não pode salvá-lo. Só um "absoluto" pode encher de significado sua vida: Deus. Só Ele pode fazer que você usufrua todas as coisas: da amizade, do amor, da natureza, da diversão, do trabalho, do lazer. Sem Deus, a vida de uma pessoa não tem esperança de futuro. Só há uma motivação principal na vida que pode nos fazer feliz: aquela que nos dá vida. Como o apóstolo Paulo e milhares de pessoas na história: ter um objetivo que vale a pena. Uma motivação que valha nosso esforço, uma motivação principal: que tenhamos vida, que todos tenham paz, que as pessoas ao nosso redor se salvem... que conheçam a Deus.

Leitura de hoje

1 CORÍNTIOS 9
ROMANOS 10

Oração

Senhor, Tu sabes o que há no meu coração. Ajuda-me a colocar-te em primeiro lugar em minha vida.

Se você não vive para servir, não serve para viver.

11 de junho

Criança Tem Vez

Poucos casos existem como o dele: Lucien Buysse foi um dos ganhadores do *Tour de France* com mais idade no momento de seu triunfo; tinha 34 anos. Sua família havia produzido 11 ciclistas entre os anos 1889 e 1924! Poucas coisas são tão importantes como boa vida familiar, e bons ensinamentos.

Há alguns milhares de anos, Deus havia dito: "Instrui a criança no caminho que deve andar, e mesmo quando for velho não se desviará dele." O que se aprende quando criança, nunca se esquece. Muitos vivem equivocados ao pensar que uma criança não demanda tempo, forças e ajuda de seus pais para se desenvolver completamente. As crianças aprendem tudo o que vivenciam: aprendem o que nós lhes ensinamos com nossas palavras e acima de tudo com nossos atos.

Suponho que a maioria dos que estão lendo estas linhas, ainda não tem filhos. Uma vez alguém perguntou a um famoso pedagogo: "Em que idade se deve começar a educar um filho?" Este respondeu: "Vinte anos antes de nascerem". Hoje mesmo, então, é o momento apropriado para começar a compreender os filhos que um dia você terá. E acima de tudo, começar a compreender a lição principal da educação de filhos: o mais importante que você pode dar-lhes é "você mesmo", seu próprio tempo, suas forças, sua compreensão, seu desejo de ajudar e seu amor incondicional.

Mas acima de tudo em sua vida está: sua própria relação com Deus. Nada há mais importante para seu filho que isso, porque lhe ensinará a ter um sentido na vida, ensinará a compreender o mundo que o rodeia, ensinará a amar os outros e amar seu Criador. Nenhum filho é mais feliz com seus pais do que aquela criança que os viu, desde pequeno, próximos de Deus.

E nunca se esqueça da importância de tratar bem as crianças. São presentes de Deus, e Ele mesmo se encarrega de defendê-las. Poucas coisas são tão horríveis como os maus-tratos às crianças. Por favor, não faça isto, sob nenhum pretexto. Desgraçadamente, parece que nossa sociedade não entende assim. Essas maravilhosas crianças são preciosas no universo e merecem ser tratadas com cuidado, com carinho e com amor incondicional.

> Pela recordação que guardo de tua fé sem fingimento, a mesma que, primeiramente, habitou em tua avó Lóide e em tua mãe Eunice...
> —2 Timóteo 1:5

Leitura de hoje

LUCAS 1
GÊNESIS 4

Oração

Senhor, dissestes que o reino dos céus é dos que são como as crianças. Ensina-me a educar meus filhos (atuais ou futuros) e a tratá-los sempre com carinho.

Nenhum dia é perdido se você consegue fazer uma criança feliz.

12 de junho

Compromisso

> ...quando devíeis ser mestres...
> —Hebreus 5:12

Leitura de hoje

HEBREUS 5
GÁLATAS 1

No basquete há um tipo de jogador muito "perigoso". Trata-se do jogador sensacional, fora de série, mas com muitas "ausências". A ausência é o desaparecimento do jogo sem nenhum motivo aparente. Com certeza você já viu jogos nos quais um jogador fez algumas jogadas sensacionais, e logo depois parece que sumiu durante dez minutos. Um bom exemplo disto se deu nos Jogos Olímpicos de Seul, onde a seleção dos EUA tinha muitos bons jogadores: Charles Smith, Manning, Robinson, Ritchmond. No entanto, não passaram do terceiro lugar. Muitos de seus jogadores eram "especialistas" em ausências.

Você já deve ter-se dado conta de que o contrário da ausência é o compromisso. E é difícil encontrar pessoas comprometidas com seu trabalho, com seus ideais, com sua família e com os outros nos dias de hoje. Parece que falar de compromisso é um assunto antiquado.

E o que você acha de falarmos de compromisso com Deus? Sabe, sem compromisso não se pode crescer em nenhuma área: nem na vida esportiva, nem no trabalho, nem na relação com os outros. E muito menos na vida espiritual! Deus nos fala no versículo que lemos hoje de gente que deveria ser mestre, mas por sua falta de compromisso com Ele não é mais do que um principiante. E não há nada mais triste que ser um principiante a vida toda.

Somos muito bons em alguns momentos de nossa vida, e em outros, desaparecemos. Nalguns momentos somos constantes, consagrados a Deus e ao próximo, capazes de ir até o fim do mundo se for preciso... e no dia seguinte nem sequer temos vontade de nos levantar da cama! Podemos manter os mais difíceis equilíbrios em nossa vida: vivendo com um pé no mal e outro no bem; comportando-nos num momento como cristãos, e no seguinte como o mais malvado personagem! Temos muitas ausências em nossa relação com Deus, com os outros, com a família e com a igreja.

Deus espera que sejamos filhos comprometidos com Ele, com Sua Palavra, com Sua igreja, com Seu evangelho. Comprometidos em nosso trabalho para Ele. Comprometidos em ser o tipo de pessoa que é capaz de transformar o mundo. Comprometidos por amor a Ele. Viva e comprometa-se com Deus em todo o momento!

Oração

Senhor perdoa-me pelas vezes em que estive "ausente" de tantas coisas boas. Quero ser um cristão comprometido.

Uma pessoa comprometida vale mais do que dez ausentes.

13 de junho

As Aparências Enganam

Ben Johnson foi o caso de *doping* mais "espetacular" que houve nos últimos tempos. Todos conhecemos a história de como ganhou os 100 m nos Jogos Olímpicos de Seul, e foi desclassificado por ter utilizado substâncias proibidas para seu desenvolvimento muscular. O castigo foi um dos mais importantes da história do atletismo. Aparentemente, tudo estava bem, mas descobriu-se que Ben havia jogado sujo com a lei.

Com Ben Johnson caíram muitos sonhos também: sonhos de milhares de pessoas que haviam confiado nele, que haviam feito dele seu ídolo. Mas os ídolos, cedo ou tarde, sempre acabam caindo. Talvez muitos se deram conta naquele mesmo dia, de que nosso mundo está baseado num sistema que se mantém unicamente com dois pés: a aparência e a "adoração" a ídolos. Talvez muitas outras pessoas começaram a buscar algum outro tipo de ídolo que fosse digno de confiança, e nele confiarão cegamente! Pelo menos até que se descubra que tudo continua sendo só aparência.

Esta é nossa sociedade: uma vida de aparências, uma sociedade de êxitos. Quanto mais êxitos alguém tiver e mais souber aparentar (ainda que por dentro esteja podre), mais pessoas irão admirá-lo: mais pessoas vão fazer dele um ídolo. Vivemos com uma mentalidade de "recordes", não importa o que você seja ou se não serve para nada, a única coisa que importa é que você tenha êxito em alguma coisa. Inclusive, escrevem-se livros sobre recordes insólitos (o que come mais salsichas num minuto, o que pode dormir mais horas sobre cama de pregos...). Para a pessoa só vale o sucesso.

Não aprendemos que o fracasso é um bom amigo e que toda boa limpeza deve começar de dentro para fora. Sim, na história existiram pessoas "fracassadas" segundo os critérios da nossa sociedade, e, no entanto são essas pessoas que fizeram mudanças no mundo. Se você comparar a vida de Jesus com os padrões de hoje, poderia chegar à conclusão de que foi um fracassado: só pôde ensinar por três anos, só lhe escutaram num lugar muito pequeno, e o mataram ainda jovem. No entanto, esta única vida transformou mais o mundo do que as vidas de todos os habitantes do mundo juntas.

Jesus mesmo foi quem ensinou que não se pode viver de aparências, que não se pode limpar por fora e estar sujo por dentro. Jesus ensinou que não se põe remendos novos em roupas velhas: se Deus não mudar seu interior (e o de cada pessoa no mundo), você só estará vivendo de aparências. E as aparências, o êxito fácil, os ídolos, e algumas outras coisas em que confiamos, não servem para nada. De que serve ganhar tudo se nos destruímos a nós mesmos?

> Que aproveita ao homem ganhar o mundo inteiro, se vier a perder-se ou a causar dano a si mesmo?
> —Lucas 9:25

Leitura de hoje

LUCAS 9
JEREMIAS 4,5

Oração

Senhor ensina-me a pensar como Tu pensas. Não quero viver de aparências, limpa-me e serei limpo.

Fracassar não é ruim; pior é viver como um fracassado.

14 de junho

Para Poucos

Entrai pela porta estreita...
—Mateus 7:13

Já falamos várias vezes do *draft*, o sistema de escolha de jogadores da *NBA*. Poderia resumir-se simplesmente seu funcionamento dizendo que cada equipe vai escolhendo os jogadores universitários na ordem inversa de sua classificação do ano anterior. Assim, o que ficou em último tem o direito de escolher o primeiro, e, portanto levará o melhor jogador. A lista é longa, mais de 100 jogadores, mas só uns poucos vencem. Menos ainda são os escolhidos como número um do *draft*, como David Robinson, um dos melhores pivôs da *NBA*.

Só uns poucos escolhidos. Quanta verdade tem esta frase aplicada à vida espiritual das pessoas! Todos creem que podem se salvar. Desde o princípio da humanidade, o homem e a mulher idealizaram todo tipo de religiões e crenças com as quais podem chegar a Deus. Desde o começo do mundo, podem-se citar milhares de "suposições" pelas quais alguém acredita relacionar-se com Deus. Todos creem que podem se salvar.

Leitura de hoje

JOÃO 4–8

No entanto, Deus mesmo se encarregou de lançar por terra todas estas religiões, todas estas crenças, todas estas suposições. Muitos fazem tudo o que podem para entrar no reino de Deus, e não se dão conta de que devem fazer exatamente o seguinte: nada. O sistema de Deus é muito diferente: todas as religiões do mundo são tentativas desesperadas do homem para chegar a Deus. O que Deus propõe é Ele mesmo fazendo-se homem na pessoa de Jesus Cristo para salvar o mundo.

O Senhor Jesus dizia que deveríamos entrar pela "porta estreita" — nada deste negócio de que "todos os caminhos levam a Deus". Não, Deus estabeleceu um só caminho, e este caminho é Jesus. Não existe outro mediador ou mediadora, não existe outro sistema, não existe outra forma de chegar a Deus se não for pela pessoa de Jesus.

Oração

Senhor estive buscando tanto tempo por um caminho que me aproximasse de ti. Andei equivocado, sem perceber que Jesus é o caminho. Hoje venho a ti, quero ser completamente Teu.

Nisto você pode discernir todas as religiões e todas as seitas do mundo. Nenhuma admite o caminho da salvação de Deus. Nenhuma admite a salvação pela obra de Jesus: todas acrescentam algo, todas "obrigam" de uma maneira mais ou menos clara a fazer algo. Todas deixam você na mesma insegurança que tinha quando não acreditava em nada. Mas você não tem por que seguir a corrente, você pode ser parte dos que triunfam, dos que obedecem a Deus, dos que entraram pela porta estreita.

A porta não é estreita porque poucos a encontram... mas porque poucos a utilizam.

15 de junho

E.T.

Só um jogador na história do futebol conseguiu ser *Chuteira de Ouro* (artilheiro de uma temporada) na América, e mais tarde ser *Chuteira de Bronze* (terceiro artilheiro) na Europa: é Baltazar Maria de Morais Júnior. Na temporada seguinte, depois de se tornar o artilheiro da Espanha, Baltazar ficava mais tempo no banco de reservas do que jogando, por causa de um treinador que logo sairia do clube. Era a temporada de 1989/90, e Baltazar, um fiel cristão, dizia num dos jornais mais conhecidos do país: "Parece que sou de outro planeta, mas o mais importante para mim não é que eu não jogue no domingo e as pessoas se esqueçam de mim […] o mais importante é minha paz com Deus." Homens que o mundo nem sequer merece.

No capítulo 11 de Hebreus você encontrará uma relação de pessoas que deram tudo o que tinham para obedecer a Deus e buscar o bem dos outros. Gente que lutou para mudar o mundo. Gente que desprezou reinos e riquezas para seguir a paz com Deus e fazer com que este mundo fosse um pouco mais justo…, mas o mundo os desprezou. Homens e mulheres de fé, crescidos e fundamentados na confiança em Deus. Homens e mulheres que o mundo nem sequer merecia, porque o mundo não está acostumado a ver tanta dignidade, tanta glória.

O mundo nos trata mal, porque não somos deste mundo. Sim, é certo que nascemos aqui, mas o mundo não consegue ver as coisas tais quais são. Seus olhos estão cegos pelo materialismo, pela mentira, pelo ódio, pela inveja, pelo orgulho — seus olhos estão cegos pelo pecado. Por isso o mundo não nos entende quando falamos de Deus — eles têm outro dono. O Diabo é o senhor do mundo.

Não sei quantas vezes você já parou para pensar em sua missão aqui. A Bíblia diz que todos nós que recebemos Jesus como Senhor em nossa vida, somos embaixadores dele. As pessoas do mundo crerão em Deus e conhecerão coisas dele de acordo com o que virem em nós. Nós lutamos para mudar o mundo, lutamos para que cada dia mais pessoas conheçam nosso Senhor, lutamos para que nossos amigos possam ter a mesma paz com Deus que nós desfrutamos. Somos embaixadores do reino dos céus aqui na terra para ensinar aos que nos rodeiam o estilo de vida que Deus quer para todos.

As pessoas devem conhecer a transcendência de uma vida para sempre, uma vida cheia de significado, uma vida de relação pessoal com o Criador, uma vida imensamente feliz! O mundo só sabe como esta vida é quando nos vê.

(homens dos quais o mundo não era digno)…
—Hebreus 11:38

Leitura de hoje

HEBREUS 11
JEREMIAS 26

Oração

Senhor, quero ser como um dos heróis da fé! Quero te servir, sejam quais forem as consequências! Ajuda-me a refletir-te em minha vida.

O mundo busca heróis. Deus busca mulheres e homens que o mundo nem sequer merece.

16 de junho

Nunca é Tarde

Tinha Moisés a idade de cento e vinte anos quando morreu; não se lhe escureceram os olhos, nem se lhe abateu o vigor.
—Deuteronômio 34:7

Leitura de hoje

DEUTERONÔMIO 32,34
JOSUÉ 14

Oração

Senhor, eu te entrego o pouco que sou, e talvez o pouco que me resta na vida. Sejam para ti as minhas forças e meu futuro. Usa-me de acordo com Tua vontade.

Alguns recordes olímpicos não são tão lembrados como outros. Para mim talvez uns dos mais importantes sejam os que vamos mencionar hoje. Durward Knowles participou dos Jogos Olímpicos de Seul na prova de vela aos 71 anos de idade! Lorna Johnstone fez algo semelhante nos Jogos de Munique (1972), na prova de hipismo, aos 70 anos de idade. São os esportistas mais idosos que participaram ao longo da história.

Creio que não seja presunção supor que não só haverá gente jovem lendo este devocional, mas gente com bastante idade também. A estes principalmente vai dirigida a lição de hoje. Desgraçadamente, nossa sociedade parece que não tem lugar para os que já passaram de certa idade, e este é um dos maiores erros do mundo moderno. Na obra de Deus não é assim, nela há lugar para todos, e todos são imprescindíveis.

Nenhuma pessoa pode se considerar velha para servir ao Senhor e aos outros. Alguém disse numa ocasião que os grandes "conquistadores" nunca morrem, e isto é válido para todos aqueles que ainda sentem desejo de seguir lutando de acordo com suas forças.

Muitos dizem: "Já não tenho as forças, a rapidez e a visão de antes...". Claro! As forças de antes, já ficaram para trás! Deus diz que não é sábio dizer que o tempo passado foi melhor: a pessoa se faz velha quando sua mente se torna velha. Uma pessoa envelheceu ao se acomodar, quando já não quer mais mudar, quando crê que não vale a pena fazer mais nada!

Deus tem muitos planos para sua vida, para seus dias, sejam estes muitos ou poucos; para suas forças, sejam estas muitas ou nenhuma... porquanto Ele é capaz de multiplicar as forças a quem não tem nenhum vigor! Como vê, não restam desculpas: nunca é tarde para trabalhar para o Senhor. Ele conta com todos nós.

A vida começa hoje: ainda que passem os anos e você volte a ler o mesmo devocional, tenha em vista que a vida segue, começando hoje. A partir de hoje mesmo você pode ser útil a Deus. Dê o melhor que você tem agora, seja muito ou pouco o que lhe resta! Todavia, se você tem que estar na cama e não pode se mover, nunca esqueça que pelo menos pode orar! E a oração transforma o mundo. Coloque-se nas mãos de Deus! O seu lugar ninguém pode ocupar. Só você.

Só envelhece: quem decide não mudar nada.

17 de junho

Sem Dar o Troco

Os acidentes muito graves não costumam ser muito comuns nos esportes olímpicos, mas às vezes acontecem. Nas Olimpíadas de Moscou (1980), Vladimir Lapitski foi ferido com gravidade perto do coração, no transcurso de uma prova de esgrima, pelo seu adversário Aman Roback (polonês). No final, e depois de vários dias no hospital, conseguiu recuperar-se. Tinha sido só um acidente.

No entanto, em muitas ocasiões as lesões físicas são ocasionadas por problemas com o adversário: má intenção numa entrada, algum aborrecimento, alguma conta em pendência que queremos cobrar. E não é de estranhar, isto acontece na vida de uma forma geral em centenas de ocasiões. Falar de "vingança" parece ser algo normal nos dias de hoje.

Apesar de tudo, Deus espera de nós uma maneira diferente de atuar. Não temos o direito de pagar a outros na mesma moeda: quando fazemos isso, andamos de costas para Deus.

Nosso "leque" de possíveis reações diferentes começa e termina com o perdão. Devemos aprender a perdoar a nós mesmos: não guardar amarguras sobre o que fizemos em qualquer situação. Não sentir "nunca vou me perdoar por ter feito tal coisa". Se Deus nos perdoou, por que nós não nos perdoamos também? É tolice guardar rancor. Da mesma maneira, temos a obrigação de perdoar aos outros. E perdoá-los unilateralmente: mesmo que eles não nos peçam perdão.

Deus nos perdoou quando não havia qualquer possibilidade de fazê-lo (e continua nos perdoando cada dia). O perdão cristão não depende de frases feitas. Inclusive não depende de atitudes! O perdão se dá e se recebe, sem nenhuma condição. Não quer dizer que seja fácil fazê-lo, mas é Deus mesmo quem nos pede. Ah, e ao perdoar, nós ficamos sem memória!

Não se vingue de você mesmo, não fique com rancor. Não se vingue dos demais, não lhes guarde rancor. Aprenda a perdoar… e a esquecer. Deixe todas as vinganças nas mãos de Deus, e perdoe. Perdoar sempre é a maneira divina de fazer as coisas.

...A mim me pertence a vingança; eu é que retribuirei, diz o Senhor.
—Romanos 12:19

Leitura de hoje

2 SAMUEL 13–14

Oração

Senhor, obrigado pelas circunstâncias que permitistes em minha vida. Ensina-me a perdoar essa pessoa: _____. Ensina-me a olhar para a situação sem remoer o passado.

O verbo "perdoar" deve ser o verbo favorito do cristão.

18 de junho

Uma Lesão Mortal

Porque assim diz o Senhor:
Teu mal é incurável,
a tua chaga é dolorosa.
—Jeremias 30:12

Leitura de hoje

ROMANOS 3–5

Existem irmãos famosos em todos os esportes, que também eram irmãos gêmeos. No mundo do futebol, se falou durante muito tempo de Silas (Ex-São Paulo, Vasco, Seleção Brasileira, Sporting de Portugal, San Lorenzo da Argentina) e Paulo Pereira (Ex-Benfica, Porto, Gênova da Itália). Os dois grandes jogadores às vezes tiveram que suportar também lesões graves.

É uma das coisas mais temidas pelos esportistas: as contusões. Às vezes são leves, e, com a ajuda do massagista, parece que tudo já está solucionado, mas em outras ocasiões, as lesões são difíceis de curar, e não há remédio "momentâneo" para curar uma ferida. Se perguntássemos qual é a contusão mais grave, todos poderiam mencionar as localizadas nas extremidades inferiores ou superiores. No entanto, temos que admitir que as mais graves são as que atacam o coração.

Não há nada que ataque mais diretamente o coração do que o pecado que vive dentro de nós. Não há remédio que possa resolver este problema. Não há nada a fazer diante de nossa maldade. Sim, maldade: pode parecer um pouco forte, mas isto é o que há no coração de cada um. Você não sabe o que é o pecado? Deus diz que pecar é: "errar o alvo"; "fazer algo de uma maneira não perfeita"; "qualquer tipo de maldade ou engano"; "qualquer coisa que não é de acordo com o Seu propósito original"; "toda injustiça"; "desobediência a Deus". Não há uma só pessoa no mundo que possa afirmar que não tem problemas deste tipo. Todos (até mesmo você e eu) somos pecadores.

Deus diz que o salário do pecado é a morte, pela simples razão de que o mal não pode viver num mundo perfeito. Deus disse que "nenhum remédio serve para curar esta ferida". Por mais que uma pessoa possa fazer, não pode solucionar sua ferida mais grave: o pecado, mas Deus proveu o remédio. Todo aquele que se entrega a Jesus Cristo é liberto desta chaga incurável. Não quer dizer que não volte a pecar mais, quer dizer que o pecado já não é seu dono. Deus mesmo curou esta lesão mortal. Se você não vem a Jesus, esta lesão o levará à morte. Se Ele não for o seu dono, não haverá quem o cure.

Oração

Senhor, obrigado, por me haver dado uma saída ao problema de nosso pecado. Obrigado, porque morreste em nosso lugar e pagaste nossa culpa.

Nenhum problema é mais grave em nossa vida do que o pecado.

19 de junho

Tendo Forças Para Tudo

O mais jovem ganhador da história do torneio de tênis de *Roland Garros* é MICHAEL CHANG, americano de origem oriental. Ganhou, na final, de IVAN LENDL (número um do mundo naquele momento), em cinco sets, com um último set muito difícil devido ao cansaço e categoria do rival. Michael diria mais tarde que tinha ganhado graças a Deus, porque durante todo o jogo ele passara pedindo ajuda a Ele.

Às vezes passamos por situações muito difíceis, e nos sentimos sem forças para seguir. Às vezes, sentimos vontade de abandonar porque nosso inimigo é poderoso demais para nós. Às vezes, parece que nada tem sentido — nos sentimos muito derrotados, muito cansados. Às vezes, pensamos que é melhor abandonar.

Às vezes, estamos vivendo vidas tristes, fracassadas, desfeitas, como se o Deus em quem confiamos não tivesse poder algum. Não aprendemos o verdadeiro significado do versículo que lemos num momento atrás: "Para tudo tenho forças, em virtude de Cristo que me dá o poder" (assim seria a tradução literal). Não percebemos que cada vez que nos sentimos vencidos, estamos de certa maneira ofendendo o nosso Deus? Se temos forças para tudo, por que duvidamos? Deus nos assegura uma vida de vitória, cheia de poder, uma vida baseada no único que pode nos sustentar, Jesus. Por quê? Pelo que eu sou? Não! Mas pelo que Ele é.

Como posso estar morto, se Ele está vivo? Como posso viver vencido, se Ele é o vencedor? Como pode alguém me afundar, se Ele me levanta até o céu? Quantas vezes deixamos que o Diabo nos esmagasse com uma simples bobagem, e pensamos que era melhor não prosseguir! Nossa vida é uma luta contínua entre o que cremos e o que somos. Quantas vezes cremos só com a mente em tudo o que Deus nos promete e vivemos como se Deus não tivesse tempo de se ocupar conosco? Nunca ninguém que tenha tentado falar com Deus, o encontrou ocupado.

Deus prometeu estar ao nosso lado, não importando se tudo estiver bem, ou mal. Deus prometeu cuidar de você em todo momento. Paulo aprendeu isto: "Para tudo tenho forças, em virtude de Cristo que me dá o poder." O objetivo é sermos verdadeiros canais do poder de Deus, porque este poder vence tudo.

Tudo posso naquele que me fortalece.
—Filipenses 4:13

Leitura de hoje

FILIPENSES 1,4

Oração

Pai sei que Teu poder é suficiente para cada momento. Ensina-me a reconhecer isto em minha vida, e ajuda-me a vencer nesta situação.

Você tem forças? Se não as tem, busque-as no Todo-poderoso.

20 de junho

Fuga Impossível

O que maneja o arco não resistirá, nem o ligeiro de pés se livrará, nem tampouco o que vai montado a cavalo salvará a sua vida.
—Amós 2:15

Leitura de hoje

AMÓS 2,3

Diz-se que a mulher mais rápida do mundo nos últimos anos foi Florence Griffith, medalha de ouro nos Jogos Olímpicos de Seul (1988) nos 100 e 200 m. Durante um bom tempo, o recorde do mundo que ela possuía nos 200 m superava ao de homens de mais de 100 países! Ninguém corria como ela.

Há muita gente no mundo que vive correndo. E não estou me referindo aos atletas. Tampouco aos milhões de pessoas que vivem "a todo vapor", como se o tempo não desse para nada. Não, eu quero falar é daqueles que vivem escapando, fugindo de muitas coisas. Fogem da morte, do mundo, da enfermidade, de uma má lembrança, do passado, do ódio dos demais — pessoas que só vivem um momento em sua vida: momento de fugir.

Pode ser que seja esta sua situação. Você já sabe que não falo de fugir "fisicamente", mas da sensação de se sentir perseguido, e muito mais, da necessidade de escapar de muitas situações que nos dão medo ou de que não gostamos. Do que você está escapando? De alguma pessoa? De alguma situação? Ou, o que é inclusive mais normal no dia de hoje, está tentando escapar de si mesmo?

No fundo, a grande maioria da humanidade vive tentando escapar. É por isto que nunca o ócio e o lazer, tiveram tanta importância como hoje: as pessoas querem esquecer de seus problemas, de sua vida, de si mesmos. E muitos querem escapar também de Deus. Sim, apesar da mensagem do amor de Deus para o homem, muitas pessoas vivem em contínua luta com Ele.

No entanto, Deus nos diz que ninguém poderá escapar. Nem sequer os mais velozes. Um dia terão que estar cara a cara diante daquele de quem nunca quiseram saber nada. A Bíblia nos diz que um dia TODOS os homens e mulheres do mundo se ajoelharão diante do Senhor Jesus, e o reconhecerão como Deus sobre todas as coisas. Inclusive os que hoje o negam! Inclusive os que querem escapar dele! Naquele dia, muitos farão isto por obrigação, mas este ato não os livrará de seu castigo.

Oração

Senhor, por muitos anos fugi de Tua presença e Palavra. Hoje volto para ti, para que sejas o dono de minha vida.

Pare de fugir, pare de lutar contra tudo e todos, pare de escapar de si mesmo: não tente escapar de Deus. Vale a pena voltar-se para Ele e reconhecê-lo como Senhor, hoje. Nós que cremos nele temos esta maravilhosa segurança de não mais precisar fugir.

Por mais que você corra, não pode escapar de si mesmo.

21 de junho

Lealdade

Um dos mais conhecidos jogadores de futebol de Portugal é Luis Vidigal. Há muitos anos ele está jogando na Itália e na *Seleção Portuguesa*. Uma de suas qualidades mais importantes é a lealdade. Não só nas equipes onde jogou, ajudando sempre em todas as competições; mas também em sua vida, no relacionamento com Deus, com sua família e com seus amigos.

No mundo esportivo são muito benquistos os esportistas que demonstram lealdade a um clube. Na vida, poucas pessoas são tão procuradas por todos como aquelas que são leais. Deus mesmo nos diz que "o que se espera de uma pessoa é que seja leal".

Nenhum amigo é tão querido como aquele que é leal em todas as circunstâncias. Nenhum membro da família nos ajuda tanto como aquele que está ao nosso lado em situações difíceis. Nenhuma igreja está mais unida do que aquela em que todos são leais e constantes no amor uns pelos outros. Nenhum cristão é mais vitorioso do que aquele que é leal a Deus em todos os momentos da sua vida. Lealdade, qualidade que não tem preço.

Hoje mesmo já lemos a história de Mefibosete e Davi. Mefibosete era um pobre aleijado nos pés, que devia a Davi tudo o que tinha. Mefibosete era um homem leal; mas seu criado, não. E quando Davi voltava como rei depois de ter fugido, o criado de Mefibosete enganou Davi e lhe falou mal de Mefibosete. Desgraçadamente, Davi duvidou de seu amigo e tirou seus bens. Quando chegou onde estava Mefibosete, se deu conta de seu erro, Mefibosete o recebeu com os braços abertos — nunca havia deixado de ser leal! Mefibosete disse: "O que importa é que você voltou; você, Davi, é mais importante para mim do que todos os bens!" Lealdade, tesouro sem preço.

E o que acontece conosco? O que Deus espera de nós é que sejamos leais a Ele. Mais do que todos os sacrifícios que possamos fazer. Muito mais do que todo o dinheiro. Mais do que tudo o que temos. Mais do que nossas palavras. Mais do que qualquer outra coisa. Nada comove mais o coração de um pai do que um filho leal, um filho obediente.

O que torna agradável o homem é a sua misericórdia; o pobre é preferível ao mentiroso.
—Provérbios 19:22

Leitura de hoje

2 SAMUEL 9
DEUTERONÔMIO 28

Oração

Senhor ensina-me a colocar lealdade em meu coração. Lealdade para com minha família, meus amigos, meus irmãos na fé, e acima de tudo ensina-me a ser leal a ti.

O maior tesouro no coração de uma pessoa é sua lealdade.

22 de junho

Em Busca do Prêmio

...todos, na verdade, correm, mas um só leva o prêmio?...
—1 Coríntios 9:24

Todos que correm no estádio querem vencer. Os jogadores querem ser campeões, e só um pode consegui-lo. Dois grandes campeões. ADRIANO *(Sevilha FC)*, Campeão da Supercopa Europeia. FÁBIO AURÉLIO *(Liverpool)* Campeão da Liga dos Campeões. Os dois sabem o que significa ganhar títulos nas suas equipes, mas sabem também o que é ganhar espiritualmente, pois têm Deus em primeiro lugar em suas vidas.

Só um recebe o prêmio em cada corrida, só um é o ganhador. Em muitas ocasiões, o ganhador se decide precisamente por isto: sua decisão. Decisão de lutar, de correr a corrida e decisão de chegar ao final.

Leitura de hoje

APOCALIPSE 20–21

Qual é o final de sua corrida? Quais são as decisões que você tomou quanto ao futuro? Muitas vezes, os problemas de indecisão podem fazer com que muitos de nós fiquemos na metade do caminho em quase todas as coisas. Já começamos muitas corridas, mas talvez não chegamos à meta em nenhuma, por quê? Talvez porque tenhamos esquecido algumas coisas de suprema importância:

1. Em algumas ocasiões, não tomar decisão e viver num estado de "indecisão", é pior do que ter tomado uma decisão errada.
2. Deve-se decidir sempre com base nos princípios de Deus: o que a Bíblia nos diz em cada caso. Nunca devemos decidir com base nos resultados. "Isto dá mais lucro, ou é melhor do que aquilo." Às vezes, seguir o que é certo não dá o melhor resultado, e, no entanto é o que devemos fazer.
3. Não devemos escolher com base em nosso egoísmo. As perguntas: "Como isto me beneficiará?" "Como vou ficar com isto?", não são boas.
4. Todas as decisões devem ser tomadas na presença de Deus: falar e escutá-lo com relação a todas as possibilidades. Reconhecer que Ele está conosco, e se preocupa por nós.
5. Ter sabedoria para reconhecer quando é necessário insistir numa situação, e quando deixar de insistir. Deve-se pedir a Deus que Ele abra as "portas" que considere necessárias, mas nunca devemos "arrombá-las" nós mesmos.

Decidir; ir até o prêmio que Deus tem preparado para nós; ir reconhecendo o glorioso futuro que nos espera. Um direito reservado para os filhos de Deus.

Oração

Senhor necessito sabedoria para decidir quanto a _____. Ensina-me a tomar todas as decisões de acordo com Tua vontade.

Poucas coisas cansam mais do que viver indeciso.

23 de junho

Bons Hábitos

O campeonato da Europa de basquete de 1988 teve um vencedor muito especial: o *Tacer de Milão*. Todo o time titular ultrapassa os 30 anos de idade, e três de seus mais importantes jogadores eram Dino Meneghin, com 40 anos, Mike D'Antoni, com 37, e Bob McAdoo, com 36. Parecia um time destinado a não "aguentar" muito, mas o caso é que ninguém conseguiu vencê-lo. Eram jogadores que sabiam se cuidar desde muitos jovens. Jogadores com bons hábitos.

Todos conhecemos a dedo alguns dos bons hábitos que permitem a boa forma física. Bom treinamento, alimentação sadia e vida equilibrada, da mesma maneira que conhecemos os "bons hábitos espirituais" — aqueles que nos permitem crescer na vida cristã. O que muitas vezes esquecemos é que a melhor maneira de fortalecer nossos bons hábitos é não permitir que os "maus hábitos" nos governem. E isto é muito mais difícil.

Muitas vezes nos custou lágrimas, desânimo, desalento. Outras vezes, achamos que é impossível vencer algo que parece tão simples. Maus hábitos: que maus momentos nos fazem passar! Não importa a área de nossa vida na qual estamos lutando contra um mau costume, Deus nos ensina como vencer. Ore, diante do Senhor e siga os passos seguintes:

1. Decida deixar o mau hábito. Não se pode vencer um inimigo que se ama.
2. Coloque nas mãos de Deus: Ele é o Vencedor. (Venceu na cruz sobre o mal para sempre). Conheça melhor a Deus. Quanto mais próximo dele eu estiver, mais difícil será cair. Reconheça o direito de Cristo ser dono de sua vida.
3. Reconheça sua responsabilidade neste ato concreto.
4. Confesse o pecado e descanse no perdão de Deus.
5. Agradeça a Deus por Sua compreensão e perdão.
6. Agradeça a Deus pela vitória cada vez que você for tentado.
7. Não faça promessa para mudar. Somente tome decisões: as decisões serão cumpridas. As promessas muitas vezes não passam de promessas.
8. Substitua o hábito pecaminoso por algo bom: natural ou espiritual.
9. Não obedeça ao Diabo! Ele vence cada vez que caímos. Não esqueça que um ato pecaminoso na terra é um escândalo no céu, ainda que aqui ninguém saiba! Somos parte de uma luta, temos que vencer!

Peça a algum irmão em Cristo que lhe ajude e ore por você, se achar necessário. Ah! E lembre-se que a tentação é seguir com o mau hábito e pensar que na próxima vez o deixaremos. Veja bem o exemplo de Sansão: talvez você pense que pode escapar como em outras ocasiões, até que chega o momento em que você se encontra completamente enrascado.

...Sairei ainda esta vez como dantes e me livrarei...
—Juízes 16:20

Leitura de hoje

JUÍZES 15–16

Oração

Senhor, Tu sabes que tenho problemas em minha vida com _____. Peço Tua ajuda e Tua vitória. Ensina-me a vencer esta tentação.

Um pecado secreto é uma ofensa pública a Deus.

24 de junho

O Maior Indulto da História

...Pai, perdoa-lhes, porque não sabem o que fazem...
—Lucas 23:34

O ano de 1992 foi de fundamental importância para a Espanha, e mais particularmente para Barcelona. Nesta linda cidade se celebraram os 25.° Jogos Olímpicos de Verão, nos quais se bateram vários recordes mundiais: recorde de voluntários olímpicos, recordes de esportes e esportistas inscritos. Todos os atletas que estavam sob "disciplina" por suas respectivas federações, receberam indulgência diante da proximidade da data tão importante.

Mesmo sendo um indulto importante, não é o maior ocorrido na história. Faz quase dois mil anos, numa pequena cidade de um pequeno povo, teve lugar uma cena que ninguém podia imaginar: uma cruz. Ali ocorreu a maior demonstração de amor e perdão de toda a história.

Com certeza você já escutou tudo isto muitas vezes, mas deixe-me contar-lhe uma vez mais. Sabe, aquele dia foi o mais importante de sua vida, ainda que não o entenda. Com a morte e ressurreição de Jesus, Deus estava reconciliando e perdoando o mundo. Portanto, a você também.

Você pode dizer: "Nunca pedi que Ele fizesse isso". No entanto, Deus tomou a iniciativa e solucionou sua situação por amor a você. Todos nós somos culpados diante da lei e não podemos fazer nada para mudar a nós mesmos e "parecer melhores". Nosso destino é morrer não só fisicamente, mas também espiritualmente. Deus poderia ter nos deixado assim, e ninguém teria a possibilidade de ser livre. Seria como tentar cruzar todo o Oceano Atlântico (de um continente a outro) nadando: alguns chegariam mais ou menos longe... mas nenhum chegaria até o final. É impossível.

Ah! Mas, Deus não nos deixou sem solução: decidiu levar Ele mesmo nossa culpa. E pagar tudo o que nós merecíamos! Maravilhoso! Nenhum de nós pensaria nisto, certo? Vê que simples? Jesus pagou nossa culpa diante de Deus e ao mesmo permitiu que Deus nos aceitasse em Sua presença!

"Então já está tudo resolvido", você pode dizer. Sim, mas você deve aceitar o perdão! Da mesma maneira que um indulto esportivo não serve de nada se o esportista não acreditar e não participar dos Jogos Olímpicos, o perdão de Deus não serve para você, se você não crer! O perdão tem que ser aceito. Se você não o aceita pessoalmente, continua perdido, condenado para sempre! É como aquele que não quer sair da prisão apesar de estar livre. Deus colocou o perdão ao seu alcance, agora depende de você.

Leitura de hoje

JÓ 23
ÊXODO 12

Oração

Senhor Jesus, muito obrigado por teres morrido na cruz por mim e por me perdoares. Quero receber o perdão em minha própria vida, quero que minha vida seja completamente Tua.

Em qualquer situação da vida, a validade de um perdão depende completamente da aceitação deste perdão.

25 de junho

Com os Dias Contados

MIKE POWELL bateu um dos mais fabulosos recordes da história do atletismo. No Mundial de Atletismo de Tóquio, Mike saltou 8,95 m, mantendo-se no ar durante 99 centésimos de segundo. Em menos de um segundo de tempo, Mike chegou a ser o atleta mais famoso do mundo.

Só um segundo, muito menos do que você demorou ao ler esta linha. No entanto, parecia uma eternidade. O tempo é assim, nos escapa pelas mãos sem que nos demos conta. E não só o tempo de nossa vida, mas também o tempo do mundo. Sim, nosso mundo tem os dias contados; o tempo vai se acabar, e pode ser no mesmo dia que você está lendo estas palavras!

Não é uma guerra mundial que se aproxima e vai destruir tudo. Não é um problema ecológico impressionante nem a escassez de alimentos ou água. Não será a decisão pessoal de um governador ou uma catástrofe natural. Não será por qualquer destas razões que o tempo vai acabar. A razão pela qual os dias do mundo estão contados é porque Jesus Cristo vai voltar.

Sim, pela segunda vez na história do homem, a Bíblia diz que Jesus vai voltar pessoalmente a esta terra. Só que não virá como um servo humilde, mas como Rei. Todos no mundo terão que reconhecer que Ele é o Senhor do Universo, mas com uma particularidade: os que o tiverem rejeitado viverão em condenação eterna, sem a possibilidade de mudança. Por isso a vinda do Senhor será tão importante para você.

A Bíblia diz que o tempo está acabando, e que todas as coisas que estão escritas quanto ao futuro estão a ponto de se cumprir. Muitas delas já aconteceram nos últimos anos. Não sei se você sabia que se cumpriram mais profecias sobre a vinda do Senhor nos últimos 100 anos do que nos 1900 anteriores. Todos os acontecimentos e as circunstâncias do mundo nos mostram que a vinda do Senhor se aproxima. Cada dia está mais próxima, cada momento que passa é mais possível, cada segundo se faz mais real. Talvez seja nesta mesma geração. Talvez muitos de nós o vejamos "ao vivo e a cores".

É o acontecimento futuro mais importante da história. Só uma pergunta: você está esperando Jesus? Está preparado? Ou seu tempo está acabando?

...porque o tempo está próximo.
—Apocalipse 22:10

Leitura de hoje

MATEUS 24–25

Oração

Senhor vem logo. Estamos te esperando com todo carinho.

O relógio da humanidade nunca se detém. Só Jesus terá direito de detê-lo... em um segundo.

26 de junho

A Outra Face

...a qualquer que te ferir na face direita, volta-lhe também a outra.
—Mateus 5:39

Leitura de hoje

MATEUS 5
SALMO 11

A grande final da Copa Europeia de futebol de 1985 terminou em tragédia. Jogavam *Juventus* e *Liverpool*, e o resultado foi o que menos importa. Uma briga entre as duas torcidas, promovida em primeiro lugar pelos bárbaros torcedores do Liverpool, terminou com quase 40 mortos e mais de 500 feridos. O "espetáculo" foi transmitido pela TV para quase todo o mundo e todos nós fomos testemunhas de um comportamento digno de prisão perpétua.

É impressionante que as pessoas alcancem tão grande dose de violência. É incrível como aquilo que uma pessoa seria incapaz de fazer sozinha, ela o faça quando está rodeada por um grupo. O grupo é o grande "mascarador" de personalidades, de tal forma que as pessoas se transformam, arrastadas pela massa, e o que é um simples esporte, se converte (em questão de segundos) na coisa mais importante da vida.

Muitos arriscaram suas vidas (e o continuam fazendo) em brigas bobas para salvar a honra de um clube, discutir um pênalti não marcado, ou simplesmente insultar a outro porque "é da equipe adversária". Muitos não se dão conta de que o esporte é só um jogo, e como tal, tem que se desenvolver num ambiente de diversão, cordialidade, e alegria. A vida é muito mais importante do que um jogo!

Talvez não tenham entendido as palavras do Senhor Jesus referentes a dar a outra face quando lhes batem na primeira. A verdade é que com semelhante tática não existiriam brigas entre bandos rivais. Certamente nem existiria violência. A regra é muito simples: se insultam você, não responda — dê a outra face. Se zombarem de você, não responda — dê a outra face. Se o atacam, não responda — simplesmente dê a outra face. É só um jogo, não vale a pena responder a um insulto, uma zombaria ou ataque.

Ninguém suportou tantos desprezos como Jesus, no entanto Ele deu a outra face quando tinha todo poder do mundo para responder aos ataques! Ninguém foi tão odiado, cuspido, ultrajado, machucado física e psicologicamente, esbofeteado... como Ele. E injustamente! No entanto, respondeu pedindo o perdão para seus agressores. Se conseguíssemos aprender deste exemplo, a vida seria muito diferente. Nada há como responder a um ataque com um sorriso amável, responder a um desprezo com uma mostra de carinho — responder às zombarias apresentando a outra face.

Oração

Nosso Pai, ensina-nos a amar como Tu amas, ensina-nos a demonstrar o amor quando nos atacam com ódio.

Se as armas do adversário são a zombaria, o desprezo e o ódio, responderemos com a nossa: o amor.

27 de junho

Volte Para a Corrida

Eu tinha poucos anos quando o vi pela TV, mas me impressionei. Transcorria o ano de 1972 e se celebravam os Jogos Olímpicos de Munique. Na prova atlética dos 10.000 m, o favorito Lasse Viren, cai justamente na metade da prova (já haviam decorrido 12 minutos e 28 segundos). Durante alguns intermináveis segundos, Viren hesita entre continuar ou não… e finalmente, ainda que os adversários houvessem já tirado mais de 50 m de vantagem, segue correndo até alcançá-los. Foi algo fora do normal. Viren correu como nunca, venceu em primeiro lugar e bateu um novo recorde mundial! 27 minutos e 38 segundos foi seu registro naquela memorável corrida.

Muitas vezes corremos o risco de abandonar. Em inúmeras ocasiões, uma derrota nos abate e achamos que é melhor deixar de correr. Em algumas situações da vida, caímos; sentimos-nos fracassados e pensamos que é melhor compadecer-nos de nós mesmos, ficar caídos para sempre: poucas coisas nos fazem tanto mal como os fracassos.

Na Bíblia há muitos casos de gente que fracassou; que ficou parada, que voltou atrás. Mas nem todos terminam igual, tal como diz o versículo que lemos hoje — um filho de Deus sempre tem a possibilidade de levantar outra vez e seguir adiante. Seja qual for a sua situação, Deus pode recuperá-lo: na Bíblia encontramos histórias de pessoas como nós, que se viram tentados a renunciar, mas que foram restauradas por Deus. Lembra o caso de João? Marcos? E o de Pedro? E o de Davi?…

É uma das tentações favoritas do Diabo: voltar atrás. Às vezes nossa vida é como uma triste cova onde vamos enterrar todos os nossos sonhos; às vezes somos tentados a abandonar; às vezes parece que a única saída é deixar tudo e voltar atrás; às vezes o Diabo nos cega de tal maneira que não somos capazes de olhar para frente, e não percebemos que ainda restam possibilidades de levantar, que ainda temos que continuar correndo.

Não volte atrás! Não fique caído compadecendo a si mesmo! Vale a pena tentar outra vez. Vale a pena confiar em Quem não nos abandona nunca. Vale a pena levantar uma vez mais, e prosseguir.

> Porque sete vezes cairá o justo e se levantará…
> —Provérbios 24:16

Leitura de hoje

SALMOS 20, 32, 61

Oração

Meu Pai, Tu sabes da situação em que me encontro. Sabes que voltei a cair: restaura-me com Teu poder e Teu amor, e ensina-me a não tropeçar.

Se você olha para trás, já começa a retroceder.

28 de junho

Desenterre a Bicicleta

...Não estás longe do reino de Deus...
—Marcos 12:34

O *Tour de France* do ano de 1947 teve um desenlace inesperado: Brambilla, o líder, perdeu o primeiro lugar nos últimos 100 km de corrida, e o *Tour* foi ganho por Robic. Depois de muitos ataques durante as últimas etapas, Brambilla não pôde resistir ao último e perdeu a corrida. Esta derrota o deixou completamente decepcionado. Tanto que pegou sua bicicleta e a enterrou no jardim de sua casa.

Muitas pessoas seguiram o exemplo de Brambilla e também "enterraram sua bicicleta". Deixaram de lado todas as possibilidades de relação com Deus por qualquer fracasso que apareceu em suas vidas.

Leitura de hoje

MARCOS 10,12

Não é difícil encontrar razões para se esconder. Não é difícil argumentar contra tudo e contra todos de que Deus não existe, e que, se existe, não se preocupa conosco. Muitos acham que é relativamente simples falar contra Deus ao verem centenas e centenas de situações irremediáveis: pobreza, fome, catástrofes, o mal, a morte, a desolação. Muitos encontram centenas de perguntas sem resposta, e então creem que a melhor maneira de explicar o mundo é esconder Deus, afirmar que Ele não está "nem aí", dizer que o mundo escapou de Suas mãos.

Não há nada mais contrário à realidade do que isto. Deus esta aí, sim, e Ele controla todas as coisas. Ele não fez o mal; somos nós mesmos que aceitamos esse mal e o promovemos quando vamos contra as leis de Deus. Observe atentamente tudo que o rodeia e estude com calma: cada coisa que você joga a culpa em Deus acha realmente que Ele a tem? Pense na fome. Quem distribui as riquezas? Deus ou o homem? Pense na morte. Quem a provoca? Quem mata seus semelhantes por poder, por dinheiro, por prazer? Pense em cada um dos males desta vida e observe. Olhe para dentro de si, porque o mal nasce em cada um de nós.

Oração

Senhor Deus, rei do universo, sei que estás bem próximo. Sei que muitas vezes falei contra ti quando eu era o único culpado. Perdoa-me. Perdoa minha rebelião e faz de mim a pessoa que queres que eu seja.

Não poderia sair nada bom de nossa rebelião contra Deus. Como você pode pôr a culpa em Deus do que acontece num mundo completamente rebelde a Ele? Durante anos não lhe fizemos caso, e, quando algo ruim nos acontece, a culpa é dele? Inclusive os que dizem que Deus não existe põem a culpa nele quando algo anda mal. Que contrassenso! Será que a culpa está dentro de nós mesmos? Será que não somos valentes o suficiente para afrontarmos nosso próprio pecado? Será que não "enterramos a bicicleta" em muitas situações, para não reconhecer nossos próprios erros?

Esconder nosso pecado e pôr a culpa no outro não é bom negócio.

29 de junho

Gente Muito Importante

Um garoto de 15 anos chorava na estação de Bilbao (Espanha). Seu destino era Barcelona, mas agora não podia continuar porque lhe haviam roubado a bagagem. Ia preparar-se para ser atleta, mas seus sonhos se desfizeram ao ficar sem nada. Um guarda-civil, vendo seu desespero, o levou diante de seu superior: imediatamente começaram a buscar a bagagem na estação e em todos os trens que tinham saído nas últimas horas. Por fim, encontraram o ladrão e as bolsas apareceram. Aquele rapaz era José Manuel Abascal, mais tarde medalha de bronze nos Jogos Olímpicos de Los Angeles, campeão da Europa e segundo nos Campeonatos do Mundo de 1987. Abascal nunca mais soube daquele guarda-civil, mas reconhece que, graças a ele, pôde chegar a ser um corredor importante.

Quantos milhares de exemplos encontramos assim. Pessoas que ninguém conhece, mas cuja relevância é fora do normal. Há pessoas que pensam que não são ninguém, que seu trabalho não é importante. No entanto, muitos "famosos" não seriam o que são sem sua ajuda. Alguém conhece quem deu a primeira bola a Pelé? Ou quem levou Michael Jordan pela primeira vez a um jogo de basquete? Quem conhece quem eram os pais de Jesse Owens? Quem colocou em Popov o gosto pela natação? Milhares e milhares de perguntas sem resposta. Milhares e milhares de exemplos de pessoas que acham que não tem valor, e, no entanto, são muito importantes.

Sabe, ninguém poderia chegar onde está sem estas centenas de pequenas ajudas, sem estas milhares de pessoas que, aparentemente, nada são. Milhares de pessoas que se preocupam em ajudar aos outros. Talvez nem são conhecidos, pois o homem é o ser mais ingrato da natureza. Talvez alguns pensem que não são insignificantes, mas são pessoas muito importantes, Deus crê assim, e Ele nunca esquece o que fazemos.

É por esta razão que Deus nos anima a não nos cansarmos de fazer o bem, de ajudar e servir aos outros. É verdade que muitas vezes ao fazermos o bem, recebemos o mal em troca. É verdade que há ocasiões em que ajudar parece ser fora de moda, mas não é assim. São os que fazem o bem que permitem que sigamos vivendo. São os que ajudam os outros que fazem este mundo ser mais habitável. Nunca nos parecemos mais com Deus do que quando ajudamos o semelhante.

Pessoas que não se cansam de fazer o bem e vivem com o único desejo de servir a Deus e aos outros no lugar em que estão. Não buscam "medalhas" pelo que fazem, e são capazes de doar seu tempo, dinheiro, e sua vida para ajudar. Gente desconhecida, mas muito importante.

E não nos cansemos de fazer o bem...
—Gálatas 6:9

Leitura de hoje

2 CORÍNTIOS 8–9
GÁLATAS 6

Oração

Senhor, às vezes é difícil ajudar os outros quando sou eu que necessito de ajuda. Ensina-me a não me cansar de fazer o bem aos outros sem esmorecer.

Ninguém pode ser importante sem a ajuda de outros.
Ninguém, sem ajudar os outros, chega a ser importante.

30 de junho

De Olhos Bem Abertos

...Não temas, porque mais são os que estão conosco do que os que estão com eles.
—2 Reis 6:16

Leitura de hoje

2 REIS 6
1 REIS 4,6

Oração

Senhor Jesus, quero te olhar em todo momento, para aprender a ver além das circunstâncias.

Dizem que Jim Thorpe foi o melhor atleta de todos os tempos. Depois de ganhar o Decatlon nos Jogos Olímpicos de Estocolmo, o rei da Suécia lhe disse: "Você é o melhor atleta do mundo". Jim era índio, e muitos o desprezavam pela sua origem, mas, apesar de tudo, não puderam deixar de reconhecer sua grandeza.

Jim era um homem de visão. Alguns diziam que era um pouco louco, porque sempre via além dos outros e levava a cabo tudo o que se propunha fazer. Quando ia com a equipe olímpica norte-americana no barco até a Suécia, se curvava na proa com os olhos fechados e dizia: "Acabo de saltar mais de 7 m, agora estou correndo os 100 m e sou o primeiro." Todos riam dele, mas nas "provas de verdade", cumpria todos seus sonhos.

Muitas vezes na vida vivemos tão esmagados por tudo que acontece no dia de hoje, e que acontecerá amanhã, que somos incapazes de ver mais além. Há ocasiões que, quando um problema cai em cima de nós, nos sentimos tão mal que somos incapazes de seguir adiante e achamos que somos as pessoas mais infelizes do mundo.

Hoje lemos um texto no qual um profeta e seu servo estavam rodeados pelo exército inimigo. A sensação de cada um deles era bem distinta: um (o profeta) estava tranquilo; o outro (o mais "normal"), vendo o que vinha em cima deles, não parava de se preocupar. Neste momento Eliseu, o profeta, disse algo quase enigmático: "Senhor, abra os olhos dele para que veja". E o servo viu que eram mais os que estavam com eles do que seus inimigos!

Eliseu era um homem de visão — era capaz de ver e sentir as coisas tal e qual Deus as via. Quanto isto nos ensina! Pode ser que hoje você esteja lutando com um grande problema, pode ser que esteja angustiado de tal forma que se esquece de ver a realidade!

Muitos mais são os que estão conosco do que contra nós. Temos que aprender a ver o que nos rodeia de fato. Deus está guiando tudo de tal forma que um dia saberemos que era para nosso bem (Romanos 8:28). Só precisamos ter visão: saber ver as coisas de uma maneira diferente, vê-las como Deus as vê.

Quem não tem a visão do futuro é cego.

1 de julho

Uma Questão de Atitude

A maior prova da natação são os 100 m livres. É sem dúvida alguma, aquela em que os nadadores alcançam velocidades mais importantes. Ao falar desta prova é obrigatório mencionar um nome: JOHNY WEISMULLER. Ele foi o primeiro homem na história, que baixou a simbólica barreira do minuto nesta prova.

Ao contrário do que se possa imaginar, Johny teve muitos problemas quando criança. Cedo, descobriram que ele tinha poliomielite e esteve a ponto de ficar paralítico. O médico recomendou: "você deve nadar o máximo possível, se quiser se recuperar", e Johny passou sua infância na piscina. É curioso: o que era uma "jogada" do destino, ele converteu, com sua constância e treinamento, na melhor coisa que poderia ter-lhe acontecido. Outros lamentariam sofrer esta enfermidade, mas ele aproveitou a oportunidade para ser um dos esportistas mais famosos da história.

Existem duas formas de segurar uma espada: pela empunhadura ou pela lâmina. Sim, se a sorte lhe trouxer uma espada, não se queixe, não a receba com medo, agarre-a pela empunhadura. A Bíblia nos garante que Deus não permitirá algo que venha a ser mau em nossa vida. Assim, devemos aprender a confiar nele e perguntar-lhe qual deve ser nossa atitude diante de cada situação.

Paulo e Silas foram levados à prisão e em lugar de se preocuparem ou chorar, a Bíblia nos diz que cantavam e oravam a Deus. Mais tarde, houve um terremoto e Deus os livrou da prisão, mas muitas pessoas chegaram a conhecer ao Senhor por eles terem sido presos ali.

O que está acontecendo em sua vida? Você está se queixando contra tudo? Contra Deus? Contra os outros? Devemos aprender que o mundo nunca tirou nada de bom de uma pessoa queixosa das circunstâncias. A história é escrita por pessoas que, apesar de passarem por situações difíceis, souberam tirar algum proveito delas. Quando aprendemos a dar graças a Deus em todas as circunstâncias, aprendemos a vencer em todas as situações.

...Paulo e Silas oravam e cantavam louvores a Deus...
—Atos 16:25

Leitura de hoje

ATOS 15–16

Oração

Senhor dá-me sabedoria para enfrentar todas as situações.

Quando a sorte lança uma espada, você pode pegá-la por um dos lados: a lâmina ou a empunhadura.

2 de julho

O Mapa da Mina

Assim corro também eu, não sem meta…
—1 Coríntios 9:26

Leitura de hoje

HEBREUS 3
TIAGO 5

Um dos melhores pivôs que o mundo já viu é o nigeriano Akeen Olauwon. Melhor marca nos rebotes da *NBA*, um dos melhores defensores e reconhecido ano após ano pelos críticos. Akeen nasceu na Nigéria e lá ele começou a jogar basquete. Um dia, resolveu ir embora para os EUA sem que ninguém o tivesse visto nem conhecesse seu jogo: quatro anos depois era selecionado como número um do *draft*. Quando chegou ao aeroporto de Nova York, pegou um táxi e disse: "Leve-me à Universidade de Houston". Akeen sabia aonde tinha que ir, mesmo sem ser conhecido; o que não sabia era que Houston estava a mais de 3 mil km!

Poucas coisas são tão importantes na vida como o saber aonde se vai. Muitas vezes, nossos objetivos estão mais ou menos claros, mas o que não está claro é como alcançá-los. Às vezes, conhecemos muito da Palavra de Deus, escutamos muitas mensagens durante anos, oramos e vamos à igreja, mas é difícil sabermos o que Deus espera de nós. É mais simples conhecer a vontade de Deus para o "mundo" do que para nossas vidas em particular.

Partimos com muitas vantagens a nosso favor só que, às vezes, as desprezamos. É certo que Deus está conosco e quer que nossa vida seja de completa abundância (João 10:10) e cheia de significado. Deus, além disto, comprometeu-se a nos guiar e ensinar por onde devemos andar. Como se isto não bastasse, ainda nos dá a possibilidade de falar pessoalmente com Ele, em qualquer momento ou circunstância! Se, no entanto, existem dúvidas em nossa vida, Deus nos oferece o melhor "mapa" para guiar nosso caminho: um mapa muito especial, que interage conosco, nos conhece e explica toda a história do mundo! Este mapa é a Bíblia, a Palavra de Deus. Se, tendo o mapa, conhecendo o caminho e falando com o Guia, você ainda não se sentir seguro, não se preocupe! Deus foi deixando sinais em cada lado da estrada para você não se perder: circunstâncias, situações, dificuldades, problemas, alegrias.

Ainda assim, Deus não nos deixou com a corda solta. Ele usa nossos irmãos para nos aconselhar e não permitir que percamos o caminho. Já sabe qual é a vontade de Deus para você? Já sabe o que fazer com seus estudos, trabalho, vida sentimental, relação com a igreja, etc? Se depois de tudo o que vimos, você ainda tiver dúvidas, permita-me dar-lhe um conselho muito concreto. Ore a Deus e peça que Ele controle todas as circunstâncias, que Ele "endireite" o seu caminho, que Ele "conserte" os erros que você cometeu e que Ele lhe mostre as oportunidades. Não desista, nem se canse de falar com Deus: este é o segredo.

Oração

Senhor ensina-me o que devo fazer neste momento. Qual é Tua vontade sobre _____.

Você conhece o seu objetivo? Sabe aonde está indo? Não corra às escuras?

3 de julho

Parecidos com Deus

Uma das lembranças mais bonitas que tenho, são os Jogos Olímpicos de Seul, em 1988. Participamos de um congresso com esportistas cristãos organizado pela Coalizão Internacional dos Ministérios Esportivos, e eles nos convidaram para passar uns dias naquela maravilhosa cidade. Uma porção de coisas me vem à mente quando recordo aqueles dias: os milhares de atletas, os acontecimentos esportivos, a grandiosidade da organização, mas, acima de tudo, recordo a amabilidade do povo coreano. Era tanta, como eu nunca havia visto em minha vida. Lembro-me de um jovem que me presenteou com a jaqueta que o identificava como voluntário olímpico, assim que soube que eu era estrangeiro e estava ali de visita. Eu nunca soube seu nome ou endereço. Era um membro da equipe de ajuda a jornalistas. Esta pessoa personificava a bondade de um grande povo.

Todos são amigos do homem que dá presentes, isto é o que a Bíblia nos diz. Nós nos esquecemos muito disto, porque não aprendemos bem o que significa o privilégio de dar. Deus demonstra Seu amor conosco nos dando milhares de coisas: a vida, natureza, os amigos, a família, saúde, possibilidades de trabalho. E, como se isso já não bastasse, Deus nos deu também o que de mais precioso tinha, Seu próprio Filho. Sim, porque nunca devemos esquecer que "tanto amou ao mundo que deu"... (João 3:16). Não há outra forma de demonstrar amor a não ser dando.

Por mais anos que eu viva, creio que não esquecerei aquele "amigo", ainda que o tenha visto somente numa manhã. Da mesma maneira, Deus nos diz na Bíblia, que Ele nunca esquecerá aquilo que damos a outros. Nem sequer um só copo de água que venhamos a dar a outra pessoa, ficará sem recompensa. Deus se alegra quando Seus filhos são bondosos.

Nunca nos parecemos tanto com Deus como quando damos. Nunca estamos mais perto do caráter de Deus, do que quando somos capazes de dar de nós mesmos a outros: nossas forças, nosso tempo, nosso dinheiro, nossas posses. Na Bíblia, Deus nos fala em muitas ocasiões sobre nosso dever de lhe oferecer uma parte importante do que Ele mesmo nos deu, é um dever e um privilégio que nunca devemos esquecer.

Existem milhões de pessoas necessitadas no mundo. Muitas delas próximas de você. Elas conhecem a Deus por algo que você tenha feito por elas?

...todos são amigos do que dá presentes.
—Provérbios 19:6

Leitura de hoje

1 CORÍNTIOS 16
LUCAS 21

Oração

Senhor ensina-me a me parecer mais contigo, ensina-me a dar. Quero fazê-lo agora com...

Nunca nos parecemos tanto com Deus como quando damos.

4 de julho

Olho Gordo

...na verdade, que lhe falta, senão o reino?
—1 Samuel 18:8

Estamos na final dos 100 m nado borboleta, masculino de natação nos Jogos Olímpicos de Seul. Matt Biondi, o favorito, tinha seus rivais rivais à esquerda, Andy Jameson, à sua direita, Michael Gross. Ao olhar os dois e ver que estava adiante deles, se deixou conduzir pela água e não deu a última braçada. Erro terrível, Anthony Nesty, a quem não via, chegou antes e levou o ouro.

Um dos maiores perigos na vida consiste em olhar para os outros e não concentrar-se em si mesmo. Ao olhar sempre o que os outros fazem, perdemos de vista o nosso próprio objetivo, e é pior ainda, quando olhamos aos outros como fruto da inveja. Poucas coisas destroem tanto a vida de uma pessoa como este monstro interior.

Este era o grande problema de Saul no capítulo que lemos hoje. Saul era o rei de Israel, mas começou a ter problemas em sua vida devido à inveja de um de seus súditos: Davi. Saul viveu obcecado com tudo o que Davi fazia. No final, Saul morreu vítima de sua própria miséria, sem ter aceitado a amizade que tantas vezes Davi lhe oferecera. A inveja o levou à sepultura.

Diz o refrão que a "inveja é amarela, porque morde, mas não come". Aquele que inveja o outro, só consegue mesmo é envenenar seu próprio sangue porque a inveja não é capaz de tirar nada do que o outro possui. Ela luta contra aquele que lhe dá guarida, lhe tira horas de sono, esperança, capacidade de trabalho e ainda, acrescenta tristeza, melancolia, depressão e vingança. A inveja é o pior inimigo que alguém pode abrigar em sua casa.

É o principal destruidor de amizades. Amigos de muitos anos, se afastam por causa da inveja que surge entre eles. Nunca sinta inveja de um amigo, desfrute sempre de seus êxitos. Não esqueça que ao transformar alguém em seu inimigo, você terá um amigo a menos.

Não encha seus olhos de inveja. Coloque seus olhos em Jesus. Ele é o único para quem vale a pena olhar: em todas as circunstâncias, em todas as situações, em todos os problemas. Só Ele pode vencer o pecado e fazer você olhar com pureza e agradecimento a todas as pessoas. E não esqueça que a gratidão é o principal antídoto contra a inveja.

Leitura de hoje

1 SAMUEL 18
2 SAMUEL 3
ECLESIASTES 8

Oração

Senhor perdoa-me por ter olhado para _____, e sentido inveja. Ensina-me a colocar meus olhos em ti.

Você perde um amigo quando ele se transforma em seu inimigo.

5 de julho

O Pior Adversário de Todos

Jacques Anquetil, foi um dos mais importantes ciclistas de toda a história, ganhou cinco vezes o *Tour de France*, duas vezes o *Giro da Itália* e uma vez a *Volta Ciclista da Espanha*. Diziam que poderia ter ganhado muitas outras provas, mas que ele não se cuidava: eram famosas as bebedeiras, farras com as mulheres, e "comilanças". Morreu aos 53 anos, vítima de câncer no estômago.

Há pessoas que creem que são capazes de vencer todas as coisas. Pessoas que não se importam com o que fazem ou como vivem. Seu argumento é "eu faço o que quero", e com base neste argumento encontram sua própria destruição. Não entendem que o maior inimigo que temos somos nós mesmos, ao procurarmos cumprir apenas os nossos próprios desejos.

Às vezes, somos capazes de vencer situações muito difíceis: problemas graves, tentações complicadas, mas não somos capazes de vencer nossos próprios desejos. Inventamos todo tipo de desculpas para nos desfazermos de nossa consciência e do próprio Deus, e viver como queremos. E então, nos tornamos mais escravos do que nunca, porque não somos capazes de parar. Somos incapazes de dizer "não". Como consequência, a humanidade tem graves dificuldades para frear muitos desejos incontrolados, sobretudo nos jovens: drogas, álcool, depressão.

Um dia, mais próximo do que pensamos, a morte nos ensinará como somos pequenos. Mesmo que agora imaginemos que podemos fazer tudo o que desejamos, ainda que vivamos "a todo vapor" (no mau sentido da palavra), sem considerar quem nos avise que devemos parar, é certo que, um dia, lamentaremos isto profundamente. E não valem argumentos do tipo "tal pessoa fez sempre o que quis, bebia, era boêmio e viveu quase cem anos". A verdade é que, cedo ou tarde, a morte virá para todos.

Você acha que pode vencer tudo? Herodes, na leitura de hoje, chegou até a pensar que era um deus, mas a morte demonstrou o quão pequeno ele, de fato, era. Hoje ninguém lembra quem ele era, sua força e ambição. Ninguém menciona seu orgulho e forma de viver "a seu bel prazer". O que todos pensam é sobre o túmulo, sua habitação atual, nada agradável. E muito menos agradável será o lugar futuro, depois do juízo. Não acredite que você pode vencer tudo. Não pense que pode viver de qualquer maneira, sem se preocupar com a Palavra de Deus. Um dia, sua própria morte lhe devolverá à realidade: uma realidade fatal.

...Não vêm das paixões que guerreiam dentro de vocês?
—Tiago 4:1

Leitura de hoje

ATOS 12:20-25
JUÍZES 2–3

Oração

Senhor, não quero viver nem um só momento ignorando Tua presença. Quero ser só Teu, e, que Tu sejas meu Rei.

Nosso maior inimigo, somos nós mesmos.

6 de julho

Cristão Light

...estou a ponto de vomitar-te da minha boca.
—Apocalipse 3:16

Muitos já escutaram falar do nadador Felipe Muñoz, campeão nos Jogos Olímpicos do México, em 68, na prova dos 200 m. O que poucos sabem é a razão de seu apelido "O Morno". A primeira vez que Felipe entrou em uma piscina (com 13 anos) se queixou de que a água estava fria, no dia seguinte queixou-se que estava quente. Desde então todos lhe chamam "O Morno."

Pode ser que entre os seguidores de Jesus, este tipo de "doença" seja a mais frequente: morno espiritual. É como se tivessem inventado um evangelho "light", assim como este modismo atual de utilizar produtos "light": que são, mas não são, que têm, mas não têm. Tudo para mantermos a nossa "linha".

Parece que inventamos um evangelho desnatado, incolor, sem qualquer semelhança com a realidade bíblica. Nosso mundo, que não pode viver sem luz e sal, virou (espiritualmente falando) um mundo escuro e sem sabor, pois nós que, somos o sal e a luz do mundo, nos convertemos em simples corantes e lâmpadas de pouca potência.

Leitura de hoje

EZEQUIEL 10,20

A Bíblia é muito clara: não existem dois tipos de evangelho, um para pessoas comuns e outro para os santos. A Bíblia ensina que sem santidade ninguém verá ao Senhor. Em muitas igrejas temos santos aos domingos pela manhã (se o tempo não estiver bom é claro) e santos invisíveis nos demais dias da semana. Jesus não poderá ser Senhor em minha vida, se não for em todo o tempo. Deus não quer ser meu Senhor somente nas minhas horas livres.

Felizmente para o Diabo — sendo bem claro — orar, testemunhar, viver de acordo com a vontade de Deus, ler a Bíblia, reunir se com os irmãos, passou a ser parte de um evangelho antigo. O evangelho morno nada conhece sobre a oração, jejum, estudo da Bíblia até altas horas da madrugada, de falar de Jesus para nossos companheiros que morrem perdidos em seus pecados e ignorância de Deus, não entende nada de servir aos outros. O evangelho de aparências, não tem calor nem fogo do Espírito.

Oração

Senhor Jesus, decepcionei-me e também aos outros por muito tempo. Hoje venho a ti. Sê o meu Mestre. Toma-me em Tuas mãos e faz-me a pessoa que queres que eu seja.

A mornidão espiritual é uma grave doença que pode nos acometer. Deus não reconhece os mornos. Ou somos ou não somos; não existe meio termo. Você sabe bem qual é sua situação? Se você tem descansado incondicionalmente no Senhor, Ele te conhece e ninguém pode arrebatar você de Suas mãos. Mas se tudo é apenas um jogo de aparências, se não chegou ao fundo do seu coração, se só está "brincando" com sua fé, quem poderá lhe salvar? Deus conhece os Seus e os guarda para sempre. É melhor que você se ponha nas mãos dele o quanto antes.

Deus não quer ser o Senhor somente do seu lazer.

7 de julho

Um Doce Para a Alma

O mais jovem ganhador da história dos Jogos Olímpicos, dentro do atletismo, foi Bob Mathias, campeão no decatlon com 17 anos (Londres, 1948). Diz-se que um dos segredos de seu êxito, foi receber ótimos conselhos de atletas mais velhos do que ele.

Não há nada para adoçar a alma como um bom conselho de amigo. Muitas vezes um bom amigo pode ajudar, quando nossos caminhos parecem escuros e não sabemos para que lado ir. Às vezes, por nossa ignorância, insensibilidade ou pecado, parece que o mundo vem abaixo e não existe saída. É num momento destes que sabemos o que significa ter um bom amigo.

Mas não é só para permanecerem ao nosso lado que os bons amigos existem, eles também nos ajudam com suas palavras e conselhos, da mesma maneira que nós também podemos lhes ajudar. Quem sabe algum deles já tenha passado por uma situação semelhante à nossa e Deus já teve que nos ensinar duras lições de vida. É Deus quem melhor pode nos ensinar como agir e nos comportar. Um bom conselho de amigo vale seu peso em ouro. Devemos apreciar os que nos ajudam e tentam nos ensinar, devemos ouvi-los e ser humildes para aprender. Quem acha que sempre tem razão, está perdido! Só aquele que sabe buscar os bons conselhos, prospera.

Nunca esqueça também daqueles que são os seus melhores amigos e podem lhe dar os melhores conselhos: a sua família. Eles são os que mais o conhecem: seus pais e seus irmãos. Nunca os rejeite e despreze suas palavras. Aprenda a escutá-los com maior atenção do que a dada aos outros. Eles deram a você o melhor que estava ao alcance e, portanto merecem maior respeito que outros.

Por último, mas não sem menos importância, se você é casado, lembre-se da pessoa que vive ao seu lado. Ninguém pode compreender você melhor do que o seu cônjuge. Por experiência própria eu digo hoje (que é o dia do aniversário de minha esposa, Míriam) sem nenhuma dúvida, que minha mulher é a melhor amiga que tenho. Ela é um presente especial de Deus para mim. Porque Deus mesmo nos ensinou a sermos amigos. Nenhum amigo é como Ele, portanto, não se esqueça de obedecer Seus conselhos.

...o amigo encontra doçura no conselho cordial.
—Provérbios 27:9

Leitura de hoje

PROVÉRBIOS 26–27

Oração

Senhor quero te agradecer por todos os amigos que me ajudam e aconselham, e, acima de tudo, pela minha família.

Um bom conselho pode decidir o seu futuro.

8 de julho

Amigo de Deus

...deixa-me, para que se acenda contra eles o meu furor, e eu os consuma...
—Êxodo 32:10

Leitura de hoje

GÊNESIS 18
2 REIS 4

No campeonato de basquete de seleções nacionais da Europa em 1981, um jogador se destacou entre todos os demais: o inglês Richards. Ele não era o melhor jogador, mas conseguiu uma menção honrosa. Tinha algo que o tornava mais importante que todos os demais: jogava com uma perna ortopédica.

Às vezes nosso valor é maior devido às nossas limitações. Apesar de muitos de nós não termos aprendido a reconhecer nossa importância e situação privilegiada, a Bíblia está cheia de exemplos de pessoas que, além de ignorarem suas limitações, influenciaram o coração de Deus!

Pessoas em situação privilegiada não são necessariamente donos de grandes empresas, tampouco intelectuais. Nem aqueles que vivem rodeados de fama e poder, tampouco, os que têm muitas posses. A grande maioria está entre os anônimos que lutam com muitas limitações. Pessoas que ninguém considera. Enfim, quase "um ninguém", mas que são capazes de tocar o coração de Deus.

Você não tem arrepios ao escutar o próprio Deus dizer a um filho de Seus filhos: "Deixa-me que destrua esta nação?" Que situação privilegiada! Que Ele "peça a opinião" de um pobre mortal! Você leu a história de Abraão em Gênesis 18? Ali, Deus fala com Abraão sobre a destruição de Sodoma e Gomorra, e escuta e aceita as "condições" que Abraão coloca! Isto é demais para a nossa compreensão!

Mas não é assim para todos. Somente aqueles que conseguiram intimidade tão profunda com Deus, podem entender Suas razões. Este grau de intimidade não se obtém através de "iluminação mística", nem qualquer outro tipo de mortificação ou disciplina corporal. Não, Deus mantém Sua porta aberta esperando nossas "visitas". Deus quer nos escutar, saber como estamos, ouvir de nossa própria boca detalhes de nossa vida. E ao mesmo tempo, Ele derrama Seu conhecimento sobre nós. Nenhuma amizade cresce em intimidade se não lhe dedicamos tempo, horas de conversa e comunhão.

Deus não tem limitações, não se detém em nossas características pessoais. Ele nos ama e anela nos colocar em uma situação privilegiada. O que Ele mais deseja é ter comunhão conosco, Seus filhos. Ele espera que você seja transparente com Ele, que utilize aquilo que você tem, ainda que você seja um personagem anônimo com uma perna ortopédica. Deus quer amizade com você; amizade íntima e privilegiada.

Oração

Senhor Jesus, quero conhecer-te melhor a cada dia. Agora mesmo quero passar momentos contigo. Quero ouvir Tua voz e obedecer-te.

A posição mais privilegiada no universo é estar ao lado de Deus.

9 de julho

Começar de Novo

Várias vezes temos falado sobre a perseverança, mas creio que precisamos repetir uma vez mais, e para isto nada melhor que o ciclista Jopp Zoetemelk e seu exemplo. Zoetemelk ganhou o *Tour de France* em 1980: havia sido segundo na mesma prova nos anos 70,71,76,78,79 e voltou a sê-lo em 82. Mais tarde Jopp seria também campeão do mundo aos 38 anos! Isto sim é perseverar.

A sua perseverança conquistou mais vitórias do que a força. Ao longo da história da humanidade, há múltiplos exemplos de vencedores com poucas qualidades que chegaram ao topo subindo uma só escada: "nunca desistir". Lembro-me da famosa história de Tomas Edson quando, após haver tentado milhares de vezes o que mais tarde seria uma lâmpada elétrica, lhe perguntaram se não estava cansado de fracassar, mas ele respondeu: "não, nunca, agora conheço mais de 3 mil formas de como não fazer".

Com frequência, desistimos de coisas que poderíamos ter terminado. Perdemos muitas oportunidades pela displicência de achar que já não existia possibilidade. Quando alguma coisa não sai bem, dizemos: "é muito para mim" e a abandonamos. Muitas vezes temos algo ao nosso alcance, mas deixamos de tentar e fracassamos. Isto ocorre em todos os âmbitos de nossa vida: família, estudos, amigos, trabalho, vida espiritual, oração, evangelização. Ignoramos que a perseverança é o ingrediente imprescindível em toda conquista.

Quantas vezes deixamos de orar, ler a Bíblia, falar de Cristo a outros, servir ou ir à igreja, com a desculpa de que "não vale a pena, não serve para nada". Deus nunca vai só até o meio do caminho, Ele não desiste como nós o fazemos. Deus não se cansa de fazer algo porque não dá resultado, ou deixa de abençoar alguém porque "já não vale a pena". Deus não é como nós; mas Ele quer pessoas que confiem nele; cegamente, como confiamos no elevador para vencer alturas, ou nos meios de transporte para vencer distâncias e chegar ao destino. Deus não espera que fiquemos sentados vendo as oportunidades passarem para não mais voltar, simplesmente, porque não perseveramos.

Essa é a perseverança: construir o futuro com pedras usadas. Ainda que tenhamos fracassado centenas de vezes, sabemos que podemos seguir adiante. Podemos ajuntar as pedras que caíram, quantas vezes forem necessárias, e construir nossas vidas de acordo com a vontade de Deus. E começar de novo, como esta viúva que não deixava de importunar.

...como esta viúva me importuna...
—Lucas 18:5

Leitura de hoje

LUCAS 6,10
SALMO 123

Oração

Senhor dá-me força de caráter e perseverança para servir-te melhor.

Construa o futuro com pedras que podem ser reutilizadas.

10 de julho

Encontrando Saídas

Tu, Senhor, conservarás em perfeita paz aquele cujo propósito é firme; porque ele confia em ti.
—Isaías 26:3

Leitura de hoje

SALMOS 34,118

Abeke Bikila foi um dos melhores corredores de toda a história do atletismo mundial. Abeke não sabia o que eram os contratempos: correu a maratona dos Jogos Olímpicos de Tóquio em 1964, cinco semanas depois de ter sido operado de apêndice, e venceu!

Poucos sabem lutar contra os contratempos da vida. A maioria resolve seus problemas com queixas. A culpa do que lhes acontece é sempre dos outros, das circunstâncias ou, pior ainda, das coisas. O caminho é encontrar um culpado: é isso o que temos feito desde que o mundo é mundo. Quando o primeiro homem pecou, suas primeiras palavras foram "é que a mulher que me destes". Assim a culpa caiu em Deus e em sua própria mulher. A mulher disse: "a serpente", e a serpente com certeza tinha outra desculpa. E assim, indefinidamente.

Algo que poderia nos fazer muito bem seria ler todo o livro de Provérbios e sublinhar todos os versículos que nos falam sobre as queixas, as desculpas e as culpas. Você pode fazer isto agora? Então, vamos ver!

Se não for possível fazer tudo hoje, eu o desafio a tirar um pouquinho do seu tempo a cada dia para fazê-lo. É um trabalho fascinante! Poucas vezes em minha vida aprendi tanto sobre nossa maneira de reagir diante dos contratempos como lendo o livro de Provérbios. A verdade é que às vezes somos sacudidos por aborrecimentos muito difíceis, situações que escapam ao nosso controle, e só nos ocorre perguntar a Deus, "porque permites isto agora?"

Deus sempre nos dá as respostas, ainda que não exatamente na hora e jeito que queremos. Sabe de uma coisa? Devemos aprender a reconhecer as razões daquilo que nos acontece, mas, mais importante é aprender a descobrir as saídas da situação na qual estamos. Porque Deus permite situações em nossa vida para aumentar nossa força e nossa sabedoria e para sabermos ajudar melhor aos demais. É questão de se acostumar a conviver com os "contratempos", ainda que a frase não seja perfeita, pois Deus não está desprevenido. Deus é muito grande. Ele pode colocar paz em sua vida, seja qual for a situação atual, ou contratempo.

Oração

Senhor, sabes o que estou passando agora..., dá-me a paz que ninguém pode entender e ajuda-me a confiar somente em ti.

As circunstâncias não devem controlar nossas vidas, nem determinar nossas decisões.

11 de julho

Centenas de vezes

A Segunda Guerra Mundial foi uma das páginas mais horríveis da história da humanidade. Os dois principais "adversários" nesta batalha, ALEMANHA e JAPÃO, foram expulsos dos Jogos Olímpicos devido às mortes que provocaram. Nos Jogos de Helsinque, vários anos mais tarde (1952) estes países puderam participar novamente, apesar dos muitos votos contrários e lembranças recentes. Ainda bem que o perdão teve peso mais forte.

Alguém disse uma vez que a função de Deus era perdoar, e ainda que não seja 100 por cento certo (não se pode esquecer que Deus é justo, e esta justiça se, manifesta e é verdadeira), isto diz muito do Seu caráter pela simples razão que ninguém no mundo demonstrou o desejo de perdoar o homem, mais do que Deus o fez. Ninguém iria à morte por um inimigo, e, no entanto foi isto o que Deus fez por nós. Se Ele que é Deus nos perdoa, como nos negamos a perdoar os outros?

Eis uma das coisas mais difíceis que podem nos pedir: perdoar a quem nos feriu. No entanto, não temos direito de guardar rancor ou negar o perdão a quem nos pede. Deus não fez isto conosco.

Da mesma maneira, devemos aceitar o perdão que o outro nos estende. Isto não quer dizer que quando fizermos algo errado não sofreremos as consequências, ou que, se roubarmos ou estragarmos algo, não deveremos restituir. Todo erro tem suas consequências, e mesmo que Deus nos perdoe, a justiça exige que soframos as consequências negativas daquilo que praticamos.

Mas esta é a grande lição de Deus: assim como não temos que recorrer a ninguém para pedir Seu perdão (Deus nos perdoa, a cada um de nós, individualmente, sem necessidade de intermediários), nós também devemos perdoar os outros. Quantas vezes? Jesus mesmo deu a resposta: tantas vezes quantas forem necessárias, centenas de vezes cada dia se preciso for. É o tipo de perdão que Deus nos oferece, um perdão incondicional, é o mesmo perdão que nós devemos utilizar para perdoar aos outros. Há alguém a quem você ainda não perdoou?

> ...Não te digo que até sete vezes, mas setenta vezes sete.
> —Mateus 18:22

Leitura de hoje

ISAÍAS 52
SALMOS 81, 117

Oração

Senhor, muito obrigado por me perdoar. Ensina-me a perdoar... e a aceitar o Teu perdão... Mostra-me se devo restituir alguma coisa em minha relação contigo ou com outros.

A grandeza de uma pessoa se mede pelo seu perdão.

12 de julho

O Cumpridor de Promessas

Todo lugar que pisar a planta da vosso pé, vo-lo tenho dado...
—Josué 1:3

Leitura de hoje

JOSUÉ 2–3,6

Já nos referimos em outras ocasiões, ao mais jovem jogador de tênis vencedor de *Roland Garros*: Michael Chang. Michael ganhou o torneio em 1989, empregando em alguns jogos uma tática que assombrou a muitos: esperava os saques do adversário um metro mais adiantado que os demais, com os dois pés dentro da quadra. É como se soubesse que a quadra (e o jogo) já lhe pertencesse.

Com certeza Michael, um bom cristão, conhece o texto que lemos hoje. "Todo lugar que pisar a planta do vosso pé, será vosso." É uma promessa, e um ensinamento transcendental. Uma das grandes lições da vida cristã consiste em saber adiantar-se ao inimigo e sempre aceitar novas promessas. A Bíblia, nos compara com conquistadores e vencedores. Um filho de Deus não é um derrotado, é um vencedor e como tal, muitas vezes vivemos "à frente" dos acontecimentos.

Não vivemos na mesma época que Josué, e o terreno a ser conquistado não é um terreno físico para a instauração de um reino, mas um terreno espiritual, pois milhares e milhares de pessoas se perdem a cada dia. Nossa arma mais importante é a Palavra de Deus. Você sabia que Deus deixou milhares de promessas para você? Ainda não as conquistou? O quê? Você ainda não as conhece? Como avançar na luta espiritual sem conhecer as promessas de Deus? Bem, vou propor a você um desafio: destaque na Bíblia todas as promessas de Deus que encontrar, e ore a Deus para que sejam realidade em sua vida. Comece a fazer isso hoje mesmo!

O famoso cantor Bob Dylan disse em uma de suas canções: "Deus não faz promessas que Ele não possa cumprir". Quando Deus diz algo, cumpre. Quando Deus fala, é para "certificar" Sua Palavra. Quando Deus afirma algo, ninguém pode negá-lo.

E você? Quanta terra já conquistou? Hoje mesmo você precisa dar um passo adiante. Hoje mesmo o seu pé deve pisar em uma terra que é sua. Creia nas promessas de Deus! Transforme-se num conquistador! Não esqueça que Deus nunca se engana, nem mente.

Oração

Meu Deus quero te agradecer por esta promessa. E quero que a tornes realidade em minha vida e nesta situação...

Deus nunca faz promessas que Ele não possa cumprir.

13 de julho

Antes Que Seja Tarde

Talvez o jogador mais lembrado do mundial de futebol da Itália 1990 seja o jogador de Camarões, Roger Milla. Com 38 anos de idade, foi capaz de conquistar a *Bola de Ouro* africana do mesmo ano, devido às atuações no mundial. A *Seleção de Camarões* quase chegou às semifinais e, em grande parte, pelo trabalho desse homem. Nunca entrou no time titular, pois sua idade não lhe permitia aguentar o ritmo dos 90 minutos, mas cada vez que entrava no segundo tempo e, com apenas alguns minutos pela frente, era capaz de marcar gols necessários ou de fazer jogadas geniais que faziam sua equipe vencer. Nunca um jogador foi tão rentável durante tão poucos minutos.

Uma das coisas mais importantes no esporte é saber aproveitar cada minuto de jogo. Às vezes temos 90 minutos para jogar, mas outras vezes não: o treinador o tira antes, você sofre uma contusão. Nossa vida é um grande "jogo", e os nossos minutos para atuar já estão contados. Não sabemos se vamos durar 90 anos ou, tão somente, 20 ou 30; temos que aproveitar os minutos que temos — o tempo que Deus nos deu.

Nem sempre teremos as mesmas forças que agora. Nem sempre nos encontraremos na plenitude da forma física ou intelectual ou teremos as oportunidades que Deus nos está dando neste momento. E quantos dias passaremos chorando por situações que deixamos escapar? Quantas desilusões ficarão conosco para sempre? Agora temos força, tempo e vontade. Devemos aproveitar as oportunidades para fazer algo rentável neste momento!

Deus mesmo nos diz para nos lembrarmos dele enquanto somos jovens. Se perdermos todo nosso tempo, forças e oportunidades em coisas inúteis ou mesmo destrutivas estaremos sendo tolos, e um dia vamos lamentar! Deus espera que, em nossa juventude o tenhamos como Senhor de nossa vida, porquanto esta é a única maneira de nossa vida ter significado. Não perca seu tempo, não perca o tempo voluntariamente, não seja um cristão covarde. Lembre-se do seu Criador enquanto você é jovem e tem energia. Sirva-o.

Lembra-te do teu Criador nos dias da tua mocidade...
—Eclesiastes 12:1

Leitura de hoje

ECLESIASTES 4,11
SALMO 124

Oração

Senhor Jesus, ensina-me aproveitar o tempo com sabedoria, e a ser útil a partir deste mesmo momento.

Quem desperdiça o seu tempo, hoje, um dia este tempo perdido vai lhe fazer falta.

14 de julho

Quem Vê, Nunca Esquece

Mas a impudícia e toda sorte de impurezas ou cobiça nem sequer se nomeiem entre vós...
—Efésios 5:3

Leitura de hoje

EFÉSIOS 5
LEVITICOS 19

No Mundial da Itália de 1938, vários jogadores foram destaque. Dois deles foram protagonistas de uma jogada curiosa: Domingos da Guia, o melhor jogador do mundial, cometeu um pênalti em um jogador italiano no transcurso do jogo Brasil-Itália. Giusseppe Meazza bateu o pênalti com uma mão segurando o calção e marcou o gol. Ele segurava o calção porque o rasgara, na jogada anterior, e temia que caísse ao chutar o pênalti.

Não podemos deixar de rir ao lembrar esta história, que é parte do "folclore" das Copas do Mundo. No entanto, estamos hoje, diante de um problema que não é brincadeira nem piada. Trata-se da pornografia: com imagens sexuais impressas em revistas, vídeos, filmes, Internet e comércio nesta área. Ainda que muitos adultos não liguem e não deem muita importância, a realidade não é esta. Sabia que mais de 80 por cento da pornografia no mundo é destinada a jovens entre 12 e 17 anos? Sabia que existem verdadeiros "traficantes" que se encarregam de introduzir suas mercadorias nos colégios? Que estes tipos de empresas movimentam grandes somas em dinheiro em nosso mundo civilizado? E tudo à custa dos problemas psicológicos e sexuais de milhares de pessoas menores de idade.

Os testes demonstram que a pornografia ataca diretamente o controle psicológico do adolescente ocupando sua mente até limites quase doentios. Sabe-se que, em muitos casos, há situações de dependência da pornografia, tão forte como pode ser a dependência à droga ou alcoolismo. Não podemos afirmar que não causa dano contemplar corpos nus em atitudes provocativas. Conhecemos casos de rapazes e moças que sofrem consequências negativas mesmo após 20 anos de contato com a pornografia em seu ambiente! E não são casos isolados. Sabia que 70 por cento das pessoas que veem material pornográfico não podem tirar de sua mente o que viram?

A pornografia trata o homem e a mulher como objetos. Se você a promove, empresta ou aprecia, você está envolvido com uma atividade extremamente destrutiva. Os homens e as mulheres são muito mais que corpos bonitos. E Deus, o Criador destes corpos é radicalmente contra o uso do corpo com o que não é correto. Lembre-se que você nunca viverá tranquilo em paz e feliz se entrar neste jogo, que poderá destruir sua vida por completo.

Oração

Senhor ensina-me a não fazer nada que vá contra o Senhor e contra a dignidade de outras pessoas. Não quero saber sobre imoralidade sexual.

Se você alimenta seus olhos com lixo, sua vida terá odor de podridão.

15 de julho

Intenção x Ação

Kipchoge Keino, o atleta queniano, foi um dos únicos homens na história, que conseguiu os recordes mundiais de 3.000 m e 5.000 m por volta dos anos 1960. Quando ele participou dos Jogos Olímpicos, teve que fazer o que cada um dos atletas fazem: o juramento olímpico. Neste juramento, todos se comprometem a lutar de acordo com algumas regras que mais tarde determinarão quem é o vencedor de cada especialidade, de acordo com a competição desportiva.

Todos nós prometemos muitas coisas na vida. Mais tarde cumprimos somente algumas delas e isso nem nos incomoda. Estamos acostumados a desconsiderar os outros, a nós mesmos e até Deus. Sim, quantas vezes dizemos, "eu farei", e em pouco tempo esquecemos. Sempre somos os primeiros em nos voluntariar para passar por boas pessoas, e depois de algum tempo, nem lembramos mais.

Na antiga Israel, diante de uma grande batalha, muitos disseram "eu irei". Deus mesmo diz que houve "boas intenções", mas só isso. Nada mais que bons desejos, nada mais que compromissos descumpridos. E nós? Quantas vezes temos afirmado: "amanhã sem falta, farei", e no dia seguinte dizemos o mesmo! Não temos qualquer direito de julgar aos outros: nós também nos comportamos assim. Não somos pessoas de palavra: somos capazes de enganar a todos, centenas de vezes, e ainda pôr a culpa em outro.

É muito importante assinalar que os apóstolos do Senhor Jesus foram as pessoas que mais influenciaram positivamente em mudanças na história. E a Bíblia nos fala disto em um dos livros da Palavra de Deus que se chama "Atos dos Apóstolos". Que curioso, não é? Deus não fala das "intenções", mas de atos. Não existe outra maneira de agradar a Deus. Ele nunca faltou com Sua Palavra, e nós, que dizemos que somos Seus filhos, mentimos? Somos gente de intenções ou de ações?

Como vai nossa vida? Cheia de intenções? Sim, boas intenções: em nossa vida de oração, de evangelização, de serviço, de estudo. "A partir de hoje vou orar." "De amanhã em diante, sairei para evangelizar." Assim ficamos bem diante dos outros, enquanto nos enganamos a nós mesmos.

Compromissos. Qual o seu comprometimento? Pense em seus compromissos com Deus, com a família, com a equipe, com o cônjuge, com a Palavra de Deus. Não seja uma pessoa de intenções apenas. Deus espera que você cumpra suas promessas.

...houve grande discussão.
—Juízes 5:15

Leitura de hoje

ISAÍAS 54, 56

Oração

Senhor perdoa-me por não cumprir tantas promessas. Ensina-me a cumprir minha palavra como Tu o fazes.

Um ato vale mais que mil intenções.

16 de julho

Carruagens de Fogo

...aos que me honram, honrarei...
—1 Samuel 2:30

Leitura de hoje

1 SAMUEL 1–2

Você deve ter visto o filme *Carruagens de Fogo* que ganhou quatro prêmios Oscar, e narrava a história de Eric Liddell, campeão dos 400 m, nas provas de atletismo dos Jogos Olímpicos de Paris. Eric ia correr originalmente os 200 m, mas ao saber que as provas eliminatórias seriam no domingo, decidiu não fazê-lo. Ele era um cristão comprometido com sua fé, afirmou que o dia do descanso era exatamente para isto, descansar. Depois de muitas discussões, o Comitê Olímpico inglês deixou que ele corresse uma prova que não era a sua especialidade, e ele venceu! Instantes antes de começar a prova, outro corredor entregou a Eric um papel com o versículo que lemos hoje: "aos que me honram, honrarei".

Em todas as escolhas da vida sempre há uma que honra ao Senhor; e é esta a alternativa que devemos preferir. Se qualquer coisa vier a se opor ao que a Palavra de Deus diz, devemos opor-nos também. Sempre, devemos obedecer-lhe, diante de qualquer tentação do mal. Devemos honrá-lo sempre, em qualquer momento e sejam quais forem as circunstâncias e consequências.

É fácil honrar a Deus quando tudo vai bem, quando as consequências não são importantes. Mas, e se perdermos algo verdadeiramente precioso para nós, por colocar Deus em primeiro lugar? Eric Liddell quase retornou para casa sem poder participar dos Jogos Olímpicos quando tomou a decisão de honrar a Deus e, mesmo assim, o fez: para ele não havia dúvida quanto à sua obediência a Deus. E para nós?

A Bíblia diz que Deus não é devedor de ninguém. Se nós o honramos, Ele nos honrará. Às vezes, passam-se dias até surgirem as oportunidades, às vezes meses, outras vezes anos, mas Deus sempre honra os Seus. As promessas de Deus sempre se cumprem. Ele nos deu Sua Palavra para nos mostrar a importância da obediência e honra somente a Ele — o único que a merece.

Oração

Meu Deus, antes de qualquer coisa, quero te agradar, te obedecer, te honrar.

Não honrar a Deus, o desonra.

17 de julho

Sê Forte e Corajoso

Hoje quero contar uma lição que aprendi com meu bom amigo Baltazar. Suponho que você se lembra que ele foi um dos melhores atacantes da década dos anos 1980, jogando futebol no Brasil, Espanha e Portugal. Às vezes, quando conversávamos sobre as atividades esportivas, ele me dizia: "Deus não nos pede que façamos cinco gols a cada domingo, ou que joguemos melhor do que todos, o que Deus nos pede é que nos esforcemos. Ele fará o restante."

Todos querem ser melhores em tudo: o mundo os valoriza e a vida parece estar reduzida a uma louca corrida para ser o sempre melhor em todas as coisas. Os treinadores exigem que você faça as coisas melhor do que outros, o público pede isso aos gritos, a imprensa reclama se você não é bom, até seus amigos, parecem olhar diferente se você tiver "jogado mal".

Se você é bom, todos o aplaudem, admiram, querem estar perto, bater fotos ao seu lado. Se faz algo ruim, vaiam, ninguém quer ver vê-lo, o clube quer rescindir o contrato e a imprensa começa a procurar quem foi o "inteligente" que o contratou. A vida é assim: os mesmos que nos admiram nos criticam logo em seguida, porque só admitem os "bons", os vencedores, os que fazem tudo bem. E só enquanto o fazem bem; depois, buscam outros ídolos. Sempre pedem que você seja o melhor.

Já disse mais acima que isto é assim, não só no mundo do esporte, mas também em nossa vida. Só os vencedores; os que abraçam o êxito recebem os prêmios. Quando se é jovem, só os bons em todas as atividades, e os que atraem e fazem "sucesso" com as garotas têm direito à vida. No caso das garotas, só as que são bonitas fazem sucesso. Quando você é adulto, só os melhores ganham dinheiro.

Entretanto, Deus parece não ser tão exigente assim. Ele espera que nós nos esforcemos e sejamos valentes no esporte, estudo, trabalho, atividades sociais e em tudo que fazemos. A única condição é o esforço. Por quê? Porque Ele nos ama. Ele não faz distinção entre melhores ou piores. Ele se preocupa se você faz o seu melhor ou não, em todas as coisas. Você mesmo escolhe se quer esforçar-se.

Tão-somente sê forte e mui corajoso...
—Josué 1:7

Leitura de hoje

JOSUÉ 1
DEUTERONÔMIO 7

Oração

Senhor perdoa-me por procurar o sucesso por tantos anos. Quero que governes meus passos. Ensina-me a fazer o melhor que posso e a dar o meu melhor.

Deus pede que você seja valente e que faça o seu melhor. O restante é com Ele.

18 de julho

Manhas, Trambiques & Cia.

Não de obras, para que ninguém se glorie.
—Efésios 2:9

Durante os Jogos Olímpicos de Montreal de 1976, nas provas de esgrima, um lutador estava ganhando todas as partidas. Tratava-se do soviético Boris Onishchenko. Ganhou tantas vezes, e de uma maneira tão rápida, que logo todos começaram a desconfiar. Por fim, descobriram que tinha um dispositivo na sua espada que marcava o adversário sem chegar a tocá-lo. Foi desclassificado imediatamente. Não se pode ganhar por meios que não sejam legais.

Muitas pessoas procuram encontrar meios para se aproximar de Deus. Às vezes, até, procuram usar alguma "manha", que não precisa ser necessariamente algo ruim, mas que com Deus não funciona.

Leitura de hoje

GÁLATAS 4
1 JOÃO 1

Você pode dizer: "mas eu vivo o melhor possível, tento ajudar os demais, e não fazer mal a ninguém!" Isto é muito bom e, além disso, um bom exemplo, mas de nada serve diante de Deus. Ele estabeleceu as regras do "jogo", e o que você está fazendo é contrário a elas. Muitas pessoas procuram meios inúteis para aproximar-se de Deus. Não importa o que seja: você pode fazer os maiores sacrifícios, as penitências mais cruéis, os ritos mais complicados, os atos religiosos mais solenes, as obras sociais mais impressionantes de nada servirão. Só são "manhas" diante de Deus, porque a Deus, ninguém pode comprar.

Deus só aceita atitudes humildes: só aquele que chega desprovido de tudo e se reconhece inútil diante de Deus, tem as portas da salvação abertas. Aquele que reconhece que nada pode fazer por si mesmo, já tem muito para sua vida futura.

Oração

Não acredita? Por mais coisas boas que você possa fazer, nunca chegará à altura de Deus! As regras são muito simples: ou se é perfeito (o que ninguém consegue), ou é necessário reconhecer que não pode fazer nada. É por isto que Deus nos ensina em Sua Palavra que uma pessoa só pode ser salva pela graça; ou seja, gratuitamente. Sim, assim bem simples e taxativo. Essas são as regras do jogo.

Senhor Jesus, sei que Tu és o único caminho. Venho à Tua presença para reconhecer o meu pecado e minha situação de impotência e afirmar que confio em ti.

O que você pode fazer? Aceitá-lo já e crer no que Deus já disse! Qualquer outra coisa, que não seja obedecer ao que Deus disse, seria procurar alguma artimanha, um artifício para chegar lá.

É impossível subornar Deus.

19 de julho

Estou Farto!

Tem sido uma autêntica praga nos últimos anos: os ataques cardíacos que muitos treinadores de esportes tem sofrido. Na Espanha, há dois casos famosos: Ignácio Pinedo e Johan Cruyff (este último se recuperou). O estresse ocasionado por orientar uma equipe de elite, junto com outros fatores tão prejudiciais quanto o cigarro, já levou muitas pessoas à sepultura. Um dos treinadores do *Real Madrid* na temporada 1990/91, Alfredo Di Stefano, ao ser perguntado se ia deixar o cargo devido à sua saúde e à quantidade de cigarros que fumava, respondeu acendendo um cigarro: "eu continuo fumando, até chegar a hora".

Nem sempre percebemos como somos tolos. Às vezes, fazemos coisas que, sabemos que destruirão nossa vida, e continuamos tranquilos. Em outras ocasiões não nos importamos em adquirir hábitos que maltratam nosso corpo e o levam à sepultura. Até que um dia acontece o inevitável e então, logo estamos prontos para novas resoluções, tentativas de mudanças, e prontos a encarar a vida de outras maneiras, mas na maioria das vezes, já é muito tarde.

Tudo o que nos destrói, é prejudicial. Por maior prazer que nos dê, por melhores momentos que nos façam passar, se está nos matando, é melhor deixá-lo para trás. Deus diz que todos nós vamos nos cansar de nossos caminhos. Se você quer continuar vivendo à sua maneira, não se preocupe, Deus consentirá. Mas, um dia você estará chorando, cansado, farto de suas próprias escolhas.

E uma das coisas que está fazendo mal ao homem e à mulher de hoje (causando mais enfermidades do coração), é a ambição desmedida pelo poder. Tem muito mais gente "viciada" perseguindo o poder político, econômico, religioso ou social, do que atrás de drogas ou álcool. Todos são capazes de vender a própria alma ao Diabo para obter mais poder. São capazes de dar sua própria vida e forças para alcançar mais poder nos negócios, no mundo social, na economia, na política e até na igreja!

Não podemos esquecer que o Diabo foi condenado quando quis ser mais poderoso do que o próprio Deus. A busca pelo poder é uma das armas favoritas que ele usa para manter as pessoas entretidas com o mundo. Se você quer uma prova muito simples, observe as séries que passam na televisão. Com certeza, as de maior sucesso envolvem a fascinação erótica pelo poder.

Até os "viciados em poder" ficarão cheios e cansados da vida, porque todo aquele que contraria o que Deus diz, se fartará do seu caminho.

> O infiel de coração dos seus próprios caminhos se farta...
> —Provérbios 14:14

Leitura de hoje

SALMOS 64, 75, 128

Oração

Senhor quero abandonar meu caminho de _____, e quero obedecer-te. Não permitas que eu caia em caminhos que possam me destruir.

O que quer alcançar poder a qualquer custo, logo será usado para outros alcançarem o poder.

20 de julho

Tem Alguém Maior

Aqui está quem é maior que o templo.
—Mateus 12:6

Leitura de hoje

JOÃO 2
APOCALIPSE 1

Oração

Pai nosso, obrigado por seres nosso Deus. Senhor Jesus, obrigado por te revelares a nós. Santo Espírito, obrigado por seres nosso Deus Consolador.

Fala-se dele como o melhor atleta de toda a história. Foi o primeiro corredor a conseguir quatro medalhas de ouro em Jogos Olímpicos. Estamos falando de JESSE OWENS. Seu recorde mundial em salto em distância de 8,13 m durou 25 anos sem ser batido! Ele era um homem excepcional.

Apesar da grandeza de muita gente, temos que continuar declarando o que Jesus disse quando todos olhavam extasiados para a beleza do templo: "Aqui está quem é maior do que o templo." Referia-se a Si mesmo: ninguém há maior do que Ele. Nada há no mundo que possa ser comparado com a pessoa do Senhor Jesus. Sabe por quê? Ele é o próprio Deus, Ele é Deus feito homem.

Toda a Sua vida, palavras, atos, demonstrações de poder, aparições ao longo da história, morte e ressurreição... Tudo demonstra claramente que Ele não era um simples homem. Ele é quem Ele mesmo disse ser: o próprio Deus. Ainda que muitos tentem se esquivar da realidade da mensagem bíblica, não existe dúvida de que Deus se revelou a nós na gloriosa pessoa do Senhor Jesus. Deus, um Deus único, mas manifestado em três pessoas diferentes: O Pai, o Senhor Jesus e o Espírito Santo. Toda a Bíblia ensina a unidade de Deus, e ao mesmo tempo a diversidade das três pessoas. Não há outra maneira de entender a Palavra de Deus.

É exatamente isto que muitos não aceitam. Você pode diferenciar todas as seitas e crenças existentes hoje, por esta simples razão — a não-aceitação da mensagem revelada na Bíblia e a mediação única do Senhor Jesus. O que quer dizer isto? Que todos acrescentam ou substituem o Senhor Jesus como o único mediador entre Deus e os homens. Se alguém lhe propuser um caminho diferente de Jesus, este será um mau caminho. Muitos até falam de Deus e do Senhor Jesus, mas não o reconhecem como o Senhor e Deus de tudo. Estão tentando enganá-lo!

Não se esqueça das palavras de Jesus, Ele não deixou qualquer outra alternativa. "Ninguém vem ao Pai senão por mim." Quando alguém lhe disser alguma coisa que você não entende muito bem, não discuta, simplesmente, pergunte-lhes sobre Jesus, aquele que é o maior entre todos. Pergunte-lhes pela relação que eles têm com Deus o Pai e o Espírito Santo. Pergunte por Sua divindade. Você imediatamente perceberá se esse alguém segue a Palavra de Deus ou não. Não esqueça que alguém maior que o mundo está com você.

Todo aquele que segue outro mediador a não ser Jesus, Deus feito homem, está perdido.

21 de julho

Festa no Céu

Ontem falávamos de JESSE OWENS e seu fabuloso recorde de distância. Jesse ganhou a medalha de ouro nesta prova, nos Jogos Olímpicos de Berlim em 1936, e seu adversário mais direto era o alemão LUTZ LONG. O público queria uma disputa entre os dois (Jesse era negro e Lutz, branco e alemão). Quando os dois atletas conversaram, descobriram que ambos tinham muitas coisas em comum: os dois eram cristãos e amavam ao mesmo Deus. Aquele foi o começo de uma amizade inseparável. Após a morte de Lutz, nos campos da Sicília durante a Segunda Guerra Mundial, Jesse pagou todos os estudos nos EUA ao filho do seu amigo alemão. O mundo ficou emocionado por esta demonstração de carinho.

Não é mentira afirmar que o céu também se alegrou com esta amizade. A Bíblia diz que há gozo no céu quando fazemos algo digno do caráter de Deus. Os anjos são nosso "público", e, estão vendo o que fazemos e aprendendo com nossos atos. Assim, quando algo bom acontece, eles exultam e se alegram como nós o fazemos aqui quando nossa equipe marca um gol. Bem, tenho certeza que você me entende.

E a maior alegria no céu acontece quando alguma pessoa se entrega a Cristo. Há muita festa e alegria sem igual. Cada pessoa que aceita ao Senhor Jesus em sua vida, se converte em um novo "morador" do céu e, portanto, é recebido com alegria, que só se compara àquela que existirá quando chegar lá, com um corpo transformado. Por isto, perseveramos para que outras pessoas conheçam ao Senhor, e nos alegramos também quando algum amigo crê em Jesus. A alegria é sem igual, única e transbordante.

Agora, pense só por um momento: quantos instantes de alegria você já provocou no céu? Quantas pessoas conheceram ao Senhor pelo seu testemunho? Quantos atos seus levantaram admiração nas alturas? Quantas vezes os espectadores celestiais permaneceram imóveis de assombro diante de seus atos? Espero que os que nos contemplam não fiquem sonolentos, nem aborrecidos, como ficamos nos jogos em que nada acontece. Espero que não tenham que tapar seus olhos de vez em quando, ao ver as barbaridades que fazemos. Espero que depois de 20, 30, 40 ou 70 anos nos olhando, não tenham que dizer: "não aprenderam nada". Espero que no céu haja alegria ao contemplar a sua vida e a minha vida.

> ...haverá maior júbilo no céu por um pecador que se arrepende...
> —Lucas 15:7

Leitura de hoje

SALMO 148
ZACARIAS 1
APOCALIPSE 19

Oração

Senhor sei que há muitos "espectadores celestiais" observando minha vida. Quero refletir Teu caráter, para que muitos te conheçam, ao me observarem.

Mesmo nos momentos mais secretos de nossa vida, alguém nos observa.

22 de julho

Juntos na Tristeza

…homem como eu fugiria?…
—Neemias 6:11

Só um atleta alcançou a medalha de ouro em sua categoria em quatro Jogos Olímpicos consecutivos. Foi AL OERTER, o arremessador de disco. Antes dos Jogos Olímpicos do México 1968, Al sofreu uma contusão na coluna vertebral que o impedia de arremessar por completo. Ele não se resignou apesar de permanecer horas e mais horas em um ambiente muito gelado e sem poder treinar. No dia da prova, ele errou os seus quatros primeiros arremessos devido à forte dor que sentia. No quinto arremesso alcançou com o disco mais de 61 metros, mas o fez sentindo tanta dor que já não pôde partir para o sexto. E nem precisou, pois ninguém arremessou mais longe do que ele, e conquistou a medalha de ouro.

Leitura de hoje

SALMOS 69–70
ATOS 11

Muitas vezes falamos do sofrimento e nos perguntamos a razão pela qual nos acontecem certas coisas, e perdemos as esperanças. Sabe, não existe outro momento melhor para reconhecer um homem ou uma mulher de Deus, do que quando a pessoa está sofrendo. Muitos fogem do sofrimento, outros se revoltam contra Deus e seus semelhantes e outros ainda só querem encontrar um culpado para a situação. Mas nós, que somos os filhos de Deus, reagimos de maneira diferente. Sim, nós sofremos tanto ou mais que qualquer outro, mas não fugimos por mais difícil que seja a situação. Deus sempre nos dá forças para mais um "arremesso".

Porque esta é nossa esperança: ainda que o dia perca todo seu esplendor e a noite semeie temor; ainda que as dúvidas conquistem nosso coração e nossa própria família nos despreze, sabemos que Deus está conosco em meio à nossa tristeza. Sim, nada muda a certeza de que Deus está ao nosso lado — sempre, sem exceções.

Oração

Meu Pai, sabes a razão de meus sentimentos, e sabes que estou triste… Não quero fugir. Sei que estás comigo e que tens o controle de tudo. Obrigado.

Aprendemos a fazer tudo por Ele, apesar dos sofrimentos. Aprendemos a amar os outros, apesar das zombarias e desprezos. E tem que ser assim! Podemos servir a Jesus sem cicatrizes nem feridas? Se Ele as tem e é nosso Mestre, como nós as teremos também? Sim, se Ele sofreu o desprezo, o mal, a tristeza, a dor, a solidão, como podemos nós viver sem saber o que isto significa? Como podemos dizer às pessoas que somos Seus seguidores, se não provamos nada do que Ele suportou por amor a nós?

Você não precisa evitar a dor, o sofrimento e a tristeza. Simplesmente lembre-se de que, seja qual for a sua situação, Deus está com você, e Ele conhece a sua dor, seu sofrimento e sua situação.

Não há tristeza, dor ou sofrimento que Deus não conheça.

23 de julho

O Mestre em Disfarces

Talvez seja o único caso na história: nos Jogos Olímpicos de Los Angeles 1932, IVAN JOHANSSON (sueco) ganhou a medalha de ouro na competição de peso médio (79 kg) de luta livre. Em pouquíssimos dias, emagreceu o suficiente para participar no peso *welter* de luta greco-romana (até 75 kg) e também ganhou a medalha de ouro! Isto sim é "disfarçar-se" rapidamente!

Na verdade, não falaremos do grande esportista sueco, mas de alguém que também tem como especialidade "mudar seu corpo" de uma maneira extraordinária. A Bíblia nos fala do Diabo, e o apresenta de muitas formas diferentes. Mas isto é normal, pois ele é o gênio dos disfarces. Esta característica, às vezes, dificulta a sua identificação e provoca dúvida nas pessoas. Este é um grande erro, pois uma das estratégias do Diabo é fazer as pessoas crerem que ele não passa de um conto.

O próprio Deus nos disse que o Diabo pode até se disfarçar de "anjo de luz" e enganar a todos. O mesmo ocorre com o pecado: sempre aparece como algo agradável, digno de ser desejado. E então, quando você cai na armadilha, torna-se um escravo. O mal sempre aparece como algo mais atraente, mais bonito, mais agradável — é difícil resistir! E esta é a estratégia do mal para fazer cada pessoa cair. O ciclo do pecado divide-se sempre em quatro etapas:

Visão: parece bom, ainda que saibamos que é mau e destrutivo.
Desejo: queremos para nós, e faremos qualquer coisa para consegui-lo.
Ação: após ver e desejar cometemos o pecado.
Negação: reconhecemos que erramos, e procuramos ocultá-lo por todos os meios, para ninguém descobrir.

Este processo é sempre destrutivo, porque, cedo ou tarde, seremos descobertos e, nossa vergonha será inevitável.

Não permita os disfarces do mal em sua vida. Por mais agradáveis que pareçam se são contrários ao que Deus diz, destruirão você. Não ceda!

...porque o próprio Satanás se transforma em anjo de luz.
—2 Coríntios 11:14

Leitura de hoje

GÊNESIS 24
2 CRÔNICAS 26
DEUTERONÔMIO 5:1-22

Oração

Poderoso Deus ensina-me a ser sábio para não cair no pecado. Ensina-me a reconhecer as tentações que o Diabo coloca diante de mim.

Quanto mais destrutivo for o pecado, com maior cuidado o Diabo se disfarçará.

24 de julho

De Carne e Osso

...Pois não passas de homem e não és Deus...
—Ezequiel 28:9

Na Copa do Mundo de futebol celebrada na Espanha em 1982, aconteceu um fato curioso, talvez seja o único na história. Durante o jogo entre FRANÇA e KUWAIT, o príncipe do Kuwait fez o juiz anular um gol da França, descendo ao campo e protestando contra ele. Era a primeira vez que o Kuwait estava numa Copa do Mundo, e acabou perdendo aquele jogo por 4 a 1.

Todos nós queremos resolver os problemas ao nosso modo. Sentimo-nos importantes, quase os donos do mundo, imprescindíveis. Não nos importamos com os que estão em nossa frente, não nos importa inclusive, se desprezamos as regras. Nada nos importa, somos capazes de resolver o que for, desde que seja sempre a nosso favor.

Leitura de hoje

EZEQUIEL 28
JUÍZES 17

Às vezes, pensamos que somos poderosos para o que der e vier, mas somos simples homens e mulheres. Alguns podem até parecer mais ou menos importante aos "olhos" do mundo. Talvez até sejam, mas, no final, não somos ninguém. Isso mesmo, bem simples assim.

Lembre-se que dois erros causaram milhões de mortes, lágrimas e desespero na história da humanidade:

1. Muitos creem, creram e crerão que podem viver sem Deus em suas vidas. Acham que é possível viver como se Deus não existisse, e fazer sempre somente o que lhes vem à cabeça. Não pensam nas consequências dos seus atos, nem agora nem no futuro. E pensam que o melhor é fazer o que bem entendem e se esquecem de Deus.

Esta filosofia de vida ganha adeptos em questão de segundos, mas esquecem o mais importante: Deus julgará a cada um de nós. Um dia vamos pagar por tudo o que fizemos, crendo nisto ou não.

Oração

2. Por outro lado, há os que dizem que Deus fala somente por meio deles. São capazes de dizer as maiores bobagens e afirmar bem tranquilos: "Esta é a Palavra de Deus", quando na realidade, falam por si mesmos. Não levam Deus a sério, e seguem suas vidas, sossegados.

Deus já falou por meio de Sua Palavra, e tudo o que nós dissermos não poderá contradizer nem acrescentar nada ao que Deus já falou. Não podemos brincar com Deus: Ele julgará a todos os que falam "em Seu nome", e eles esquecem que são apenas homens.

Senhor Eterno, ajuda-me a entender minha condição, e reconhecer que dependo somente de ti. Por mim mesmo, eu nada sou.

A única posição que você pode se apresentar diante de Deus é: prostrado; física ou mentalmente.

25 de julho

Mais Um

Alguns jogadores brasileiros brilham tanto no esporte em outro país, que imediatamente são "queridos" pelas torcidas e chegam a fazer parte da seleção nacional. Esse é o caso de ALEMÃO, um dos melhores jogadores de futsal, atualmente na *Seleção Espanhola*; e de MARCOS SENNA, que chegou do *São Caetano ao Villarreal*, para jogar a Copa do Mundo pela Espanha. Os dois são crentes em Jesus e na Espanha adaptaram-se bem e aprenderam a ser "mais um".

Aproveito o dia de hoje para falar de algo que creio ser muito importante em nossa vida: a identificação com as pessoas que nos rodeiam. O apóstolo Paulo havia aprendido muito bem: "me fiz grego com os gregos, e judeu com os judeus para ver se ganho algum". E na situação que lemos hoje, quando ninguém queria escutá-lo porque sabiam que ia falar do evangelho de Deus, Paulo começa a falar na língua do povo e faz-se um silêncio impressionante. Tinha conseguido chegar às pessoas da maneira mais simples e bonita para o ouvinte: falar no seu próprio idioma.

Muitas vezes, nos comportamos como tolos. Lutamos e somos capazes de perder tempo, dinheiro e forças para chegar com o evangelho às pessoas que nos rodeiam e parece que não conseguimos. Talvez, tenhamos esquecido uma das primeiras regras: identificar-se com elas. Não quer dizer que tenhamos que ser como eles. Não quer dizer que devemos fazer o que eles fazem (se é mau) ou que devemos ir a lugares que eles vão (se são contrários ao que Deus diz). O que quero dizer é que podemos nos identificar com eles em: língua, cultura, forma de ver a vida, costumes, horários. Sejamos mais um entre eles, e que nos vejam como mais um. E isto não se pode fazer sem envolvimento, precisa ser o desejo sincero de nosso coração!

O Senhor Jesus se fez homem, e durante mais de trinta anos viveu e sentiu como os que o rodeavam, compreendeu as pessoas e se interessou por elas, absorveu seus costumes, sua língua, sua cultura, se fez amigo das pessoas! Ele foi capaz de amar a todos, independentemente de classe social, condição econômica ou cultural. Era mais um com eles. Nunca fez nada mau ou equivocado, ninguém percebia qualquer diferença.

Deus colocou você no lugar em que está. Ame as pessoas ao seu redor, ame sua cultura. Ore por eles. Aprenda a compreendê-los e peça sabedoria a Deus para saber como expressar a mensagem mais fabulosa que existe na terra: o amor de Deus pela humanidade.

> Quando ouviram que lhes falava em língua hebraica, guardaram ainda maior silêncio…
> —Atos 22:2

Leitura de hoje

ESTER 1–2

Oração

Senhor quero ser mais um na multidão, na terra em que me colocastes. Quero amar as pessoas e viver de acordo com Tua vontade.

As pessoas escutam melhor aos seus semelhantes, que aos seus superiores.

26 de julho

Não Abandone o Barco

As muitas águas não poderiam apagar o amor...
—Cântico 8:7

Leitura de hoje

1 CORÍNTIOS 13
CÂNTICO 1,6

Oração

Querido Pai, quero te agradecer pela vida de _____. Ensina-me a amar meu cônjuge, pais/filhos, irmãos e irmãs, amigos e vizinhos... como Tu o fazes.

Paolo Rossi foi o artilheiro do campeonato Italiano no ano de 1978, jogando no *Lamerossi*, um clube completamente desconhecido, que chegaria a ficar em segundo lugar no campeonato. Infelizmente, algum tempo depois, Paolo se envolveu num escândalo de apostas clandestinas e foi penalizado com dois anos de suspensão. Todos o abandonaram e ninguém mais quis saber dele. Todos menos sua namorada, Simonetta. Ela o animava diariamente a continuar treinando e a esperar pela volta aos campos. Paolo voltou e de uma maneira extraordinária! Em 1982 foi campeão do mundo com a Itália, artilheiro do mundial e *Bola de Ouro* como o melhor jogador europeu. Quando todos se vão...

Quando todos se vão, permanecer torna-se a maior demonstração de amor que se pode oferecer. Os amigos que abandonam o barco quando este se afunda, não são verdadeiros amigos. Você sabe de fato, quem realmente está ao seu lado somente no momento difícil. Por uma simples razão: ninguém acredita mais em você do que quem te ama. Que maravilhoso seria se neste dia todos aprendêssemos esta lição! Solteiros e casados, pais e filhos, amigos e amigas, todos os cristãos. Até o mundo seria diferente se todos nós compreendêssemos o amor! E o amor de Deus é o mais perfeito de todos.

Anos atrás, escrevi uma canção que dizia:
Amar é dar sem esperar trocas,
Escutar quando tens muito a dizer
Perdoar mesmo sem merecer
Sonhar quando alguém precisa de teus sonhos
Cantar quando quer chorar
Recordar o que é bom, mesmo pouco
Dar sua vida e aceitar a condição de quem se ama...

Só Deus pode nos dar este tipo de amor, como o fez à minha esposa Míriam, e a mim. Só Deus nos amou tanto, para não se importar o quanto caímos. Só Ele esteve ao nosso lado e encontrou a possibilidade de nos resgatar de onde estávamos. Ninguém demonstrou amor tão grande como o nosso Deus.

Agora somos nós que precisamos mostrar este amor pelos outros: família, amigos, vizinhos, ao mundo inteiro. Damos daquilo que recebemos.

O verdadeiro amor nunca desiste.

27 de julho

Não Perca Seu Dia

FRANCESCA MICHELINE ganhou as medalhas de ouro no arremesso de peso e disco dos Jogos Olímpicos de Londres de 1948. Francesca era fantástica no arremesso de disco, mas era fantástica também no seu dia-a-dia, como pianista concertista!

A música é uma das criações de Deus. Todo o universo e os milhões de sons diferentes o testificam. A majestosa beleza, a harmonia, o ritmo, e centenas de outras características da nossa música, são só sombras comparadas com as músicas que um dia ouviremos na presença de Deus. Por enquanto, louvamos a Deus com alegria, porque é uma das coisas mais preciosas que podemos lhe oferecer.

O livro dos Salmos é um dos livros que mais nos fala sobre o que é o louvor. Você mesmo pode ir anotando todos os ensinamentos que encontrar sobre este tema. Veja alguns exemplos:

1. Importância do louvor no testemunho — Salmo 9:14
2. Deus habita nos louvores do Seu povo — Salmo 22:3
3. O louvor é bonito — Salmo 33:1
4. Deve estar continuamente em nossa boca — Salmo 24:1
5. Cantai ao Senhor, um cântico novo — Salmo 40:3
6. Louvor e festa — Salmo 42:4
7. Louvor como sacrifício — Salmo 50:14
8. O louvor é glorioso — Salmo 66:2
9. Nos leva à presença de Deus — Salmo 95:2
10. Deus é digno de nosso louvor — Salmo 96:4
11. Relação com a fé em Deus — Salmo 106:12
12. Louvor e canção — Salmo 28:7
13. Louvores em meio a provas — Salmo 42
14. Louvores para sempre — Salmo 44:8
15. Louvores com alegria — Salmo 63:5
16. Todos os povos louvem a Deus — Salmo 67:3,5
17. Os céus e a terra louvam a Deus — Salmo 69:34
18. Louvai a Deus pelo que Ele é — Salmo 107:1
19. Louvai a Deus, todo o dia — Salmo 119:164
20. Todo o ser que respira louve a Deus — Salmo 150:6

Não fique aí parado! Louve a Deus! Temos a vitória ao louvar a Deus.

Celebrai com júbilo ao SENHOR [...] aclamai, regozijai-vos, e cantai louvores.
—Salmo 98:4

Leitura de hoje

SALMOS 67, 95, 98

Oração

Senhor Jesus, eu te louvo por _____ e pelo que fizeste em _____. Permite que toda minha vida seja um canto de louvor a ti!

Um dia sem louvor a Deus, é um dia perdido.

28 de julho

Passando o Bastão

...não te deixarei...
—2 Reis 2:6

Nas provas de atletismo de Seul 1988, a equipe de revezamento 4x100 m dos EUA era, sem dúvida, a melhor. Alguns até diziam que era a melhor da história. CARL LEWIS e CALVIN SMITH estavam entre os corredores mas foram desclassificados. Um dos componentes entregou o bastão fora dos 20 m destinados para tal fim. Nas corridas de revezamento, a maior parte do sucesso não está em quem são os componentes da equipe — claro que isto é importante, mas em passar o bastão corretamente.

A meditação de hoje poderia ser dedicada, em primeiro lugar, aos mais velhos, mas creio que todos nós temos algo que aprender desta história. Em muitos aspectos, a vida é como uma corrida de revezamento. Alguns já estão correndo enquanto nós crescemos, e chega o dia em que nos passam o bastão e nós começamos a correr, até que podemos passar o bastão à geração seguinte. É assim em quase todos os aspectos da vida, e é assim também na vida espiritual e na igreja.

Leitura de hoje

2 REIS 28–29

Nós jovens devemos receber o bastão dos que estão correndo agora. Não podemos ficar quietos enquanto eles perdem suas forças porque, no final, talvez todos percamos a corrida. Cada um deve correr durante uma época determinada da vida, e ninguém podem, nem deve se esconder. Você deve começar a trabalhar já, deve começar a ser útil, deve começar a aquecer motores para que possam passar-lhe o bastão no momento oportuno: se quando chegar o momento, você estiver parado, vai custar muito ganhar a corrida.

Os mais velhos devem ajudar os mais jovens a pegar o bastão. Se você já tem idade para passar o bastão, não prossiga correndo "em seu ritmo"; pense que outros mais jovens podem correr mais que você. Você já trabalhou muito tempo, já foi útil. Agora ajude alguém, para que este também possa correr!

Oração

Senhor Jesus, muito obrigado pelos cristãos mais/menos velhos. Ensina-me a trabalhar em equipe e apreciar meus irmãos e irmãs em Cristo.

Não fique parado, pensando que ninguém precisa de você somente porque já entregou o seu bastão. Lembre-se que o jovem necessita de alguém que corra os primeiros metros com ele. Alguém que lute com ele, chore com ele, inclusive que cometa equívocos com ele, até que possa correr sozinho! Esta é, também, a única forma de aprendermos a passar o bastão a outro: sem a ajuda dos corredores mais experientes, é quase impossível.

Tantos e tantos revezamentos, tantas e tantas situações da vida nas quais, necessitamos aprender as lições da corrida: no trabalho, na carreira, na igreja, no serviço a Deus. Corra em equipe! Prepare-se para receber o bastão, para correr e para dá-lo a outro! A vitória final depende de você.

Se um só corredor não fizer o que é devido, toda a equipe de revezamento será desclassificada.

Não se Dê por Vencido

Não é normal, mas de vez em quando acontece, ainda que só com um tipo muito especial de pessoas: as que nunca se dão por vencidas. Harrison Dillard era um deles. Durante os Jogos Olímpicos de Londres de 1948, ele era o favorito para ganhar a medalha de ouro nos 110 m com obstáculos. Infelizmente, nas semifinais ele derrubou um obstáculo e não se classificou. Harrison não quis regressar para casa "vazio", então se inscreveu na prova dos 100 m rasos e ganhou a medalha de ouro!

Dizíamos no princípio que poucas pessoas reagem desta maneira, pois a maioria, quando encontra obstáculos, apenas se queixa. Poderíamos dizer "a queixa" é o esporte mais praticado do mundo. Se você sair à rua em dia normal, e falar com pessoas, a maior parte do que você vai ouvir serão queixas.

E é muito perigoso se queixar. Em primeiro lugar, as queixas impedem que você siga adiante. Em segundo lugar, as queixas o levam ao desânimo. Em terceiro lugar, as queixas obrigam você a ver o futuro muito negro. Em quarto lugar, as queixas lhe ensinam a se aborrecer e a criar um mau espírito em você mesmo e nos outros. Em quinto lugar, as queixas o levam a lançar em Deus a culpa do que lhe acontece. Em sexto lugar, as queixas impedem que você seja grato, e em sétimo, as queixas o fazem perder as oportunidades que tem pela frente. E você? Ainda quer continuar se queixando!

Por outro lado, não esqueça que o "queixar-se" é uma doença muito contagiosa. Comece a se queixar e em seguida encontrará um coro de "chorões" ao seu redor. Devemos aprender a suportar as coisas que não gostamos: se não aprendermos isso, não chegaremos a lugar algum.

Você se lembra de suas queixas de um ano atrás? É curioso ver como parecem "bobas" hoje, não é verdade? O tempo nos ensina a reconhecer que aquilo que parecia tão terrível, não tinha tanta importância como pensávamos. Algumas vezes até se converteram em algo bom! Então, por favor, pare de queixar-se. As queixas demonstram nossos pecados. Confie em Deus, não desista, e recomece!

29 de julho

Queixou-se o povo de sua sorte aos ouvidos do Senhor...
—Números 11:1

Leitura de hoje

1 SAMUEL 8
SALMOS 28,43

Oração

Senhor, perdão por reclamar de _____.
Dá-me sabedoria para vencer esta situação, e ensina-me a agradecer.

A queixa é o primeiro passo para a desistência.

30 de julho

Você Tem Valor

>...considera as maravilhas de Deus.
>—Jó 37:14

Dizem que o ganhador do decatlon é o atleta perfeito. O fato de ter que superar as 10 provas mais difíceis do atletismo confirma isso. Poucos atletas conseguiram ganhá-lo em dois Jogos Olímpicos. O mais famoso ganhador é DALEY THOMPSON, medalha de ouro em Montreal 1980, e em Los Angeles 1984. Ele foi descrito como o homem perfeito.

Você deve estar pensando, "diziam que era o homem perfeito porque não me conhecem". Pode ser uma brincadeira, você tem certa razão. Deus diz que você é uma das maravilhas deste mundo. Ele colocou pensamentos, sensações em seu interior, coisas que ninguém no mundo pode sentir e muito menos superar! Você é um ser único!

Não temos direito de seguir vivendo e pensando que gostaríamos de ser como esse ou aquele. É um grande erro: pois ninguém no mundo pode ser como nós, porque cada um de nós é único e ninguém tem direito de comparar-nos com outros. Deus nos fez maravilhosos, dignos de admiração. Não acredita? Veja as razões que a Bíblia dá e que você nunca deve esquecer:

Deus te ama. Deus ama a cada um individualmente

Deus colocou Sua imagem em você. Até a pior pessoa do mundo tem parte da imagem de Deus em si.

Deus o fez tal como é. Você é o melhor projeto que Deus tinha para você e é um ser único.

Deus o fez com dignidade, e ninguém tem o direito de pisar, zombar, ou ferir você. Se alguém o fizer, responderá diante de Deus porque Ele é o seu Criador.

Ele morreu por você. Sim, Jesus foi à cruz por você. É verdade que morreu por todos, mas a Bíblia nos ensina que Ele iria à cruz por uma única pessoa, se necessário, se houvesse pecado! Ele quer salvá-lo pessoalmente.

Deus se preocupa com você, suas coisas, seus detalhes, o que você faz, pensa ou sente. Ele se preocupa pelo que lhe acontece e o ouve. Ao orar, você é a pessoa mais importante para Ele naquele momento.

Deus diz que quando o aceitamos em nossa vida, somos Seus filhos, e co-herdeiros de todo o universo com Jesus Cristo!

Leitura de hoje

SALMOS 61, 111, 136

Oração

Pai Celestial, muito obrigado pelo que sou, e pelo que fizeste em mim. Amo-te muito.

Você é o maior prodígio de Deus.

31 de julho

A Única Opção: Ganhar

Quase todos os times da *NCAA* (Liga Universitária de basquete nos Estados Unidos) têm um apelido que eles, ou seus próprios torcedores, colocaram. Um dos mais conhecidos é o de "Hoosier" que foi dado aos jogadores do Estado de Indiana. Várias vezes a história do basquete desta Universidade foi contada: de um povoado quase remoto e desconhecido passou a ser uma das Universidades mais conhecidas devido ao time de basquete, principalmente depois de conseguir seu primeiro título no campeonato. Num dos cantos da quadra onde os Hoosiers jogam, regularmente aparece o lema: "Ganhar não é tudo, é a única opção."

Algumas pessoas que leem este livro podem pensar que as aplicações espirituais e os ensinamentos da Bíblia, são somente para aqueles que podem ou querem crer em Deus. Para os demais, o assunto não tem maior importância. Nada mais longe da realidade: não existe uma "competição" mais importante que a própria vida, e não existe algo mais importante do que ganhar esta luta. Se perder sua vida, perderá para sempre.

Pode ser que você se ache muito inteligente ao rejeitar a Palavra de Deus, mas e no final da sua vida? Você vencerá ou perderá? No final, não vai importar se você foi religioso ou ateu, não importará se você crê em vida após a morte ou não. Se ao findar sua vida, você não tiver a vida eterna, estará perdido para sempre!

Talvez você possa perguntar: "E como ganhar esta vida eterna?" "Como se livrar da condenação eterna?" Muito simples, passe para o lado do vencedor. Só existe uma pessoa capaz de vencer a morte, Jesus Cristo, e Ele o fez para que nós pudéssemos vencer também. Quando o Senhor morreu na cruz, ocupou nosso lugar: o seu e o meu; desta maneira estava pagando a culpa por todo o mal que fizemos em nossa vida. Por mais coisas boas que façamos, nunca atingiremos a perfeita justiça que o Deus perfeito requer. Seria o mesmo que jamais cometer qualquer falta. Por isto, Jesus morreu e ressuscitou em nosso lugar, e agora Ele é o vencedor, para que ao tomarmos a decisão de crer no que Ele fez, tenhamos vida para sempre. Não é questão de fazer, mas de aceitar o que Ele já fez.

...Até quando coxeareis entre dois pensamentos? Se o Senhor é Deus, segui-o...
—1 Reis 18:21

Leitura de hoje

APOCALIPSE 4–5

Oração

Senhor Jesus, sei que morreste e ressuscitaste para me dar vida eterna. Hoje quero me entregar a ti. Limpa-me do meu pecado e transforma-me. Obrigado porque sei que farás isto.

Se você ainda não ganhou a vida eterna, nenhuma vitória lhe servirá.

1 de agosto

Craque em Desculpas

...Onde está o Senhor, Deus de Elias?...
—2 Reis 2:14

Leitura de hoje

GÊNESIS 42–44

Oração

Senhor perdoa-me por ter criado desculpas para não atender a Tua convocação. Quero obedecer-te em tudo que me pedes.

É provável que um dos melhores nadadores de toda a história tenha sido Salnikov. Ele foi o primeiro homem que diminuiu a marca dos 15 minutos na prova dos 1.500 m e conquistou a medalha de ouro nos Jogos Olímpicos de Moscou em 1980. Em 1987, ele nem sequer entrou nas finais dos campeonatos europeus. Todos diziam que ele já estava acabado, que muitos anos haviam se passado, e consideraram-no velho para a prática da natação. No ano seguinte, conseguiu algo ainda não igualado: ouro nos Jogos Olímpicos de Seul na prova de 1500 m — oito anos depois de seu primeiro grande triunfo.

Quando o profeta Eliseu se encontrou diante de uma situação impossível de solucionar, perguntou: "Onde está o Deus de Elias?" Ele sabia tudo o que Elias tinha feito em nome de Deus, e, conhecia o poder de Deus que atuou através de Elias. Por isso Eliseu pediu esse poder. Creio que nos dias de hoje, as circunstâncias nos obrigaram a mudar a pergunta para: onde estão os Elias de Deus?

Parece que cada dia torna-se mais difícil para Deus encontrar homens capazes de lutar e persistir, apesar dos adversários; encontrar homens que confiem em Deus e desafiem os poderes do mal. Todos nós somos especialistas em inventar desculpas; para não fazer, não servir, não ajudar. Cada vez que temos a oportunidade de fazer algo para Deus, inventamos desculpas. Eu listei mais de 300 desculpas que ouvi ao longo dos últimos anos, cada vez que o assunto era servir ao Senhor. É possível que você conheça algumas delas.

"Eu não sirvo para isto." "Estou cansado." "Tenho muito trabalho." "Não tenho tempo." "Vou cuidar de minha família." "Faço outra hora." "Já fiz o bastante e ninguém agradeceu." "Há muitos cristãos hipócritas." "Não são melhores que eu." "Não estou preparado." "Meu cônjuge não quer." "Meus pais não me deixam." "Tenho que estudar." "Vão dizer que sou fanático." "Sempre os mesmos fazem tudo." "Vou adoecer se não descansar." "Tenho que ir para..." "Que vá outro..." Poderíamos fabricar um monte de camisetas com os dizeres acima, e cada um vestiria a que mais lhe conviesse para a obra do super-técnico.

Como somos tolos! Esquecemos que pertencemos a Deus, e não a nós mesmos. Que tudo o que somos e temos devemos a Ele. Não temos direito algum! Se Ele quisesse, estaríamos perdidos! Onde estão os Elias de Deus? Você é um deles? Se você ainda não é, gostaria de ser? Espero que você não seja somente craque em desculpas.

A desculpa é a forma mais sutil de enganar-se a si mesmo.

2 de agosto

A Última Palavra

JAIME HUÉLAMO foi um ciclista espanhol que ganhou a medalha de bronze nas provas de fundo em estradas nos Jogos Olímpicos de Munique em 1972. Ao submeter-se ao controle antidoping foram encontrados vestígios de um medicamento proibido (efedrina) e ele perdeu a medalha. A mesma substância foi encontrada no controle efetuado no holandês KUIPER (primeiro colocado) e, no entanto, ele não foi punido. Infelizmente, a justiça humana muitas vezes aceita "subornos" encobertos.

Os juízes que procuram ser imparciais, e atuar da melhor maneira possível, deparam-se com suas próprias limitações. Às vezes, você sabe que tem razão e que outros estão mentindo descaradamente, mas você nada pode fazer. Nestes momentos surge o sentimento de impotência diante da injustiça e da maldade. Incomoda perceber que um juiz é completamente injusto, e mesmo assim, você nada pode fazer.

Deus é o maior símbolo de justiça que existe, e isso jamais acontecerá com Ele. Ninguém é mais justo que Deus. Ele é igualmente justo com todos: sejam ricos ou pobres, sábios ou ignorantes, mulheres ou homens, crianças ou velhos. Sim, a justiça é um dos atributos de Deus. É impossível ser justo sem ouvir o que Deus diz.

Então podemos dizer: "Perfeito!" "Todos irão pagar pelo que fizeram: fulano fez isso, aquele fez aquilo, e o que fizeram daquela vez foi…". Um momento! Não aponte o dedo, pois cedo ou tarde, chegaremos a você. Sim, a você mesmo, pois a maldade não vem só dos demais, não brota do solo, mas vem de cada um de nós. Não se queixe das injustiças dos outros, porque quando Deus investigar a sua vida talvez você não se sairá bem. E não importa nossa idade, a nossa maldade nos denuncia.

Quando Deus disser a última palavra em sua vida e tiver investigado e colocado às claras tudo o que você fez, o que você terá a dizer?

> A aflição não brota da terra; a desgraça não nasce do chão (NTLH).
> —Jó 5:6

Leitura de hoje

SALMOS 2, 58, 82

Oração

Pai Celestial, obrigado porque Tu és sempre justo. Ensina-nos a descansar em Tua presença. Dá-nos forças para suportar a maldade do mundo e confessar nossa própria maldade.

Deus sempre tem a última palavra.

3 de agosto

Clube do Bolinha

...até que eu, Débora, me levantei...
—Juízes 5:7

Os Jogos Olímpicos de Amsterdã em 1928 foram os primeiros que tiveram participação feminina. Hoje este fato não seria uma notícia importante, mas naquela época foi. Muitas vozes se levantaram contra a participação da mulher, inclusive o Bispo de Roma Pio XI declarou publicamente que "algumas provas como a de 800 m eram impróprias para mulheres".

Foram necessários milhares de anos para o homem compreender que não deve existir discriminações de qualquer tipo. Mas para muitos, no entanto, estes milhares de anos ainda não foram suficientes. Pois mesmo nos dias de hoje ainda existem lugares nos quais há discriminação de pessoas devido à sua cor, raça, conhecimentos, classe social ou sexo. Deus não admite discriminações, nem preconceitos: todo aquele que os defende e justifica não faz a vontade de Deus.

Leitura de hoje

GÊNESIS 38
JÓ 17
JUÍZES 4

Sem dúvida alguma, as maiores segregações descritas na história são de gênero. Desde a antiguidade, o homem acreditou ser superior e menosprezou a mulher, sem nenhuma razão objetiva. Até hoje existem estas discriminações: talvez o medo da maior capacidade de trabalho da mulher fosse a razão inicial destes preconceitos. Em outras ocasiões, a mulher foi considerada objeto sexual, reprimindo seu lugar na história. Seja qual for a razão da discriminação, ela é fruto do pecado, pois Deus criou todos os seres humanos iguais.

A Bíblia nos ensina sobre o lado irracional da discriminação. Deus usou ao longo da história homens e mulheres sem distinção; cheios do Seu poder e que souberam obedecer ao Seu chamado. Mulheres como Débora, que fez o exército inimigo fugir, pois os homens que a rodeavam tinham medo de ir à luta. E esta mulher foi capaz, não só de ganhar a batalha com o poder de Deus, mas também de liderar o povo ao avivamento espiritual, e a uma renovação com Deus.

Oração

Senhor Jesus perdoa-me por ter menosprezado alguma pessoa. Ensina-me a não discriminar, pois as discriminações são invenções de mentes fracas.

Muitas vezes os homens têm medo de situações que não podem controlar, em algumas ocasiões até os grandes guerreiros não se atreveram a dar o passo final que Deus lhes exigia. É nestes momentos que surgem mulheres que demonstram seu valor e mostram aos homens como eles foram insensatos ao discriminá-las. A mulher é tão imprescindível a Deus, quanto qualquer homem.

Não aceite discriminações. Não discrimine. Este conceito não existe na linguagem de Deus.

4 de agosto

Alcançando o Objetivo

Um dos recordes mundiais que mais tempo durou na história do atletismo, foi o 400 m de Lee Evans no México em 1968: 43 segundos e 85 centésimos. Um garoto que começava a correr colocou um cartaz no seu quarto com estes números: 43.85. Harry Reynolds sonhava e treinava todos os dias para bater este recorde, até que um dia, depois de muitos anos, ele conseguiu.

Você não pode chegar a lugar algum na vida, se não tiver um objetivo. Se você deixar os dias passarem, sem objetivo, nem lugar para ir, a vida escapará por seus dedos sem você perceber. A vida não é lugar de descanso. Se Deus o salvou, não foi para você achar que tudo está feito, e só viver salvo, santo e satisfeito. Esta é uma motivação muito egoísta, e, claro, contrária à vontade de Deus.

Há muitas lutas que ainda precisam ser vencidas, muitas metas a alcançar: sonhos em sua vida de atleta para concretizar, pecados para serem abandonados, situações difíceis para enfrentar; tentações a vencer. Todas são parte do seu aprendizado, e o ajudarão a crescer como pessoa, como filho ou filha de Deus. Estas situações lhe ensinarão a ser cada dia um pouco mais parecido com o Senhor Jesus.

Pense por um momento no seu mais incrédulo colega de clube, que você receia evangelizar; pense em uma situação difícil que acredita que ninguém resolverá; recorde algum sonho que Deus colocou em sua carreira atlética e já tenha abandonado diante da impossibilidade de cumpri-lo. Não pense que é tarde demais — que não vale a pena atingir este objetivo. Ore e lute para fazer acontecer. Confie em Deus, e o mais Ele fará. Existe uma canção que diz:

*Minha esperança não aumenta quando cerro meus punhos,
aprendi a confiar, a ser livre por Sua força.*

Só com o poder de Deus você alcançará os seus alvos. Pense concretamente em seus objetivos, elabore suas metas e escreva-as. A seguir submeta-as a Deus. Tudo isto o ajudará a agradecer a Deus pelo que Ele está fazendo em sua vida. Não pense que há algo muito difícil para Ele. Confie nele e o mais Ele fará.

> Entrega o teu caminho ao Senhor, confia nele, e o mais ele fará.
> —Salmo 37:5

Leitura de hoje

SALMOS 3, 12, 55

Oração

Senhor Deus Poderoso, eu estou em uma situação difícil. Ensina-me a confiar no Senhor.

Se sua meta não é clara, você vive desnorteado.

5 de agosto

Só Não Ouve Quem Não Quer

...No meio disto estenderá ele as mãos, como as estende o nadador para nadar...
—Isaías 25:11

Leitura de hoje

ISAÍAS 25–27

SHANE GOULD era uma nadadora australiana, e tinha só 15 anos. Muitos diziam que ela era muito pequena. No entanto, ganhou três medalhas de ouro, uma de prata e outra de bronze, nos Jogos Olímpicos de Munique em 1972. Ela venceu os 200 e 400 m e também os 200 m medley. Alguns acham que ela foi uma das melhores nadadoras de todos os tempos.

Da mesma forma que Shane empurrava a água com seus braços, a Bíblia diz que Deus um dia lançará abaixo todo aquele que tenha sido rebelde com Ele. Por que Deus é tão injusto? Você pensa assim? Ele não é injusto ao castigar aqueles que não quiseram ouvir Sua mensagem de amor. "Ok", você pode dizer, "mas e os milhões de pessoas que não tiveram oportunidade de ouvi-lo?"

Ninguém poderá dizer a Deus que não teve a oportunidade de conhecê-lo, pois Ele mesmo revelou-se em múltiplas formas desde o princípio da história da humanidade:

1. Deus falou por meio da natureza: tudo o que vemos nos ensina que há um criador maravilhoso.
2. Deus nos falou através das leis naturais: não somente no campo material, mas também no espiritual. Todos nós reconhecemos que existem leis que regem o universo e que não podem ser infringidas.
3. Deus nos falou através de nossa consciência: todos (incluindo os mais criminosos) têm uma luz interior que lhes ensina o que é certo e errado.
4. Deus falou ao mundo através da Lei de Moisés: os Dez Mandamentos mostram ao homem o que é pecado.
5. Deus falou através de muitas pessoas: profetas e mestres que ensinaram a mensagem de Deus desde a antiguidade.
6. Deus falou através de Sua Palavra, a Bíblia. O conhecimento da mensagem de Deus chegou praticamente a todo o mundo.
7. Deus falou através de Jesus Cristo, a revelação mais perfeita de Deus, tão perfeita; que uma pessoa só pode ser salva através dele.

Mesmo Deus se revelando destas sete maneiras, muitos não quiseram conhecê-lo. Portanto, todos nós somos culpados diante dele. A Bíblia diz que no mundo não há um justo sequer, portanto todos nós merecemos a condenação. Somente aqueles que se reconhecem completamente impotentes diante de Deus, e aceitam o que Deus fez por eles, podem ser salvos.

Oração

Senhor Jesus, eu aceito o que fizeste por mim, e aceito a salvação que me ofereces. Quero proclamar ao mundo Tua mensagem de amor, pois o mundo jaz na perdição.

Ninguém poderá falar diante de Deus, que Ele não fez todo o possível e o impossível para salvar-nos.

6 de agosto

Muito Obrigado

Ser agradecido é uma das coisas mais bonitas da vida. Uma pessoa agradecida pode mudar qualquer circunstância adversa. O húngaro Takacs perdeu sua mão direita no decorrer da Segunda Guerra Mundial e, sem desânimo participou dos Jogos Olímpicos em Londres no ano de 1948. Ele competiu em tiro ao alvo, utilizando só sua mão esquerda, e ganhou a medalha de ouro!

Ser grato é muito mais do que expressar gratidão momentânea. É um modo de viver! A Bíblia nos fala em muitas ocasiões sobre a importância de sermos gratos, em primeiro lugar a Deus, e em segundo aos outros. Não se pode dizer que alguém é um seguidor de Jesus, se sua vida não expressar a gratidão, que era uma das características do Mestre.

Deus nos deu muito mais do que poderíamos lembrar pelo resto da vida. No entanto, nem sempre sabemos como demonstrar nossa gratidão por tudo que Ele faz por nós. Ainda não aprendemos o que significa "ação de graças" e "sacrifício de louvor". A primeira se refere ao reconhecimento contínuo de que somos inferiores a Deus e não merecedores do Seu amor. A segunda refere-se à gloriosa oportunidade que temos de nos alegrar em Deus, aconteça o que acontecer. Sim, mas às vezes é fácil ser agradecido quando tudo vai bem; mas é difícil quando o mal bate à nossa porta. No entanto, quem aprendeu a dar graças o faz a todo o momento. Em qualquer situação encontra motivos de gratidão, por mais difícil que seja. A vida de um filho de Deus deve girar em torno desta palavra: gratidão. É algo que nunca devemos esquecer, porque o coração que esquece, ama menos.

Nosso agradecimento a Deus também pode ser visto através de nossas atitudes com os que nos rodeiam. Um de nossos pecados mais frequentes é não sabermos agradecer o que outra pessoa fez por nós. Nenhum de nós seria alguém, se não fosse pela ajuda de outros. E nós poucas vezes demonstramos nossa gratidão. Parece obrigação dos outros nos servirem.

Passeie diariamente pelo jardim da gratidão. Agradeça a Deus pela vida das pessoas que o rodeiam e diga-lhes que você está agradecido pela companhia! Seja uma pessoa agradecida.

Todavia eu me alegro no Senhor...
—Habacuque 3:18

Leitura de hoje

SALMOS 21, 30, 65

Oração

Nosso Pai Celestial, quero agradecer-te por _____, e, agradecer pela vida do(a) _____ e o que fizeram por mim, quero agora mesmo lhes dizer.

O orgulhoso é aquele que acha difícil agradecer.

7 de agosto

Não se Ganha no Grito

> O insensato não tem prazer no entendimento, senão em externar o seu interior.
> —Provérbios 18:2

Hoje não falaremos de nenhum atleta em especial, nem de qualquer evento importante, ou de um esporte espetacular. Vamos falar de um dos esportes mais praticados em todo o mundo. Chama-se *spectadorius insultus* e é super conhecido entre os milhares de pessoas que vão aos campos esportivos somente para gritar e insultar outras pessoas. Para estes tolos, pouco lhes importa o esporte e a beleza do jogo: para eles a única coisa importante é gritar; e sempre encontram um alvo a ferir. Às vezes, o objeto de sua ira é o árbitro; outras vezes, a equipe contrária, os diretores rivais, os outros torcedores, ou inclusive os jogadores de sua própria equipe! O importante é gritar e insultar, seja lá quem for.

Há pouco tempo, foi feito um estudo entre as diversas "torcidas" dos clubes de futebol, e foram descobertos mais de 3.000 insultos comumente usados! São ofensas aos jogadores, diretores, treinadores, árbitros, rivais — todos são passíveis de sofrer insultos. Quando começam os insultos, inicia-se também uma espiral demolidora e impossível de deter: a violência.

Muitos ignoram que a violência verbal acelera a violência física de modo que, à medida que aumentam as ofensas, aumentam também as ameaças e o dano físico. O final deste processo pode causar a morte de um dos brigões. Não se conformam com menos do que a morte, porque o que se busca com o insulto é a humilhação e degradação do outro. "Se você pode fazer algo ainda pior, faça-o" esta parece ser a força que os impulsiona.

Deus mesmo advertiu em inúmeras ocasiões sobre o perigo da língua e a violência que desencadeia, e afirmou que nenhuma outra parte do corpo é mais difícil de controlar. Uma pessoa merece ser considerada quando sabe controlar sua língua. Infelizmente, é muito raro encontrar este tipo de pessoa. É mais fácil encontrar alguém, cuja inteligência é tão pequena, que cabe dentro da sua língua.

Por favor, controle sua língua. Se você não a controlar, quem o fará? Pense antes de falar, pense no dano que vai causar a outra pessoa. Não difame, não murmure, não insulte, não grite com as pessoas que o rodeiam. Elas valem muito mais do que você imagina. Você mesmo é muito mais importante do que imagina. Não se humilhe expressando-se com palavras que não edificam.

Leitura de hoje

SALMO 120
JEREMIAS 9
ESDRAS 4

Oração

Pai Celeste, peço o Teu perdão por tantas vezes ter falado mal, gritado e insultado outros. Ensina-me a dominar minha língua.

Quanto mais alto uma pessoa gritar, menos razão terá.

8 de agosto

Fé x Medo

Qualquer um de nós ficaria muito feliz se tivesse recebido seis medalhas de ouro em Jogos Olímpicos. Com certeza ficaríamos satisfeitíssimos. Este não foi o caso de Michael Phelps, nos Jogos Olímpicos de Atenas em 2004. Naquela data ele ganhou somente seis medalhas de ouro de natação! Após receber as medalhas ele declarou: "Em Beijing tentarei ganhar oito medalhas de ouro." Prometeu e cumpriu! Todos sabem que nos Jogos Olímpicos de Pequim, na China, em 2008, Phelps foi o atleta que recebeu o maior número de medalhas de toda a história dos Jogos Olímpicos — oito!

Infelizmente, a maioria de nós não compartilha da mesma atitude deste atleta. A verdade é que em muitas ocasiões desanimamos e temos medo.

    Medo do que possa acontecer amanhã,
    Medo do que os outros vão dizer,
    Medo de que zombem do que fazemos ou cremos,
    Medo de perder pessoas que amamos,
    Medo do fracasso em qualquer situação da vida,
    Medo de errarmos,
    Medo de que nos conheçam tal e como somos,
    Medo de nada ser na vida,
    Medo de ser inferior aos outros,
    Medo de não ser amado,
    Medo de perder a saúde,
    Medo da morte,
    Medo das grandes catástrofes,
    Medo de que descubram o que fizemos,
    Medo de não ser aceito por Deus,
    Medo de sentirmos cansaço, depressão ou desprezo,
    Medo de perder o que temos,
    Medo de ficar velho.

A lista é interminável, parece que vivemos na sociedade do medo. Mas, hoje inclusive, as palavras do Senhor Jesus continuam válidas: "Por que sois tímidos, homens de pequena fé!"

> Perguntou-lhes, então, Jesus: Por que sois tímidos, homens de pequena fé?
> —Mateus 8:26

Leitura de hoje

MATEUS 8
JOÃO 4

Oração

Senhor, sei que conheces meus temores quanto a _____. Sei que devo confiar no Senhor e não temer. Obrigado por me dar segurança.

Quanto maior a fé, menor o medo.

9 de agosto

Os Ajudantes de Deus

Quem vos der ouvidos ouve-me a mim…
—Lucas 10:16

Quase todos conhecem Emil Zatopeck, o único homem que foi capaz de ganhar as medalhas de ouro nos 5.000 m, 10.000 m e a Maratona na mesma Olimpíada em Helsinque em 1952. O que poucos sabem é a razão pela qual Emil se dedicou ao atletismo. Ele trabalhava numa fábrica de calçados, e não gostava de correr. Certo dia, seu chefe o obrigou a participar de uma corrida de 1.500 m e ele ficou em segundo lugar. A partir daquele momento, treinou e correu para valer. Sem dúvida alguma, parte de suas medalhas ele as deve a este chefe.

Muitas vezes vivemos desorientados. Não sabemos que profissão escolher, a que nos dedicar, e é neste momento que as pessoas que sabem nos ajudar adquirem maior importância. Muitos nada seriam, não fosse alguém tê-los encorajado a não desanimar.

Leitura de hoje

LUCAS 5:15-26
SALMO 122
1 REIS 9

Essas pessoas são muito especiais, literalmente imprescindíveis. Sem eles, o mundo não seria como é. São capazes de ajudar outros a encontrar seu lugar na vida, seu dom espiritual, inclusive ajudar em sua relação com Deus. Hoje lemos sobre um destes bons exemplos: aqueles quatro amigos que fizeram descer do teto um paralítico para que Jesus pudesse curá-lo. A Bíblia diz que o Senhor viu a fé deles e, curou aquele paralítico. Aqueles quatro homens eram ajudantes de Deus.

O que é necessário para ser um ajudante de Deus? Muito simples: devemos ter um amor desinteressado pelos outros. É preciso sentir em nosso interior a necessidade de que os demais sejam respeitados, admirados, amados, até mais do que nós mesmos. Também, precisamos aprender a ajudar os outros com nosso ânimo, correção, apoio e compreensão.

A Bíblia diz que Deus nos usa para ensinar e ajudar aos outros. É maravilhoso! Deus nos colocou na terra para sermos seus ajudantes, para fazermos aquilo que Ele mesmo faria em cada situação. Ele nos colocou como embaixadores Seus nesta terra. E, como tais, devemos ajudar aos outros.

Oração

Espírito Santo, limpa minha vida para que outros possam receber de mim a Tua Palavra. Ensina-me a ser um ajudador.

Não há aspiração maior na vida do que ser um ajudante de Deus. Ser um vaso limpo para outros poderem saciar sua sede por Deus. E dessa maneira, aquele que nos ouve, ouve o Pai.

Seja um ajudador!

10 de agosto

Até o Final

Creio que existem poucos segundos tão famosos como os três últimos da final de basquete dos Jogos Olímpicos em Munique em 1972. No final dos 40 minutos regulamentares, a equipe dos Estados Unidos ganhava por um ponto de diferença da União Soviética. Todos saltavam de alegria na equipe vencedora, mas, a mesa anunciou! "Faltam três segundos para o término do jogo". E nestes três segundos finais, os soviéticos saíram com a bola do fundo da quadra, percorreram-na até o aro contrário, e ali, Belov marcou os dois pontos que a equipe precisava para ganhar a partida: tudo isto, em menos de três segundos! Os americanos não lutaram até o fim.

Muitos já ouviram sobre Salomão. Ele é conhecido como uma das pessoas mais sábias de toda a história. Tão conhecido que reis e rainhas de países vizinhos vinham a Israel para ouvi-lo. Naquela época, Salomão julgava os casos difíceis de seu povo. Deus lhe havia dado esta sabedoria, e Salomão soube utilizá-la. Ele escreveu alguns livros da Bíblia, inspirados por Deus. A vida de Salomão foi um exemplo para todos, exceto no final: a Bíblia diz que chegou a ter até mil mulheres, entre esposas e concubinas, e estas desviaram o seu coração. Triste maneira de um dos homens mais sábios do mundo terminar sua vida.

E nós? Se isto aconteceu ao sábio Salomão, o que acontecerá conosco? Sei que muitos que leem este devocional são jovens, portanto este é o momento apropriado para falar destas coisas. Podemos correr o risco de fazer uma corrida perfeita, exceto no final. Não podemos relaxar e pensar que tudo já está feito. Às vezes, os maiores equívocos da vida são cometidos em seu final quando não há mais tempo de serem corrigidos.

Pense nisso enquanto você é jovem. Siga ao Senhor em todos os momentos e peça-lhe para guardá-lo até o final. Ore cada dia para que Deus o abençoe e o ensine a ser humilde. Aprenda a depender dele diariamente e seja fiel. Lembre-se que temos que vencer a cada instante, e vencer até o final. Conte com a ajuda de Deus, pois Ele nunca o abandonará.

> Sendo já velho, suas mulheres lhe perverteram o coração…
> —1 Reis 11:4

Leitura de hoje

1 REIS 3,11

Oração

Senhor Jesus, ensina-me a viver somente para ti. Ajuda-me a permanecer fiel e ser um exemplo vivo até o final.

Todos os jogos exigem dedicação até o último instante.

11 de agosto

A Hora "H"

> Também o Espírito, semelhantemente, nos assiste em nossa fraqueza...
> —Romanos 8:26

Nos Jogos Olímpicos de Moscou em 1980, Alexander Ditiatin ganhou oito medalhas em diversas modalidades da ginástica. Foi o maior número de medalhas numa só Olimpíada até então. E este atleta não conhecia o medo da responsabilidade.

Ainda que pareça mentira, este medo já impediu muitos atletas de ganharem mais medalhas, mais jogos e competições, do que qualquer outra razão na história do esporte. Este medo aparece nos últimos minutos de cada jogo, cada decisão; quando a responsabilidade em ganhar faz "tremer nas bases". Somente os campeões têm o direito de ignorar suas próprias falhas.

Ao observarmos os jogos de basquete, encontraremos centenas de bons jogadores que se "escondem" nos minutos decisivos. Neste momento, a bola é como fogo nas mãos e eles não são capazes de arriscar para ganhar. Nos momentos em que é necessário tomar decisões, ou assumir as responsabilidades, quando as jogadas se tornam difíceis, é como se desaparecessem da quadra.

Muitos preferem evitar os riscos da responsabilidade. Preferem trabalhar em situações simples, sem importância, por não se sentirem confortáveis em posições de extrema responsabilidade. Esta reação, em si, não é má, mas é perigosa quando impede o nosso desenvolvimento.

Se Deus lhe confia um trabalho, não hesite. Ele mesmo o capacitará por meio do Seu Espírito, e você se sairá bem. A Bíblia diz que o Espírito nos socorre nas fraquezas, e que elas não existirão se estivermos cheios do Espírito Santo. Um dos capítulos que lemos hoje nos narra a situação do Senhor Jesus nos momentos antes de Sua morte. Mesmo sendo abandonado por todos, Ele não teve medo de cumprir Sua responsabilidade. Jesus não hesitou nos momentos difíceis, não fugiu na hora da prova mais dura.

Leitura de hoje

JOÃO 9,12

Oração

Senhor Jesus ensina-me a não me omitir em situações difíceis. Ajuda-me em minhas fraquezas e encha-me do Teu Espírito Santo.

As situações decisivas exigem pessoas que não têm medo de errar.

12 de agosto

Maldições, Desdém e Zombarias

Roberto Rojas, chileno, perdeu seu prestígio como grande goleiro de futebol em uma única noite. No jogo contra o Brasil que classificaria as equipes para a Copa do Mundo, fingiu ter sido ferido por um rojão, para que sua equipe ganhasse o jogo no tapetão. Ouviu maldições, zombarias e foi desprezado por todos mesmo tendo reconhecido mais tarde seu erro e solicitado perdão, poucos o perdoaram.

Hoje ele vive feliz, depois de conhecer Cristo pessoalmente. "Cometi grandes erros em minha vida, mas agora conheci a verdade e meu único interesse é ajudar ao próximo."

Rojas ouviu a voz de Deus, reconheceu sua falta e pediu perdão. Mesmo que o seu clube, injustamente, não o quisesse reabilitar, Deus o perdoou. No versículo que lemos hoje, Deus nos mostra qual é o pagamento que aqueles que não quiserem ouvi-lo receberão: maldições, assobios, e opróbrios. Na Bíblia, muitas vezes a palavra "escutar" é sinônimo de "obedecer"; e o que Deus está nos dizendo é muito claro: se não obedecermos a Sua Palavra agora, um dia sofreremos as consequências.

Sim, porque, ao contrário do que muitos pensam, Deus fala constantemente ao mundo que se recusa a ouvi-lo. Talvez você teve muitas oportunidades de obedecer à voz de Deus, e a rejeita continuamente. Não diga que Deus nunca falou com você! A natureza fala por Deus; a Bíblia fala de Deus; Jesus Cristo é Deus feito homem falando a todos nós. E agora mesmo, enquanto você lê este devocional você está ouvindo a voz de Deus, por que a Bíblia diz que Deus fala através de Seus filhos. Se você não quiser escutar Deus, a culpa será sua, e o resultado será a condenação eterna; a maldição eterna sem qualquer possibilidade de voltar à vida.

Pode ser que você já tenha ouvido muitas vezes a voz de Deus, não importa. Pode ser que você conheça muito sobre a Palavra de Deus, também não importa. Pode ser que esteja acostumado a falar das coisas espirituais; que esteja enganando outros e a si mesmo quanto à sua relação com Deus, tampouco importa. Se você não obedecer à voz de Deus, estará perdido para sempre. Escute a Sua voz, hoje. Não deixe este dia passar sem ouvi-la.

> ...os porei por objeto de espanto, e de assobio, e de opróbrio entre todas as nações...
> —Jeremias 29:18

Leitura de hoje

JOÃO 3:31-36
ISAÍAS 28
OBADIAS

Oração

Senhor Deus, quero escutar e obedecer-te hoje mesmo. Neste instante.

Quem desobedece Deus, um dia sofrerá maldições, desdém e zombarias.

13 de agosto

Parar é Andar Para Trás

Prossigo para o alvo…
—Filipenses 3:14

VALERIE BRISCO-HOOKS conseguiu algo que nenhuma mulher havia obtido na história: ganhar a medalha de ouro nos 200 e 400 m das provas de atletismo nos Jogos Olímpicos de Los Angeles em 1984. O segredo desta atleta era correr sempre o máximo possível, não afrouxar o passo mesmo que estivesse ganhando.

Este é o segredo de qualquer situação na vida. A pessoa que acredita que já chegou e que não precisa avançar mais, praticamente morreu. Os artistas não gostam de findar um só dia sem imaginar e criar algo; pois suas próprias qualidades podem se perder se não forem utilizadas. Quando deixamos passar os dias inutilmente, sem algo produtivo, avançamos para nossa morte, mesmo que sejamos muito jovens! Na vida espiritual, um dos maiores perigos é pensar que já temos o suficiente, que somos suficientemente santos e que não vale a pena fazer mais.

Independentemente de nossa idade, se não avançarmos — retrocederemos. Josué e o povo de Israel descobriram isto na história que lemos hoje. Depois de uma grande vitória, pois Jericó era a cidade mais protegida da época, o povo achou que tudo estava muito "fácil" e não se preocupou. O fracasso seguinte foi estrondoso; eles perderam a batalha para uma cidade que tinha poucos guerreiros.

Descansar é muito bom, mas perder tempo é fatal. Não devemos chamar de descanso o nosso próprio descuido. Não devemos esquecer que o Diabo é especialista em nos atacar nos momentos de descanso. É mais difícil encontrar um ponto fraco quando servimos ao Senhor, do que quando nos descuidamos e achamos que já fizemos o suficiente. Esta é a hora que devemos prestar mais atenção! Caso contrário, estaremos perdidos!

Quando cremos que atingimos o cume espiritual ou material, devemos continuar trabalhando para alcançar o próximo alvo. É impossível ficar parado no cume, cedo ou tarde acabamos deslizando e descendo mais profundo do que antes.

Não abandone o estresse da subida. Ainda que você precise parar um pouco somente para descansar, não pare, peça ajuda ao Espírito de Deus para fortalecê-lo e para continuar em sua carreira de vitórias. Passo a passo, subindo sempre.

Leitura de hoje

JOSUÉ 9–11

Oração

Senhor Jesus; sabes que caí novamente. Ensina-me a confiar, ser leal e completar minha carreira em Tua presença.

A queda não é o pior, o pior é permanecer caído.

14 de agosto

O Sabor da Vitória

Não conheço nenhum outro caso como o deste homem: Paul Elvstron, dinamarquês, nascido no ano de 1928. Ele foi medalha de ouro na vela — classe "finn", em Londres em 1948, em Helsinque em 1952, em Melbourne em 1956, em Roma em 1960 (apesar das provas terem ocorrido em Nápoles). Nos Jogos Olímpicos do México em 1968, ele foi 4.°, em Munique em 1972 foi o 13.° e foi 4.° outra vez em Los Angeles em 1984. Poucas pessoas saborearam tantas vezes a vitória.

Falávamos ontem de não ficarmos parados, de não acharmos que fizemos tudo que precisávamos. Este é um bom exemplo. Apesar de ter ganhado tantas vezes, Paul continuou participando e tentando alcançar o topo. Nisto consiste sua glória, e da mesma forma Deus nos ensinou em que consiste a nossa glória. São três passos; passos muito claros e simples, passos cheios de glória.

1. *Avançar triunfante:* a Palavra de Deus nos convida a não retroceder, a lutar para conquistar mais terreno espiritual, promessas, domínio próprio e controle do Espírito. Lute sob a plenitude do Espírito Santo, para ser cada dia mais parecido com o Senhor Jesus.
2. *Lutar a favor da verdade:* não podemos renunciar a verdade. O Senhor Jesus disse: só a verdade liberta. Se você está vivendo uma mentira, sua vida não tem sentido e você é escravo desta mentira. Lutar a favor da verdade significa defendê-la a qualquer preço, inclusive dando a própria vida. Significa também, não nos influenciarmos por mentiras, mas lutar a favor de Deus, porque só Ele é a verdade.
3. *Trabalhar com justiça e humildade — justiça terrena e celestial:* estar ao lado dos humildes, ajudá-los a conseguir o que necessitam devido às suas condições também significa fazer justiça. Proclamar-lhes a verdade do amor de Deus, e demonstrar-lhes o amor cristão de maneira palpável, também é justiça. Não aceitar a influência dos poderosos e proclamar a verdade apesar do que possa vir a acontecer, também é justiça. Ela traz o reino de Deus a esta terra, pois o único verdadeiramente justo é Deus.

Coberto de glória, avance para vencer, defendendo a verdade e a justiça... (NTLH)
—Salmo 45:4

Leitura de hoje

MIQUÉIAS 2
ZACARIAS 12–13

Oração

Pai Nosso, ensina-me Tua glória para que eu possa avançar triunfante. Ensina-me a lutar a favor da verdade, da humildade e justiça.

Ninguém avança vitoriosamente apoiando-se na mentira ou na discriminação.

15 de agosto

Ele Voltará!

...ressoada a trombeta de Deus...
—1 Tessalonicenses 4:16

Aconteceu em outubro do ano 1967, durante a apresentação do jogo de futebol entre Espanha e a antiga Tchecoslováquia celebrado na Eslovênia. Os tchecos tocaram o hino espanhol e nenhum dos espanhóis ali presentes percebeu. Eles tocaram o "hino de Riego", hino espanhol até 1939, data da proclamação da ditadura do General Franco. Os tchecos explicaram seu erro. "Nós também mudamos de governo, mas a bandeira e o hino permanecem os mesmos." A verdade é que tinham razão.

Leitura de hoje

2 PEDRO 4–5
2 TESSALONICENSES 1–2

Chegará um dia na história em que não haverá confusão quanto ao que acontecerá. Não soará o hino nacional de nenhum país, mas se ouvirá o som da trombeta de Deus. Nas nuvens do céu virá o Filho de Deus, o Senhor Jesus, e ouviremos cantos majestosos.

Ele não voltará como servo humilde disposto a morrer pela humanidade. Esta foi a promessa para sua primeira vinda, e a história registra este fato. Não, desta vez Ele virá com grande poder e glória para reinar. Nunca se verá outra demonstração de majestade como esta. E a Bíblia diz que todo joelho terá que se dobrar diante dele: não haverá mais tempo para se preparar, não haverá mais tempo para se reconciliar com Deus, todos reconhecerão Jesus como Senhor. Alguns serão obrigados a fazê-lo, mas já não fará diferença.

Sabe de uma coisa? Os últimos acontecimentos mundiais nos mostram que o dia da vinda do Senhor está próximo. Muitos sinais que deveriam se cumprir, cumpriram-se nos últimos meses. Nenhum de nós pode sequer assegurar que vamos terminar este ano. Sim, o Senhor se aproxima, cada vez mais, cada momento mais, cada dia mais, e Sua manifestação de glória será impressionante. Imagine milhões de seres cantando Sua grandeza, as estrelas majestosas brilhando para Ele, a natureza inteira proclamando Seu poder, os exércitos celestiais resplandecendo de luz como nunca foram vistos antes na história da humanidade, e o Senhor Jesus descendo dos céus. Os olhos de todos estarão colocados nele, não haverá nada para se comparar com semelhante beleza, ninguém poderá tirar seus olhos do Rei que virá.

Oração

Senhor Jesus, vem logo. Desejamos ver Teu retorno e todas as coisas sob Teu domínio.

O Universo inteiro aguarda a vinda do Senhor, porém, muitas pessoas não o aguardam.

16 de agosto

Qual é o Seu Lugar?

Bob Richard era um pastor protestante que gostava muito de esporte. Treinava diariamente o salto com vara, e era muito bom, tanto, que nos Jogos Olímpicos de Helsinque em 1952 ganhou a medalha de ouro. Ele aprendeu a utilizar os vários dons que Deus lhe deu e nós também devemos aproveitar as qualidades que Deus nos dá.

Um dos problemas dos jovens de hoje, é não saber o lugar que ocupam. Muitas pessoas têm poucos objetivos claros na vida e, não sabem o que querem fazer. E não são culpados, pois a sociedade não soube ensinar princípios e valores espirituais adequados.

A situação se transforma quando Deus faz parte imprescindível da vida de uma pessoa; a situação se transforma, porque Ele sempre busca o melhor de nós. Ele mesmo move as circunstâncias para o nosso bem, nos sustenta e nos dá poder para alcançar nossos objetivos. Seja onde for ninguém pode dar exemplo melhor do que nós: ninguém pode ser melhor cidadão, melhor trabalhador, melhor pessoa, do que um filho de Deus.

Às vezes pensamos que estamos perdendo tempo se não estivermos pregando o evangelho. Pensamos nos momentos que nos escaparam enquanto trabalhávamos ou estudávamos, ou falávamos com as pessoas, ou simplesmente ajudávamos os outros. E isto é muito perigoso, porque esquecemos a lição mais importante: Deus quer que ocupemos nosso lugar na vida, seja ele qual for. E com certeza, para muitas pessoas seu lugar é seu trabalho, seus estudos ou aquilo que é a vontade de Deus para ele.

Ocupar o lugar que Deus nos preparou é tão importante quanto pregar ou testemunhar. É claro que nunca devemos usar o tempo que nossas atividades nos tomam. Há tempo para tudo, e esta não é uma boa desculpa para não servir a Deus. Nós pecamos se não fizermos o que Deus nos reservou para fazer. Se Deus nos criou para corrermos, pecamos se não o fizermos; se Deus nos deu inteligência para estudar, pecamos se não o fizermos; se Deus nos colocou em um lugar público, pecamos se não dermos exemplo de Seu cuidado conosco.

Qual é o lugar que Deus quer que você ocupe agora? Pode ser que amanhã Deus o chame para fazer outra coisa, mas agora mesmo, o mais importante é o que Ele quer que você faça. Neste momento.

...eu te fortaleço, e te ajudo, e te sustento com a minha destra fiel.
—Isaías 41:10

Leitura de hoje

GÊNESIS 45–47

Oração

Eterno Pai, ensina-me qual é meu lugar. Ensina-me o que devo fazer para servir-te em meu trabalho, em meus estudos e no lugar que me colocaste.

O desejo de Deus para nós, é sempre o mais importante.

17 de agosto

De Quem é a Culpa?

...não acusem nem repreendam o meu povo. A minha acusação é contra vocês... (NTLH)
—Oséias 4:4

Um dos melhores corredores brasileiros de meio fundo chama-se Zequinha Barbosa. Depois de uma de suas corridas vitoriosas, ele disse para um corredor espanhol: "Você é muito bom, tem a qualidade que falta a outros, mas nunca poderá ser um campeão se não tolerar seus rivais." Quando temos medo de perder, o normal é perdermos. Quando perdemos, na maioria das vezes a culpa é nossa, ainda que não queiramos reconhecer, não adianta culparmos o árbitro; o campo, a equipe, o tempo e as táticas.

Um treinador colecionou todas as frases feitas para culpar os outros e as escreveu no vestiário, cansado de ver seus jogadores não admitirem suas culpas, e sempre culparem os outros. Não sabemos admitir nossa culpa. Quando algo vai mal, a culpa é sempre do outro. Desde pequenos, as crianças põem a culpa nos seus irmãos ou no gato, seja em quem for antes de reconhecer seu erro.

Leitura de hoje

GÊNESIS 3
SALMO 51

No entanto, não avançaremos na vida se não reconhecermos nossas próprias culpas. A Bíblia diz que quem encobre seu pecado não prosperará, mas aquele que confessa e se afasta do erro, alcançará o perdão de Deus. Poucas vezes percebemos que para vencer o pecado o primeiro passo é reconhecê-lo em nós.

Chegará o dia em que não poderemos culpar qualquer outra pessoa. Deus apontará para nós, e teremos que prestar contas do que fizemos. Cada um de nós levará sua própria culpa diante de Deus. Não teremos nenhuma possibilidade de transferi-la a outros, e então, o que será de você?

Sempre que ouvimos a voz de Deus, deduzimos que Ele está falando apenas para os outros. Sempre que a Bíblia nos aponta algo que fazemos mal, que não fazemos, ou simplesmente mostra nossa maldade, achamos que está se referindo à outra pessoa. Acusamos quem está ao nosso lado. No entanto, Deus é muito claro: "não acusem nem repreendam". A culpa é sua, e minha. Esta é a única atitude que Deus aceitará de cada um de nós.

Oração

Senhor Jesus, perdoa-me por _____ e por culpar outros pelos meus erros. Ensina-me a reconhecê-los e corrigi-los.

Antes de querer mudar o mundo, mude-se a si mesmo.

18 de agosto

Como Resolver Problemas

Nas primeiras Olimpíadas, a participação na prova de remo obrigava cada equipe a levar um timoneiro. Nos Jogos Olímpicos de Paris em 1900, a equipe holandesa levou um garoto, com pouco peso corporal, retirado dentre a multidão e o colocou no timão. Ganharam o ouro, e o garoto se converteu no mais jovem ganhador de uma medalha: foi uma sábia maneira de resolver um problema.

O que você faz quando tem um problema? Se preocupa, se aborrece, se frustra, e outros "se" que costumam ser as reações mais comuns das pessoas. Há muitos anos, alguém escreveu sobre sua reação diante de uma situação difícil. Listou sete reações, até encontrar a correta! Quando algo vai mal, em nossas relações pessoais ou em diferentes situações, costumamos fazer o seguinte:

1. Culpar os outros, (como vimos ontem).
2. Compadecer-se, "Coitadinho de mim, isto só acontece comigo".
3. Desejar vingança. "Senhor, fulano é o culpado por isso e peço que o elimines!", ou "da próxima vez, você vai ver com quem está mexendo".
4. Aborrecer-se. Talvez seja a reação mais comum.
5. Orar para que Deus cumpra o nosso desejo: "Senhor conserta esta situação, permitindo que…". Tratamos Deus como se fosse nossa "fada madrinha", que está sempre às nossas ordens.
6. Fugir. Fugimos o mais longe possível do problema, e fingimos que nada aconteceu e que estamos bem.
7. Aplicar Salmo 55:22.

Davi escreveu todas essas formas de lidar com um problema. As sete reações estão em Salmo 55. Das seis primeiras, não digo quais são os versículos, para que você marque na sua Bíblia e trabalhe um pouco, pois vale a pena! Devemos reagir conforme a sétima reação em todos os momentos da vida. Ore ao Senhor, explique a sua preocupação, e deixe-a aos Seus pés.

Confia os teus cuidados ao Senhor, e ele te susterá…
—Salmo 55:22

Leitura de hoje

SALMOS 55, 130
2 REIS 20:1-11

Oração

Querido Pai, sabes que estou preocupado com _____. Obrigado por resolveres este problema de acordo com a Tua vontade. Descanso em Tua presença

Deixe suas preocupações na presença do Senhor.

19 de agosto

Superstições? Tô Fora!

Não aprendais o caminho dos gentios...
—Jeremias 10:2-3

Ilie Nastasse foi um dos melhores tenistas que existiram na história, não só pelo seu jogo, mas principalmente pela sua forma de agir nos jogos: era capaz de fazer brincadeiras com qualquer um. Dias antes de um jogo decisivo de duplas no torneio *Roland Garros*, soube que enfrentaria Panatta e Bertolucci, e como os italianos eram muito supersticiosos, levou um gato preto para a quadra! Quando Panatta ia dar o primeiro saque, Ilie abriu sua bolsa e o animal saiu correndo. Os italianos ficaram aterrorizados perderam o jogo e ficaram vários meses sem falar com Ilie.

Leitura de hoje

JEREMIAS 27,50
LEVÍTICO 20

Quanta gente supersticiosa há no mundo! Seguem crenças completamente irracionais e confiam sua vida a pessoas que não souberam sequer resolver seus próprios problemas. Não percebem que as superstições são diabólicas: por trás delas está o príncipe do mal que destrói a vida de milhões de pessoas.

O oculto é real, não é um jogo. O ocultismo; magia negra, tarô, horóscopos, ritos satânicos e coisas semelhantes a estas, nada mais são do que artimanhas do inimigo. Todo aquele que se utiliza de coisas semelhantes, inúmeras vezes, acaba perdendo sua própria vida, suas posses, a tranquilidade e alma. Não se engane! Muitos entraram nisto por mera curiosidade quanto ao futuro: permitiram que lhes lessem as cartas, e no final, viram-se irremediavelmente presos à destruição e morte.

Algo tão trivial como os horóscopos, podem viciar. Deus diz para evitarmos, pois conduzem à destruição. Não esqueça que o chefe do ocultismo é um perdedor, pois o Diabo é perdedor por natureza. Se você deixar enganar-se pelo vício da leitura do horóscopo, será muito difícil você escapar da perdição.

Oração

Pai Celeste, obrigado porque nos proteges do mal. Dá-nos sabedoria para escapar do maligno e seus enganos.

Da mesma forma, há outros meios para entrar no ocultismo. Este caminho já levou milhões de pessoas à desgraça: búzios, leitura das mãos, falar com os mortos, missas negras, tarô, adivinhações do futuro, superstições populares, ritos religiosos contrários à Bíblia, sacrifícios de animais e centenas de símbolos do mal que aumentam a cada dia. Não entre neste mundo, nem um passo sequer! Não destrua sua vida e diante de qualquer situação deste tipo, simplesmente fuja!

No ocultismo você só encontra a morte.

20 de agosto

Linha Direta

Ricardo Leite é um dos jogadores de futebol mais importantes da história. Ganhou o prêmio *Bola de Ouro* como melhor jogador do mundo em 2007. Quando chegou à Europa, ele ainda não era conhecido pelos jornalistas. Nos dias de hoje, todas as emissoras de televisão querem entrevistá-lo, saber sobre ele, suas opiniões sobre os jogos. Todos querem entrevistar o "melhor". Com certeza, vocês já perceberam que estamos falando de Kaká.

Isso acontece também em outros momentos da vida. Todos querem falar com "o melhor", estar ao seu lado mesmo que por pouco tempo. Alguns concursos de televisão oferecem este prêmio. "O ganhador poderá passar uma tarde com…" e os telespectadores querem ganhá-lo. Os mais sonhadores dizem: "se eu pudesse falar com ele, ou ela, lhe diria…" Sim, é como um sonho poder estar ao lado do melhor.

Eu posso lhe dizer como conseguir este sonho do modo mais simples. Fechando a porta do seu quarto e elevando seus olhos aos céus. Sim! É possível falar com Ele. Ele nos promete que sempre nos ouve! Como somos tolos! Pensamos tanto nas pessoas desta terra, que esquecemos que podemos falar com o rei do universo! Com Deus! Foi Ele quem criou as pessoas que consideramos "importantes". Foi Deus quem deu a habilidade ao atleta, político e ao artista que valorizamos. Foi Deus quem construiu o universo inteiro, e está à nossa disposição para nos ouvir e investir tempo conosco.

Não há privilégio maior do que falar pessoalmente com Deus, e é exatamente este o significado da oração. Falar com o Rei a qualquer momento; solicitar Sua ajuda, ouvi-lo, contar-lhe nossas necessidades, e também estar ao Seu lado, sentir Sua presença, desfrutar de Sua companhia e lhe dizer que o amamos!

Sei que você pode pensar que orar é muito chato, talvez por ter sempre ouvido longas orações que, pareciam sem pé e sem cabeça. Mas a Bíblia nos fala da oração como algo apaixonante que podemos fazer. Orar é adorar, cantar e louvar a Deus. Orar é dar graças por tudo o que Deus nos dá, e também falar e ouvir o melhor amigo que temos — o próprio Deus. Não perca tempo! ORE!

> …porém Abraão permaneceu ainda na presença do Senhor.
> —Gênesis 18:22

Leitura de hoje

GÊNESIS 32–33
SALMO 132

Oração

Pai, eu quero investir o meu tempo conversando contigo.

Se você quer falar com a pessoa mais importante do mundo. Ore!

21 de agosto

Ao Vencedor

Ao vencedor, dar-lhe-ei...
—Apocalipse 2:7

Kornelia Ender foi uma das melhores nadadoras da extinta Alemanha Oriental. E justiça seja feita, ela foi uma das melhores do mundo, o retrato perfeito de uma vencedora. Nos Jogos Olímpicos de Montreal em 1976 ganhou as medalhas de ouro nos 100 m e 200 m, 100 m borboleta e 4 x 100 m livres.

Deus também fala sobre os vencedores, não somente de alguns privilegiados, mas daqueles que queiram se colocar em Suas mãos. Os vencedores recebem seus prêmios individualmente das mãos de Deus. Vale a pena participar desta competição, o prêmio é certo. Hoje lemos nos capítulos 2 e 3 do último livro da Bíblia o que Deus dará aos vencedores:

Leitura de hoje

APOCALIPSE 2–3

1. ...dar-lhe-ei o direito de comer da árvore da vida (Apocalipse 2:7).
2. ...aqueles que vencerem não sofrerão nenhum dano na segunda morte (Apocalipse 2:11).
3. ...dar-lhes-ei de comer do maná escondido e uma pedra branca na qual está escrito um novo nome (Apocalipse 2:17).
4. ...dar-lhes-ei autoridade sobre as nações e lhes darei também a estrela da manhã (Apocalipse 2:26-28).
5. Serão vestidos de branco, e não apagarei seus nomes do livro da vida (Apocalipse 3:5).
6. ...dar-lhes-ei que sejam colunas no templo de Deus (Apocalipse 3:12).
7. ...dar-lhes-ei um lugar comigo no meu trono (Apocalipse 3:21).

Ninguém poderia oferecer mais. Não há outro deus que mereça tanto: o nosso esforço, nossas lutas e incompreensões. Deus jamais esquece de Seus filhos. Ele é bom supridor, sempre nos dá muito mais do que merecemos e está disposto a dar com alegria e deliberadamente.

Ao longo da história, muitos venceram espiritualmente. Um dia conheceremos estes vencedores quando chegarmos à presença de Deus. E então, o que será de nós? Como entraremos no céu: como vencedores? Receberemos o prêmio? Espero que sim, e que não entremos, como dizem, "sem pena nem glória".

Oração

Poderoso Deus quero ser um vencedor. Quero conquistar almas e territórios para ti vencendo o mal com o Teu poder.

Não se conforme em ser menos do que um vencedor.

22 de agosto

Falar é Fácil

Nenhuma atleta conseguiu fazer o que ela fez. Fanny Blanjers-Koen, holandesa, ganhou a medalha de ouro nos 100 m rasos, nos 200 m, nos 80 m com obstáculos e nos 4 x 100 m nos Jogos Olímpicos de Londres em 1948. Os ingleses não gostaram de ver uma estrangeira ganhando a maioria das medalhas e escreveram: "A mulher mais rápida do mundo é somente uma cozinheira esperta." Fanny era casada e tinha dois filhos, e o que lhe lançaram como ofensa era a razão do seu orgulho. Tentaram diminuir a vitória de Fanny, dizendo que, como atleta, ela não fez mais que a obrigação, mas na vida, deixava a desejar.

Você não pode apenas dizer que é muito bom, precisa prová-lo. Naquela época, essa era a atitude dos jornalistas, e hoje em dia muitos ainda pensam da mesma maneira. O espectador tem o seguinte ponto de vista: ele sempre sabe quais deveriam ser as atitudes dos atletas. "Tinha que ter corrido assim", "Chutou muito mal, porque...", "Está fora de forma", "Se fosse eu, com certeza faria muito melhor!" Ouvimos centenas de vezes frases como estas. Quem fala, sempre sabe o que deveria ser feito, parece campeão do mundo em todas as modalidades.

Existe o mesmo problema na vida espiritual. Desenvolvemos um novo dom: o de espectador. Infelizmente muitos o praticam dentro das nossas igrejas. Os cristãos parecem jogar basquete. Geralmente, dez pessoas fazem todo o trabalho (se é que há tantos que trabalham) e outros observam, gritam, criticam e fazem coisas semelhantes. Esquecemos que Deus não admite espectadores, não basta ser ouvinte, é necessário ser praticante.

Os espectadores não ajudam, são críticos por natureza. O espectador "igrejeiro" é especialista em: música, pregações, poesias, evangelização, liderança e aconselhamento, sempre sabe tudo! Talvez só lhe falte saber o mais importante, pois Deus diz que crítica destrutiva e murmuração são pecados. Sabemos que o Diabo é o pai de toda a murmuração! Talvez ele tenha mais filhos na igreja do que o próprio Deus.

> Tornai-vos, pois, praticantes da palavra, e não somente ouvintes...
> —Tiago 1:22

Leitura de hoje

TIAGO 1–2

Oração

Senhor ajuda-me a ser um participante. Quero ajudar e não atrapalhar.

Os prêmios e as medalhas não são para os espectadores, somente para os jogadores.

23 de agosto

Linhas Tortas

Reconhece-o em todos os teus caminhos, e ele endireitará as tuas veredas.
—Provérbios 3:6

Leitura de hoje

2 SAMUEL 12
PROVÉRBIOS 12

Nas primeiras Olimpíadas existiam apenas algumas provas. Em 1900, as provas de atletismo eram somente saltos de distância, altura sem a corrida prévia. Ray Ewry de Indiana, EUA, ganhou três medalhas de ouro. Quando era criança teve uma paralisia parcial, e o médico lhe aconselhou a saltar repetidamente sobre seus pés para recuperar-se.

Certa vez, alguém disse uma grande verdade: "Deus escreve certo por linhas tortas." A onipotência e bondade de Deus demonstram como extrair o bem de boas ações e como retirar o bem de algo que é mau. Desta forma, Deus demonstra Seu controle sobre as circunstâncias e sobre as pessoas. Nada escapa aos Seus desígnios.

Isto é formidável! Muitas vezes nos deprimimos ao pensar nos erros que cometemos há meses, ou anos e não percebemos que se Deus o permitiu foi para que aprendêssemos uma lição. Ele controla todas as coisas; vê nossos erros e equívocos e os corrige para que possamos atingir a meta. Isto não quer dizer que possamos praticar o mal deliberadamente, já que, de uma forma ou outra, Deus vai solucionar: Não! O caminho do pecado é sempre mais atraente do que a vontade de Deus; o caminho dos nossos erros é mais tortuoso do que o caminho do bem.

Pense por um momento em alguma história bíblica que lhe seja familiar. Uma dessas histórias relata o caso de Davi. Ele cometeu o maior erro da sua vida ao mandar matar um de seus principais generais, para se apoderar de sua mulher. Ele não somente mandou matar, mas também mentiu, adulterou, enganou, e foi hipócrita, como se isso ficasse encoberto. Deus não suportou este pecado e mesmo que Davi mais tarde tenha reconhecido seu pecado, ele arcou com as consequências daquilo que fez. Apesar de tudo, Deus o abençoou em sua relação com Bate-Seba (a mulher que havia adulterado com ele): desta união nasceu um dos homens mais sábios da história: Salomão. Deus escreve certo por linhas tortas.

"Reconhece-o em todos os teus caminhos, confie nele e ele endireitará as tuas veredas." Mesmo ao cometer erros, Deus endireitará os seus caminhos, ainda que você se desvie, Deus o fará voltar.

Oração

Pai Santo, eu sei que cometi muitos erros. Conduz-me de acordo com a Tua vontade e ensina-me a evitar o pecado.

Cedo ou tarde, Deus conduz todas as coisas conforme a Sua vontade.

Tal Pai, Tal Filho

No jogo de basquete da Liga Italiana em 14 de outubro de 1990, o *Stefanel de Trieste* e o *Ranger Varesse* enfrentaram-se em uma partida. Faltavam seis minutos para o final do jogo quando ANDREA MENEGHIN, de 16 anos, entrou na quadra. Não seria nada especial, não fosse porque, na equipe adversária, Stefanel, jogava seu próprio pai — DINO MENEGHIN de 40 anos. No final Andrea disse: "Tudo o que sei, aprendi com meu pai!"

Infelizmente na vida familiar, não no âmbito esportivo, as disputas entre pais e filhos são muito comuns. Cada dia que passa é mais difícil encontrar pais e filhos que se compreendam e, no entanto, esta é uma das coisas mais importantes na vida. Tudo o que pudermos mencionar a respeito da importância da vida familiar, será pouco. Recordo sempre com carinho o que meu pai me ensinou, em especial sobre a vida espiritual: Deus conhecia meu caráter, ensinou a meu pai para que, por sua vez, ele me ensinasse. Acredito que seu trabalho foi muito bom. Estou agradecido por sua vida e seu exemplo em todas as circunstâncias.

Todos nós devemos aprender a educar os filhos e ensinar-lhes os valores referentes a Deus. Não importa nossa idade atual; devemos aprender o que a Bíblia diz sobre a família e aplicar estes ensinamentos em nossa vida e relação familiar, vale a pena.

Por outro lado, devemos respeitar nossos pais, confiar neles, admirá-los e ajudá-los em todo o momento, independente da idade que temos. Deus espera que os tratemos com dignidade e nunca os abandonemos. Eles nos deram o que puderam, não importando o quanto recebemos. Deus deseja que tratemos nossos pais com o carinho e a compreensão que Ele nos dispensa.

24 de agosto

...porque seus filhos se fizeram execráveis, e ele os não repreendeu.
—1 Samuel 3:13

Leitura de hoje

SALMO 127
NÚMEROS 4
GÊNESIS 49

Oração

Senhor, muito obrigado pela vida dos meus pais. Ensina-me a honrá-los e quando chegar a minha vez, quero ser um bom exemplo.

Não despreze seus pais. Ame-os com o amor do Pai.

25 de agosto

Compartilhando o Tesouro

...corramos, com perseverança, a carreira que nos está proposta.
—Hebreus 12:1

Leitura de hoje

SALMO 119:1-32
EZEQUIEL 18
JEREMIAS 23

Certa ocasião KRISS AKABUSI falava sobre a importância de compartilhar a Palavra de Deus com outras pessoas. Ele mesmo converteu-se por meio de uma Bíblia que encontrou no quarto de seu hotel quando participava dos Jogos da Comunidade Britânica, em Edimburgo, Inglaterra. Você já percebeu que Kriss não é um pregador, mas um grande atleta! Ele foi medalha de prata nos 4 x 400 m nos Jogos Olímpicos de Los Angeles, ouro nos 4 x 400 m nos campeonatos europeus de 1986 e 1990, e campeão do Reino Unido nos 400 m em 1984.

É impossível exagerar sobre o quão importante é levar a Palavra de Deus ao outros. É o melhor que temos. Se eu pudesse escolher uma só coisa para mostrar a alguém, sem dúvida, colocaria uma Bíblia em suas mãos, pois é melhor que centenas de explicações, pregações, bons livros e folhetos evangelísticos. Nada supera o poder da Bíblia, pela simples razão dela ser a Palavra de Deus.

Proponho uma vez mais, uma pequena aventura: leia o Salmo 119 (calma, espere, pare de reclamar; sei que é o maior capítulo da Bíblia, mas vale a pena). Como dizia, leia o Salmo 119 e anote o que a Palavra de Deus significa para nós. Separe tempo, ore e agradeça a Deus por ter um exemplar da Bíblia em suas mãos, pois milhões de pessoas não têm este privilégio.

Este Salmo explica o seguinte:
1. O homem (ou mulher) que guarda a Palavra de Deus é feliz.
2. A Palavra de Deus nos ajuda a evitar o pecado.
3. Deus nos fala pessoalmente através da Bíblia.

Você vai encontrar mais de 50 atributos de Deus em Sua Palavra. Ânimo! Procure!

Não guarde este tesouro só para você: compartilhe o melhor que você tem — a Bíblia — e você ajudará muitas pessoas. Este poderá ser o "favor" de sua vida.

Oração

Senhor, eu quero compartilhar a Tua Palavra com todos meus amigos. Não ficarei um só dia sem compartilhá-la.

Compartilhar a Palavra de Deus com o outro, é dar-lhe parte do próprio Deus.

26 de agosto

Deus Está Aqui

Dizem que JESSE OWENS foi um dos melhores atletas de todos os tempos. Não surpreende, pois este homem fez coisas que jamais foram superadas. Dias antes de participar dos Jogos Olímpicos que lhe trouxeram glória em Berlim em 1936, ele bateu os recordes mundiais dos 100, 200 e 220 m com obstáculos. Os três no mesmo dia! Em outra Olimpíada ele ganharia quatro medalhas de ouro, com outros tantos recordes mundiais. No salto em distância, o alemão FRITZ LONG era um rival muito duro, ficou quase toda a prova na frente dele. Antes do último salto, Fritz se aproximou de Jesse e lhe disse: "Eu também sou cristão, sei que Deus está com você e vai ajudá-lo!" Jesse fez um salto de 8,13 m (recorde mundial) e ganhou a prova. Fritz foi o segundo, mas a amizade entre os dois foi uma das páginas mais bonitas da história do esporte. Devemos nos lembrar que nesses Jogos Olímpicos de 1936, um dos objetivos era demonstrar a "superioridade" da raça ariana.

Com certeza, Jesse não esperava uma ajuda tão direta de Deus. Apesar de ser um atleta cristão, ele nunca imaginara que seu principal adversário na prova fosse um irmão em Cristo, e um amigo por toda a vida. Muitas vezes Deus age assim: a Sua ajuda vem da maneira mais inesperada.

Deus usa cada um de nós para ajudar aos outros, da mesma forma que somos ajudados. Devemos estar dispostos a ajudar material e espiritualmente os que nos rodeiam. Materialmente, suprindo aquilo que lhes falta, emprestando o que necessitam, dando-nos a nós mesmos para ajudá-los. Espiritualmente, ensinando sobre a mensagem mais preciosa que existe: o amor de Deus por todos.

Esta é a mensagem do evangelho: um mendigo que informa a outro onde encontrar o alimento. O evangelho de Deus traz boas notícias; pois Deus pode mudar a vida de qualquer indivíduo. O melhor que fazemos pelas pessoas que amamos, é falar-lhes de Jesus. Ele nos nomeou Seus embaixadores. Deus está onde nós estamos e Deus fala através de nosso viver. Ao obedecer-lhe, servimos Seus propósitos. Ao competirmos, ao ajudarmos aos outros; eles poderão dizer: "Deus estava aqui, e eu não o sabia".

...o SENHOR está neste lugar, e eu não o sabia.
—Gênesis 28:16

Leitura de hoje

GÊNESIS 28
DEUTERONÔMIO 10

Oração

Santo Senhor ensina-me a ser Teu embaixador. Quero ajudar a outros no que for preciso e lhes dizer o que o fizeste por mim.

Deus está e atua onde nós estamos e atuamos.

27 de agosto

"De Rosca"

> Nenhum soldado em serviço se envolve em negócios desta vida...
> —2 Timóteo 2:4

Best significa melhor em inglês. É interessante que um dos melhores jogadores de futebol da Inglaterra se chamasse assim: GEORGE BEST. Ele foi declarado o melhor jogador de futebol europeu do ano de 1968. Os críticos do esporte diziam que ele tinha tudo; classe, inteligência, domínio de bola, condição física, chute, e que ele era o melhor de todos os tempos. No entanto, sua indisciplina e o amor pela vida cheia de "agitos" (álcool e sexo) o destruíram. Nunca fez uso de todo o seu potencial.

Há muitas coisas que nos enredam e tornam nossa vida sem sentido e cheia de amargura. Algumas são muito conhecidas, e as mencionamos nos dias anteriores, tais como: álcool, sexo livre, ocultismo, materialismo, drogas e ambição. Outras estão dentro de nós e são igualmente difíceis de serem derrotadas; preguiça, cansaço, desinteresse, amor à boa vida. Deus diz que não devemos nos enredar com nenhuma destas coisas.

Leitura de hoje

PROVÉRBIOS 5–7

Nossa vida é diferente, somos filhos de um rei. Não temos que viver presos a situações que nos destroem. Nossa conduta dever ser diferente. Deus é nosso pai e não devemos ser derrotados por coisas sem sentido. Esta é a razão de Deus ter escrito a grande maioria das linhas de conduta que devemos seguir. Proponho uma nova aventura; vamos ler três livros da Bíblia e marcar tudo o que Deus diz quanto a nosso comportamento. Ok?

Os livros são: as duas cartas do apóstolo Paulo a Timóteo, e a primeira carta de Pedro. A seguir, escrevo os primeiros exemplos:

1. Lute de acordo com as regras (2 Timóteo 2:5).
2. Não se envergonhe de dar testemunho do evangelho (2 Timóteo 1:8).
3. Evite palavrões e besteiras (2 Timóteo 2:16).
4. Viva de maneira santa (1 Pedro 1:15).
5. Abandone todo tipo de maldade (1 Pedro 2:1).

Se você continuar sublinhando todos os verbos que estão no texto no "modo imperativo", encontrará cerca de cem itens como os cinco que assinalamos. Vale a pena praticá-los.

Oração

Senhor Jesus ajuda-me a não cair nas redes do mal. Quero ser exemplo para todos os que me rodeiam. Obrigado por estar sempre ao meu lado, me ajudando!

Quem vive cativo, nunca será livre.

Viva e Deixe Viver

Com a unificação das duas Alemanhas, muitos se surpreenderam com as notícias vindas da Alemanha Oriental. Como aquela que revelou um dos segredos dos sucessos da natação feminina: as nadadoras recebiam inseminação artificial, ficando grávidas, para que estivessem mais fortes nos momentos de competição, e, aos três meses abortavam para prosseguir com os treinamentos. Que barbaridade!

Nos últimos anos, as correntes pró-aborto se disseminaram pelo mundo. Em muitos países inclusive, é comum ir à clínica para abortar e sem qualquer estranheza. O mundo ficou insensível. Em nome do direito a escolha, cometem-se barbaridades e assassinatos que enchem nossos olhos de lágrimas, ao pensar nos fetos que não tiveram qualquer possibilidade de defesa.

Deus é quem dá a vida, e a dá a todos. Não há uma só pessoa no mundo que esteja viva e não lhe deva este pequeno milagre, independente se crê em Deus. A Bíblia diz que Deus faz chover sobre justos e injustos, ou seja, Deus dá a todos a oportunidade de viver, mas o homem tem impedido esta possibilidade a milhões de seres que não tiveram a oportunidade de nascer.

Durante os últimos anos, assassinaram-se mais fetos do que o número de mortos nas últimas grandes guerras mundiais. A primeira causa de morte no mundo é o aborto, e, às vezes, parece normal. Se Deus não impede o nascimento de um menino ou menina, que direito temos nós de impedir? Em nome de quem o fazemos? Pedimos a opinião daquele que nem nasceu? Como podemos assassinar desta maneira, e viver tranquilos?

Poucas semanas após o embrião ser concebido, ele já sente, conhece, ama e sofre, enfim vive! Já foi demonstrado que os abortos realizados nos primeiros dias levaram o embrião ao terror, pois o embrião sente quando lhe tiram a vida. É o mais cruel dos assassinatos. É tirar a vida de alguém que não teve a possibilidade de viver, completamente indefeso, puro e sem maldade.

Não sei o que poderemos fazer sobre este assunto, mas podemos ao menos proclamar a todos que nos rodeiam que o primeiro direito é o direito à vida. Jamais calaremos.

...acaso, eu que faço nascer fecharei a madre?...
—Isaías 66:9

Leitura de hoje

ISAÍAS 45:1-19,47

Oração

Deus da Eternidade, Rei da História, dá-nos sabedoria para que nos ouçam. Se conseguirmos levar salvação a vida de uma só pessoa, será um bom começo.

Nenhum ser humano tem direito sobre a vida de outro.

29 de agosto

Cabeça-dura

Pode alguém quebrar o ferro, o ferro do Norte, ou bronze?
—Jeremias 15:12

Leitura de hoje

HEBREUS 4
ROMANOS 11

Você sabe qual é o recorde mundial de levantamento de peso? 315 kg. O levantador de pesos espanhol, Iñaki Perurena conseguiu esta proeza. Pode parecer mentira, mas ele levantou do solo uma pedra de mais de 300 kg e elevou-a acima dos ombros.

No entanto, nem mesmo um homem com a força de Iñaki bastaria para quebrar barras de ferro. O exemplo que Deus coloca é muito apropriado, porque por maior força que alguém tenha, existem coisas que lhe são impossíveis.

Deus fala de nossa teimosia, e diz que somos filhos desobedientes. Parece mentira que, mesmo após recebermos tudo da parte dele (não só quanto à nossa vida aqui, mas também eterna), nós lhe devolvemos em desobediência e teimosia.

Não se engane: no mundo nada é tão importante quanto ser útil a Deus. Nada traz maior sentido à vida, do que investir nosso tempo na presença de Deus. Ao fazermos isto nos realizamos nos estudos, trabalho e esporte. Nada nos satisfaz tanto como servir a Deus e tê-lo presente em todos os momentos da nossa vida. Nada faz tão feliz o nosso coração, como obedecer a Deus.

Você pode continuar assim se quiser, vivendo sem Deus e desobedecendo o que Ele diz. Pode impor sua vontade de tal maneira que você mesmo se perca por achar que é o melhor. Você pode inventar mil e uma desculpas para dizer "não" a Deus, mas Ele não mudará Sua vontade: Deus não te obrigará a ser feliz.

Não tenha dúvida; se Deus exigisse algo de você — você não teria a menor chance. Ele tem milhões de maneiras para fazer as circunstâncias o levarem aonde Ele quer e, se faz parte dos Seus planos fazê-lo, você perde seu tempo ao resistir a Deus. Mas Ele espera que você mesmo se ofereça voluntaria e incondicionalmente. É melhor submeter nossa vontade a Deus.

Oração

Pai, eu andei muito tempo longe de ti. Aqui estou, toma minha vida para o Teu serviço.

A rebeldia a Deus traz consigo a punição.

30 de agosto

Cuide-se

CLEBER (do Palmeiras) é um dos grandes jogadores brasileiros dos últimos tempos. Há alguns anos jogou na Espanha (Logroñes) e sempre se destacou pela sua maneira de jogar. Ele sempre se cuida ao máximo e está disposto a dar o melhor dentro do campo.

Nenhum jogador avançará se não se cuidar e treinar todos os dias. Da mesma forma não venceremos em qualquer aspecto de nossa vida se não reconhecermos que somos o templo do Espírito Santo e, por conseguinte, devemos cuidar do nosso corpo. O que acontece em nosso corpo repercute em nossa vida espiritual. Se fizermos mau uso dele, usaremos erroneamente o templo do Espírito de Deus e não viveremos sadios espiritualmente.

Todos nós sabemos, e poderíamos escrever uma lista interminável do que nos prejudica, mas seria inútil. É óbvio que aquilo que impede de estarmos 100 por cento bem fisicamente, prejudica nosso corpo, desde o alimento mais simples (em momento inadequado) até a droga que pode causar a morte.

Também devemos evitar o que nos impede de estar 100 por cento bem mentalmente, ou seja: o materialismo, ir contra os princípios de Deus com relação ao sexo ou viver com motivações erradas. Tudo que distancia nossa mente de Deus causa destruição. Devemos nos relacionar bem com as outras pessoas, pois se em nós temos ódio, ressentimentos e mentiras, expressaremos isto em ações e palavras. Se aceitamos o mal em nosso interior, pecamos. Estas atitudes entristecem e apagam o Espírito de Deus, e nossa vida espiritual decai. Se você quer viver uma vida vitoriosa, por favor, cuide-se!

> Não sabeis que sois santuário de Deus e que o Espírito de Deus habita em vós?
> —1 Coríntios 3:16

Leitura de hoje

1 CORÍNTIOS 2–3

Oração

Pai Celeste sei que sou templo do Teu Espírito Santo. Ensina-me a viver de modo que te dignifique.

Aquilo que o destrói jamais será bom para você.

31 de agosto

Resgate

Porque o Filho do homem veio buscar e salvar o perdido.
—Lucas 19:10

Nem sempre os príncipes e reis são bons atletas. Ocupados nos protocolos e assuntos de Estado, eles não têm tempo para se dedicar ao lazer. Este não é o caso de Juan Carlos, o rei da Espanha. Desde sua juventude se destacou nos esportes náuticos e participou dos Jogos Olímpicos. Sempre que possível dedica-se a praticar vela.

No verão passado, em 28 de julho, o rei navegava próximo à baía de Palma de Mallorca quando avistou um naufrágio: um pequeno bote foi vencido pelo mar e as ocupantes caíram. O rei não pensou duas vezes e se lançou à água para salvar Maria e Berta, as duas meninas que ocupavam o barco.

Talvez seja a primeira vez que você escuta tal história. Poucos reis têm a valentia e a honra suficientes, para arriscar sua vida por um súdito, mas o valioso exemplo do rei Juan Carlos não é o único. Há muito tempo, um rei superior em amor, fez o mesmo por todos nós.

Agora, sei que você está surpreso, e não é para menos! Mas ainda que você não saiba, Deus, o rei de todo o universo, se fez homem na pessoa de Jesus Cristo para vir buscá-lo e salvá-lo! Todos nós estávamos perdidos, sem rumo e prontos para morrer, devido ao nosso pecado. Mas Jesus veio ao mundo para buscar e salvar quem estava perdido, ou seja, para buscá-lo e salvá-lo.

Jesus não somente arriscou Sua vida, como fez o rei da Espanha em nossa história de hoje. Ele foi além, Ele deu Sua vida na cruz, por você e por mim, a fim de que fôssemos salvos. Só através dele, somos salvos do mal e através dele não estamos perdidos, mas recebemos Seu amor e graça.

Imagine-se um náufrago que não aceita ser salvo do mar. O que lhe aconteceria? Ficaria perdido e, em pouco tempo, morreria. Você já foi resgatado por Jesus? Está tentando nadar contra a correnteza? Se você rejeitar o Salvador, estará perdido por toda a eternidade.

Leitura de hoje

LUCAS 19
SALMO 137
AMÓS 9

Oração

Senhor Jesus, eu sei que vieste para me buscar e salvar; aqui estou.

O Rei deixou Sua glória para me salvar.

1 de setembro

Discriminação, tô Fora!

Anthony Nesty, do Suriname, foi o primeiro nadador negro que ganhou uma medalha de ouro nos Jogos Olímpicos. Ele venceu os 100 m borboleta em Seul em 1988. Foi uma surpresa para todos, porque os grandes especialistas haviam anunciado que os negros nunca se destacariam na natação: "Flutuam menos e se esfriam antes na água." A verdade é que eles dominam praticamente todos os esportes em que participam.

Infelizmente, muitas vezes na história houve perseguições devido ao preconceito racial. Muitos se achavam superiores unicamente pela cor de sua pele, e bastou que todos tivessem as mesmas oportunidades para que acabasse para sempre esta ideia de superioridade.

Deus fez os homens e as mulheres à Sua imagem e semelhança, e esta imagem está presente em todas as raças. Não há base histórica, antropológica, social, nem bíblica para sustentar que perante Deus alguma raça seja superior à outra. Deus sempre teve povos de todas as raças em Sua equipe, como observamos já nos primeiros anos do cristianismo, onde alguns dos líderes mais proeminentes da igreja eram negros; e o livro de Atos menciona isto para que não tenhamos nenhuma dúvida.

A Bíblia inteira fala contra menosprezar outra pessoa por qualquer razão, quanto mais pela raça! Quando o Senhor Jesus nasceu, fez parte de um povo escolhido por Deus; em um local situado numa posição central do mundo. O seu povo não é branco nem negro, nem amarelo, nem cor de cobre, mas é um pouco de tudo. Deus mesmo escolheu nascer como homem num lugar que não excluísse nenhuma raça, um lugar em que a cor da pele fosse um ponto intermediário entre todos os habitantes da terra. Desta maneira, ninguém pode dizer que o Senhor Jesus era branco, negro, amarelo — mas que é parte de todos.

Se o correto é que nunca devemos menosprezar ninguém, também é certo que devemos ser cuidadosos em não ser preconceituosos. Como lemos no texto de hoje, é melhor guardar silêncio e esperar em Deus, e Ele se encarregará de trazer à luz a verdade, porque Ele ama a todos. Ele deu Sua vida por todos, independente de raça, posição social ou local onde vive.

...E o desprezaram... Porém Saul se fez de surdo.
—1 Samuel 10:27

Leitura de hoje

SALMOS 5, 54, 60, 109

Oração

Senhor ensina-me a amar todas as pessoas. Ensina-me a tratar melhor aqueles que sofreram preconceitos ao longo da história.

Se alguém menospreza o outro pela cor da pele, seria melhor ter nascido cego.

2 de setembro

Caçadores de Tesouro

Não acumuleis para vós outros tesouros sobre a terra...
—Mateus 6:19

O dia 19 de dezembro de 1983 foi um dia muito triste para os torcedores de futebol no Brasil. A taça conquistada pela seleção no campeonato mundial realizado no México em 1970 foi roubada. Nunca mais a encontraram. Muitos acreditam que foi derretida e esta é a razão do seu desaparecimento para sempre. E não foi a primeira vez que a estatueta foi roubada; anteriormente ela tinha sido roubada e fora encontrada por um cachorro!

Na história sempre existiram os caçadores de tesouros. Milhares de livros, filmes, canções e poesias foram feitos sobre este tema até o dia de hoje. Mas parece que os velhos piratas e os aventureiros indomáveis desapareceram, mas espere um pouco! Tenho condições de demonstrar que hoje existem mais caçadores de tesouros do que nunca!

Leitura de hoje

MATEUS 6,12

Os caçadores de hoje não têm um olho tampado, nem levam a barraca de lona consigo. Hoje, usam terno e gravata, roupas caras e vivem em mansões. Os caçadores de hoje se distinguem pelo seu amor ao dinheiro, independente do país a que pertençam ou do tamanho de suas posses. São os que ajuntam tesouros, tesouros na terra. Passam toda sua vida trabalhando e lutando para ter um carro novo, casa nova, posição mais elevada, conta bancária mais gorda.

Não importa se o que têm é muito ou pouco, o que os identifica é o fato de sempre querer mais. E não percebem que, à medida que aumentam os dólares, aumentam-se as dores. Querem conseguir mais, a qualquer preço. Muitas vezes o preço que pagam é muito elevado. O deus materialismo é seu dono, e não são capazes de viver nem descansar em sua existência. Tudo se reduz a juntar tesouros nesta terra.

Como somos tolos! Esquecemos que a vida passa rapidamente e tudo o que temos deixaremos por aqui mesmo! Como bem disse o poeta:

Oração

Senhor perdoa-me por ser tão materialista: quero dedicar mais tempo, mais forças e mais dinheiro para trabalhar para ti.

"Enquanto teve forças, Luciano gastou sua saúde
Para ter dinheiro.
Quando estas lhes faltaram, gastou seu dinheiro
Para ter saúde.
Hoje, sem saúde e sem dinheiro.
Luciano parte dentro de um caixão."

Ter muito não é tudo. Ter tudo não significa nada. Por que não começar a juntar tesouros no céu?

Se você busca tesouros que valem a pena, não sofra a "pena" por tesouros que não permanecem.

3 de setembro

Desarme Essa Bomba

Já falamos da grande atleta holandesa (talvez a melhor de todos os tempos) Fanny Blanjers-Koen, ganhadora de quatro medalhas de ouro nos Jogos Olímpicos de Londres em 1948. Poucos sabem que aos 16 anos, ela alcançara o sonho de sua vida, o qual era obter um autógrafo do grande Jesse Owens. Como é bom admirar alguém!

Existe uma grande diferença em aprender com o que os outros fazem, e, tentar mostrar que você pode fazer melhor, sem ter que ser o primeiro em tudo, e fazê-lo por competição para se sentir superior.

Quando você admira alguém e se torna seu amigo, sente a necessidade de aprender com ele ou com ela. Procura, por todos os meios, estar ao seu lado para ajudar. Sente-se feliz com o que recebe, e sempre acredita que é possível receber mais. Se você inveja o outro, a paz desaparece do seu coração; você se preocupa com que o outro vai fazer e aproveita todas as oportunidades para desprestigiar e falar mal de quem você inveja. Esta atitude gera a intranquilidade, pois você sabe que a qualquer momento alguém vai querer passar por cima de você.

A inveja é amiga íntima do orgulho. Você sempre acha que fará as coisas melhor do que aquele a quem inveja. Esse engano derrubou até o Diabo. Ele queria ser como Deus e achava-se melhor do que o próprio Deus. Ninguém pode dizer que vive de acordo com a vontade de Deus se inveja outros, se acha que é o melhor, o primeiro, o mais importante de todos.

A inveja e o orgulho nos destroem porque são pecados. O invejoso prejudica a si mesmo. Ele sofre as consequências de querer ser o primeiro em tudo. Não se preocupe em ser o primeiro, o melhor, o mais importante. Deus o ama assim como você é, não é preciso ser invejoso.

...que gosta de exercer a primazia entre eles...
—3 João 9

Leitura de hoje

2 JOÃO
3 JOÃO
1 REIS 10

Oração

Meu Deus perdoa-me por ter invejado tal pessoa e ter buscado o primeiro lugar. Ensina-me a ser humilde e admirar os outros.

"Querer ser como" e "crer que é melhor do que" são mecanismos de destruição interior.

4 de setembro

Salva-Vidas

> ...o que ganha almas é sábio.
> —Provérbios 11:30

Imagine que você é a 20.º filha de uma família de 22 filhos. Imagine-se uma criança que tem a perna esquerda paralisada, que sua mãe e seus irmãos fazem massagens nas bases da perna porque você não pode andar. Que futuro lhe espera? Você acredita que poderia chegar a ser campeã olímpica? Foi exatamente isto o que aconteceu a WILMA RUDOLPH. Venceu as corridas dos 100 e 200 m rasos nos Jogos Olímpicos celebrados em Roma, no ano de 1960.

Comentamos várias vezes que o desejo de ganhar é contagioso. Quando você tem a seu lado uma pessoa vitoriosa, uma pessoa que é capaz de lutar contra todas as adversidades, você mesmo se transforma num ganhador. Aconteça o que acontecer, você só pensa em vencer, e estamos falando somente de competições esportivas.

Leitura de hoje

ATOS 8,10

E se falássemos da vitória mais importante que existe, o que você diria? Deus nos diz para nos prepararmos para ganhar almas, e para sermos verdadeiros "salva-vidas". Ganhar almas é arrebatá-las do pior inimigo que existe, o Diabo, e levá-las à glória a partir do momento que conhecem a Deus. Ganhar uma alma é contar-lhe tudo o que Deus fez na sua vida e oferecer-lhe a possibilidade de que esta experiência seja real na vida de outro também. Ganhar uma alma é dar sentido e significado à sua existência. É uma conquista que supera qualquer outra experiência.

Observe o exemplo de muitos na Bíblia, aprenda com a sensibilidade que demonstraram para se colocar ao lado de quem sofre — uma demonstração do amor de Deus. Detenha-se no exemplo de um homem como Paulo, que renunciou a tudo o que era e a tudo que tinha para dedicar sua vida à conquista de almas para Deus. A Bíblia nos diz que o que ganha almas é sábio!

Oração

Senhor quero ganhar almas para o Teu reino! Prepara-me, enche-me do Teu Santo Espírito e dá-me valentia para falar de ti às pessoas.

A maior parte de tudo que fazemos repercute por poucos dias. Ganhar almas é uma conquista que dura toda a eternidade. Um dia, saberemos quantas pessoas encontraram sentido para a vida e desfrutam da vida eterna como fruto de nosso trabalho. Neste dia, seremos mais felizes do que hoje, e sentiremos o prazer de ouvir alguém com lágrimas de alegria nos dizer: "Graças a Deus que usou você, e eu agora estou aqui. Você foi o meu salva-vidas."

Não há melhor "salva-vidas" do que aquele que livra alguém da morte eterna.

Falsas Acusações

IOLANDA BALAS ganhou a medalha de ouro na prova de salto em altura nos Jogos Olímpicos de Roma, em 1960. Como não era uma mulher bonita, fisicamente falando, muitos a acusaram de ser homem. Viveu vários anos com esta acusação pesando sobre seu nome até que se casou e teve uma filha, e então todos se calaram. Falsas acusações são as piores coisas que podem existir. Felizmente a justiça sempre vence!

Todos somos, em diversos momentos de nossa vida, submetidos a falsas acusações. Pode ser que já disseram, ou publicaram fatos ao nosso respeito que eram mentiras, e foram ditas para nos prejudicar. Pessoas cheias de inveja ou de orgulho quiseram nos ferir, e o fizeram isso da melhor maneira, murmurando.

Quantas injustiças vivemos! Quantos maus momentos! Quantas lágrimas em silêncio pelas feridas que ninguém conhece! Às vezes acreditamos que os que confiam em Deus não sofrerão mal algum; e que sua vida será de glória em glória, sem tempo, sequer, para "provar" as maldades do mundo; mas isto não é verdade. Quanto mais próximo estamos de Deus, mais ataques sofremos do Diabo, mais murmurações, mais mentiras, mais acusações falsas, mais críticas.

O mau momento que você está passando agora não se soluciona com argumentação. Somente a verdade e promessas de Deus nos trazem a paz apesar de todas as circunstâncias e ataques. Não se esqueça do que lemos hoje: Deus empenhou Sua palavra nisto. Não somente prometeu, mas também selou Sua promessa. O Senhor é quem afirma: toda a arma forjada contra ti não prosperará, portanto devemos crer! Ninguém fez uma arma que pudesse destruí-lo. Por mais que falem mentiras contra você, Deus não vai deixar que o destruam. Ele manterá calado aquele que o acusa. Mais rápido do que você imagina, o que dizem sobre você voltar-se-á contra aqueles que o dizem. Deus dá a vitória aos que o servem.

5 de setembro

Toda arma forjada contra ti não prosperará; toda língua que ousar contra ti em juízo, tu a condenarás; esta é a herança dos servos do SENHOR...
—Isaías 54:17

Leitura de hoje

SALMOS 59, 74

Oração

Senhor, olha as ameaças das pessoas. Ouve suas murmurações, e vê o mal que estão fazendo. Tua é a última palavra e a vitória.

A verdade sempre vem à tona.

6 de setembro

O Segredo

...apliquei-as figuradamente a mim mesmo e a Apolo, por vossa causa, para que por nosso exemplo aprendais isto...
—1 Coríntios 4:6

Leitura de hoje

JOÃO 21
JÓ 6

É muito bom recordar exemplos de desportividade. Como o que deu o finlandês Lethtinen nos Jogos Olímpicos de Los Angeles em 1932, quando ganhou a medalha de ouro nos 5.000 m. O público reclamou que ele havia empurrado o norte-americano Ralp Hill, mas este, com grande desportividade negou. Dias depois, Lethtinen enviou a metade da medalha para Ralp, como agradecimento por seu espírito esportivo.

Vivemos numa época em que muita coisa já saiu de moda. Creio que nós também já saímos. Tantas vezes enfatizamos a importância da vitória, o prêmio, a posição, que, agora, todos buscam única e exclusivamente, vencer. E não interessa quem fica pelo caminho, o importante é chegarmos ao topo, à glória. Mas Deus nos fez diferentes. O mais importante não é o que conseguimos, mas o que somos. O importante não é o que temos, mas nosso relacionamento com os outros. Nenhum dinheiro no mundo substitui um relacionamento com outra pessoa. Nenhuma posição é importante comparada ao amor de um amigo. Você pode vencer um dia e ficar sem amigos, mas o melhor é tê-los com você em cada dia. O amor é o mais importante. Na Bíblia estão escritas estas palavras: "Se eu tivesse todo o conhecimento [...] fé que remove montanhas... e desse tudo aos pobres, mas não tivesse amor, nada seria" (1 Coríntios 13). O amor é mais importante do que tudo que temos; o que somos e o que damos: se não temos amor, não valemos nada. O amor é o termômetro que mede nossa situação espiritual: o amor de Deus aos outros e a nós.

Costumamos avaliar nossos objetivos, propósitos, posicionamentos, relacionamentos, mas não avaliamos quanto amor temos em nossos corações. E isto é o mais importante. Você se lembra do capítulo que lemos no evangelho de João? Diante de uma situação difícil, e depois que Pedro negou Jesus, o Senhor não lhe pediu que fizesse grandes coisas (nem sequer que pedisse perdão!); mas lhe perguntou simplesmente: "Tu me amas?" Este é o segredo, e esta é a parte mais importante.

Oração

Pai, te amo. Quero que meu amor por ti e pelos outros, cresça cada dia mais.

A maior vitória é o amor.

7 de setembro

Água Mole em Pedra Dura

Quando o jogador GEORGE LUCAS chegou à Espanha contratado pelo *Celta de Vigo*, muitos falaram que ele teria um grande futuro pela frente. A mudança para um país desconhecido e as contusões muito fortes, tornaram os primeiros meses bastante difíceis, mas ele aprendeu a persistir e a não se dar por vencido.

A maioria das pessoas costuma desanimar muito rápido. Por melhor que sejam nossos objetivos, quando requerem maior esforço, nós os abandonamos. E isto ocorre em todas as áreas da nossa vida. Existem pessoas que abandonam seus estudos, trabalho, esporte e lazer. Sim, gostamos da vida mais tranquila, e quando temos que trabalhar duro, "sumimos do mapa".

Só quem persiste até o final obtém aquilo que deseja. Assim dizia o poeta quando escreveu:

"*Aqueles que esperam, perseveram*
Aqueles que perseveram, alcançam.
Por isto é bom esperar
E não perder a esperança."

Na vida espiritual, muitas coisas dependem de nossa persistência e nossa prática. Deus não cansa de nos lembrar o que devemos fazer e como é importante persistir nele. De outra maneira, nunca chegaríamos a parte alguma, pois Deus não dá prêmios a quem descansa espiritualmente. Portanto, é necessário:

Persistir na oração e nos momentos a sós com Deus;
Persistir no evangelismo;
Persistir na luta contra o mal;
Persistir na ajuda a outros;
Persistir em dar aos outros;
Persistir na disciplina moral;
Persistir na leitura da Bíblia;
Persistir na prática da justiça;
Persistir em ser persistente!

Não desista e não seja negligente. Persista em tudo o que Deus lhe ensinou ao longo dos anos; descubra o que Ele ainda tem para você.

> Exercitar justiça e juízo é mais aceitável ao SENHOR do que sacrifício.
> —Provérbios 21:3

Leitura de hoje

PROVÉRBIOS 20–21

Oração

Senhor perdoa-me a quantidade de vezes que pensei em abandonar-te. Enche-me do Teu Espírito para que eu possa persistir na obediência ao Senhor.

Muitas vezes, a vitória das 10h se obtém às 10h01.

8 de setembro

Bem-Entendido

...o teu modo de falar o denuncia.
—Mateus 26:73

Muitas vezes acontecem mal-entendidos com as palavras que pronunciamos. Lembro-me que anos atrás, um jogador argentino se dirigiu a um juiz espanhol que apitara uma falta contrária, dizendo-lhe: "O que você cobrou?" (Na Argentina se fala assim, mas na Espanha seria como no Brasil, "O que você apitou?"). O juiz, muito irritado respondeu: "O que eu cobrei? Pra fora, está expulso!" De nada serviram as explicações de todos, o jogador fora vítima de um terrível mal-entendido. Nem sempre as coisas são como parecem!

Quanto mal-entendido vemos em nossa vida! Gente que pretendia dizer uma coisa e disse outra. E armou-se a confusão. Muitas vezes erramos ao julgar outras pessoas. Pensamos que o que dizem está errado, e mais tarde descobrimos que não era o que pensávamos.

Quando há um conflito entre duas pessoas, nem sempre um deles está errado. Às vezes é somente mal-entendido. Estes conflitos são ocasionados pela maneira de falar e entender os fatos.

A Bíblia nos explica duas maneiras de desfazer mal-entendidos. A primeira: não julgar a outra pessoa; é simples para entender e difícil para realizar. A segunda, e mais importante, é ter um coração limpo. O problema de um mal-entendido é ir além do que o outro disse, e nos perguntamos: "O que ele quis dizer?" Quando julgamos as intenções da outra pessoa, e não simplesmente as palavras que foram ditas, semeamos o mal-entendido.

O mais importante é ter um coração limpo. Este tipo de atitude não interpreta com malícia, não pensa que o outro só quer enganar. Um coração limpo não vê mal-entendido e é capaz de renunciar ao seu "direito de razão" para não criar problemas. Um coração limpo busca o bem do outro e vê sempre as boas intenções. Um coração limpo pede perdão, ainda que não tenha culpa. A Bíblia nos diz: "Cria em mim, oh Deus, um coração limpo..."

Leitura de hoje

2 SAMUEL 19
1 SAMUEL 27

Oração

Senhor ensina-me a ver as boas intenções dos outros. Cria em mim um coração limpo, e retira de mim toda a maldade.

O contrário de mal-entendido é bem-entendido. O coração que entende bem é um coração limpo.

9 de setembro

Chegando Mais Perto

O australiano RON CLARKE sempre foi considerado um dos melhores corredores de fundo de toda a história. Suas marcas pessoais demonstram este fato, no entanto, nunca venceu uma grande competição. Alguns afirmaram que a raiz de seu problema era estar emocionalmente sempre longe das grandes competições.

Não é um caso único. Todos nós conhecemos atletas com grandes qualidades que, na hora "H", fracassaram. Seus corações estavam longe das grandes competições. E nós? Onde temos o nosso coração? Será que Deus vai dizer o mesmo que teve que dizer sobre os israelitas? O nosso coração está longe de Deus?

Creio que uma das causas determinantes por perdermos de vista a majestade de Deus em nossa vida está relacionada intimamente com o abandono de algo tão importante como a adoração. Não enfatizamos o suficiente a adoração a Deus; não falamos disto em nosso meio, nem com nossos filhos ou com amigos. Cada dia mais perdemos a oportunidade de estar na presença de Deus. E nosso coração se enche de outras coisas.

Precisamos adorar o nosso Deus, investir tempo diariamente com Ele, contemplá-lo, e colocar nossos planos em Sua presença. Quando obedecemos à voz do Seu Espírito aprendemos a conhecê-lo melhor. Ao priorizar nosso tempo de adoração e contemplação nos aproximaremos do coração de Deus, como um menino que gosta de conversar e brincar com seu pai.

O Senhor Jesus explicou como deveria ser a verdadeira adoração, quando disse que deveríamos fazê-lo "em espírito e em verdade", ou seja, de acordo com o Espírito Santo e a Palavra de Deus. Adorar com todo nosso entusiasmo e alegria, mais importante do que isto, é adorar em obediência a Deus. O seu coração está se afastando de Deus? Por que você não para agora mesmo e começa a adorá-lo?

...este povo se aproxima de mim e com a sua boca e com os seus lábios me honra, mas o seu coração está longe de mim...
—Isaías 29:13

Leitura de hoje

ISAÍAS 29–31

Oração

Pai necessito da Tua presença. Necessito adorar-te e abrir meu coração diante de ti.

Adorar é aproximar-se de Deus.

10 de setembro

Chegando lá

Senhor, Senhor [...]
nunca vos conheci...
—Mateus 7:22-23

Juan Manuel Fangio é o piloto que mais vezes ganhou o campeonato mundial de Fórmula 1 em toda a história. Foi campeão em 1951,1954–57. Como todos os grandes mestres, ele também tinha um segredo: "Para ganhar você deve atravessar a linha de chegada." Mais simples do que isso, impossível!

No mundo de hoje muitos estão tentando cruzar a linha de chegada. Muitos seguem centenas de caminhos diferentes para encontrar significado em sua vida. As pessoas andam mais perdidas do que nunca em pleno início do século 21. A humanidade vive uma cultura "sem sentido": as pinturas, músicas, esculturas e as artes em geral estão baseadas em imagens irreconhecíveis, formas abstratas e sons estridentes.

Leitura de hoje

LUCAS 6–7

O homem e a mulher de hoje não encontram significado em suas vidas. Nada preenche o vazio em seus corações; nem a arte, música, ciência, literatura ou qualquer meio de comunicação. Apesar de todos os avanços e novas possibilidades nestes dias, os índices de depressão, frustração e suicídio aumentam dia a dia.

A mulher e o homem de hoje se encontram numa situação em que ninguém os escuta, ninguém os ama, ninguém os consola e ninguém os compreende. A humanidade empreendeu uma busca desesperada de significado intelectual, de plenitude de amor, beleza, compreensão e liberdade. Mas esta busca nunca chegará ao fim, porque só Deus é capaz de preencher esse vazio e a grande maioria das pessoas não quer olhar para Ele.

Não existe um só caso na história de alguém que tenha se decepcionado por confiar em Deus. Quando colocamos Deus como nossa linha de chegada, encontramos o amor, a beleza, a liberdade, a compreensão e a razão: tudo que necessitamos para encontrar a satisfação em nossa vida, para que nossa existência passe a ter sentido.

Oração

Senhor Jesus, sei que somente o Senhor pode trazer significado à minha vida. Entrego-me a ti agora mesmo, não preciso mais procurá-lo.

Para onde você vai? Que esforço você está fazendo para chegar à sua meta? Já parou para pensar que você pode estar procurando na direção errada, mesmo que esteja seguindo uma religião? Quantas surpresas haverá depois da morte! Não existe nada mais terrível do que escutar estas palavras da boca de Deus: "Nunca vos conheci".

É impossível vencer, se você não cruzar a linha de chegada.

11 de setembro

Sem Pedir Licença

Todos nós nos lembramos de algum árbitro famoso. Quando se trata de futebol, podemos citar muitos nomes, entre eles o do brasileiro Arnaldo César Coelho, que apitou a final da Copa do Mundo na Espanha em 1982.

E dizem:
o Senhor não o vê...
—Salmo 94:7

As pessoas falam muito dos árbitros, porque sempre encontram falhas no seu modo de apitar um jogo. Mas tem um que nunca se engana. Um árbitro supremo, um juiz que está sobre todas as coisas, e a quem todos prestarão contas: o próprio Deus.

Infelizmente, os árbitros são sempre mais lembrados pelas suas falhas do que por suas boas atuações, mesmo que as melhores atuações se sobreponham às piores. As pessoas são assim: um único erro pesa mais do que muitos acertos.

Leitura de hoje

SALMOS 35, 50, 94

Em parte temos nossos motivos. Muitas vezes sofremos injustiças e nos rebelamos diante de qualquer injustiça: desde uma nota inferior à que julgamos merecer; até uma grande catástrofe que atinge a vida de pessoas inocentes. Tentamos encontrar culpados, e quando não os encontramos — culpamos Deus.

Ouvimos este argumento milhares de vezes: "Se Deus é tão bom, porque permite o mal no mundo? Milhares de crianças morrendo de fome, guerras, catástrofes naturais, matanças e discriminações." Você concorda? Há algumas coisas que nós nos esquecemos:

1. Deus não criou o mal. Sua criação era perfeita. Nós a arruinamos com nossas decisões e rebeliões contrárias a Ele.
2. Os culpados da maioria das coisas que existem no mundo, somos nós mesmos. Como colocar em Deus a culpa pelas guerras, quando somos nós quem as causamos? Como dizer que Ele é o culpado de crianças morrerem de fome, se Ele deixou alimentos suficientes para todos?
3. Deus não permite o mal; ele acontece sem a Sua permissão. Nenhum de nós pede licença a Deus para odiar, mentir, enganar ou matar, porque Ele não nos daria. Fazemos todas estas coisas contra a Sua vontade.
4. Muitos culpam Deus para não ver sua própria culpa. Todos nós somos culpados e, um dia, vamos dar contas a Deus pelo que fizemos. Naquele dia ninguém poderá escapar, e Deus, o grande juiz da história, colocará cada um no seu devido lugar. O que será de você?

Oração

Deus, Senhor do universo e grande Rei. Tu vês e tens a última palavra em todas as coisas em minha própria vida.

Deus não permite o mal; os homens o fazem sem Sua autorização.

12 de setembro

À Beira de Um Ataque de Nervos

Se te mostras fraco no dia da angústia, a tua força é pequena.
—Provérbios 24:10

Leitura de hoje

JOÃO 1,10

Artur Duarte de Oliveira (jogador do *Porto*, Portugal) considerava-se uma pessoa sempre "à beira de um ataque de nervos". Todos os dias eram difíceis para ele, como se jamais terminassem. Hoje ele diz a todos que lhe querem ouvir: "Me faltava Jesus. Não há dinheiro no mundo que compre a paz e a tranquilidade que Deus dá."

Todos nós temos dias como estes. Levantamos da cama com o mesmo entusiasmo que temos quando precisamos ir ao dentista. Algumas vezes, com certeza, gostaríamos até de apagar aquele dia do nosso calendário. Não, não quer dizer que tenha acontecido algo ruim. É só a sensação de aborrecimento e desilusão que nos deprime. E assim, o dia vai se complicando: cada vez nos sentimos mais cansados e nervosos; cada vez mais as coisas saem erradas e temos uma vontade terrível de que a noite chegue logo para dormirmos e vermos mais um dia passar.

Não nos sentimos assim por uma razão específica. Nem lembramos de que tenha acontecido algo que nos fez sentir mal, nem sabemos por que nos sentimos assim! Tudo sai errado! Por mais que tentamos consertar o que está errado, pioramos a situação. E não digo que seja relacionado a outras pessoas! Batemos todos os recordes negativos e tudo nos parece ruim. O dia é ruim.

Espere! Qual é o problema? Vamos continuar destruindo a nós mesmos e aos outros, só porque não sabemos o que nos acontece? Que diferença há entre um dia e outro? Nenhum! Só que nós nos levantamos de maneiras diferentes; às vezes engolimos o mundo e outras vezes, o mundo nos engole.

Lembra? "Se te mostras fraco no dia da angústia, a tua força é pequena." Deus nos deu este dia e talvez o de amanhã também, e quem sabe o dia depois de amanhã. Comece a agradecer. Comece por agradecer Sua ajuda, Sua compreensão e as forças que Ele dá. Sabe, a gratidão é a semente da alegria e da felicidade; se você a cultivar, viverá feliz. Deixe de pensar que tem um dia difícil pela frente! Olhe ao seu redor: muitos sequer têm algo para comer, e, no entanto, seu dia é feliz. E você? "Se te mostras fraco…"

Oração

Pai nosso que está nos céus, perdoa-me por me queixar tanto. Senhor, obrigado por tudo o que me dás. Sou feliz por este dia que me dás!

O melhor dia de todos é o que estamos vivendo hoje.

13 de setembro

Jogar Para a Torcida

Não importa o esporte que falarmos, os jogadores mais bem-dotados e com grande técnica individual, sempre serão os mais queridos do público. Rivaldo, um grande jogador de futebol, brasileiro, pode nos servir de exemplo; foi tão querido, que corria o risco de jogar mais para a torcida do que para a equipe. Se jogarmos para nossa própria honra esta será a maneira mais fácil de desequilibrar a equipe.

Em todas as situações da vida, nós corremos o risco de atuar para sermos observados: em nosso colégio, no trabalho, nas relações familiares, na igreja e com os amigos. Escondemos o que realmente sentimos para sermos gênios da aparência. Somos capazes de viver representando diante de todo mundo.

Aparentamos ser bons estudantes, melhores amigos, que amamos nossa família e ainda aparentamos ser muito espirituais. Queremos que outros nos vejam e elogiem. Quando alguém diz, "É que você é tão bom, tão compreensivo, tão...", parece que temos o mundo aos nossos pés. E o mais perigoso de tudo, é que só fazemos aquelas coisas que sabemos que as pessoas vão admirar.

Talvez não nos importe o que é certo, justo ou verdadeiro. O que nos importa é nos sairmos bem no assunto; sermos elogiados, queridos e apreciados. Será que nos importamos quando enganamos os outros? Será que nos importamos quando os outros sofrem as consequências de nossas ações? Será que nos importamos se nos tornamos mais e mais orgulhosos de nós mesmos? O que realmente nos importa é representar para a torcida.

A pessoa que não é capaz de ajudar aos outros, que não é capaz de buscar o bem comum e só busca a satisfação individual, não merece ser compreendida. Por outro lado, quando nós mesmos queremos as glórias dos prêmios pelo que fizemos, estamos pedindo que o mérito permaneça num lugar muito frágil — nós mesmos — e esquecemos que só Deus merece a glória. De uma vez por todas devemos deixar de representar para a torcida, e dar o nosso melhor para os outros e para a glória de Deus.

...A minha glória, não a dou a outrem.
—Isaías 48:11

Leitura de hoje

MATEUS 23
ISAÍAS 48

Oração

Santo Deus, perdoa meu orgulho que, com frequência, agrada somente a mim mesmo. Ensina-me a glorificar somente a ti.

Se você faz o que faz somente para ser visto, pode ter certeza que todos já descobriram as suas motivações.

14 de setembro

Sem Comparação

Tu, porém, por que julgas teu irmão? [...] Pois todos compareceremos perante o tribunal de Deus.
—Romanos 14:10

Leitura de hoje

1 TESSALONICENSES 4–5

Na *NBA*, os números utilizados pelos jogadores importantes na história de uma equipe são retirados e ninguém mais pode usá-los. O número 19 dos *Boston Celtics* foi retirado em memória de DON NELSON — 11 anos na equipe e 5 vezes campeão da *NBA*. É interessante que Don (mais tarde um dos melhores treinadores da *NBA*), quase nunca foi titular da equipe, era em sua maioria, um reserva de luxo.

Vivemos na época da comparação. Tudo se movimenta à base de ser melhor ou pior do que o outro. Cada produto é examinado pelo seu preço, qualidade e utilidade, para saber se são melhores do que os outros. Desde pequenos aprendemos a dizer coisas como: "Meu pai é mais forte que o seu"; "Nosso carro corre mais que o de vocês." Gostamos de nos sentir os melhores em tudo; e o perigo aparece quando menosprezamos as pessoas que nos rodeiam por não terem ou não saberem.

Deus nos ensina que não devemos menosprezar ninguém. Todos nós somos úteis e importantes: da mesma maneira que um bom reserva pode mudar o resultado de um jogo, assim, alguém que julgamos ser inferior, pode ser superior em muitos momentos de nossa vida. Esta é uma das razões pelas quais as comparações são odiosas. Outras razões são:

1. Nem todos têm as mesmas oportunidades na vida.
2. As circunstâncias de cada pessoa são diferentes.
3. As comparações sempre levam ao menosprezo de um dos comparados.
4. O resultado das comparações são as críticas.
5. Não existem verdadeiras razões para comparar: o que nos parece melhor, pode não parecer ao outro.
6. As comparações ferem o orgulho do que sai menos favorecido.
7. Não temos o direito de julgar a vida de outra pessoa.
8. As comparações justificam os argumentos de uma pessoa convencida que pode dizer: "Não sou tão ruim como fulano."
9. Deus não admite discriminações.

Não encerre a lista. Com certeza existem muitas outras razões que você pode acrescentar. Sem mencionar que nos apresentaremos para o julgamento perante o tribunal de Cristo, e então nosso serviço a Deus será julgado. Não importa se somos titulares ou reservas.

Oração

Senhor ensina-me a ser humilde e não menosprezar ninguém. Ensina-me a não me comparar com outros, mas trabalhar para o Senhor.

Ao pensar ou falar com alguém, por favor, não faça comparações.

Em Defesa do Mais Fraco

"Hoje foi o clássico jogo que, se perco, brigo até com a mulher e os filhos." Estas desafortunadas palavras foram pronunciadas por CHARLES BARKLEY no final de um jogo de basquete da *NBA*, dentro da temporada normal. Talvez se Barkley fosse mulher, e não fosse tão grande quanto ele é, não se atreveria a dizer o que disse, porque tal frase só aumenta a violência doméstica.

Não se justificam os maus-tratos aos semelhantes, sob nenhuma circunstância, muito menos a um ser mais frágil! Deus torna-se o juiz daqueles que utilizam violência contra os outros. A Bíblia diz que Deus protege o frágil dos ataques do mal, portanto, nenhum mau-trato ficará oculto, nenhuma ferida ficará aberta, nenhuma causa de dor ficará sem castigo.

Centenas de crianças morrem cada dia vítimas da violência dos que as rodeiam. Milhares de mulheres são humilhadas, desprezadas, estupradas e castigadas pelos que se consideram "machões" neste mundo, e não são mais do que pobres tolos, débeis e irracionais. São incapazes de sentir amor por pessoas ou por qualquer coisa, porque a violência é contrária ao amor, especialmente a violência contra o mais fraco!

Todos nós temos uma parcela de culpa por alimentar esta violência. Nos esportes, a violência é o resultado das declarações dos atletas quando dizem coisas como: "Esse cara é um idiota! Vou lhe quebrar os dentes!". Também é culpa dos meios de comunicação, que incitam à violência com sua forma de interpretar as notícias: "Luta até a morte no estádio"; "O jogo mais importante do século." A violência é responsabilidade de homens públicos, como um conhecido prefeito espanhol que fez um gesto obsceno para a equipe rival, diante das câmeras de TV.

Em mais de uma ocasião já mencionamos, que violência gera violência. Se quisermos freá-la, é necessário semear amor. Mas não um amor qualquer: só serve o que vem diretamente de Deus. Ele não admite maus-tratos e defende o mais fraco.

Maus-tratos não ficarão impunes.

---

15 de setembro

...sim, tu que me exaltaste acima dos meus adversários e me livraste do homem violento.
—Salmo 18:48

Leitura de hoje

SALMOS 18,31

Oração

Senhor, obrigado porque nos livras dos homens violentos. Ensina-nos a fazer todo o possível para ajudar aos fracos, e não permitir que o mal reine nas pessoas.

16 de setembro

Mudança de Equipe

E, assim, se alguém está em Cristo, é nova criatura; as cousas antigas já passaram; eis que se fizeram novas.
—2 Coríntios 5:17

Leitura de hoje

2 CORÍNTIOS 3–5:1-10

Luciano Mineiro é um grande jogador de futebol brasileiro na equipe *Chelsea* na Inglaterra. Ele dirige sua equipe desde o meio do campo, é muito inteligente no jogo e é conhecido por seu compromisso com Deus. Em sua nova vida com Cristo vemos as seguintes transformações em seu dia-a-dia.

Aquele que está unido com Cristo é uma nova pessoa, se Cristo vive em você — você é um novo ser.

As coisas velhas passaram, tudo se fez novo.

Você é uma nova pessoa, vai viver de outra maneira.

Você é uma nova pessoa, agora pertence a uma equipe maior.

Você é uma nova pessoa, agora tem um novo "treinador".

Você é uma nova pessoa e Deus vai mudar muitas coisas dentro de você.

As coisas velhas passaram, seu velho modo de viver passou, sua velha mentalidade não deve governá-lo.

Pode dizer adeus a muitas coisas: a viver sem aspirações, sem motivações na vida, sem objetivos, sem futuro, sem alegria e sem sentido.

Você é uma nova pessoa, não obedeça a seu antigo dono!

Você é uma nova pessoa, deve mudar sua forma de "jogar".

Você é uma nova pessoa, têm novos companheiros — uma nova família em Cristo.

Você é uma nova pessoa, o futuro é seu, por toda a eternidade!

As coisas velhas passaram; deixe que Deus mesmo controle sua vida, sua mente, seu coração, seus sentimentos, sua vontade, seu corpo, suas forças, seu tempo:

O Espírito Santo é a sua ajuda, Ele lhe ensinará a viver de acordo com sua nova equipe.

Você é uma nova pessoa, nada, nem ninguém tem direito de destruí-lo.

Você é uma nova pessoa, não viva derrotado.

Você é uma nova pessoa, não desobedeça ao seu "treinador".

As coisas velhas já passaram.

Tudo agora se fez novo.

Oração

Senhor Jesus, me fizeste uma nova pessoa. Tu és o meu Deus. Ensina-me a viver deixando para trás as coisas velhas.

Passar para uma equipe maior exige que joguemos de maneira diferente.

17 de setembro

Tudo Está Escrito

Tenho certeza que muitos se lembram daquele que foi considerado o melhor atleta do mundo — Jim Thorpe, e dos problemas que teve por causa de sua origem indígena e seu pouco preparo profissional. Através de um ato de hipocrisia sem limites, o *Comitê Olímpico Internacional* retirou as medalhas que Jim conquistou nos Jogos Olímpicos de Estocolmo. Trinta anos após sua morte, o Comitê Olímpico fez justiça e devolveu-lhe as medalhas. A justiça tarda, mas não falha.

A justiça de Deus é sempre perfeita: em Sua atuação, em Seu momento e em Seu trato; não ficam dúvidas quanto à retidão de Deus. Deus tem um livro em que estão escritas todas as nossas ações e ao final todos pagaremos ou seremos recompensados pelo que tivermos feito. Tudo está escrito, Deus conhece todas as coisas e o fim de cada uma delas.

Por que você está desafiando Deus? Tudo que você tem feito na vida está registrado; inclusive, se você crê ou não que Deus existe e se preocupa com você. A verdade não vai mudar: seu passado e seu futuro estão registrados. Você acredita que vai permanecer tranquilo diante dele? O capítulo 16 de Apocalipse nos fala da ira de Deus como algo que sobreviverá a todos aqueles que desprezam Seu amor.

Não pense que vai permanecer impune por ter rejeitado a Deus em sua vida. Você mesmo decide: se você o aceita, você aceita um relacionamento de amor; se o rejeita, lembre-se de que já está debaixo de Sua ira. Porque sua salvação e a minha dependem, única e exclusivamente, da resposta a uma pergunta: Jesus é seu Salvador? Se não é, tudo o que fizer é inútil.

Muitos seguem caminhos diferentes: caminhos religiosos, sociais, humanitários, sem reconhecer que a relação com Deus depende de um só caminho, Jesus. É Ele quem vai julgar o mundo e também nos julgará Não será um homem que estará sentado no trono, não será Buda, nem Maomé, nem Confúcio, nem os fundadores dos milhares de religiões e seitas que existem hoje. Não será um líder social, nem político. Só um ganhou o direito de estar no trono, só um é o próprio Deus feito homem, Jesus. Ele é seu Salvador? Se não é, por que está contra Deus? Sua justiça virá repentinamente, Ele não precisa de uma segunda chance.

> Que pensais vós contra o Senhor? Ele mesmo vos consumirá de todo; não se levantará por duas vezes a angústia.
> —Naum 1:9

Leitura de hoje

NAUM 1
ISAÍAS 11
APOCALIPSE 16

Oração

Senhor perdoa-me por ter perdido todo meu tempo te dando as costas. Sei o que fizeste por mim na cruz, e quero que sejas meu Salvador.

Só haverá um juiz: Jesus. É melhor acertar a situação com Ele antes que seja tarde demais.

18 de setembro

Procura-se Um Vencedor

Disse Calebe: A quem derrotar Quiriate-Sefer e a tomar, darei minha filha Acsa por mulher.
—Juízes 1:12

Os que têm caráter de vencedor são os homens mais procurados em todas as equipes e em todos os esportes. Muitos deles são brasileiros, habilidosos sim, mas se destacam pela vontade e força de vencer. Alguns levam muito tempo na Europa como o jogador Caçapa; que foi campeão pelo *Olympique* de Lyon na França e joga atualmente na Inglaterra. Ou Felipe Melo, que se destacou no *Almeria* na Espanha, para depois seguir para uma equipe importante na Itália, a Fiorentina. Vencedores sempre.

Em outra de nossas reflexões, falamos de um vencedor chamado Calebe, que mesmo tendo mais de 80 anos andava pelas regiões palestinas buscando terras para conquistar, e quando já quase não lhe restavam forças, prometeu sua filha em casamento para aquele que conseguisse conquistar Quiriate-Sefir, uma cidade importante. Estava buscando um vencedor!

Leitura de hoje

JUÍZES 1
HEBREUS 7
2 CRÔNICAS 25

Todos nós sabemos como são os vencedores: pessoas que nem sempre vemos, mas que sentimos falta na hora da dificuldade. São pessoas que nunca desistem. Pessoas que são capazes de enfrentar mil vezes o inimigo, e ainda que saiam derrotadas, começam a buscar vencer da próxima vez! Gente que é imprescindível na vida, na igreja, na obra de Deus, na família. Pessoas que só conhecem a linguagem dos vencedores!

Quase sempre, seu segredo é muito simples: consiste em fortalecer a força e confiança e enfraquecer o medo. Como? Estudando atentamente aquilo em que fundamentamos nossas vidas. Simples! Como se pode ter medo quando se sabe que Deus está sempre ao nosso lado? Como não sentir confiança se Ele foi capaz de vencer todos os inimigos (inclusive a morte)? Muitas vezes alimentamos nosso medo ao desconfiar do poder de Deus. Outras ocasiões enfraquecemos nossa confiança por não conhecermos o que Deus nos prometeu.

Deus está buscando vencedores. Pessoas capazes de transformar o mundo. Deus não está buscando exércitos, não está buscando cidades nem fortalezas. Ele busca uma pessoa, Ele busca você. Os vencedores sempre terminam nas equipes vitoriosas. Em que equipe você está? Deus está buscando uma pessoa capaz de mudar o mundo com Seu poder. Será você?

Oração

Senhor faz-me uma pessoa disposta a ir onde me mandares. Faz-me um vencedor.

Os filhos de Deus não são vencedores, são mais do que vencedores.

19 de setembro

Levante a Mão!

O Brasil teve um dos melhores jogadores de basquete de toda a história, Oscar Schmidt. Sua capacidade de marcar pontos parecia não ter limites, e em todos os lugares em que jogou deixou sua marca de qualidade e profissionalismo. Oscar foi um jogador limpo em todas suas ações e sabia que ao cometer uma falta pessoal deveria levantar sua mão em reconhecimento.

Reconhecer nossos próprios erros é um dos melhores exercícios de nosso treino diário. Em primeiro lugar, diminuímos nosso orgulho e em segundo, nos aproximamos de Deus, pois só Ele é perfeito. Em terceiro, nos preparamos para sermos perdoados. Não é possível perdoar algo sem o devido reconhecimento. Deus em muitas ocasiões espera que levantemos nossa mão em reconhecimento aos nossos erros, para que Ele possa nos perdoar. E ninguém é mais desejoso do que Ele para nos perdoar.

Às vezes as leis espirituais nos parecem muito simples: ir à presença de Deus, reconhecer nosso pecado e receber o perdão! No entanto, parece que nada é mais difícil para uma pessoa do que reconhecer seus próprios erros. E você? Envolveu-se com algo indevido? Fez algo contrário à vontade de Deus? Fale hoje mesmo com Ele, confesse seu pecado e Ele o perdoará. A Bíblia diz que Ele é o único que pode fazer isto; nenhum outro pode perdoar pecados senão Deus.

Não deixe o tempo passar escondendo o seu pecado. Não pense que ninguém vai saber o que você fez — Deus o sabe. Por mais que o tenha escondido, não passou despercebido para Deus. Cedo ou tarde seu pecado vai alcançá-lo e então, o que será de você? É melhor reconhecer o que fez de errado, é melhor levantar a mão em reconhecimento.

Se não o fizer, estará em perigo; com o passar do tempo, todos nós racionalizamos nossos erros: "todos fazem isso"; "Poderia ter sido pior"; "Na próxima vez não acontecerá novamente." E assim há centenas de razões para nos enganarmos. Enquanto isso, Deus continua desejando nos perdoar. Agora é o momento de reconhecer o que você fez. Agora é o momento de levantar sua mão.

> O que encobre as suas transgressões jamais prosperará...
> —Provérbios 28:13

Leitura de hoje

2 SAMUEL 11–13

Oração

Meu Deus eu quero te pedir perdão por _____. Ensina-me a enfrentar as consequências do meu pecado e pedir perdão aos que feri.

Se você cometeu alguma falta, levante a mão!

20 de setembro

Fuja!

Habitou Abrão na terra de Canaã; e Ló, nas cidades da campina e ia armando as suas tendas até Sodoma.
—Gênesis 13:12

Leitura de hoje

JUÍZES 14–16

Oração

Senhor dá-me sabedoria para discernir os argumentos do mal e não perder meu tempo com eles. Ensina-me a fugir das situações perigosas.

Muitas vezes seria melhor ter a boca bem fechada. Um dos treinadores da Universidade de Maryland um dia referiu-se ao vício de Len Bias em cocaína, e disse: "Estou convencido de que, quem consegue utilizar a cocaína adequadamente, pode jogar melhor." Meses depois Len Bias morreu de uma overdose após assinar o contrato de sua vida com a equipe do Boston Celtics.

Só existe uma maneira de vencer o mal: fugir. Se tentarmos justificar o que fazemos cedo ou tarde nos daremos mal. O Diabo é especialista em argumentar sobre qualquer coisa de modo que, quase sempre, consegue nos convencer. Isto acontece desde o início da humanidade; o primeiro pecado do homem e da mulher foi precedido por uma série de argumentos que Adão e Eva não souberam responder, conforme o livro de Gênesis 3.

Cada vez que você busca justificativa para o que você faz, apesar de saber que está errado, você dá um passo a mais para a própria destruição. Não se pode ceder ao mal em qualquer ponto na argumentação, porque o Diabo tem todas as chances de nos enganar. É como ir caindo numa descida quase imperceptível, mas com o passar do tempo percebemos que horas antes estávamos em posição melhor.

Observe o caso de Ló? Ele sabia o que acontecia em Sodoma, sabia que não devia se aproximar dali, nem levar sua família para perto, no entanto, à medida que Deus ia abençoando seu trabalho e suas posses aumentavam. Ló ia "armando suas tendas até Sodoma". Ao perceber-se, ele e sua família eram Sodomitas.

Analise o segundo caso: Sansão. Ele foi, sem dúvida alguma, o homem mais forte que existiu na história de Israel. Ele tinha todas as qualidades necessárias para ser um vencedor, no entanto, sua vida é uma das histórias mais tristes que conhecemos. Sansão não podia beber vinho, mas passeou por entre as vinhas; não podia se aproximar de um cadáver, mas entre as vinhas viu um leão morto, e fez uma charada. Ele não podia casar-se com uma mulher Filistéia, mas foi contar sua história aos filisteus. Toda sua vida foi um completo fracasso, porque sempre quis argumentar com o mal. "Até onde posso chegar sem que nada me aconteça?" Esta é uma pergunta extremamente perigosa.

Para o Diabo é muito simples nos enganar. "Você não vai morrer só por provar", e, "os que estão com você também já fizeram, e continuam bem", ou, "só um pouco não vai feri-lo." Sem dúvida, estas desculpas o levarão à destruição e morte.

Não argumente com o mal – fuja!

27 de setembro

Disciplina

Julio Toro, treinador da seleção de basquete da Venezuela nos Jogos Olímpicos de Barcelona 1992, é um especialista em mentalização. Passou dez anos de sua vida combatendo no Vietnã e quando voltou para casa, o exército americano o quis recrutar. Alguns dizem que ele disparou um tiro em uma de suas pernas para não voltar. Sempre ensinou disciplina nas equipes que treinou.

É impossível chegar a qualquer lugar sem disciplina. O momento da aplicação da disciplina é sempre difícil, mas ao final, reconhecemos que a disciplina foi útil. Nenhum atleta vence sem a disciplina do treinamento diário e o cuidado pessoal com seu corpo e mente.

Não há crescimento na vida espiritual se desprezarmos a disciplina de Deus.

O erro nunca fica sem punição; e muitas vezes somos nós mesmos que pedimos a Deus para atuar com justiça, que puna aqueles que destroem a vida ou causam dano aos seus semelhantes. A disciplina é imprescindível para um bom viver.

O capítulo 12 de Hebreus apresenta razões para Deus nos disciplinar. Veja a seguir:
1. Para que as pessoas que nos rodeiam aprendam (v.1).
2. Para deixarmos para trás o nosso pecado (v.1).
3. Para colocarmos nossos olhos em Jesus (v.2).
4. Porque somos Seus filhos (v.5).
5. Porque Ele nos ama (v.6).
6. Para aprendermos a obedecer-lhe (v.9).
7. Para sermos santos (v.10).
8. Para darmos frutos (v.11).
9. Para vivermos com alegria, e sem amarguras (v.15).

Com certeza você pode lembrar outras razões. Sim, a disciplina de Deus é imprescindível. Ele nos ama, e nos ajuda a sermos melhores cada dia.

...Filho meu, não menosprezes a correção que vem do Senhor...
—Hebreus 12:5

Leitura de hoje

HEBREUS 12
SALMOS 9,26

Oração

Pai Nosso, obrigado porque me ensinas o que devo fazer. Obrigado porque somos Teus filhos e Senhor nos disciplina.

O erro não pode ficar impune.

22 de setembro

Dando Uma Força

A pedido de Daniel, constituiu o rei a Sadraque, Mesaque e Abede-Nego sobre os negócios da província da Babilônia…
—Daniel 2:49

Leitura de hoje

DANIEL 2–3

Ao final de cada jogo, durante sua última temporada profissional, JULIUS ERVING, despediu-se em todas as quadras em que jogou, recebendo honras como o melhor jogador do mundo. No seu último jogo contra o *Milwaukee*, o base JOHN LUCAS lhe agradeceu por sua ajuda, pois John havia saído recentemente das drogas. Os dois se abraçaram e Julius lhe agradeceu por ele ter se recuperado para o basquete.

Diz-se que a amizade é uma das coisas mais importantes e transcendentais na vida. Já foi dito também que ela é mais importante que a paz, a liberdade ou a ordem. Nunca falaremos o suficiente sobre este tema; pois por mais que falemos sobre a amizade, jamais expressaremos todo seu valor. A vida é dura, triste e solitária, sem amigos.

A Bíblia menciona, muitas vezes, a importância da amizade. Nela está escrito que Deus oferece a salvação para cada homem e mulher. A salvação é parte de uma história sobre amizade; a mesma amizade que o homem um dia quebrou quando pecou. Deus restabeleceu a aliança com todos os que aceitam a salvação que Ele oferece através da vida do Seu precioso filho. Esta é a história de amor e amizade mais bela que já existiu. E tudo isto foi feito por você e por mim.

Reflita, nós firmamos nossa amizade na ajuda incondicional de Deus. Pense em seus amigos, se estão necessitando de sua ajuda: há algum que necessite compreensão, consolo, um auxílio? Você mesmo, talvez, esteja agora diante de uma situação difícil. Por que não pede ajuda a um amigo? Às vezes não podemos vencer sozinhos. Outras vezes o que temos pela frente é mais forte do que nós. Pense em situações complicadas que pode passar: tentações, medos, testes, provas ou problemas de relacionamento. Vencemos melhor estas situações quando temos a ajuda de um amigo.

Não se esqueça de seus amigos quando tudo estiver bem! Devemos aprender com Daniel que ao atingir melhor posição social, primeiro lembrou-se de seus amigos! Lembre-se também do exemplo perfeito do melhor amigo, o único, o incomparável — Jesus.

Oração

Senhor quero te agradecer por meus amigos. Quero ajudá-los da melhor maneira que puder.

É mais fácil vencer com a pequena ajuda de um amigo.

23 de setembro

Ligando Para Deus

BILL RUSELL foi um dos jogadores que mais ganhou campeonatos pela *NBA*. Ele jogou no *Celtics* onde venceu 11 campeonatos em 13 anos. Quando tinha dois anos, teve uma febre estranha e foi levado ao hospital; não se alimentava e ninguém sabia qual era o mal que o impedia de comer. Todos esperavam o desenlace fatal, e uma mulher que estava observando o que acontecia, queria dizer algo. Mas como todos estavam preocupados em salvar a criança, ninguém lhe dava atenção. No final, quando os médicos se deram por vencidos, resolveram ouvir o que ela tinha a dizer: "peguem o menino pelos pés e sacudam-no." Seu pai fez assim, e Bill expeliu um pedaço de pão que ficara entalado por horas, sem ninguém perceber.

No mundo em que vivemos, pouca importância se dá ao saber escutar. Achamos que nós temos todas as respostas e que não necessitamos que nos ensinem! Muito menos, escutar Deus; isso saiu de moda! E desta forma, milhares de pessoas morrem a cada dia, espiritual e fisicamente.

Deus fala através de Sua palavra, por meio do Espírito Santo, da oração e de bons conselhos de outras pessoas. Deus nos fala de tantas formas e quantas vezes estamos muito ocupados para ouvi-lo. Por essa razão Deus diz: "vos tenho falado, não me obedecestes".

O perigo de não escutar a Deus é fatal. E já sabem todos a quem me refiro quando digo "escutar": não é o modo de ouvir do tipo "entra por um ouvido e sai pelo outro". Não se pode ouvir a voz Deus sem obedecer-lhe.

Tantas vezes falamos, agimos, trabalhamos e servirmos a Deus, sem ouvi-lo! Fazemos nossos planos e depois pedimos que Ele nos abençoe. Temos nossas ideias e mais tarde procuramos ver se a Bíblia as apóia. Isto não é certo. Antes de qualquer coisa, inclusive antes de levantarmos pela manhã, deveríamos dizer de coração: "fala-me senhor, quero ouvir-te". Para isto podemos utilizar o telefone de Deus: Jeremias 33:3 — "clama a mim, e eu lhe responderei". Um telefone que sempre está ligado, desocupado, 24 horas por dia.

Você já ouviu a voz de Deus hoje ou seu telefone está ocupado? Você está tão ocupado com suas atividades, falando com tanta gente, que não consegue ouvir a voz de Deus? Agora mesmo, deixe de falar e escutar os outros, e disponha-se a ouvir a Deus.

> ...porém, que, começando de madrugada, vos tenho falado, não me obedecestes.
> —Jeremias 35:14

Leitura de hoje

EZEQUIEL 34
JEREMIAS 2,42

Oração

Senhor estou agradecido e quero ouvir-te.

Seu "telefone" deve estar desocupado para poder ouvir a voz de Deus.

24 de setembro

Mas, o Que Vão Dizer?

Não te envergonhes, portanto, do testemunho de nosso Senhor...
—2 Timóteo 1:8

O jogador de futebol, brasileiro, RIVALDO, foi um dos últimos ganhadores do prêmio "bola de ouro", o que quer dizer que ele foi considerado o melhor jogador do mundo. Quando era mais jovem e começou a jogar, era chamado de "perna de pau", e diziam que até os coxos jogavam melhor do que ele. Era zombado na rua e vaiado quando jogou em suas primeiras equipes no Brasil. Ele não se importou e continuou jogando apesar dos menosprezos.

Você pode ser o melhor do mundo na sua especialidade, mas se você tiver medo de ser ridicularizado, está perdido. O temor de que as pessoas assobiem, zombem, é o medo que mais causa derrotas através da história. Temos medo de ser diferentes, do que os outros possam dizer, de que zombem de nós. Não sabemos como sermos nós mesmos!

Leitura de hoje

1 TIMÓTEO 1–3

É um dos maiores perigos dos jovens cristãos: a pressão de um grupo pode fazer desaparecer nossa crença, ainda que esta seja muito importante para nós. Não gostamos de ser considerados incapazes ou fora de estilo, e por isso, muitas vezes, cometemos bobagens.

Quando estamos com nossos amigos, às vezes temos receio que descubram que cremos em Deus, e por isto calamos, deixamos de orar, e vamos a lugares que nunca deveríamos ir! E assim, acabamos fazendo coisas que sabemos que vão nos prejudicar e aos que nos acompanham também. Tudo por medo do que possam dizer! O grupo é quem decide, que impõe condições, que pensa por nós.

Um grupo permitiu o holocausto na Segunda Guerra Mundial. Um grupo decidiu instaurar a Inquisição na Idade Média e matar milhões de pessoas. Um grupo decidiu aprovar o aborto e matar milhões de crianças inocentes.

Oração

Senhor enche-me com Teu Espírito, para que eu seja a pessoa que Tu desejas. Não quero sentir medo do ridículo e da perseguição.

Um dia um grupo de pessoas gritou diante do ser mais maravilhoso que existiu neste mundo: "Crucifica-o!" Em muitas ocasiões fazemos parte deste grupo, e não temos a valentia suficiente para gritar: Não é assim!

E tudo isso por não termos aprendido a vencer nosso medo sobre: "O que dirão?" Como somos tolos! Deus não nos fez covardes, Ele nos deu todo o poder! Não temos que seguir o que dizem os outros, nós somos diferentes! Ninguém pode mandar em nossa consciência! Deus nos deu liberdade para saber e compreender o certo do errado.

Não sofra pelo que dizem os outros. Não existe no mundo nada mais importante e digno de orgulho do que o evangelho de Cristo. É o mesmo Espírito de Deus que nos dá o poder para sermos diferentes. Os outros é que estão errados, não Deus.

Não tenha medo de ser ridicularizado. As vaias afetam somente os covardes.

De Deus é a Vingança

Um dos melhores jogadores de futebol argentino da época negou-se a jogar com sua Seleção no Campeonato Mundial de 1978. Sua razão era muito clara: protestar contra a ditadura militar estabelecida na Argentina, que tantas mortes haviam causado naquele lindo país. Mesmo que a partir desse momento ele tenha caído em desgraça, muitos ainda se lembram daquele jogador: CARRASCOSA. Apesar de tudo, a ditadura continuou como ainda ocorre em muitas partes do mundo. A Bíblia fala sobre a prosperidade do mal: o mundo é o reino do mal e os melhores servos têm muitas vantagens.

Ficamos nervosos, aflitos ao saber de pessoas que matam por prazer. Quando ouvimos o pranto de quem viu destruída sua família pela covardia de algum terrorista, nos revoltamos. Quando contemplamos as imagens de crianças mortas pela maldade de pessoas inescrupulosas, feridas pelo ódio, destruídas fisicamente por quem diz ser a voz do povo, nos indignamos. E temos razão quando sentimos o mesmo com relação a ditadores e terroristas, pois são dois lados da mesma moeda: a moeda do terror, da covardia, da maldade e da morte.

Só há um pequeno problema: podem nos fazer reagir da mesma maneira. Deus nos diz que, o que facilmente se ira, fará loucuras, e, quando somos golpeados pela violência e pela morte, talvez cheguemos à beira da loucura. Mas Deus é quem faz justiça. Deus é nosso vingador. Deus vingará:

Quando alguém mata um ser indefeso.
Quando um ditador ou um terrorista semeia a morte entre inocentes.
Quando alguém abandona seu lar, filhos, família, deixando-os na miséria.
Quando alguém é malvado e vingativo, mas parece inocente.
Quando alguém discrimina, ridiculariza ou despreza outro ser humano.
Quando alguém fizer um ser indefeso sofrer.

Deus não deixará nada sem troco. Ele nos ensina que é justo e nunca terá por inocente o culpado. "Minha é a vingança", diz o Senhor, e nós cremos de todo coração, porque a vida não seria igual sem um Deus completamente justo e Todo-poderoso. Sei que devo confiar em Deus.

> O que presto se ira faz loucuras...
> —Provérbios 14:17

Leitura de hoje

SALMOS 36, 38, 41

Oração

Senhor abençoa todas as vítimas do mal e terror. Ensina-me a lembrar que Tu farás justiça.

Todos os clamores por justiça neste mundo estão no coração de Deus.

26 de setembro

Sem Direito a Bagagem ou Acompanhante

(Pois a redenção da alma deles é caríssima, e cessará a tentativa para sempre).
—Salmo 49:8

Muitas vezes DRAZEN PETROVIC disse: "Sou eu quem decide o meu futuro", mas isto ele falava antes de sofrer um acidente automobilístico fatal na Alemanha. Ele tinha sido contratado pelo *Nets* e havia rumores de que várias equipes da *NBA* o queriam, assim como, o *Panatinaikos*, várias equipes italianas, ou mesmo o *Real Madrid*, onde jogara anteriormente. Drazen sempre dizia: "Vou jogar até os 33 anos, e depois vou me casar."

Deixe-me perguntar-lhe: o que você levará no dia em que morrer?

Se você tiver todo o dinheiro do mundo — ficará aqui.

Se todos o admirarem — ficarão aqui.

Se você tiver a melhor posição social, ao morrer — será somente mais um.

Se você tiver casas, posses, terrenos, carros — ficarão aqui.

Se você tiver todo o necessário para desfrutar a vida aqui — um dia isto acabará.

Você deixará tudo para trás.

Ninguém pode levar dinheiro, posses, prazeres, admiradores, posição social, deixará tudo para os outros. Nenhuma quantia em dinheiro pode devolver a vida. Ninguém é tão famoso que consiga se livrar da morte. Você tem um destino e este se cumprirá — quando morrer, tudo ficará para trás.

A morte não é algo distante. Desde o momento em que nascemos, sabemos que teremos que morrer. A sepultura é a casa comum de todos os mortais. A expectativa de vida aumentou, mas as possibilidades de um acidente mortal multiplicaram-se dez mil vezes. Vencemos enfermidades incuráveis, mas multiplicamos cinco mil vezes as possibilidades de morte por enfermidades do século como: AIDS/SIDA, câncer, coração e estresse. Um dia também morreremos e deixaremos tudo para trás.

E então, o que ocorrerá após a sua morte? Você acha sábio trabalhar, estudar e se preocupar pela vida que durará por volta de 70, 80 ou 90 anos? Não é mais sábio preocupar-se com o futuro, ou com a vida que será eterna? Cem anos então serão como um sopro ou diversão, ou quem sabe a amargura da condenação eterna.

Leitura de hoje

DANIEL 4
JOÃO 11

Oração

Senhor ensina-me a preparar-me para o meu último dia.

No dia da sua morte você leva somente o seu corpo inerte.

27 de setembro

Dois Contra Um

Na verdade ele é o jogador de basquete mais conhecido do mundo. Creio que não há um lugar onde se possa mencionar seu nome sem que imediatamente todos comecem a falar dele. Trata-se de Michael Jordan, talvez o jogador mais influente da *NBA*. A importância de Jordan é tal, que todos os treinadores criaram jogadas defensivas concebidas especialmente para serem usadas em jogos nos quais Jordan participava, e nestas jogadas a marcação era de dois contra um para poder enfrentar o "voador".

Há algum tempo, escutei um bom treinador dizendo: "Alguns jogadores são muito bons, você necessita duas ou três defesas para marcá-los, outros se marcam sozinhos." Da mesma maneira, o Diabo pode estar dizendo: "com os outros não preciso me preocupar."

Ainda que pareça mentira, o cristianismo é um grupo que tem o maior número de inativos. E não é por falta de trabalho, mas por preguiça, desobediência e orgulho. Claro, com estes o Diabo não se preocupa, pois não o incomodam. Não oram pelos perdidos, não lutam para assemelhar-se ao Senhor, não evangelizam, não ajudam e nem estão cheios do Espírito Santo.

Mas, quando alguém está comprometido com Deus, quando alguém decide servi-lo em tudo, quando alguém se põe incondicionalmente nas mãos do Espírito Santo, então rapidamente o Diabo busca "marcadores". Muitos cristãos se assustam — quando vêm sobre eles os ataques do mal, não sabem o que fazer. Não entendem que, quanto mais trabalhamos para Deus, mais o Diabo nos ataca, e de maneiras diferentes!

Pode ser que você esteja passando por um momento difícil. Pode ser que os "marcadores" cometam toda classe de faltas, más ações e jogadas sujas. Não se preocupe: se o Diabo faz assim é porque crê que você é muito importante. Lembre-se que: outros se marcam sozinhos.

Se precisa de ajuda, olhe para cima: Deus tem poder suficiente para que você seja capaz de vencer. Mas também, olhe ao seu lado: algum irmão na fé pode ajudá-lo neste "dois contra um". Na próxima reunião na igreja, além de olhar para o pregador, ore e olhe para o lado; pode ser que Deus tenha colocado alguém ali para servir de ajuda a você.

Se o jogador não faz nada, os oponentes não se preocupam.

...O diabo, vosso adversário, anda em derredor, como leão que ruge procurando alguém para devorar.
—1 Pedro 5:8

Leitura de hoje

1 CORÍNTIOS 1
NEEMIAS 5

Oração

Pai sei que quando trabalho para ti, o Diabo me ataca ainda mais. Dá-me forças para resistir e para ajudar aos outros.

28 de setembro

Cuidar dos Fundamentos

Tem cuidado de ti mesmo e da doutrina. Continua nestes deveres...
—1 Timóteo 4:16

Poucas Copas do Mundo de futebol conheceram um espetáculo de jogo e técnica como aquele celebrado na Espanha em 1982. Naquele campeonato a base da *Seleção Brasileira* formada por Falcão, Toninho Cerezo, Zico e Sócrates assombrou o mundo. Os fundamentos técnicos deste quarteto eram extraordinários.

Os fundamentos técnicos dos jogadores influenciam a grande maioria dos jogos em quase todos os esportes individuais e coletivos. O resultado final quase sempre depende dos seguintes fundamentos: gols no futebol; cestas fáceis no basquete; arremessos e contra-ataques no handebol. Eles demonstram que somente aqueles que dominam estas situações são os verdadeiros vencedores.

Leitura de hoje

ESDRAS 7
HEBREUS 1

Sabe por quê? Nos momentos em que os nervos nos dominam, o medo se apodera de nós, ou as forças começam a vacilar e a única coisa que vale são estes fundamentos, aquelas coisas que fazemos sem vacilar. Se não tivermos estes bons fundamentos, falharemos.

No final, tudo o que cremos e firmamos em nossa mente, é o que realmente importa. Ao tomar milhares de decisões, especialmente as mais importantes, percebemos que os nossos fundamentos básicos são os que nos sustentam. Se não temos certeza para onde estamos indo, o natural é que tomemos decisões equivocadas e os outros facilmente nos enganem. Se não estamos completamente certos do que cremos e a base de nossa segurança é fraca, sempre andaremos às escuras.

Como vão seus fundamentos básicos? Você conhece bem o que Deus lhe preparou? Você entende como Deus atua neste mundo? Você é capaz de explicar a qualquer pessoa a mensagem do amor de Deus? O que você diria se tivesse três minutos para falar a alguém sobre Deus? Cada dia devemos investir tempo aprendendo princípios bíblicos e ler a Palavra de Deus. Ele a inspirou e através dela podemos conhecê-lo melhor. Não se esqueça: cuide de si mesmo, dos seus valores — nos momentos decisivos, os princípios bíblicos o ajudarão a tomar a decisão correta.

Oração

Meu Pai preciso ler Tua Palavra todos os dias. Ensina-me a dar a devida importância e investir tempo em Tua presença.

Os princípios bíblicos são os alicerces das decisões corretas.

29 de setembro

Seja Bondoso, não Custa Nada

Leivinha foi um dos melhores jogadores brasileiros dos anos 1970. Jogou no *Atlético de Madrid*, e foi um dos vencedores do título da liga espanhola na temporada 1976–77. Não era apenas um grande jogador, mas também um dos mais competitivos que se conheceu. Certa ocasião, jogando contra o *Atlético de Bilbao*, Iríbar, goleiro daquela equipe, levantou a bola para chutar para frente: Leivinha, que estava atrás daquele goleiro sem que ele o visse, deu um leve toque na bola, roubou-a e fez o gol. Rapidamente desculpou-se com o Iríbar. Fora um grande descuido do goleiro e oportunismo de Leivinha.

A Palavra de Deus está cheia de versículos que nos recordam a importância da bondade. Ser bondoso com os outros prova que nosso caráter vai se parecendo mais e mais com o de Cristo. Ninguém pisou esta terra com a bondade e o carinho do Mestre. Ninguém tratou as pessoas com tanta bondade quanto Ele, nem soube colocar tanto amor em cada palavra, ou tocou com tanta ternura as crianças, os enfermos, os necessitados, os desprezados por todos.

A Bíblia, nos fala da bondade do Senhor (1 Pedro 2:3); só Ele pode se considerar fonte da bondade. O que isso nos ensina? Muito simples: que devemos ser bondosos uns com os outros (Efésios 4:32) e não utilizar expressões depreciativas. Ser bondoso com os outros não é uma opção para os bons escolherem, é um mandamento para todos.

Você já notou que dois versículos fazem parte do parágrafo anterior? Fiz de propósito, pois acredito ser um assunto muito importante quando lidamos com o nosso comportamento. Gostaria que você dedicasse alguns momentos para marcar e sublinhar em sua Bíblia todos os textos que se referem à bondade e generosidade em todos os exemplos que você encontrar. Mas não esqueça de praticá-los.

Além disso, Deus oferece um prêmio para todos os que são bondosos com seus semelhantes. Lembra-se destas palavras de Jesus? "Nem um só copo de água que foi dado em meu nome, ficará sem recompensa." Creio que vale a pena obedecer. Recorde que o fruto do Espírito Santo é: amor, alegria, paz, paciência e também a bondade.

> ...sempre que o fizestes a um destes meus pequeninos irmãos, a mim o fizestes.
> —Mateus 25:40

Leitura de hoje

SALMO 92
RUTE 3,4

Oração

Senhor ensina-me a refletir o fruto do Espírito em minha vida, ajuda-me a ser bondoso. Quero ser o primeiro a ajudar os outros.

Poucas portas permanecem fechadas diante de uma palavra gentil.

30 de setembro

Olheiros

Então, o Rei cobiçará a tua formosura...
—Salmo 45:11

Dizem que uma das profissões mais bonitas, mas que exige talento especial é ser *olheiro*. São pessoas que se dedicam única e exclusivamente a observar jogos e encontrar jogadores talentosos. Certa ocasião, um desses olheiros, brasileiro, viu um garoto jogar numa praça de um povoado. Imediatamente o levou para sua equipe. Este garoto conhecido como PELÉ chegaria a jogar 1.364 jogos profissionais e marcar 1.281 gols.

Todos nós temos um olheiro especial que nos observa e admira. Ele nos considera importantes, nos conhece pelo nome e conhece nossa situação. Ele não repara a cor da nossa pele nem nosso gênero e nos ama tal como somos. Alguém que foi capaz de dar tudo que tinha neste mundo, até Sua própria vida, por amor a nós e por que nos considera especiais. Este alguém é Deus.

Leitura de hoje

SALMO 45
ISAÍAS 44

Sabia que Deus admira sua beleza? Deus fez coisas por você sem você perceber. Pode ser que ninguém compreenda você. Talvez você viva muito só, e ache estranho alguém se preocupar com você. Mas isto é certo, não tenha dúvida: Deus vê beleza em você.

Não estou me referindo ao aspecto físico, social ou intelectual, pois tudo passará. O que mais agrada a Deus em você é *você*. Não há outra pessoa no mundo que tenha as mesmas qualidades que as suas.

Deus ouve quando você fala; Ele é capaz de alterar as leis da natureza por você e já o fez muitas vezes, para livrá-lo de perigos, mesmo sem você ter percebido. Quantas vezes você se perguntou: "É um milagre?" Deus fala pessoalmente com você e o ouve. Assim como Ele nos fez com milhões de células nervosas em nosso corpo, Deus deixou Sua Palavra, a Bíblia, escrita de maneira individual para que você encontre nela: conforto, ajuda, satisfação, esperança, coragem, luz, direção, força e sabedoria. Deus quer que você saiba todas estas coisas! Sim, alguém está observando você, o próprio Deus.

Oração

Senhor, muito obrigado porque não estou só. Obrigado, porque me amas como sou, me compreendes e me ajudas. És tudo para mim!

Ninguém acha você tão importante quanto Deus.

1 de outubro

Você não Está Sozinho

Derlei é um dos melhores jogadores da liga portuguesa. É campeão da Liga Europeia, da Liga dos Campeões com o *Porto*, e agora joga no *Sporting de Lisboa*. O que poucos recordam é que antes de ser campeão passou um ano sem jogar, devido à grave contusão em seu joelho. Nesses momentos os atletas sabem o que é estar só. Somente a família e os bons amigos permanecem ao seu lado.

Lembra do que lemos ontem? Vamos ver a memória funcionando! Para Deus você é único e Ele nunca o deixará só. Como se não bastasse, Deus colocou ao nosso lado uma legião de ajudantes que se encarregam pessoalmente de nossas vidas: na Bíblia eles são chamados de anjos.

Nós temos um corpo humano e sentimos as coisas em nosso físico. Por outro lado, temos consciência das coisas espirituais, e sabemos quais suas consequências, mas não podemos vê-las. Quando falamos sobre anjos, para alguns pode parecer um filme, mas isto acontece — porque pensam somente no mundo material, que é visível. Há muitas outras coisas que não podemos ver, como o vento, mas elas existem; podemos ter sentimentos tais como: sensações, sonhos, preocupações e milhares de outros sentimentos. Ninguém diz que não existem só porque não os veem.

Os anjos são parte do plano de Deus, preparados para a nossa defesa. Quando as situações se tornam difíceis, não estamos desamparados; anjos nos observam e ajudam. Quando o inimigo nos ataca e nos tenta derrubar, anjos nos protegem. Às vezes achamos que os inimigos são muitos, às vezes nos sentimos sós e não encontramos saída, mas talvez ainda não tenhamos aprendido a enxergar com nossos olhos espirituais: não estamos percebendo os amigos ao nosso redor, os anjos.

Vamos fazer um pequeno exercício: Lembre-se de situações pelas quais tenha passado no último mês, ok? O que você diria sobre:
1. Perigos iminentes dos quais você se livrou?
2. Problemas que desapareceram quando iam explodir?
3. Tentações e complicações das quais você escapou por um triz?
4. Coincidências sobre as quais, quanto mais você pensa, menos compreende como ocorreram?
5. Pequenos milagres sem explicação?

Pode acrescentar muito mais itens nesta lista, porque por trás dos acontecimentos estava a mão de Deus, cuidando de você por meio dos Seus anjos. Não, você não está só.

Você já orou hoje? Pediu a Deus que mande anjos para cuidar de você e das pessoas que você ama?

Não são todos eles espíritos ministradores, enviados para serviço a favor dos que hão de herdar a salvação?
—Hebreus 1:14

Leitura de hoje

GÊNESIS 16
2 CRÔNICAS 32
DANIEL 10

Oração

Pai do Céu, estou agradecido pelo Teu cuidado e por Teus anjos me ajudarem. Sinto segurança no Senhor.

2 de outubro

Nem Tudo Continua Igual

Assim, ó SENHOR, pereçam todos os teus inimigos!...
—Juízes 5:31

Leitura de hoje

JUÍZES 4–5

Um dos melhores artilheiros brasileiros dos últimos anos, LUIS FABIANO (apelidado "o fabuloso") passou momentos bem difíceis nos seus primeiros anos na Europa. Primeiro no Porto em Portugal, e mais tarde na equipe do Sevilha na Espanha. Alguns treinadores não acreditavam nele, e pensavam que não seria um bom jogador. Graças a Deus, Luis Fabiano foi adiante sem desanimar até ser um dos jogadores mais importantes na Liga Espanhola. Nem tudo continua igual.

Talvez hoje você esteja enfrentando uma situação parecida. Não, não estou me referindo a ser contratado por uma equipe importante, apesar disto poder acontecer. Eu me refiro a uma situação difícil em sua vida. Você tinha muitos sonhos quanto aos estudos, trabalho ou talvez em alguma área da sua vida espiritual e agora se sente derrotado, porque as coisas não aconteceram da forma planejada. Nem tudo termina como deveria ser!

Deus nos diz que não existe inimigo que possa nos impedir. Mesmo que este inimigo seja eu mesmo. Nosso maior inimigo é o Diabo que tenta, por todos os meios, nos fazer cair e desanimar. Não permita que ele o vença com a tentação — Deus lhe dá o poder para vencê-lo. Nem tudo acaba do jeito que começou.

Se estiver cansado, desanimado porque ninguém acredita em você, se acha que não vale a pena tentar porque já falhou tantas vezes, levante-se! Você deve continuar lutando! Não há inimigo que possa nos impedir de vencer! Pode ser que algum nos tenha feito retroceder por termos confiado em nossas próprias forças e não no Senhor, mas não esqueça que nem tudo permanece da maneira que começa.

O poder de Deus é suficiente para vencer qualquer inimigo, tentação ou mau-hábito e também nossos problemas interiores! Jamais pense que não vale a pena tentar de novo. Com a ajuda de Deus você pode seguir adiante. Nem tudo continua igual.

Oração

Senhor Todo-poderoso, já tive muitos fracassos, mas quero deixar tudo nas Tuas mãos e lutar com o Teu Poder, não com o meu!

Mesmo nas noites mais escuras, brilha a presença de Deus.

3 de outubro

Dividindo as Glórias

Marco Aurélio, ex-jogador do *Vasco da Gama* e do *Sporting de Lisboa* em Portugal envolveu-se em diferentes ritos de macumba que consumiam mais de metade do seu salário. Começou a pesquisar sobre assuntos espirituais.

Um dia, enquanto jogava contra o *Atlético de Madrid*, Marco recebeu um cartão amarelo no começo do jogo e, pouco depois, deu uma entrada muito dura em Baltazar, que na época era jogador dessa equipe. Quando o árbitro ia expulsá-lo, Baltazar se levantou rapidamente e o cumprimentou como se nada tivesse acontecido, o árbitro titubeou e deixou seguir o jogo. No final, Marco perguntou a Baltazar a razão de seu comportamento, e este lhe disse que o tinha visto ler a Bíblia no vestiário e pensava que ele era seu irmão em Cristo.

Amizade, apoio, gratidão, parecem ser palavras que sempre andam juntas. Mesmo que não haja proporção igual em dar e receber, a verdade é que uma das regras da amizade é pensar sempre no outro, ajudar sempre, agradecer sempre. Lemos uma história na Bíblia que nos fala um pouco disto. A tribo de Judá, uma das 12 tribos de Israel, era a mais forte daquele tempo; por outro lado, a tribo de Simeão tinha perdido muitos homens em suas primeiras batalhas. A tribo de Judá podia perfeitamente ter lutado sem ajuda, pois seu poder militar era muito grande, mas convidou a tribo de Simeão para juntar-se a eles.

Uma lição que devemos aprender: o fraco ajuda o forte. A tribo de Judá não necessitava da tribo de Simeão para nada, mas decidiu compartilhar sua glória com o mais fraco. Quando voltavam do campo de batalha triunfantes, as pessoas diziam: "Judá e Simeão lutaram e venceram". Como é bom compartilharmos nossa glória com nossos irmãos!

Quando Deus nos fala na Bíblia sobre sua Igreja, Ele a compara com várias realidades diferentes, mas duas delas chamam nossa atenção; um corpo e um edifício. Deus nos ensina que quando recebemos a Cristo em nossa vida, passamos automaticamente a fazer parte de Sua igreja e, portanto, ganhamos milhares de irmãos e irmãs em nossa família espiritual ao redor do mundo. É inadmissível desprezarmos nossa própria família. É incompreensível destruir um edifício do qual somos parte. Qual é a razão das lutas? Creio que só há uma resposta: a única coisa que nos interessa é nossa própria glória.

A amizade, o encorajamento e a gratidão são palavras que devem andar juntas especialmente na igreja. A igreja de Deus é formada pelos membros de um corpo, o corpo de Cristo. A igreja de Deus é formada por tijolos que constroem um edifício: o edifício de Deus.

Quando o forte pede ajuda ao fraco, pode perder muitas coisas, mas ganha um amigo.

...Sobe comigo à herança que me caiu por sorte, e pelejemos contra os cananeus, e também eu subirei contigo à tua...
—Juízes 1:3

Leitura de hoje

JUÍZES 1
1 SAMUEL 20

Oração

Pai nosso que estás no céu, sei que não somente és meu Pai, mas também de meus irmãos e irmãs. Ensina-me a ajudar, a valorizar e a compartilhar minha amizade.

4 de outubro

Onde Está seu Coração?

Porque, onde está o teu tesouro, aí estará também o teu coração.
—Mateus 6:21

Leitura de hoje

MARCOS 9
ESTER 5–7

Oração

Senhor Jesus, Tu és o mais precioso para mim. Nada mais têm valor. Ajuda-me a amar-te mais do que tudo e todos.

O dia 2 de setembro de 1937 foi uma data de triste memória para os Jogos Olímpicos. PIERRE DE COUBERTIN, o fundador e defensor incansável das Olimpíadas da Era Moderna, morreu e foi enterrado na Suíça. Seu coração foi levado à Olímpia na Grécia, como demonstração do seu amor pelo esporte. Em toda sua vida, seu coração pertenceu aos Jogos Olímpicos.

Onde está o seu coração? Que maneira mais direta de começar nossa reflexão de hoje, não é? Não posso fazê-lo de outra forma. Muitas pessoas vivem em nosso planeta, e todas elas têm o coração em algum lugar. Não me refiro a um órgão físico, mas a uma motivação na vida.

Desde o mais rico até o mais humilde empregado, vive com seu coração em alguma coisa. Podemos dizer qualquer coisa, mas nosso coração pertence àquilo que mais desejamos. O que domina nossa mente é o que nos domina — onde está nosso tesouro, ali está nosso coração.

Qual é o seu tesouro? Vou descrever alguns dos mais comuns:
1. Diversões/aventuras
2. Música
3. Estudos
4. Esportes
5. Dinheiro
6. Amigos
7. Fama/poder
8. Prazer/sexo
9. Conhecimento
10. Violência

Muitas destas coisas não são más em si mesmas, outras sim, mas o problema começa quando se tornam o mais importante para você. Alguma delas começou a desviar seu coração? Você pode acrescentar à lista muitas outras situações inclusive coisas muito boas, como a família, uma causa justa, o serviço aos outros. Até as melhores coisas podem converter-se em pesadelos quando governam completamente nossos corações, mentes e maneira de viver.

Nosso coração está seguro somente em um lugar — com Deus. Se em nosso coração Ele é o primeiro, todas as demais coisas passam a ter seu verdadeiro significado. Aí sim, temos tesouros porque nosso verdadeiro tesouro é Jesus. Onde está o seu coração?

Nosso coração sempre estará com aquilo que amamos, inclusive depois da nossa morte.

5 de outubro

A cor da Pele

Durante os jogos Olímpicos de Estocolmo em 1912 aconteceu algo curioso. O melhor corredor do mundo nos 100 m rasos, HOWARD DREW não apareceu para dar a saída da prova. Mais tarde, soube-se que um grupo de racistas norte-americanos o sequestraram em seu camarote do barco porque não queriam que um negro subisse ao pódio dos vencedores. A história demonstrou o contrário, e os negros, homens e mulheres, triunfaram em quase todas as especialidades de esportes.

Durante os Jogos Olímpicos de Berlim em 1936, a Alemanha estava sob o governo de um ditador. Muitos dos melhores atletas americanos eram homens negros: os jornalistas alemães, impregnados da teoria da superioridade da raça ariana, chamavam os atletas de "os auxiliares negros". Para eles, eram como um acessório, algo que os americanos traziam para "dar cor" às Olimpíadas. Aqueles atletas demonstraram seu valor: CORNELIO JOHNSON ganhou o ouro nas provas de salto em altura. JESSE OWENS ganhou quatro medalhas de ouro. JOHNNY WOODRUFF ganhou o ouro nos 800 m e ARCHIE WILLIANS foi ouro nos 400 m.

Mais recentemente, na Itália, o jogador de futebol BARBADILLO foi alvo dos insultos das pessoas pela cor de sua pele; o mesmo aconteceu com ROSENTHAL, que abandonou a equipe de *Udinense* em 1989 diante das contínuas ameaças que recebia por ser judeu. Na Espanha, alguns jogadores como WILFRED da equipe *Rayo Vallecano* ou EZAKI da equipe de *Mallorca*, foram ridicularizados por parte do público e por outros jogadores devido à sua cor ou origem.

Não aprenderemos nunca? A história é tão antiga, e, ao mesmo tempo, tão atual: poucos países são suficientemente cristãos para não fazer discriminações pela cor da pele. Parece que pensamos que somos superiores aos outros, sem percebermos que Deus não faz acepção de pessoas. E mais, a Bíblia nos ensina que muitos terão que prestar contas a Deus no dia do Juízo por ter menosprezado aos outros. Deus não admite discriminações, Ele também as pune.

Por esta razão, os filhos de Deus pertencem a todas as raças. A igreja de Deus está composta por pessoas de todas as cores, origens, classes sociais e culturais. Deus nos chamou para sermos herdeiros de Suas promessas e co-herdeiros com Cristo (Gálatas 3:29). Olhe quem está ao seu lado, Deus o colocou como herdeiro assim como você também. Não fique olhando a cor de sua pele, Deus vive no seu interior.

> Dessarte, não pode haver judeu nem grego; nem escravo nem liberto; nem homem nem mulher...
> —Gálatas 3:28

Leitura de hoje

GÊNESIS 6–7
GÁLATAS 3

Oração

Nosso Pai Celeste ensina-nos a amarmos uns aos outros, como o Senhor nos amou.

A importância de uma pessoa surge do seu interior.

6 de outubro

Que Tipo de Pessoa Você é?

Portanto, abandonem tudo o que é mau, toda mentira, fingimento... (NTLH).
—1 Pedro 2:1

Leitura de hoje

PROVÉRBIOS 24–25

Oração

Senhor Deus da terra e dos céus, ensina-nos a viver uma vida limpa. Ajuda-nos a não mentir ou enganar. Ajuda-nos a sermos leais com os que nos rodeiam.

Em todo esporte, mentiras e enganos sem importância são muito comuns. Atletas que fingem lesões, se jogam ao chão na área do gol para receber pênalti, chutam o adversário quando ninguém os vê; insultam os zagueiros que os marcam e provocam os rivais para serem provocados. No final dos 10 mil metros do atletismo em Barcelona em 1992 viu-se uma imagem antiesportiva na última volta ao redor do estádio. Butayeb, com uma volta atrás ajudou Skak, seu compatriota, descaradamente. Skak foi o vencedor e deixou para trás o queniano Chelimo em uma manobra antirregulamentar, pois um corredor ao ser deixado para trás não pode continuar na mesma volta que seus rivais. O público vaiou a entrega das medalhas. Chelimo o verdadeiro merecedor da medalha, consolou-se ouvindo canções de louvor a Deus.

Suponho que você já ouviu esta frase: "os fins justificam os meios". É uma forma de dizer que vale tudo para se conseguir chegar aonde quer. Mas esta é uma filosofia com muitos problemas porque da mesma maneira que você passa por cima dos outros para alcançar seus objetivos, os outros passarão por cima de você para alcançar os deles. É a lei da selva e o mais selvagem sai vitorioso.

Se o esportista tem que ser limpo jogando, quanto mais o cristão! A malícia e os enganos não devem fazer parte do nosso dicionário. Ainda temos muito que aprender.

Enganar é fingir o que não se é, e também falar de outra pessoa, ou outra circunstância, com lábios mentirosos. Nisto somos muito eficientes e capazes de dar provas do tipo: "Eu vi"; "Ele me disse isto"; e "sabe o que me aconteceu?" Às vezes são muitas as evidências que demonstram nossa malícia.

Enganar é omitir a verdade em decisões que podem prejudicar outros; é calar quando alguém está sendo acusado, ultrajado ou ferido e nós sabemos que é injustamente. Pensamos que, talvez, seja possível tirar algum proveito da situação. Nossa covardia em nos envolvermos traz consequências e merece punição.

Enganar é dizer "mentiras brancas". "Todo mundo faz", você pode dizer. É verdade, mas também é certo que Deus se aborrece com mentiras, seja elas de qualquer tipo. Quantas vezes dizemos pequenas falsidades, inclusive ao falarmos com Deus? Quantas vezes somos especialistas em fingir, enganar e mentir, para levar adiante nossos planos?

Deus nos chama para sermos pessoas diferentes: sem malícia e sem enganos. Sem falsas palavras, sem fingimentos.

Os meios que utilizamos revelam o tipo de pessoa que somos.

7 de outubro

Bem-Vindo!

STANISLAWA WALASIEWICZ era polonesa, e emigrou aos cinco anos para os EUA. Nos Jogos Olímpicos de Los Angeles em 1932 venceu os 100 m nas provas de atletismo e depois 28 títulos americanos. Em 1980 morreu em consequência de um ataque violento e então se descobriu que na verdade era um homem!

Que surpresa! Não é mesmo? Pode ser que nós também tenhamos alguma surpresa desagradável quando nossa vida terminar. Você nunca pensou nisto? Bem, não é exatamente uma surpresa desagradável, mas sim uma verdadeira vergonha. Muitas vezes falamos que Deus nos perdoou por meio da morte de Jesus na cruz, e nos deu vida eterna. Isto é verdade e a Palavra de Deus testifica, mas também é verdade que nossa entrada nos céus depende de como vivemos na terra.

Talvez você nunca tenha percebido, mas a Bíblia nos diz que Deus preparou uma acolhida diferente para cada um de nós. Se nossa vida foi dedicada a Ele e à Sua glória, nossa entrada nos céus será maravilhosa e triunfal. Se seguirmos a Deus do jeito que bem queríamos, com um pensamento nele e muitos outros em outras coisas, se dedicarmos poucos minutos a Deus e muitos outros a nós mesmos, com certeza quando nós o virmos, nos sentiremos envergonhados. Virão à nossa mente mil e uma situações em que escolhemos a comodidade, a glória, o prazer ou qualquer outra coisa antes de servi-lo.

A Palavra de Deus nos ensina que haverá diferentes graus de recompensa na eternidade, de acordo com o maior ou menor grau de comunhão com Deus enquanto estivermos aqui. Você crê que eu e você receberemos a mesma acolhida no céu que o apóstolo Paulo recebeu? Deus nos salvou gratuitamente. Não necessitamos fazer boas obras para sermos aceitos por Ele. Mas, não devemos esquecer que temos uma nova vida, e a demonstramos naquilo que fazemos. Se vivermos da mesma forma que antes, pode ser que Deus ainda não entrou em nossa vida. Cada um de nós é salvo para refletir o caráter de Deus, e este caráter será demonstrado no bem que fizermos. Lembra deste versículo? "Assim brilhe também a vossa luz diante dos homens, para que vejam as vossas boas obras e glorifiquem a vosso Pai que está nos céus."

Esta é a razão de lançarmos "o nosso pão sobre as águas"; praticar o bem aos outros, sejam merecedores ou não. Faça o melhor que você puder, sempre que for capaz e onde você estiver. Lance o seu pão sobre as águas porque, após muitos dias, você o encontrará. E no final, você se encontrará no céu.

Lança o teu pão sobre as águas, porque depois de muitos dias o acharás.
—Eclesiastes 11:1

Leitura de hoje

JOEL 1–3

Oração

Pai Eterno ajuda-me a ser como Tu és. Que todos vejam em mim a nova vida que Tu me deste. Que um dia ao chegar à Tua presença eu possa me sentir feliz por tudo que pude fazer com Tua ajuda.

Como será a sua "entrada" nos céus?

8 de outubro

Sem Sentimento de Orgulho na Equipe

Até o estulto, quando se cala, é tido por sábio, e o que cerra os lábios, por sábio.
—Provérbios 17:28

Leitura de hoje

DEUTERONOMIO 4–6
JÓ 9

Muitas vezes falamos sobre ele, algumas vezes por suas excelentes habilidades esportivas, pois é um dos melhores jogadores de futebol de todos os tempos, e outras vezes, o mencionamos por suas frases sábias sobre o esporte. Estou me referindo ao jogador ALFREDO DI STEFANO, e uma de suas frases é: "quando ganhar, fale pouco — quando perder, menos ainda."

Quando algo dá errado sabemos quem é o culpado: nosso vizinho, amigo, chefe, empregado, governo, outras pessoas, nossa cultura, família, dinheiro e se não tivermos outro para responsabilizar, culpamos Deus. Seria melhor se nos calássemos, pelo menos assim pareceríamos mais inteligentes.

Nossa fraqueza é sermos orgulhosos e contarmos vantagens. Às vezes pensamos que se não fosse por nós, nossa família não iria pra frente. Nossos amigos não saberiam o que fazer e não sei se nosso bairro iria tão bem como vai. Se você pensa assim, é melhor manter-se calado, ao menos você pode passar por inteligente. Deus não nos dá opções para sermos orgulhosos, pela simples razão de que o orgulho é um tobogã que nos leva ao fracasso. Uma vez que caímos, subir novamente é mais difícil.

Você já notou que todos os grandes homens e mulheres de Deus na Bíblia tiveram fraquezas individuais? Todos foram golpeados no seu orgulho, para que se dessem conta de que, sem Deus, não eram nada. Há muitos exemplos:

A fraqueza de Elias foi sua depressão.
A fraqueza de Pedro foi negar Jesus.
Paulo teve seu espinho na carne.
Jacó foi um enganador
Davi pecou sexualmente.

Deus permitiu que essas pessoas caíssem devido às suas fraquezas, para que reconhecessem que o poder emanava de Deus e não procedia deles. Não temos qualquer direito de acreditar somente em nós mesmos. Sem Deus, seríamos as pessoas mais miseráveis do mundo, nossa vida não teria qualquer sentido. Com a morte terminaria tudo, e então, qual seria o motivo do viver? Não sejamos arrogantes ou tolos. É melhor reconhecer nossa fraqueza e nos mantermos humildes.

Oração

Pai perdoa-me por ser orgulhoso. Perdoa-me por pensar que sou importante sem Tua presença. Necessito de ti em minha vida.

Não há lugar para o orgulho no reino de Deus.

9 de outubro

O Poder do Incentivo

Conta-se que em 1935, um rapaz retornou para sua casa mais tarde do que o normal após um jogo futebol. A família não sabia sobre o seu envolvimento com o futebol e nem lhe deu atenção. Poucos dias depois, o jovem voltou com sua carteira recheada do dinheiro que ganhara jogando futebol. Na manhã seguinte, seu pai o despertou e perguntou-lhe, se aquele dia não era também um dia de jogo.

A motivação da história acima era econômica. Nós também temos a possibilidade de escolher nosso comportamento com relação aos outros. Podemos nos comportar como encorajadores ou não. Podemos ajudar ou atrapalhar os nossos amigos, família, vizinhos, companheiros de trabalho, irmãos e irmãs na fé.

Muitos fracassados são especialistas em desanimar os outros. Formaram-se na arte de encontrar defeitos com notas altíssimas nas matérias relacionadas ao pessimismo e suas práticas. Estas pessoas estão em toda parte: no esporte, no ambiente familiar, escolar e na igreja. São pragas persistentes e pessoas infelizes.

Deus nos ensina a agir de forma diferente. Ele nos delega a responsabilidade de encorajar e admirar os outros. Deus quer que saibamos como fortalecer uns aos outros, para ajudá-los, valorizar seu potencial, animando-os de todas as maneiras que pudermos. Deus quer que sejamos um pouco mais parecidos com Ele, ninguém confia tanto em nós como o próprio Deus.

Agora, preciso lembrá-lo de algo mais: o versículo inicial é uma clara ordem de Deus para animar e fortalecer Josué. Preste muita atenção no que você coloca em sua mente e em seu corpo. Esta responsabilidade pertence a todos, essencialmente quando pensamos nas crianças. E aqui cabe a pergunta: o que estamos colocando na mente das crianças? Você notou que estou indo além do ânimo ou do desânimo? Independentemente da idade que tenhamos, todos somos responsáveis por nossas ações diante dos pequeninos.

Cada vez que uma criança está próxima, cuide com o que você diz e faz. Pense sobre os meios de comunicação que estão sendo utilizados. Lembre-se que uma criança é pequena demais para compreender toda a crueldade da violência, sobre o sexo inadequado e o veneno das conversas inúteis. Pense em alguém que possa: ajudar, animar e fortalecer.

> Dá ordens a Josué, e anima-o, e fortalece-o...
> —Deuteronômio 3:28

Leitura de hoje

DEUTERONÔMIO 1–3

Oração

Pai Eterno dá-me sabedoria para ajudar e animar a _____. Ajuda-me a evitar que coisas inúteis penetrem na mente das crianças.

Todos buscam a companhia dos incentivadores.

10 de outubro

Uau!

Batei palmas, todos os povos; celebrai a Deus com vozes de júbilo.
—Salmo 47:1

Todos os presentes exclamavam boquiabertos: "uau!!!" Passado o assombro, todos no estádio aplaudiram o gol que acabara de ser feito. Na Copa do Mundo de 1986 em um jogo da Seleção Argentina contra a Seleção Inglesa, MARADONA fez o segundo gol após ter driblado quase toda a equipe adversária.

Todos aplaudiram ao contemplar o gol espetacular. Os espectadores vibram com alegria quando assistem a uma boa jogada defensiva, um rápido ataque ou contra-ataque. Todos nós compreendemos bem quando as pessoas ficam entusiasmadas, se alegram e gritam quando veem sua equipe ganhando.

Leitura de hoje

SALMOS 47, 149–150

Nós também sentimos vontade de aplaudir, gritar, cantar e aclamar a Deus, mas às vezes este entusiasmo não é considerado correto. Algo está errado quando, em nossa relação com Deus não nos regozijamos da mesma forma. É mais importante um gol do que aquilo que Deus faz por nós? Uma boa jogada esportiva merece maior vibração do que o louvor por aquele que deu tudo por nós? É possível demonstrar mais entusiasmo por um gol bonito do que pela adoração a Deus? Veja aonde chegamos!

Com o povo de Israel, as coisas não aconteceram desta forma. Ao se reunirem para louvar a Deus, crianças e adultos, homens e mulheres, ricos e pobres levavam dentro de si o entusiasmo, sabendo que o Deus que iriam louvar era realmente muito importante. Tudo o que encontravam e que pudesse produzir som era válido: címbalos, trombetas, saltérios, harpas, só havia uma condição — que produzisse um som alegre. Sabiam que Deus foi quem criou tudo e que é o único que merece o louvor e a glória. Sabiam que o seu maior entusiasmo deveria ser sempre na presença do Senhor: Deus habita nos louvores do Seu povo! Deus é digno de tudo que temos! Será que reconhecemos isto?

Oração

Nosso Deus, quão maravilhoso é o Teu nome em toda a terra e poderosos são Teus feitos! Quero louvar-te hoje.

Ao entrar na presença de Deus, pense no que Ele fez por você, quem Ele é e aplauda com entusiasmo, alegria, louvor e adoração. Deus é suprema maravilha!

Quando pensamos em Deus, todo entusiasmo é pouco.

O Inferno Está Cheio de Boas Intenções

GEORGE BEST foi um jogador genial e incorrigível. Nos seus anos de fama no futebol, fez um anúncio publicitário cujos dizeres eram: "Aqui está um esportista limpo." Durante um jogo internacional o árbitro o expulsou do campo e o jogador lhe atirou barro na face. A televisão sem perder tempo mostrou no intervalo o anúncio do esportista limpo.

Pessoas famosas deveriam carregar cartazes visíveis dizendo: "Não me siga — estou perdido." Falo de estrelas do esporte, do cinema, da música, política, artes e ciências. Muitos falam alegre e abertamente contra Deus, apesar de milhares de pessoas ouvirem suas declarações. Outros vivem inescrupulosamente envolvidos com drogas, sexo, luta pelo poder e dinheiro. Astros e estrelas que não se importam com os jovens que os observam e seguem seus exemplos. O final é óbvio. Muitos famosos sofrem depressão, solidão e cometem suicídios. Se você tem tudo, mas não tem Deus, está perdido. Seria melhor se ninguém o seguisse.

Às vezes, a sinceridade parece ser a qualidade mais importante e ao enfrentar problemas sérios a desculpa pode ser "mas ele era tão sincero"! Essa parece ser a justificativa para alguém não ser responsabilizado por suas próprias ações. Existem alguns que dizem que não importa o que você faça, se o fizer com sinceridade, até Deus compreenderá.

Esquecemos que os maiores assassinos são sinceros no que fazem. Hitler acreditava sinceramente que fazia o que era certo ao exterminar milhões de judeus e destruir grande parte da Europa. Os terroristas também acreditam que estão lutando por uma causa justa. Muitos líderes religiosos falam sobre como compartilhar a sua fé enquanto matam, roubam e decepcionam seus seguidores. Sim, muitas pessoas vivem por caminhos tortuosos. Se você está perdido, a sinceridade não basta.

Quais são os princípios que fundamentam seus valores? A sinceridade? O "não me siga, estou perdido?" Não esqueça: é impossível enganar a Deus. Se a sua relação pessoal com Jesus Cristo não é parte de sua vida, você vive sem direção e não importa o quão sincero seja.

É inútil ser sincero se você está perdido.

…Eu subirei ao céu…
—Isaías 14:13

Leitura de hoje

ISAÍAS 14
EZEQUIEL 14

Oração

Pai Eterno por muitos anos eu te ignorei. Sei que isso não me levará a qualquer lugar e quero seguir-te, hoje mesmo.

12 de outubro

Só?

...Pois fontes brotarão no deserto, e rios correrão pelas terras secas (NTLH).
—Isaías 35:6

Um dos jogadores de futebol mais importantes hoje na Europa é Lúcio, atualmente no *Bayer de Munique* e na *Seleção Brasileira*. Como muitos outros jogadores brasileiros na Europa, Lúcio passou momentos difíceis ao adaptar-se a um país completamente diferente, e a um futebol de estilo ao qual não estava acostumado. A distância traz momentos de solidão.

Os jovens sofrem com a solidão. Os mais experientes não compreendem, pois têm suas prioridades, trabalho, amigos e pouco tempo para se sentirem sozinhos. Quando você é jovem e tem toda a vida pela frente, a solidão não é incomum, às vezes é uma das mais tenazes companheiras. É difícil para os outros compreenderem; eles conhecem suas dúvidas, suas ansiedades, seus problemas; às vezes parece que é como se não existisse mais ninguém no mundo!

Leitura de hoje

ISAÍAS 35
SALMO 23

Deus não ignora a nossa solidão. Quando Jesus esteve na terra, sentiu em Seu próprio corpo a solidão e o desamparo. Passou noites inteiras sem outra companhia senão a oração, e dias inteiros cercado pelas pessoas, mas muito poucos verdadeiramente o compreendiam. Como prova final, Jesus foi à cruz em nosso lugar e sofreu o desamparo de Deus. Jamais outra pessoa na história sofreu tão dura prova. E tudo por amor a você.

Às vezes, esquecemos que amar significa ser vulnerável. Quando nos comprometemos a amar os outros, nos expomos a sofrer também. Não é possível amar sem sofrer. Quando se ama, é inevitável que seu coração se abale. Ainda assim, não devemos esquecer que é impossível amar demais.

Deus prometeu que o Seu amor estará conosco quando nos sentirmos sós. É quase impossível compreender que Deus nos ama sente e compreende tudo o que vivemos e sentimos. Da mesma maneira, Ele sofre conosco nas aflições e incompreensões. Não há base bíblica, histórica nem pessoal para pensar que Deus possa abandonar qualquer um de Seus filhos. Pelo contrário, a Bíblia está cheia de versículos que nos asseguram que Deus está conosco. Leia-os hoje mesmo, porque Deus fará "que fontes brotem no deserto e que os rios corram pelas terras secas" em sua solidão.

Oração

Pai, eu me sinto só. Sabes tudo o que estou passando. Obrigado por ouvir-me e ajudar-me. Eu te amo.

Não me sentirei só, se Deus estiver comigo.

13 de outubro

Não Vou Calar

Na Espanha, todos apreciam o seu desempenho em campo e suas habilidades. Mesmo tendo nascido no Brasil, Giovanella passou quase toda sua carreira futebolística entre Espanha e Portugal. Por onde jogou deixou sempre o exemplo de suas qualidades futebolísticas, seu companheirismo e seu compromisso com o Senhor Jesus Cristo.

Deus nos desafia a vivermos de forma digna do evangelho. Você sabia que esta vida digna, muitas vezes, implica em não manter silêncio?

Não se calar contra as injustiças que se cometem no mundo.
Não se calar contra as desigualdades e as discriminações.
Não se calar sobre os problemas ocasionados pelo homem e suas posses: má distribuição da renda, fome, sofrimentos e guerras.
Não se calar na denúncia ao pecado e suas consequências.
Não se calar contra as mentiras e os enganos.
Não se calar contra mortes, assassinatos e jogos que colocam a vida em risco.

Caminhar com dignidade também tem seus pontos positivos:

Não se calar sobre o amor de Deus por todos: homens e mulheres, ricos e pobres, seja qual for a raça, cultura, profissão ou condição social.
Não se calar sobre o evangelho; as boas-novas de Deus para este mundo.
Não se calar sobre o único caminho para se aproximar de Deus; a gloriosa pessoa do Senhor Jesus.
Não se calar sobre o que a Palavra de Deus diz para cada situação. A Bíblia é a solução para cada problema e situação, e traz todas as respostas para as nossas dúvidas.
Não se calar quando pessoas ao nosso redor precisam de palavras de conforto e ajuda.
Não se calar sobre as respostas de Deus para cada problema humano.
Não se cale sobre o que Jesus não calaria, porque Ele é o nosso exemplo.
Quero ser um verdadeiro embaixador de Deus.

...andeis de modo digno...
—Efésios 4:1

Leitura de hoje

NEEMIAS 1–2

Oração

Senhor Jesus, enche-me do Teu poder, para dizer ao mundo o que Tu queres. Dá-me sabedoria para falar como Tu falarias.

Preferiria morrer a me calar.

14 de outubro

Cheio do Espírito Santo

O cavalo prepara-se para o dia da batalha, mas a vitória vem do Senhor.
—Provérbios 21:31

A *Seleção Húngara* dos anos 1950 era a melhor equipe de futebol que se conhecia e entre seus jogadores estavam Puskas, Koscis e Czibor. Eles não perderam um só jogo durante os anos de 1950 a 1954. Muitos diziam que os húngaros eram invencíveis. O primeiro jogo que perderam foi a final da Copa do Mundo contra a Alemanha, na Suíça. E isto após ter goleado a Alemanha, dias antes, por 8x3.

Todos se preparam para ganhar, mas poucos o conseguem. Em todas as situações da vida, Deus é sempre quem tem a última palavra. Isto quer dizer que só somos realmente sábios quando confiamos nossa preparação a Deus.

Leitura de hoje

2 SAMUEL 8,22

Nenhuma outra preparação é boa o suficiente: nem nossa autoconfiança, nem nossas habilidades. A vitória é do Senhor, e Ele requer somente um único tipo de preparação; ser cheio do Espírito Santo. Todas as coisas que fazemos tal como: a oração, leitura bíblica, comunhão cristã e serviço são interdependentes. Estes são atos de extrema importância em nossa preparação, mas serão de pouca valia se não estivermos sob a orientação do Espírito de Deus.

Ser cheio do Espírito Santo não quer dizer que devamos receber mais do Espírito, mas significa que Ele poderá ter todo o domínio sobre nós. Ser cheio é um ato de decisão da nossa parte. Ser cheio é refletir os frutos do Espírito como: amor, alegria, paz, longanimidade, benignidade, bondade, fidelidade, mansidão e domínio próprio. É também depender de Deus e obedecer-lhe em todos os momentos.

Como é possível? Com todas minhas faltas, pecados, problemas, situações difíceis viver na presença de Deus! É possível ao permitirmos que Deus purifique nossas vidas. Como Deus poderá me encher do Seu Espírito se minha vida estiver completamente destruída? É simples: como você poderia encher de água uma vasilha furada? Mergulhando-a ininterruptamente na fonte, pois desta maneira ela estaria constantemente cheia e com conteúdo renovado.

Oração

Pai Eterno limpa-me das coisas que me afastam de ti. Enche-me com o Teu Espírito, e mantém-me próximo da fonte da água viva.

Permita-me compartilhar um pequeno segredo: mantenha-se o mais próximo possível da fonte e o mais próximo que puder de Jesus, a fonte da vida. Que o poder da água da vida possa purificar todo o seu ser, lavar todas as impurezas. Prepare-se para vencer e encha-se do Espírito Santo.

Se a vitória pertence a Deus, a única maneira de vencermos é permitindo que Ele controle nossas vidas.

15 de outubro

Aprovado por Deus

Para muitos foi uma surpresa Giovanni Evangelisti conquistar a medalha de bronze na prova de salto em distância no Mundial de Atletismo, em Roma em 1987. Os juízes lhe deram um salto de 8,38 m. Meses depois, descobriu-se que este resultado era falso, e que Evangelisti não havia atingido a marca. A medalha foi devolvida a Larry Myricks, que fora anteriormente o quarto lugar.

Os enganos ocorrem diariamente em nossas vidas, não só no mundo esportivo; que reflete a realidade, mas na política, nos negócios, no trabalho, nas escolas e até nas religiões. Sim, infelizmente as religiões são passíveis de enganos. Parece ser possível crer em qualquer coisa, por mais absurdo que possa parecer!

Todos nós conhecemos pessoas que vivem enganosamente. Seguem Deus por caminhos humanos e estão tão cegas por seus próprios erros, que é praticamente impossível convencê-las do contrário. Nós as amamos, mas suas convicções impossibilitam a convivência. O que poderíamos fazer com alguém assim? Vou dar-lhe algumas orientações:

1. Ser sensível ao Espírito de Deus quanto ao que devemos ou não dizer. Vencer um argumento não significa convencer a outra pessoa.

2. Demonstrar os frutos do Espírito em nossas vidas. Se não formos bons, pacientes e amáveis, nossos argumentos não convencerão.

3. Seguir o exemplo do Senhor Jesus. Estudar como Ele ensinou e falou com as pessoas. Quero desafiar você para que leia os quatro evangelhos e anote tudo o puder aprender com o melhor mestre que jamais existiu.

4. Não condenar. Os argumentos podem ser fúteis, mas as pessoas não o são. Censurar alguém pode fechar uma porta difícil de reabrir.

5. Valorizar os interesses comuns ao iniciar uma conversação.

6. Não usar todos os argumentos ao mesmo tempo. A pessoa não poderá assimilá-los de uma só vez, é melhor passo a passo.

7. Deixar a outra pessoa encontrar suas próprias respostas, especialmente se forem óbvias. Se você der todas as respostas, o outro poderá rejeitá-las, mas se ele mesmo as encontrar (mesmo que não as compartilhe com você), esta pergunta permanecerá como um anzol em sua mente. Como você vê, o ponto de interrogação se parece com um anzol: O que você crê? Porque você diz…? O que acontecerá se…? Onde isso está escrito?

Lembre-se que Deus é o único que pode convencer alguém sobre a verdade. Lembre-se que o importante é ser aprovado por Deus, não por você ou qualquer outro.

A aprovação do homem nada significa se Deus não o aprovar.

Infunde-lhes, Senhor, o medo; saibam as nações que não passam de mortais.
—Salmo 9:20

Leitura de hoje

DEUTERONÔMIO 9,25
SALMO 140

Oração

Pai Celeste, eu gostaria de falar com _____, _____. Dá-me sabedoria para saber o que dizer-lhes, transforma-os.

16 de outubro

Facilitando a Ultrapassagem

…Que bela figura fez o rei de Israel, descobrindo-se, hoje, aos olhos das servas de seus servos, como, sem pejo, se descobre um vadio qualquer!
—2 Samuel 6:20

Leitura de hoje

2 SAMUEL 6
1 SAMUEL 21–22

Oração

Senhor, eu quero fazer todo o possível para ajudar aos outros. Ensina-me a ser humilde, e deixar que outros cresçam para Tua glória

Com certeza EMERSON FITTIPALDI é um dos melhores pilotos da Fórmula 1 de todos os tempos. Ele poderia nos explicar perfeitamente o que deve ser feito quando um juiz levanta a bandeira azul para um piloto. É simples: significa que o piloto retardatário deve permitir a ultrapassagem do piloto que está atrás e em vantagem na corrida.

De maneira similar João Batista expressou-se sobre Jesus quando disse: "É necessário que eu diminua e Ele cresça" (João 3:30). Às vezes nós também devemos reagir assim com relação aos outros. Nos dias de hoje é muito comum sermos ultrapassados em diversas situações e áreas da vida. Ansiamos ser os melhores e não gostamos se alguém recebe maior glória do que nós.

No texto de hoje você leu o caso de Mical, a mulher de Davi. Ela era a pessoa mais próxima de Davi, mas criticou-o quando ele se alegrou, saltou e dançou na presença de Deus e de Seu povo. Quantas vezes criticamos outros! Quantas vezes temos ciúmes em nosso coração quando outros triunfam! Quantas vezes fazemos todo o possível para impedir que o outro nos ultrapasse. Deveríamos ser exemplos de amor e alegria pelo êxito espiritual dos outros; no entanto, somos exemplo, sim, mas de ciúmes, contendas, hipocrisia e raiva. E isto não vem de Deus.

Porém, o caso de Mical não era somente um problema de ciúmes e inveja, havia algo mais, este algo se chama "o diferente é sempre errado". É a defesa da tradição, fazer sempre da mesma maneira. Muitas pessoas colocam o tradicionalismo antes, ou o equiparam à Palavra de Deus. E Pelikan escreveu: "A tradição é a fé viva dos que morreram, o tradicionalismo é a fé morta daqueles que ainda vivem."

Qualquer tradição que não abre espaço para o crescimento do reino de Deus é contrário a Deus. Às vezes somos tradicionalistas por hábito, comodidade ou orgulho. É melhor fazer parte de uma igreja viva e obedecer a um Deus vivo.

Retire a pedra e deixe o rio fluir.

17 de outubro

Obedeça a Deus e Viva em Paz

A grande maioria dos jogos de basquete é decidida pelo número de faltas pessoais. No basquete quando um jogador importante sai do jogo por faltas, sua ausência é decisiva para o jogo. É o caso de Tiago Splitter (da equipe do San Antonio Spurs), pois ele era sempre imprescindível nas equipes em que jogou devido à sua vitalidade.

Todos os bons jogadores colocam toda sua força nos jogos, mas também se cuidam para não serem desclassificados por faltas. Nós também devemos agir assim. Poderíamos ser desclassificados por cometer muitas faltas em qualquer situação em particular. Não importa se você é um bom cristão ou não, as faltas podem desclassificá-lo para o serviço do Senhor, pelo menos até o jogo seguinte.

Sermos filhos de Deus, não nos dá direito de viver como queremos. O fato de crermos nele e sermos salvos, não nos dá o direito de cometermos as faltas que nos vierem à mente. Não, Deus requer nossa obediência — e isto lhe agrada.

Lembra do caso de Jonas? Deus o enviou para pregar ao povo de Nínive, mas ele desobedeceu e fugiu em um barco. A Bíblia nos conta toda a história: a tempestade, o grande peixe que engoliu Jonas, o subsequente reconhecimento de seu pecado, seu arrependimento e como ele acabou indo para Nínive. Esta é a grande lição do livro de Jonas. Você pode até pensar que pode desobedecer Deus, mas, eventualmente, você terá que obedecê-lo. Você não conseguirá escapar de Deus.

Todas as nossas faltas têm a ver com a nossa desobediência. Contrariamos a Palavra de Deus quando fazemos o que Ele não aprova e o que espera de nós. Obedecer a Deus não é seguir uma lista de proibições, mas é depender, única e exclusivamente dele, em todas as circunstâncias. A obediência implica em reconhecê-lo como Senhor em todos os âmbitos da vida. Lembre-se que agradamos a Deus quando lhe obedecemos. Seja o que for, Deus consegue Seus objetivos, mas se nós não lhe obedecermos, perderemos as bênçãos.

...Eis que o obedecer é melhor do que o sacrificar, e o atender, melhor do que a gordura de carneiros.
—1 Samuel 15:22

Leitura de hoje

1 SAMUEL 13–15

Oração

Pai Celeste ajuda-me a obedecer-te em todas as circunstâncias, para ser útil naquilo que tiveres preparado para mim.

A obediência é a chave que abre as portas do reino de Deus.

18 de outubro

Enganoso é o Coração do Homem

...No mundo passais por aflições, mas tende bom ânimo; eu venci o mundo.
—João 16:33

Müller e Uwes Selle foram os melhores centroavantes do futebol alemão das últimas décadas. Uwes foi titular da *Seleção Alemã* durante anos, durante os quais teve dores em um dos pés. Ao confeccionarem chuteiras especiais descobriram que ele tinha um pé maior que o outro!

Ainda que, neste caso, seu sofrimento fosse inevitável, às vezes nós também dependemos do que sentimos, tanto no sentido positivo quanto negativo. Por vezes, deixamos as coisas mal feitas, porque queremos, e outras vezes agimos de forma equivocada.

Leitura de hoje

MIQUÉIAS 6–7
SALMO 147

Nossos sentimentos importam, mas não devem nos influenciar. A maior parte dos erros que cometemos estão relacionados com os nossos sentimentos. Nossas desculpas são: "achei que era o melhor; não sabia o que fazer; era o que eu sentia naquele momento; foi mais forte do que eu".

Devemos aprender cedo, que só a Palavra de Deus é a base digna para fundamentar as nossas decisões. Se o que sentimos é contrário à Sua Palavra, devemos controlar estes sentimentos. De outra maneira, cairemos nas garras do mal, pois ele tenta, por todos os meios, fazer que duvidemos da Bíblia. Já pensou isto alguma vez? Já sentiu sua influência? Só o maligno nos faz pensar coisas do tipo: "Olhe só o que está dizendo!" "Se você não pode controlar-se, como falará de Deus aos outros?" Ou talvez, ele sussurra: "Deus não está ouvindo" ou: "Deus já o abandonou."

O Diabo quer por todos os meios possíveis, que duvidemos do que Deus diz. E, às vezes consegue. Não podemos ser tão tolos! Lembre-se: o importante não é o que sentimos, mas o que Deus diz. Nossos sentimentos podem estar certos ou não; podemos nos enganar — mas Deus nunca comete erros. Ele venceu o mundo, e da mesma maneira, nos ajuda a vencê-lo. Ainda que nos custe sofrimentos e desenganos.

Oração

Senhor, Tu sabes como me sinto, e conheces meus problemas. Ensina-me a descansar em Tuas promessas e a não duvidar nunca daquilo que Tu dizes.

O que você sente não é o mais importante de tudo. Não fique parado porque não sente nada. Não duvide de Deus porque sente algo errado. Não cometa loucuras simplesmente porque sente que deve fazer algo. Só aquele que nunca muda merece nossa confiança total: nossos sentimentos mudam; a Palavra de Deus, não.

Se você sempre se deixa levar pelos sentimentos, acabará sendo dominado por eles.

19 de outubro

Passe Adiante!

Quando era muito jovem, chorava porque se considerava pequeno com 1,74 me pesava apenas 71 kg. Alguns anos depois, seus companheiros de equipe o chamariam "Superman", e o médico do seu clube falaria o seguinte: "ele é uma Ferrari num circuito de carros de passeio." Lothar Mathaus, finalista na Copa do Mundo de 1982 na Espanha, e, em 1986 no México. Recebeu o prêmio *Chuteira de Ouro* e foi campeão na Itália em 1990. Foi considerado um dos melhores assistentes de passes do futebol europeu.

Há jogadores que ao tocarem na bola, querem ser donos dela. Não são capazes de dividir com seus companheiros; só sabem conduzi-la até que alguém a roube, ou cometa uma falta. Isto me faz lembrar muitos cristãos que também escondem o melhor que tem, guardando-o somente para si, sem preocupar-se e sem pensar em oferecer ajuda a alguém.

Qual a razão de tão poucos filhos de Deus serem ousados o suficiente para falar a outros do evangelho de Cristo? Vergonha? Medo? Desconhecimento? Desobediência? Pecado? Não há razão para nos envergonharmos do melhor que existe: o próprio Deus. Não devemos ter medo quando o Todo-poderoso está conosco. Não podemos dizer que desconhecemos, pois isto traria a culpa sobre nós. É nosso pecado? Honestamente, você pode dizer a Deus que não quer evangelizar porque prefere desobedecer? Então qual é a sua desculpa?

As boas notícias de Deus são facilmente comunicadas, e quanto mais a comunicarmos melhor! Quantos mais souberem o que Deus fez por você, melhor! Fale sobre o que Deus lhe ensina! Anuncie o que Deus está pedindo para você! Obedeça a ordem de Jesus, e evangelize!

Já pensou nisso? É o melhor favor que você pode fazer aos seus amigos! Se você lhes fala da mensagem do amor de Deus, lhes trará vida! Que outra coisa você poderia fazer que significasse tanto para eles? Que outra coisa pode trazer maior sentido às suas vidas? Não há nenhum outro motivo pelo qual se sentirão mais gratos a você, senão o de lhes mostrar o que Deus fez em sua vida e o que poderá realizar na deles. Um dia, lá no céu, você encontrará seus amigos agradecidos por você não ter se calado. Por favor, permita que Jesus fale a você e compartilhe a Sua mensagem com os outros.

Os evangelhos são boas notícias, e quanto mais você as espalhar, melhor!

...Tão certo como vive o Senhor, o que meu Deus me disser, isso falarei.
—2 Crônicas 18:13

Leitura de hoje

2 CRÔNICAS 18
MATEUS 28
SALMO 147

Oração

Senhor, muito obrigado por meus amigos. Dá-me uma oportunidade no dia de hoje, para lhes falar do Teu amor.

20 de outubro

Nas Alturas

...e me faz andar altaneiramente.
—Habacuque 3:19

Leitura de hoje

HABACUQUE 1–3

Oração

Pai amado, Tu sabes dos meus problemas. Ensina-me a perceber que minha vida não termina aqui. Ensina-me a ver todas as coisas como Tu as vês e a andar nas alturas.

O folclórico DADA MARAVILHA era dono de uma impulsão extraordinária e marcou muitos gols de cabeça. Ele jactava-se por ser o único jogador que pairava no ar, o que lhe valeu os apelidos de *beija-flor* e *helicóptero*.

Jesus disse que todo aquele que nele crê, tem a vida eterna. Milhões de pessoas acreditam que isto acontecerá no futuro, poucos acreditam que esta afirmação de Jesus se refira ao tempo presente. Explico: o Senhor disse "tem" e não disse "terá". Às vezes, pensamos na vida com relação a Deus como algo que irá acontecer algum dia no céu, e não percebemos que é algo que já começou, desde o momento que cremos nele.

Portanto, agora mesmo vivemos no céu. Bem, não é exatamente no céu, mas muito parecido. O que mudará será o lugar e a embalagem. Nosso corpo será transformado à imagem de Cristo — as outras transformações já começaram.

Por isso, o profeta Habacuque podia exclamar: "me faz andar altaneiramente". Nossa vida é uma espécie de pairar no ar, no melhor sentido da palavra. Vamos ver se explico: não devemos nos envolver nos problemas cotidianos da mesma maneira que os que não conhecem a Deus. Temos problemas, sim, mas somos capazes de vê-los sob uma perspectiva espiritual.

Nossa visão do mundo e das circunstâncias inclusive das pessoas, não depende de nossos olhos físicos, mas vem diretamente de Deus. Ele vive dentro de nós, portanto não podemos nos arrastar por este mundo como se o mal tivesse algum direito sobre nós. O céu começa em nossos pés, e daí se direciona para cima.

Você não leu na Palavra de Deus que somos estrangeiros nesta terra? Somos cidadãos do céu! Estamos registrados lá através da gloriosa obra feita pelo Senhor Jesus, e a nossa vida não terá fim. Isto não quer dizer que o que acontece aqui não nos afeta, pelo contrário. Nossa visão do alto deve servir para nos envolvermos verdadeiramente em ajudar os outros com os seus problemas, ainda mais quando sabemos que a vida não termina com a morte. Andar nas alturas significa andar acima do mal e atrair outros com você nesta caminhada poderá ser ainda melhor.

Olhando lá do alto, as coisas parecem diferentes.

21 de outubro

O Mestre

Como citamos anteriormente Julius Erving, não só foi o maior cestinha da *NBA*, mas também em todas as temporadas nas quais atuou, com estatísticas acima dos 400 rebotes, 200 assistências, 100 bolas recuperadas e 100 tocos. Ninguém conseguiu tamanho êxito. Hoje Julius dá aula de basquete para crianças: poucas pessoas jogaram como ele, pois foi o melhor.

A Bíblia fala sobre o que Jesus começou a fazer e ensinar. Veja bem a ordem: primeiro fazer, depois ensinar. Muitos mestres se levantaram na história: mestres de religião, ética, filosofia e disseram ou falaram o suficiente para encher livros inteiros. Nenhum merece sequer ser comparado com o Senhor Jesus. Ele não falava simplesmente. Ele vivia o que ensinava.

Nos surpreenderemos se fizermos uma caminhada histórica pela vida de Jesus. Ninguém poderia resistir à Sua palavra e à Sua presença. Venceu todas as enfermidades e a morte; fez mudar o curso da natureza e História. Ele fez o bem a todos, curando, ajudando, ressuscitando mortos, acalmando tempestades, multiplicando alimentos. Sua vida foi um exemplo perfeito de integridade. Nem sequer Seus inimigos puderam apontar um só pecado, um só equívoco, um só ato mal feito. Nem sequer hoje mesmo, os que dizem que Deus não existe, podem apontar uma só falta na pessoa de Jesus.

Só três anos de vida pública, só três anos de ensinamentos intensivos. Não viajou para fora da Palestina, não escreveu nada, não falou em nenhum meio de comunicação, não participou dos círculos políticos e culturais da época. No entanto, as vidas de políticos, historiadores, filósofos, educadores, artistas e mestres juntos, não influenciaram tantas pessoas como aquela única vida solitária — a vida de Jesus Cristo.

Não foi estranho ter sido assim. A Bíblia nos diz que Jesus é o próprio Deus feito homem. Durante aqueles trinta e três anos, Deus habitou na terra e os homens o viram face a face. Ele nos ensinou o caminho do céu quando disse: "Eu sou o caminho". Simples e claro, porque todo grande mestre age de forma simples. E Jesus foi o melhor mestre que existiu — é também o Salvador, Rei, Senhor e amigo.

> ...as cousas que Jesus começou a fazer e a ensinar.
> —Atos 1:1

Leitura de hoje

JOÃO 13
MARCOS 15–16

Oração

Senhor Deus Todo-poderoso, que maravilhoso é o Teu nome! Adoramos-te, Senhor Jesus; a ti seja a glória.

Somente três anos, e o mundo transformou-se muito mais do que em milhares de anos de História.

22 de outubro

Mal x Mal

Quanto àquele que paga o bem com o mal, não se apartará o mal da sua casa.
—Provérbios 17:13

STANLEY MATHEWS, um nobre inglês, foi um dos mais famosos jogadores de todos os tempos. *Chuteira de Ouro* no ano de 1956 jogou futebol profissional até os 50 anos. Fala-se muito dele como um dos exemplos mais importantes de jogo limpo no futebol. A verdade é que neste esporte, a ação mal-intencionada e a retribuição são atitudes muito comuns.

Várias vezes temos falado sobre a violência nos estádios. A Bíblia nos ensina verdades fundamentais quanto à causa da violência. O versículo que lemos hoje mostra uma delas. Claro, que a mais comum é devolver o mal com o mal. É uma das características dos grupos de vândalos indevidamente chamados de torcedores; todos estes grupos têm seus símbolos e gritos de guerra. Todos levam "armas" aos campos esportivos e vivem por e para a violência, não para o esporte. Lutar contra os "inimigos" é a razão de suas existências, e o esporte não é mais do que um escape por onde extravasam suas más intenções.

Leitura de hoje

1 SAMUEL 24–26

Mas, não devemos culpar pela violência todos os torcedores de uma determinada equipe. Pode ser que nós também tenhamos tendência à violência. Muitas vezes, quando acontece algo que faz "ferver nosso sangue", em situações de óbvias injustiças, pensamos logo em vingar-nos o mais rápido possível. É uma reação normal, mas não devemos permitir este tipo de sentimento.

Em que nos diferenciamos daqueles que não conhecem a Deus? Espero que em muitas coisas, mas principalmente na maneira de reagirmos. Um cristão nunca deve responder o mal com o mal, muito menos o bem com o mal. A Bíblia diz que o mal nunca se afastará da casa de quem o pratica.

Oração

Pai nos céus, eu necessito Tua ajuda nesta situação. É difícil ser um exemplo de bondade para _____, mas eu sei que me darás.

Existe uma maneira diferente de viver. Deus mesmo deu o maior exemplo ao devolver o bem em resposta ao mal. Ele fez todo o possível e o impossível por nós, apesar de sermos seus inimigos devido ao pecado. Esta deve ser nossa maneira de agir e o exemplo que devemos seguir. Devolver com o bem, aquilo que recebemos.

Retribuir o mal com o mal intensificará a maldade.

23 de outubro

Nem o Mais Sábio

Quando se fala de atletas velozes, imediatamente vem ao nosso pensamento um nome: Edwin Moses. Desde 1976 quando foram realizados os Jogos Olímpicos de Montreal, ele conseguiu 122 vitórias consecutivas em sua especialidade: 400 m com obstáculos.

Muitas pessoas fogem das circunstâncias, problemas, laços familiares, da lei, e, de si mesmos. Nunca antes na história da humanidade o homem viveu com tanta intensidade, nem tantas pessoas tentaram escapar da realidade. Por esta razão cresceu a demanda por lugares tranquilos, pela comercialização do lazer. As pessoas andam muito ocupadas, nossos meios de comunicação são muito velozes e as diversões fazem parte da nossa realidade. Num sentido muito negativo, esta tentativa de escapar já causou muita ruptura familiar, levou muitas pessoas às drogas e álcool, e, cada vez mais, ao suicídio.

Apesar de tudo, não podemos escapar de nós mesmos. Por mais que tentemos fugir da nossa realidade, ainda assim, teremos que nos suportar! Por mais veloz ou mais sábio que tenha sido um homem, nunca conseguiu escapar da sua própria morte, e, depois dela, do juízo. É interessante que, com tantos avanços efetuados na humanidade, ninguém encontrou um remédio para a morte.

Mas, apesar de não ter vencido o seu pior inimigo, o homem continua crendo que é muito sábio, tanto, que rejeita a Deus. Para ele, Deus já não é necessário em nosso mundo: o homem sábio ocupou seu lugar.

No entanto, nem o mais veloz nem o mais sábio escaparão da morte e do juízo de Deus, por quê? É simples, pois para falar com Deus, é necessário ficarmos quietos e reconhecermos nossa pequenez. Da mesma maneira que uma criança escuta admirada ao seu pai, ou o discípulo aprende ao prestar atenção a seu mestre. Para onde você está indo? Você está tentando escapar? Um dia terá que parar, e então, o que acontecerá com você? O que acontecerá após a sua morte? Vale a pena parar um pouco e ouvir humildemente a Deus.

Quando Deus chama, ninguém escapa.

...há terror ao redor, diz o Senhor. Não fuja o ligeiro, nem escape...
—Jeremias 46:5-6

Leitura de hoje

LAMENTAÇÕES 1
SALMOS 14,53

Oração

Senhor Jesus, Tu conheces as áreas das quais procurei escapar durante anos. Quero voltar a ti e sei que não posso viver sem o Teu amor.

24 de outubro

Eu Sou o Responsável

Laços de morte me cercaram, e angústias do inferno se apoderaram de mim...
—Salmo 116:3

Leitura de hoje

LEVÍTICOS 10
1 CORÍNTIOS 8

Oração

Senhor Todo-poderoso, eu preciso de Tua ajuda para vencer. Cobre-me com Tuas mãos para que eu possa resistir àquilo que não é bom para mim, apesar de desejá-las.

Durante a corrida de Fórmula 1, do grande prêmio de Mônaco em 1955, o carro de ALBERTO ASCARI caiu ao mar. Ele quebrou o nariz e teve que ser hospitalizado. Saiu do hospital, e foi para *Monza*, onde deveria correr no domingo: dirigiu pela pista vazia e ninguém mais soube dele, até serem encontradas as marcas de freada e o carro tombado, com Alberto sem vida. Um mecânico cruzara a pista pensando que não havia ninguém e causara aquele acidente.

Os psicólogos afirmam que as pessoas se divertem ao praticar o que é proibido. Basta que alguém nos diga que não podemos fazer uma coisa, para querermos fazê-la de qualquer jeito. É o desejo pela aventura que, se usado de forma inadequada leva à rebeldia e desobediência. Dentro de todos nós existe algo que nos impulsiona a fazer aquilo que não devemos. Muitas vezes, este impulso é uma força superior a nós mesmos. É interessante que mesmo em tribunais esta compulsão é usada como justificativa para eximir-se de culpa. Eu mesmo já escutei este argumento diversas vezes: "não pude evitar", "era superior às minhas forças", "eu não fui responsável por meus atos".

Devemos reconhecer que somos criativos para inventar desculpas. Às vezes nossa maldade é superior às nossas forças e somos culpados por isto, pois cada um de nós deixou este impulso interior crescer. Nós o deixamos crescer, alimentamos, regamos e ainda o incentivamos — é este impulso que a Bíblia chama de pecado. É óbvio que o que não deve ser feito, não deve ser permitido, além disso, deveria ser impossível! Não podemos culpar os outros, nem sequer nossa condição interior, pois somos os próprios culpados.

Por isso, muitos ignoram, ou querem ignorar os perigos de utilizar mal o próprio corpo. Com certeza, você já escutou os argumentos: "o corpo me pede...", "desejo com todas as minhas forças...", "Não pude evitá-lo...". Sempre que falamos de situações que envolvem sexo, prazer, violência ou vício de certas substâncias, as pessoas tentam justificar-se sem reconhecer suas próprias culpas!

E o que acabo de dizer é muito sério, já que todos nós somos responsáveis por nós e nosso próprio corpo. Se os utilizarmos de maneira contrária às leis de Deus, sofreremos as consequências. Seria melhor pensar longamente em tudo isto antes que a morte nos confronte. Será melhor cuidar de nossa vida física e espiritual, antes que seja tarde.

O que não pode, não pode. Além disso, é impossível.

25 de outubro

Baixo Astral

Às vezes, acontecem coisas incompreensíveis com os grandes jogadores. Didi foi duas vezes campeão do mundo com a *Seleção Brasileira* nos anos de 1958 e 1962, e jogou apenas uma temporada contratado pelo *Real Madrid* durante a qual foi quase sempre reserva, pois só atuou em 19 jogos. Ele saiu amargurado da Espanha.

A amargura é uma das emoções que mais aprisiona uma pessoa. Quando se está amargurado por alguma razão, não se sabe reagir, nem comportar como em outras ocasiões — a amargura governa todo o ser.

Há momentos em que é bom sentir arrependimento. Se fizermos algo ruim e nossa consciência nos alertar, mostrando que estamos indo para um mau caminho, então temos consciência que erramos. Nestas ocasiões temos vontade de voltar no tempo e modificar nossas ações. Isto significa que houve arrependimento pelo que fizemos e nos ensina a tomar decisões certas, pedir perdão a quem ferimos e a Deus, a fim de restaurar, na medida do possível, o mal que porventura tenhamos causado.

Mas em 90 por cento das situações, a amargura aparece por motivos errados, tais como: a inveja, o orgulho, a injustiça, o aborrecimento e o mal--entendido. E ocorre um fenômeno curioso: esta emoção nos impede de produzir. Perdemos a força física e espiritual. Estamos no que se chama um "estado de amargura", e enquanto alimentamos todo este mal dentro de nós, não servimos para nada.

Creio que não é preciso explicar como podemos chegar a esta situação. Todos sabem por experiência própria, pois todos nós já passamos por isso. O que às vezes não reconhecemos facilmente é que, se nossa amargura nos domina, estamos pecando contra Deus e contra os outros. Muito claro! Porque quando estamos amargurados, colocamos sobre os outros a culpa pelos nossos problemas, nos aborrecemos facilmente, respondemos mal, apagamos e destruímos a alegria. Ninguém nos aguenta.

E quando nos amarguramos contra Deus? É muito pior! Culpamos Deus por todo mal que há no mundo. Não somos razoáveis com nada e ninguém. É bom que façamos perguntas, mas não usá-las como desculpa diante de Deus para não crer em Sua palavra. É bom se preocupar com o mal no mundo e em nossas vidas, mas não viver em amargura.

O meu coração estava cheio de amargura... (NTLH).
—Salmo 73:21

Leitura de hoje

SALMO 23
RUTE 1–2

Oração

Pai Celeste retira de mim toda amargura contra os outros, ou contra ti. Ensina-me a viver alegre, confiando na Tua Palavra.

Um coração amargurado nos restringe.

26 de outubro

Aprimorando a Técnica

...segue a justiça, a piedade, a fé, o amor, a constância, a mansidão.
—1 Timóteo 6:11

Muitos jogadores famosos tiveram começos difíceis nos esportes em que depois triunfaram. Alguns foram desprezados por treinadores, dirigentes ou público, antes de alcançar a fama. FRANKLIN, o atual goleiro da seleção de futsal do Brasil é reconhecido como um dos melhores do mundo. O que poucos sabem é que no início de sua carreira, com constância e disciplina nos treinos, jogou como goleiro de futsal e futebol de campo, até destacar-se na *Seleção Brasileira* de futsal.

A constância é um dos mais conhecidos e menos praticados segredos da vida espiritual. O apóstolo Paulo escrevia a Timóteo que fosse constante na sua vida em justiça, piedade, fé, amor e mansidão. Quando você pratica algo constantemente, este algo se torna parte de si, e pode praticá-lo de olhos fechados. Esta é a atitude que Deus espera de nós em nossa vida cristã.

Leitura de hoje

1 TIMÓTEO 4–6

Vamos ver se entendemos: imagine que você está aprendendo a dirigir um carro. Os primeiros momentos são extremamente importantes — há tantos detalhes para prestar atenção que parecem complicados. É necessário medir as distâncias, observar os outros, cuidar com os obstáculos e pedestres, ver e escutar o que acontece, observar sinais, cuidar com o estado da estrada, tudo ao mesmo tempo! Alguns pensam que nunca conseguirão fazê-lo. No entanto, após alguns meses dirigindo diariamente, o que acontece? O ato de conduzir torna-se natural, que é até possível ouvir o rádio e falar com o passageiro ao lado. Parece incrível, a constância e o treinamento transformam as situações difíceis em normais e simples de dominar.

O mesmo acontece em nossa vida espiritual, à medida que o tempo passa, treinamos para fazer as coisas como Deus quer que façamos, e elas se tornam mais fáceis. Quanto mais praticamos a fé, o amor, a humildade e devoção a Deus, mais vivemos de acordo com estas qualidades.

Oração

Pai Celeste ajuda-me a ser constante em minha vida pessoal e espiritual.

As dificuldades diminuem à medida que intensificamos o treinamento.

27 de outubro

Os Mansos Herdarão a Terra

CACAU é um dos melhores atacantes brasileiros dos últimos anos. Jogou na Alemanha na equipe do *Stuttgart* e foi campeão da Liga em 2007. Uma de suas qualidades essenciais se reflete em sua vida e é facilmente reconhecida pela maneira calma que trata seus companheiros. Cacau demonstra seu amor a Deus através de sua preocupação pelo bem estar dos outros e por sua mansidão.

Talvez a mansidão seja o fruto do Espírito que receba menos reconhecimento. A impressão geral é que em pleno século 21 ser calmo e pacífico é um pouco antiquado. Os meios de comunicação nos desafiam a sermos mais fortes, espertos, ágeis, sábios e poderosos, mas ninguém evidencia o fato que "...o futuro consiste em sermos mansos e humildes de coração". Bem, não é toda a verdade, porque alguém já escreveu isso: Deus! Grande surpresa! Não é verdade? No capítulo cinco do evangelho de Mateus, Jesus mesmo afirmou que "...os mansos herdarão a terra". E agora, como isto fica com a nossa sociedade?

Se a mansidão não é parte de nosso caráter como cristãos, algo está errado. Lemos hoje que o fruto do Espírito de Deus se manifesta nas pessoas que agem com mansidão; nos que são capazes de ceder pelo bem e interesse dos outros, nos que pensam em todos e não somente em si mesmos e naqueles que buscam o entendimento, antes do êxito pessoal.

Sim, porque ser manso não significa deixar que todos o pisoteiem e façam o que quiserem com você. Ser manso não é ter uma auréola dourada na cabeça e ser ferido sem reagir. Olhe o melhor exemplo que temos: o Senhor Jesus. Nunca existiu uma pessoa tão mansa quanto Ele. No entanto falou poucas palavras aos fariseus, e ao entrar no templo derrubou as mesas. Ele falou uma palavra e a tempestade se acalmou. Quando Ele fala, todos obedecem.

Ser manso significa renunciar aos próprios direitos, se com isto obtivermos o bem do outro. Ser manso significa estar sempre disposto a ajudar, é se parecer um pouco mais com o Senhor Jesus.

Ser manso significa pensar em termos plurais e não singulares.

Mas o fruto do Espírito é: [...] mansidão...
—Gálatas 5:22-23

Leitura de hoje

GÁLATAS 5–6

Oração

Pai Celeste perdoa-me por me aborrecer com as pessoas tantas vezes. Ensina-me a ser manso e demonstrar o Teu meu amor em minha vida.

28 de outubro

As Regras do Jogo

> ...estando sempre preparados para responder a todo aquele que vos pedir razão da esperança que há em vós.
> —1 Pedro 3:15

Leitura de hoje

1 PEDRO 3–5

Felipe Scolari, "Felipão" é conhecido pelos seus muitos êxitos como treinador de diferentes equipes, inclusive da *Seleção Brasileira* e da *Seleção Portuguesa*. Uma das suas particularidades é conhecer profundamente o futebol.

Várias vezes ressaltamos a importância de conhecer as regras do jogo. Espiritualmente falando, todas elas estão na Bíblia, portanto conhecer a Palavra de Deus é algo crucial para vivermos esta vida. Deus usa o que temos em nossos corações e mentes quando temos que reagir em situações concretas. Se nossa mente está vazia, como vamos nos defender do inimigo? O que você responderia se enfrentasse:

Tentações distintas.
Problemas materiais e espirituais.
Questionamentos sobre Deus.
Necessidades de consolo e ajuda aos amigos.
Momentos de luta espiritual.

Se você não estiver preparado para responder a qualquer um que perguntar a razão de sua esperança, como irá ajudá-los? Quero lhe propor duas coisas: talvez você não tenha tempo de fazê-las todas hoje, mas não deixe passar muitos dias sem terminá-las:

1. Comece a fazer sua própria lista. Enquanto você lê a Bíblia (se você seguir as leituras deste devocional você a lerá quase completamente, em um ano), escreva em um caderno todos aqueles versículos que possam ser aplicados às situações concretas, por exemplo: para alguém que está só, deprimido, triste, cansado, enfermo, desesperado, sem amigos, alegre, agradecido, com desejo de louvar a Deus. Escreva todas as situações que possa imaginar, e o que a Bíblia diz.
2. Cada vez que lhe perguntarem algo que não entenda ou não saiba o que Deus diz, anote e busque na Bíblia. Quando encontrar um versículo que mencione este tema, escreva-o! Verá a satisfação ao conhecer exatamente o que Deus ensina sobre cada situação. Vale a pena! Lembre-se: você não chegará a lugar algum em sua vida, se não dedicar tempo para conhecer as regras do jogo.

Oração

Pai Nosso que estás nos céus, muito obrigado pela Tua Palavra, porque ela nos guia em todo momento. Ensina-me a dar a importância que ela merece.

Se você não conhecer as regras do jogo, você estará sempre na reserva.

29 de outubro

Tempo Técnico

Vários esportes têm em suas regras a possibilidade de se solicitar um tempo técnico. Na Espanha, este tempo é chamado de *Tempo-Morto*. Neste momento crucial, se aproveita para escutar o treinador, descansar, recuperar forças ou simplesmente esfriar um pouco o adversário em meio a uma boa jogada. Um bom treinador sabe encontrar o momento apropriado para solicitar um tempo técnico; sabe compartilhar sua visão do jogo e expressar tudo aquilo que quer que os jogadores saibam.

Nós precisamos comer todos os dias. Reservamos um tempo para isto e recuperamos forças de uma maneira prazerosa. Normalmente, não importa se estamos muito ocupados ou não, sempre encontramos um tempo técnico para nos alimentarmos. Nossa vida espiritual não deve ser diferente: se não separarmos tempo cada dia para nossa relação pessoal com Deus, vamos enfraquecer.

Sob circunstâncias normais, em qualquer momento ou onde estivermos, necessitamos de uma parada. Não só para descansar e meditar sobre o que está acontecendo, mas acima de tudo, para orar, ler a Bíblia e ouvir Deus. Às vezes, nos perguntamos por que reagimos inadequadamente em situações difíceis. Esquecemos o mais importante: Será que separamos um tempo técnico para ouvir o nosso treinador?

Quais são suas prioridades? Você encontra tempo para tudo, e só um tempinho para Deus? Permita-me dizer-lhe que esta não é uma boa tática. Se Deus está no final da sua lista, você terá problemas em sua vida espiritual. O tempo mais importante de cada dia é o que dedicamos a estar a sós com Deus, não se esqueça.

Sabe o que poderá acontecer se você negligenciar o seu tempo com o Senhor? Bem, você não poderá compartilhar o que não recebeu. Você não poderá ajudar aos outros, pois você não recebeu ajuda do alto, nem poderá consolar, encorajar, fortalecer, ensinar ou evangelizar, pois é muito difícil tirar água de uma fonte vazia. E se não bebermos diariamente da fonte de Deus, nos tornamos vasos vazios.

> ...e, com a força daquela comida, caminhou quarenta dias e quarenta noites...
> —1 Reis 19:8

Leitura de hoje

1 REIS 18–19

Oração

Senhor, eu quero passar os próximos minutos contigo. Ajuda-me a separar a cada dia um tempo para ti.

Nosso tempo a sós com Deus renova as nossas forças.

30 de outubro

O Poder do Autocontrole

O que presto se ira faz loucuras, e o homem de maus desígnios é odiado.
—Provérbios 14:17

Fiquei completamente surpreso quando ouvi que; a maneira como uma pessoa controla suas emoções é decisiva no seu rendimento. DORIVA, o jogador brasileiro que jogou em Portugal, Itália, Inglaterra e Espanha me surpreendeu com suas reações. Em momentos difíceis de sua carreira, Doriva passava muito tempo no banco de reservas. Ele não se queixava de sua situação, mas afirmava que em meio às dificuldades mundiais, como crianças morrendo de fome e guerras, seu problema não era tão grande, aqueles sim eram problemas, os dele referiam-se somente ao futebol.

Leitura de hoje

PROVÉRBIOS 13–14

A forma como uma pessoa controla suas emoções, pode fazer com que produza melhor ou não. As pessoas que são muito emotivas costumam ter problemas: se estão bem, jogam um bolão; mas se estão mal, não são capazes de fazer nada. Não vamos agora tentar mudar a personalidade de cada um, mas Deus diz que devemos aprender a nos controlar. Lembra do versículo de hoje? Se você é impulsivo, costuma agir sem pensar, e o que age sem pensar, cedo ou tarde, é atropelado por seus próprios erros.

Muitas vezes, o nosso caráter determina as decisões que tomamos. Nossas atitudes dependem de sermos pessimistas, nervosos, medrosos, impulsivos ou de sermos dominados pelas emoções. Um exemplo seria como lidamos com as nossas preocupações. No momento atual, muitos sofrem enfermidades físicas e psíquicas, pois não sabem como reagir. Proponho um desafio: abra o evangelho de Mateus nos capítulos 6 e 7 e liste as razões que Jesus dá para não nos preocuparmos. Mencionarei algumas:

1. As preocupações podem desviar nosso coração (6:21).
2. As preocupações às vezes são ilógicas, a vida é o que há de mais valioso (6:25).
3. As preocupações nos levam a desconfiar de Deus (6:26).
4. As preocupações não são construtivas (6:27).
5. As preocupações demonstram nossa pouca fé (6:30).
6. As preocupações precisam de sentido (6:31).

E muitas outras razões que você mesmo poderá encontrar. Não esqueça que as emoções são servas excelentes, não podem agir como mestres. É melhor controlá-las.

Oração

Pai Celeste ajuda-me a não me preocupar e saber como controlar minhas emoções. Mais do que qualquer outra coisa, que seja Teu Espírito a controlar-me.

Quem não sabe dominar a si mesmo, não pode dominar nada.

31 de outubro

É Dando que se Recebe

Às vezes, uma situação limite pode ser a melhor solução para um problema. Günter Netzer talvez tenha sido o melhor meio campo europeu. Ele jogou na Seleção Alemã durante a década de 1970. Netzer foi campeão do mundo com a Alemanha e campeão da Liga Espanhola com o *Real Madrid* e campeão da Liga Alemã com o *Borussia*. Quando Netzer era o titular indiscutível, Beckenbauer que jogava na mesma posição, entrou na equipe. Resolveu-se o problema colocando-se Beckenbauer como líbero, que, mais tarde, se tornaria o melhor líbero do mundo e talvez de todos os tempos.

Sempre que perdemos algo por amor a outro, terminamos ganhando. Quando aplicamos este princípio aos relacionamentos dentro da Igreja — o corpo de Cristo, aprendemos a buscar o bem dos outros antes das nossas necessidades.

Não existe relacionamento mais difícil e complicado em qualquer outro grupo organizado. Os seguidores de Jesus são unidos por laços espirituais, perenes, imutáveis ou invencíveis, mas também é certo que somos atacados pelos poderes do mal de maneira extraordinária. O Diabo paga muito bem por cada luta dentro da igreja, por cada mal-entendido, cada aborrecimento e falta de reconhecimento. Cada triunfo do mal nas relações entre irmãos em Cristo é um triunfo do Diabo sobre a verdade.

Por outro lado, só Deus pode aceitar pessoas de todas as raças, culturas, classes sociais, conhecimentos, condições e situações pessoais. Não existe porta fechada para qualquer pessoa no mundo que queira se aproximar de Deus. Mas, às vezes, não compreendemos sobre estas portas abertas para o Senhor.

Discriminamos os outros com frequência, e na maioria das vezes, não pelo que são ou por aquilo que fazem, mas simplesmente por não concordarem conosco. Consideramos nossas ideias mais importantes do que a Bíblia, e com base nisto discriminamos, rejeitamos ou até mesmo nos esquecemos de nossos irmãos e irmãs em Cristo.

Não aprendemos a entender todos os membros do corpo de Cristo, não nos colocamos no lugar dos outros, e julgamos, criticamos e destruímos aqueles que não agem conforme nossos padrões. Os esportistas, cantores, músicos, artistas, homens de negócios, políticos são mulheres e homens públicos, que têm grandes dificuldades para viver sua vida cristã. Eles necessitam nossa ajuda, e às vezes só encontram incompreensão e rejeição de nossa parte.

> ...eu mesmo poderia desejar receber a maldição de Deus e ficar separado de Cristo (NTLH).
> —Romanos 9:3

Leitura de hoje

ÊXODO 17
HEBREUS 6
SALMO 126

Oração

Pai Eterno, muito obrigado por ter me dado tantos irmãos e irmãs diferentes. Ensina-me a compreendê-los e ajudá-los em todos os momentos.

Compreender os outros é o primeiro passo para amá-los.

1 de novembro

Deus Acredita em Você

...foste precioso aos meus olhos, digno de honra e eu te amei...
—Isaías 43:4

Leitura de hoje

ISAÍAS 51
MATEUS 21–22

Oração

Senhor perdoa-me por, às vezes, ficar deprimido, sem lembrar que sou de grande valor para ti. Controla minhas emoções e ensina-me a estar contente comigo mesmo.

Quando se fala de treinadores de basquete, não se pode deixar de mencionar um dos mais importantes: ARNOLD "RED" AUERBACH. Ele foi nove vezes campeão da NBA, obteve 1.037 vitórias e muitos se tornaram bons jogadores através do seu conhecimento. Sua principal virtude era a habilidade especial em conquistar e atrair jogadores nos quais ninguém mais acreditava.

As histórias de esportistas famosos causam tristeza aos atletas que as leem e ao compararem-se com os melhores sentem-se inadequados. Muitas pessoas ao tomarem conhecimento da fama, poder e dinheiro que os outros têm, pensam assim: "se fosse eu...".

Às vezes nos dá a impressão de que nada do que fazemos vale a pena. Se estivermos pensando assim é porque não conhecemos a Deus tanto quanto deveríamos. Mas veja o seguinte:

1. *Deus não considera nossa aparência.* As circunstâncias podem-nos colocar na equipe dos vencidos, mas a Deus isto não preocupa. Nós somos de grande valor para Ele: não pelo que temos, nem por nossas circunstâncias pessoais, nem por nossa aparência. Deus nos ama pelo que somos, e pelo que seremos. Ninguém acredita mais em nós do que Deus.

2. *Deus nos ama.* Lembra o versículo de hoje? Talvez ninguém lhe tenha dito palavras mais sinceras do que estas. É que Deus não somente nos ama, Ele é o amor: este é um de Seus atributos e é amor de tal maneira que é capaz de suportar zombarias, desprezos, ódios, blasfêmias e milhares de pecados que a humanidade cometeu contra Ele. E o faz por amor, esperando que percebamos nosso enorme erro.

3. *Deus não comete desperdícios.* Deus não salva pessoas inúteis. Deus não fabrica lixo. Nós o fazemos, porque somos pecadores e nossos erros destroem não só nossa vida, mas também a própria natureza. Deus jamais criou qualquer coisa inútil. Quando Deus criou você, o fez de tal maneira que nenhuma outra pessoa no mundo pode substituí-lo.

4. *Deus está trabalhando em você.* É Sua razão de ser neste momento: fazer-nos feitura Sua (Efésios 2:10). Deus está nos moldando de acordo com Seu caráter: perfeito e feliz. Deus ainda não terminou Seu trabalho com você. A cada dia, Ele nos molda e nos faz únicos. Deus tem uma meta para sua vida e você tem muito valor!

Deus acredita em você e o ama pessoalmente.

2 de novembro

A Sua Vida Está em Jogo

Dizem que nenhum jogador de futebol conseguiu tantos dribles como GARRINCHA: um dos melhores pontas do mundo do futebol, de todos os tempos. Quando Garrincha entrava em campo, só se preocupava em fazer o melhor possível, e como sabia! Quando lhe perguntavam: "Quem vai marcar você hoje?" ele respondia: "João." Para ele, o jogador de defesa era sempre o mesmo — esta era sua maneira de dizer que não importava quem estivesse marcando; ele era um gênio.

Há ocasiões em que é melhor não conhecer quem vem pela frente: temos que vencer a batalha e nada mais importa. Outras vezes, é de suma importância saber onde e com quem estamos e — muito mais — que saibam quem nós somos.

No versículo que lemos hoje, Jesus nos apresenta uma possibilidade real e muito perigosa: o risco de fazer coisas achando que estamos obedecendo a Deus, e, ao mesmo tempo ignorando-o. Muita gente faz isto. Muito mais do que pensamos. Inclusive podem chegar a fazer coisas em nome de Deus e estarem perdidos. E quando chegar o momento mais crucial na história de cada pessoa, o momento de se encontrar face a face com Deus, correm o risco de ouvi-lo dizer: "Eu nunca os conheci."

Em muitas ocasiões começamos do ponto de partida errado. Cremos que servimos e obedecemos a Deus, mas, servimos e obedecemos a nós mesmos. Por isso as religiões e as seitas têm aumentado tanto nos últimos anos. Estas pessoas falam de Deus, mas seguem a si mesmas. O mundo esqueceu que não é tão importante o que nós pensamos sobre Deus, mas o que Ele pensa de nós.

De nada adianta trabalhar, lutar, praticar o bem (à nossa maneira, claro), pregar, fazer seguidores para nós mesmos, falar de Deus aos outros, e coisas parecidas a estas, se não obedecermos ao que Deus diz. Se Deus não nos conhece, todos os nossos esforços são inúteis. Não somente seremos condenados, mas também levaremos ao inferno aqueles que nos seguem.

O que responderemos no dia do Juízo? Quais serão os seus argumentos quando Deus lhes disser: "Eu nunca os conheci." Por favor, pare um momento. Detenha-se e considere sua vida objetivamente; compare-a, pura e simplesmente, com a Palavra de Deus (não com a sua própria interpretação da Palavra de Deus), e seja suficientemente humilde para reconhecer seus erros. Se não o fizer, a sua vida estará em jogo.

...pelo poder do seu nome anunciamos [...] Eu nunca conheci vocês!... (NTLH).
—Mateus 7:22-23

Leitura de hoje

LUCAS 13,20
ISAÍAS 12

Oração

Senhor Jesus, andei muito tempo crendo que Tu eras meu Senhor, e hoje reconheço que servia a mim mesmo. Vem e governa minha vida.

O importante não é o que pensamos sobre Deus, mas o que Ele pensa sobre nós.

3 de novembro

A Preguiça é Uma Praga

Diz o preguiçoso:
Um leão está no caminho;
um leão nas ruas.
—Provérbios 26:13

A preguiça não pode ser permitida em qualquer esporte. Ela já destruiu muitas carreiras brilhantes. Mas isto não aconteceu com o dinamarquês IVAN OSILER, especialista em esgrima, que foi capaz de participar em todas as Olimpíadas entre 1908 até 1948, exceto a de 1936.

Há algo em nós que está sempre disposto a cair na tentação da preguiça. Por mais trabalhadores que sejamos, sempre abriremos a porta para ela nos sussurrar sobre as delícias de não fazer nada. A preguiça é o visitante que reconhecemos quando bate à nossa porta e é muito difícil recusar-lhe a entrada — ainda que não lhe ofereçamos biscoitos, café, suco ou conversas! A preguiça sempre dá um "jeitinho" de entrar.

Leitura de hoje

PROVÉRBIOS 30–31

Com frequência esquecemos que Deus diz que a preguiça é pecado. Como todo pecado, ser preguiçoso traz sérias consequências. Mas, vamos deixar a preguiça para trás e vamos agir! Como das outras vezes, vamos ler todo o livro de Provérbios e anotar o que Deus nos diz sobre a preguiça, ok? Então vamos lá.

Ah! Combinamos fazê-lo, e não sermos preguiçosos! Não olhe das respostas ainda, você tem que encontrá-las! Algumas delas podem coincidir, mas anoto aqui algumas que encontrei:

O preguiçoso não é digno de confiança (10:26).

A preguiça faz cair em profundo sono (em todos os sentidos, física, espiritual, moralmente (19:15; 26:14).

A preguiça é frustrante (13:4).

Oração

Senhor Deus Poderoso perdoa-me por todo o tempo que perdi em minha vida sem fazer nada devido à preguiça. Ensina-me a viver com objetivos. Meu tempo te pertence.

Preguiçoso nunca pode se saciar (19:24; 26:15).

A preguiça não traz futuro (20:4; 24:30).

A preguiça aumenta o medo (22:13; 26:3,13).

O "não fazer nada" é a base sobre a qual crescem muitos problemas: o preguiçoso busca algo para "matar o tempo". O que não faz nada acha que tem o direito de criticar os que trabalham, e negligencia o que Deus espera dele.

Todos os pretextos são válidos para quem não quer fazer nada.

4 de novembro

Nem Tudo que Reluz é Ouro

O ciclismo é um dos esportes mais difíceis. O rosto do ciclista mostra o seu sofrimento quando sobe montanhas, ou quando já percorreu mais de 200 km no selim. Alvaro Pino é um dos mais famosos ciclistas da Espanha e talvez o melhor da década de 1990, na Europa.

No ciclismo, como em qualquer outro esporte existem regras para serem seguidas. Uma das menos conhecidas é a proibição de "andar no vácuo": em uma prova contra o relógio é proibido ir atrás de outro corredor aproveitando-se de seu esforço. Quando se dirige no vácuo, não se necessita muito esforço porque o corredor que está na frente enfrenta todos os contratempos: vento na face, cansaço e solidão. Portanto, em corridas de índice isto é proibido.

Um dos problemas mais graves em nossa sociedade é a quantidade de pessoas que se aproveitam do esforço alheio. Tiram vantagens do trabalho e esforço realizado por outras pessoas para receberem o reconhecimento indevido. Mas quando algo errado acontece, escondem-se e tentam evitar as consequências de seus erros.

Muitos cristãos vivem da mesma maneira. Fingem que são cristãos dizendo as coisas certas e fazendo o bem, convencem a todos e a si mesmos. São bons atores: atuam para obter admiração e quando ninguém os observa, não se comportam como cristãos. E no final, nem eles próprios se reconhecem.

Será que isto é mais comum nos anos recentes? Há aqueles que vão à igreja (não muito, porque se forem sempre acabam se influenciando pela verdade), escutam os sermões e cantam (sem grande entusiasmo) e podem até orar. Mas isso é tudo o que fazem, porque no mundo das aparências, o compromisso e obediência não são requisitos.

Não há honra em esconder-se atrás dos outros. Não vale a pena brilhar sem ser com o seu próprio brilho. Viver uma vida comprometida com a mensagem de Deus é a única atitude que realmente é digna.

...mas esse mesmo será salvo, todavia, como que através do fogo.
—1 Coríntios 3:15

Leitura de hoje

1 SAMUEL 31
MALAQUIAS 1
JUDAS

Oração

Nosso Pai Celeste, não quero viver uma vida de aparências. Examina minha vida e mostra-me onde estou agindo contra a Tua vontade. Quero, de verdade, me parecer contigo.

Fingir é o melhor exercício para quem não quer vencer.

5 de novembro

Deus Está em Todo Lugar

Para onde me ausentarei do teu Espírito?
—Salmo 139:7

WILT CHAMBERLAIN jogou na temporada 1961/1962 uma média de 48 minutos e 30 segundos por jogo na *NBA*. Como pode ser? Os jogos de basquete na *NBA* duram 48 minutos. Wilt não só participava em todos os jogos, mas também das prorrogações. Poucos jogadores foram tão dedicados aos seus clubes.

Ninguém é capaz de estar em todos os jogos. Há somente uma pessoa que pode se encontrar em todo lugar ao mesmo tempo: o próprio Deus. Nada escapa ao Seu controle. Deus é Espírito, e por isso tem a capacidade de ser onipresente — esse é um de Seus atributos.

Leitura de hoje

SALMOS 76–77, 93, 104

De vez em quando esquecemos que Deus está em todos os lugares. Por esta razão, fazemos coisas contrárias à Sua vontade, pensando inconscientemente, que Ele não nos observa. Esquecemos que não podemos fugir da Sua presença. Muitas pessoas que não creem em Deus cometem injustiças contra os mais fracos, sem perceber que Deus os observa e que um dia pagarão pelo que fazem.

Às vezes, sentimos medo quando alguma situação, um problema ou até mesmo quando o inimigo nos ataca. Por vezes, gritamos e choramos por ajuda, nos sentimos sós e permitimos aos nossos sentimentos que nos assustem, como se estivéssemos à beira do fracasso, porque esquecemos que Deus está conosco.

Deus está presente, e não está calado. Deus está em todo lugar e intervém no presente, passado e futuro. Não podemos fugir de Sua presença; nem nos esconder dela. Deus é o nosso melhor amigo; mas ao mesmo tempo, se nos opusermos à Sua vontade, a Sua justiça fará dele o nosso mais terrível oponente. É bom amá-lo e obedecê-lo. A vida é completamente diferente quando a Sua presença é um refúgio e não uma ameaça. Todos aqueles que o desafiam e desobedecem descobrirão as consequências porque Deus conhece todas as coisas, absolutamente tudo o que fazemos.

Oração

Senhor Deus Todo-poderoso, sei que estás aqui, me ouvindo e acompanhando. Que em todo momento a Tua presença seja verdadeira em mim.

É impossível esconder-se de Deus. A escolha é nossa!

6 de novembro

Longe do Garrafão

Cada dia que passa, os jogadores de basquete são mais altos e mais rápidos. Um dos exemplos mais evidentes é o de Nenê Hilário do *Denver Nuggets* (*NBA*, EUA) que apesar de medir mais de dois metros termina um contra-ataque em velocidade. As próprias regras de basquete obrigam aos jogadores a serem mais rápidos: uma delas é a de não permanecer mais de três segundos no garrafão.

Há outro garrafão que contém álcool e do qual devemos permanecer distantes. Nossa sociedade tem promovido o uso do álcool em tantas circunstâncias diferentes, que nos tornamos verdadeiros valentes para misturar bebida forte. É triste ver milhões de vidas destruídas, direta ou indiretamente, devido ao abuso dessa substância prejudicial.

Essa mesma sociedade encoraja os jovens a beber desde muito cedo. A publicidade nos meios de comunicação e a pressão dos companheiros os levam à dependência do álcool. Incentivam através de chamadas como: quem não bebe não é homem; prove sua independência e beba; você será irresistível se beber e desfrutar a vida. Centenas de frases como estas são introduzidas na mente dos mais jovens até que sucumbem a um dos piores erros de sua vida. O abuso no consumo de álcool não os torna mais maduros, nem mais independentes, nem os ajuda a desfrutar melhor a vida. Pelo contrário, este abuso os destrói.

Eventualmente, as consequências do excesso da bebida são fatais. Milhares de pessoas alcoólicas ao redor do mundo, sofrem com a dependência desta substância. É ainda mais trágico porque é praticamente impossível livrar-se dela. Eles poderiam explicar como foram enganados pelo mal e como suas vidas foram destruídas, física, psíquica e moralmente.

É um mau negócio brincar com o proibido. É ingênuo pensar que uma pequena dose cause menos mal. Não se aproxime do garrafão nem por poucos segundos; muitos fazem assim e caem para sempre. Deus fez todas as coisas para que as desfrutássemos, mas não para que abusássemos delas. O homem e a mulher de hoje sentem-se estranhamente atraídos a buscar o prazer em meio ao perigo e excessos. Desta forma nos tornamos campeões em destruir nosso corpo.

…heróis para beber vinho e valentes para misturar bebida forte.
—Isaías 5:22

Leitura de hoje

ISAÍAS 5
GÊNESIS 9

Oração

Santo Espírito, ajuda-me a não me habituar com o que é prejudicial para o meu corpo e que me incita ao pecado. Dá-me forças para saber como dizer não.

Nenhuma substância pode trazer-lhe a liberdade.

7 de novembro

Gol Contra

...sendo ela a tua companheira e a mulher da tua aliança.
—Malaquias 2:14

Depois que o Brasil ganhou a Copa do Mundo de futebol na Suécia, PELÉ e GARRINCHA caminhavam e Pelé disse: "Já somos campeões do mundo!" Garrincha respondeu: "Já terminou o campeonato?" E saiu correndo. Os companheiros lhe perguntaram o que houve, ao que Garrincha respondeu: "Prometi à minha esposa que compraria um relógio para ela."

Nossa família deve ser nossa principal preocupação. Um campeonato mundial não é mais importante do que a esposa, o marido, os filhos, ou os pais. Se durante nossa vida colocamos outras prioridades na frente da nossa família, estamos pecando contra Deus e contra as pessoas que Ele nos deu.

Leitura de hoje

Nada merece mais tempo, afeição, força e compromisso de nossa parte, do que nossa família. Desde que era pequeno, aprendi esta lição de meus pais e creio que é algo que nunca deve ser esquecido.

MALAQUIAS 2
1 CORÍNTIOS 7
JUÍZES 13

Descuidar de nossos deveres como: filhos e filhas, casal ou pais, pode ser, e muitas vezes isso acontece, a principal razão de nosso fracasso na vida material e espiritual. E também pode ser catastrófico para nossos próprios filhos. É um tremendo de um gol contra. Há alguns anos, encontrei um folheto que me chamou a atenção: "Como criar seu filho para que se torne um delinquente", e estava escrito o seguinte:

1. Quando seus filhos forem pequenos, dê-lhes tudo que quiserem, e eles pensarão que o mundo lhes pertence.

2. Quando seus filhos disserem palavras feias e obscenas, ria com eles.

3. Não lhes ensine nada sobre vida espiritual. Quando tiverem 18 anos, decidirão por eles mesmos.

4. Não os corrija, pois você lhes daria um sentimento de culpa que será muito prejudicial no futuro.

5. Faça todas as coisas para eles. Assim pensarão que os outros devem servi-los.

Oração

6. Permita-lhes que leiam tudo o que cair em suas mãos. É importante manter suas roupas limpas, mas suas mentes cheias de lixo.

Nosso Pai Celestial ensina-nos a dar importância à nossa família na mesma proporção que Tu fazes conosco.

7. Discuta com seu cônjuge diante de seus filhos, e eles estarão preparados para o momento da separação do casal.

8. Satisfaça todos os seus desejos imediatamente, pois se assim não fizer, eles crescerão frustrados.

9. De sempre razão aos seus filhos, pois você sabe que eles sempre estão certos.

10. Dê-lhes todo o dinheiro que queiram gastar. Por que passariam pelas privações que você passou?

Finalmente, prepare-se para uma vida infeliz e cheia de problemas.

O que é mais importante, teus próprios objetivos ou os de tua família?

8 de novembro

Autocontrole

Quantos lances livres você poderia acertar sem falhar? Tente: 20? 40? Isso pode parece muito para você. Para encestar lances livres sem erros, além de uma boa técnica, é necessária uma grande dose de domínio próprio. A propósito, o recorde mundial foi conseguido por Ted St. Martin, em 25 de junho de 1977 na Flórida. Ele conseguiu encestar 2.036 lances consecutivos!

Nada é mais difícil do que o autocontrole. Às vezes podemos triunfar sobre todas as circunstâncias adversas. Mas resistir as tentações é um grande desafio. É como se a sua força fugisse: falamos, planejamos, opinamos, mas não somos capazes de vencer nós mesmos!

Há alguns meses falamos sobre os maus hábitos. Quantas vezes já tentamos controlá-los? Com que frequência somos derrotados por algum detalhe, um mau gesto, algo que sabemos que nos é prejudicial? Fazemos mil e uma promessas para melhorar, nos comprometemos com os outros; enquanto permitimos aquilo que sabemos que torna a nossa vida impossível. Mas em nosso interior sabemos que não fazemos nada para consegui-lo. É muito difícil controlar-se.

Exatamente o mesmo ocorre com nosso caráter. Pense por um momento em alguma qualidade de seu caráter que você gostaria de mudar. Ok? Agora, permita-me fazer uma pergunta. Quantas vezes você chorou, literalmente, sem poder controlar-se? Não é necessário continuar — todos sabem que é mais difícil vencer a si mesmo do que conquistar cidades.

Deus conhece as nossas fraquezas, mas também conhece as soluções para elas! A Bíblia diz que o Espírito de Deus nos ajuda em nossas fraquezas. Como isto é claro, mas como parece difícil para compreendermos! A única possibilidade de ter domínio próprio é o Espírito Santo nos controlar.

> Melhor é o longânimo do que o herói da guerra, e o que domina o seu espírito, do que o que toma uma cidade.
> —Provérbios 16:32

Leitura de hoje

PROVÉRBIOS 22–23

Oração

Pai Eterno encha-me com Teu Santo Espírito, para que meu corpo seja Teu e que Tu me controles.

Qualquer motivo que nos impeça de desfrutar nosso relacionamento com Deus, é ruim.

9 de novembro

Quem Leva as Pancadas?

Servindo ao Senhor com toda a humildade, lágrimas e provações...
—Atos 20:19

Leitura de hoje

JEREMIAS 20
ATOS 25

Oração

Soberano Rei do Universo muito obrigado porque posso trabalhar para ti. Sustenta-me com Tuas mãos quando as situações se tornam difíceis.

Um dos maiores artilheiros da história do futebol brasileiro é Bebeto. Quando jogou na Espanha conseguiu vários troféus jogando pelo *Deportivo La Coruña*. Foi tetra campeão mundial com a *Seleção Brasileira* em 1994. Bebeto recebeu muitas pancadas dos zagueiros quando jogava como centroavante; o que, geralmente, acontece com quem joga no ataque.

Nas fileiras da equipe de Deus há felicidade, alegria, triunfo e beleza sem igual, mas também muitas lágrimas. E não é porque Deus as envie, mas porque o que está no ataque, o que se sobressai, é o que leva as pancadas.

Nosso inimigo sabe que somos valiosos, e busca todas as formas possíveis de nos destruir. O Diabo não se preocupa com o preguiçoso, com o cristão nominal, com o que aquece os assentos ou com o aquele que não serve ao Senhor por medo. A estes, ele já controla. Ele se preocupa, sim, com os que servem ao Senhor, com toda humildade.

Sabe de uma coisa? Eu creio que é melhor ser útil e levar "pancadas", do que ser um inútil toda a vida. E a Palavra de Deus confirma esta opinião.

É certo que o serviço ao Senhor está regado com lágrimas; é verdade que quando trabalhamos para Ele, nos expomos ao ataque, mas não somos masoquistas. Deus recompensa o sofrimento, e muito mais do que isso, quando estamos sós Ele mesmo sofre conosco. Como diz a canção:

"Ainda que às vezes minha vida *seja um mistério,*
Ainda que o mundo não queira te conhecer;
Ainda que muitos intentem contra minha vida,
Por tudo o que me fazes viver,
A ti custou morrer...
Obrigado, Senhor."

Apesar de toda a glória ser de Deus, e as pancadas serem nossas, ainda assim compensa. Deus fez tudo por nós. O que nos importa alguns contratempos? Deus foi capaz de ir à cruz por amor a você. Algumas zombarias e alguns poucos sofrimentos o farão abandoná-lo? Já sabemos que há lágrimas no serviço ao Senhor! Mas não são nada comparadas ao prêmio que Deus nos dará.

É melhor ser útil e receber pancadas, do que ser inútil.

10 de novembro

Preparado Para o que der e Vier

Quando falamos da melhor defesa dentro do basquete, logo vem à nossa mente o nome de Bobby Jones, campeão da *NBA* no ano 1983, com o *Philadelphia*. Fez parte da equipe que melhor soube defender-se no mundo em oito ocasiões! Em oito temporadas diferentes foi um dos cinco melhores.

Nós também temos equipamentos de defesa; e podemos encontrá-los no capítulo 6 de Efésios. Nossa luta é espiritual: contra os príncipes e autoridades do mal, que sempre estão prontos e dispostos a derrotar-nos, e por esta razão, Deus exige que nos revistamos com nossa armadura em todo tempo. Não é uma recomendação, é um mandamento: "revesti-vos".

Nossa armadura é composta principalmente de armas defensivas, não somos obrigados a atacar, mas a nos defendermos. Nós vivemos em uma posição de vitória, mas o inimigo quer derrotar-nos.

Nossa armadura constitui-se de:
Um cinturão: a verdade.
Uma couraça: a Justiça de Deus.
Calçados: o evangelho da paz.
Um escudo: a fé.
Um capacete: a salvação de Deus.
Uma espada: a Palavra de Deus.
Uma atitude: oração contínua.

Os ataques podem ser numerosos: os enganos do Diabo, as forças espirituais no mundo nas regiões celestiais, e do príncipe das trevas que governa este mundo.

Mas a vitória é de Deus. Temos somente que nos manter firmes e resistir quando o mau dia vier, durante os dias de nossa vida.

Num mundo que busca desesperadamente a paz, nunca é demais explicar o que significa guerra espiritual. Se os cristãos estão preocupados com o materialismo, eles negligenciarão a batalha espiritual. Precisamos tomar nossa armadura, hoje mesmo. Nosso inimigo já nos feriu o suficiente.

Se você desconhece a luta espiritual... você já está perdendo.

...toda a armadura...
—Efésios 6:13

Leitura de hoje

JOSUÉ 5:13-15
1 SAMUEL 7:3-17
JEREMIAS 38
EFÉSIOS 6

Oração

Senhor Deus dos Exércitos, dá-me forças para lutar por ti. Ajuda-me a vestir a armadura que Tu me deste, e saber como defender-me contra os poderes do mal.

11 de novembro

Deuses?

...adoram a obra das suas mãos, aquilo que os seus próprios dedos fizeram.
—Isaías 2:8

Leitura de hoje

ISAÍAS 1
ÊXODO 32
SALMO 115

Ele foi um grande jogador de futebol, mas muita gente o idolatrou como se fosse um deus. Principalmente depois de sua participação com a *Seleção Argentina* no mundial da Itália em 1990. Muitas estatuetas foram feitas em homenagem a MARADONA e os argentinos a guardavam como amuletos. No ano 1991, Maradona se envolveu em escândalos de drogas e foi suspenso do futebol profissional por dois anos. Mesmo neste século as pessoas adoram deuses feitos por suas próprias mãos!

Qual é o seu deus? Não me diga que não tem! E se eu lhe disser que ninguém pode viver sem um ser absoluto em sua vida? Temos um vazio dentro de nós, que só Deus pode preencher, e quando não o permitimos, procuramos substitutos para nos satisfazer.

Pode ser que lhe pareça absurdo pensar em deuses de pedra, ou de madeira, como os que existiam em tempos antigos, mas nós não somos mais inteligentes do que eles eram. Nós continuamos adorando deuses que fizemos com nossas próprias mãos. Quer que mencione alguns deles?

1. Os deuses mecânicos, de lata e parafusos: milhares de aparelhos que tomam nosso tempo e nossas forças.

2. Os deuses científicos: alguns dizem que tudo o que a ciência diz está certo. Cremos em tudo, mesmo sem provas verdadeiras. O que os cientistas dizem é suficiente. A ciência passou a ser a bíblia do século 21 e erra constantemente.

3. Os deuses e deusas do prazer: você pode fazer tudo desde que lhe traga prazer. As pessoas vivem para o prazer, o que interessa é sentir-se bem. A violência e o sexo são os deuses mais conhecidos.

4. O deus dinheiro: todos lutam por ele. O amor ao dinheiro move mais pessoas que qualquer outro motivo no mundo. As pessoas são capazes de gastar todas as suas energias em busca do dinheiro. Não importa se perdem os amigos ou a família, o que importa é ter mais dinheiro.

5. O deus do poder: alcançar o poder político, econômico, social; ser alguém, ter fama! Como as pessoas adoram esse deus!

6. Os deuses de carne e osso: líderes religiosos que enganam multidões. Astros do esporte, ciência, política, música e cinema. Essas pessoas têm os mesmos problemas que qualquer outro ser humano, mas são adorados e admirados por muitas pessoas.

Qual é o seu deus? A quem você tem confiado sua vida?

Oração

Senhor Jesus, só Tu és o meu Deus. Não quero confiar em nenhum outro.

Não há maior tolice do que adorar algo que você mesmo fez.

12 de novembro

Os Presentes de Deus

O líbero é uma posição específica no jogo de futebol, e Franz Beckenbauer a levou ao máximo de seu esplendor com tranquilidade e classe. Sabia sair com a bola dominada, desde a defesa, não se importando com os adversários que aparecessem à sua frente. Muitos dizem que ele inventou a função ofensiva do zagueiro que atua à frente ou na retaguarda da linha de beques. Ele foi campeão do mundo, da Europa, da Copa da Europa com o *Bayer de Munique*. Para um homem que passava serenidade para seus companheiros com sua maneira de jogar, todos os troféus foram poucos.

Em todos os momentos da vida, a serenidade, a tranquilidade e a paz interior são imprescindíveis para nos sairmos bem em nosso trabalho. Muitos falam de paz, mas de uma paz que só significa a ausência de guerra. Deus pode-nos dar profunda paz de espírito, que permanece constante e inalterada sejam quais forem as circunstâncias. Você pode tê-la experimentado em muitas ocasiões — na correria da vida, quando aparentemente tudo vai muito bem.

Somente o Espírito de Deus pode trazer esta paz interior, porque a Bíblia diz que o fruto do Espírito inclui amor, gozo e paz. Esta é a razão pela qual Deus nos promete, no livro de Isaías 26:3, que Ele "conservarás em perfeita paz aquele cujo propósito é firme…". Este é o segredo da paz interior: nosso pensamento colocado em Deus.

O escritor do livro dos Salmos entendeu isso muito bem quando, inspirado por Deus, ele disse que desejava somente: "contemplar a formosura de Deus". Quando olhamos para Deus, as outras coisas perdem sua importância. Quando contemplamos Jesus, nossa vida transborda com uma paz sem limites. Lembre-se que Ele disse: "minha paz vos dou, não vo-la dou como o mundo a dá". Quando somos dominados pelo Espírito de Deus, compreendemos o que significa a paz e descanso.

E não é de se estranhar, já que o Espírito Santo é uma pessoa. É o próprio Deus vivendo dentro de nós. Como não termos paz em todas as situações? Podemos falar com Ele em qualquer momento, olhá-lo, senti-lo em nós e ouvir Suas palavras. É o melhor que pode nos acontecer na vida! Paz interior, serenidade e calma. Que grandes presentes Deus nos deu!

...para contemplar a beleza do Senhor...
—Salmo 27:4

Leitura de hoje

SALMOS 63, 116

Oração

Príncipe da Paz, conheces todas as circunstâncias que estou passando neste momento. Enche meu coração com paz, e ajuda-me a descansar em ti.

Só vive em paz aquele que tem paz em seu coração.

13 de novembro

O Espírito de Equipe

E nós, na qualidade de cooperadores com ele...
—2 Coríntios 6:1

O que se chama de futebol total foi inventado e colocado em prática pelo treinador da *Seleção Holandesa* RINUS MICHELS por volta dos anos 1970. Durante essa década, a Holanda foi duas vezes vice-campeã do mundo, e o *Ajax de Amsterdam* três vezes campeão da Copa da Europa. As bases do estilo da *Laranja Mecânica* — assim se chamava a *Seleção Holandesa*, devido à cor de sua camisa, eram:

1. Reduzir o campo de jogo do adversário.
2. Ter a posse de bola o maior tempo possível.
3. Jogar sempre para os outros. Se um só falasse, toda a equipe desabava. Quando todos jogavam em equipe, eram invencíveis.

Nossa situação se parece muito com este tipo de equipe. Quando todos cooperamos, somos invencíveis, quando fazemos valer nossos direitos, já sabemos o que acontece. Às vezes é difícil entender que Deus coloque todo o futuro de Sua obra em nossas mãos, se a única coisa que sabemos fazer é argumentar bem. Mas Deus sabe muito bem o que faz, e Ele fundamentou a unidade de Seus filhos em Sua própria unidade. Deus é um, ainda que se manifeste em três pessoas diferentes: a Trindade não é só uma doutrina, é a expressão real da manifestação gloriosa de Deus como Pai, como Jesus Cristo o Filho, e como o Espírito Santo.

Deus colocou o mesmo valor nos diferentes trabalhos que Seus filhos praticam. Todos fomos enviados para pregar o evangelho do Seu amor. Todos fomos nomeados embaixadores do reino de Deus para reconciliar o mundo com Ele. Todos estamos sendo moldados de acordo com o caráter de Jesus, e o mundo verá em nós este caráter se colaborarmos uns com os outros, se praticarmos o cristianismo total.

Você lembra de um dos segredos da equipe? Quando todos cooperam a equipe é invencível. Se ao seu redor outros fazem esforços sobre-humanos por sua causa, e você não está participando disso, todo a equipe se ressentirá. Você é importante para Deus, não pode falhar.

Mais uma coisa: a equipe de Deus, formada por todos os Seus filhos e chamada Igreja, é permanente. É melhor amar seus irmãos, porque conviverá com eles para sempre. Seria melhor resolver as coisas por aqui antes da eternidade! Muitas pessoas dependem de você, não falhe!

Leitura de hoje

1 TESSALONICENSES 4:1-12
2 REIS 17
SALMO 56

Oração

Nosso Pai Eterno ensina-nos como amar meus irmãos e irmãs, fazer todo o possível pelo bem deles e para Tua glória.

Se um falhar toda a equipe falhará.

14 de novembro

Brincando com Jogo

Um dos melhores boxeadores pesos pesados da Argentina foi Oscar "Ringo" Bonavena. Ele morreu assassinado com um tiro em maio de 1965 quando saía de um bordel. Esse assassinato jamais foi esclarecido. O único que se pode dizer é que Ringo estava onde não deveria estar.

Muitos anos atrás, as pessoas dedicavam praticamente todo o seu tempo ao trabalho: não tanto por prazer, mas por não haver outras possibilidades. Atualmente, pelo menos nos países mais desenvolvidos e graças a melhor distribuição de trabalhos, as pessoas têm mais tempo para o lazer. Mas o que em si é algo muito bom, se transformou em problema para muitos, porque não sabem o que fazer com o tempo que lhes sobra.

Como consequência, muitas pessoas, sobretudo nas classes média e alta estão aprisionadas pelos jogos de azar. Sim, os jogos de azar, drogas e álcool são vícios. É o caminho pelo qual muitos regressaram à escravidão: o que começa como uma simples diversão (colocar um dinheirinho em uma máquina) acaba se transformando em um pesadelo mental e econômico para muitos.

Não importa se o dinheiro é pouco ou muito; o jogador aposta tudo que tem. Alguns apostam sua própria vida se necessário for, outros praticam roleta russa ou jogos similares. Este grau de escravidão atinge aqueles que fazem da sorte o seu deus, cujas mentes não mais raciocinam. São vidas completamente subjugadas. Milhares de famílias são desfeitas por pais, mães, filhos e filhas que se tornam jogadores, homens e mulheres com mentes e personalidades desfiguradas. Pessoas que se arruínam pela obsessão por jogos — o que inclui todos os tipos de apostas: bingos, máquinas e loterias.

O próprio Diabo está por trás da fixação pelo jogo. Para ele não importa o motivo da obsessão, importa que o indivíduo esteja escravizado. Para Satanás não interessam os meios se o fim deles é a morte. Mas para Deus esses meios são importantes. Ele nos pede que não sejamos escravos de qualquer tipo de vício e que não nos tornemos prisioneiros. Brincar com o jogo é muito perigoso. Não brinque!

...regressaram por outro caminho...
—Mateus 2:12

Leitura de hoje

GÊNESIS 8
ISAÍAS 21–22

Oração

Amoroso Pai Celestial livra-me da ambição. Liberta-me da necessidade de jogar para ser feliz.

Quem brinca com o "fogo"... se queima.

15 de novembro

Qual é o seu Nome?

...para que saibas que eu sou o Senhor, o Deus de Israel, que te chama pelo teu nome.
—Isaías 45:3

Leitura de hoje

GÊNESIS 15,17

Oração

Pai Amoroso perdoa-me por tudo o que fiz com a vida que me deste. Renova-me no Teu Espírito e ensina-me a ser exemplo para outros.

Você sabe qual é o jogador de basquete que mais pontos fez em toda a história da *NBA*? Lew Alcindor ou Kareem Abdul Jabbar? Está bem, as duas respostas estão certas, porque Lew é Kareem — a mesma pessoa! Lew mudou seu nome depois de vários anos jogando na *NBA*. Um de seus recordes é ter jogado 787 partidas consecutivas marcando mais de dez pontos em cada uma delas.

Muitas celebridades mudam seus nomes: alguns não gostam do seu nome original, outros buscam um que tenha melhor sonoridade. Alguns o fazem para romper vínculos com seu passado; não gostam de ser quem são. Porém esquecem algo muito importante: Deus conhece nosso nome verdadeiro.

Em Apocalipse capítulo 3, Deus disse aos membros de uma igreja, "tens nome de vivo, mas estás morto". Infelizmente, muitos são cristãos só de nome: qualquer semelhança entre sua vida e a vida de seu Mestre é mera coincidência. Melhor seria, em muitas ocasiões, que mudássemos de nome antes de desonrar o nosso Deus, com o que Ele vê em nossas vidas. Não nos damos conta de que somos Seus embaixadores?

Não nos envergonhamos? Chamamo-nos de cristãos, dizemos que somos filhos de Deus, e nos comportamos de maneira desprezível. Não precisamos ser perfeitos, nem tampouco fazermos tudo corretamente. Mas a diferença entre a nossa maneira de agir e o que Deus espera de nós, às vezes, é como o contraste entre noite e dia. E depois, nos perguntamos porque as pessoas não querem saber nada sobre Deus! Ao observar-nos, o que veem? Dizemos e não praticamos; nossas palavras não refletem nossas vidas. Às vezes seria melhor se simplesmente mudássemos nosso nome.

Quem está governando nossa vida? O Espírito de Deus ou o espírito do mundo? Deveríamos estar indignados conosco! Deus nos deu tudo, nos fez as pessoas mais felizes da Terra e nós, no entanto, procuramos por coisas inúteis. Nos envolvemos em discussões e contendas, nos empenhamos por glórias vãs e temos maus pensamentos. Parecemos um príncipe mendigando a miséria.

Por mais que queiramos fingir e mudar nosso nome, Deus nos conhece.

16 de novembro

Briga de Comadre

Quando aparecem problemas entre jogadores da mesma equipe, as coisas ficam mal. Lembro-me da sequência de derrotas dos *Sonics* na *NBA*, quando dois de seus melhores jogadores, Dale Ellis e Xavier McDaniel, se desentenderam. Seu treinador dizia: "Eles estão mais preocupados com certas histórias, do que em jogar."

Nenhuma equipe vence quando seus jogadores não se entendem. Nenhum de nós lucra quando vemos somente os defeitos nos outros, quando estamos preocupados com intrigas. Semeamos o fracasso quando não evangelizamos e servirmos a Deus.

Você leu os capítulos do livro de Juízes? O povo de Israel acabara de vencer uma grande batalha e todos haviam colaborado. Todos... menos a tribo de Efraim. Quando a alegre comitiva retornou celebrando a vitória, os da tribo de Efraim vieram irritados a Jefté, o chefe do exército de Israel. E o questionaram "Por que não nos chamou para ir lutar?" Algumas horas depois, eles lutaram entre si. As baixas importantes no exército de Israel, não foram feitas pelo inimigo, estavam sendo feitas por eles mesmos! Aos homens da tribo de Efraim não lhes importava a vitória, a única motivação era o fato de não terem sido convocados para a batalha anterior.

Quantas vezes encontramos defeitos em tudo e em todos! Quantas vezes protestamos sem razão, porque as coisas não aconteceram como queríamos! Não nos importa a vitória nem a glória de Deus; o que nos importa é o que nós temos feito. Não nos importamos se tudo ocorreu bem, se muitos se converteram e se a bênção de Deus esteve presente em tudo o que aconteceu. Há sempre alguém para criticar ou reclamar; ou para dizer: "por que não me chamaram para presidir? Por que isto foi feito assim? Por que...?"

Somos especialistas em frases feitas, que podem causar destruição, tais como: "fulano me disse...", "se soubesse o que eu vi...", "Você sabia que...?" "Já sabe como é o fulano...". E enquanto estamos preocupados com intrigas, outros morrem perdidos para sempre.

De quem todo o corpo, bem ajustado e consolidado, pelo auxílio de toda junta, segundo a justa cooperação de cada parte, efetua o seu próprio aumento para a edificação de si mesmo em amor.
—Efésios 4:16

Leitura de hoje

JUÍZES 11–12

Oração

Pai Celeste ajuda-me a dar tudo que posso para ajudar meus irmãos e irmãs. Não quero discriminar nem rejeitar os outros.

Nenhuma equipe vence quando seus jogadores se desentendem.

17 de novembro

Não se dê por Vencido

Tudo posso naquele que me fortalece.
—Filipenses 4:13

O esportista deve seguir em frente apesar das circunstâncias, às vezes, adversas. Alexander Volkov, soviético, pode nos servir de exemplo. Este grande jogador de basquete foi contratado pela equipe do *Atlanta Hawks* para jogar na melhor liga do mundo, e Alexander foi disposto a demonstrar tudo o que sabia. Para alcançar seu objetivo, precisou ocultar um problema e uma dor muito forte durante a primeira temporada. Quando esta terminou, os médicos examinaram seus pulsos e viram que ambos estavam fraturados!

Circunstâncias adversas, golpes, lesões, injustiças, problemas, zombarias, são simples exemplos do que um esportista pode enfrentar em uma série de competições importantes. Mas eles devem enfrentá-las e seguir adiante. São as mesmas coisas que um cristão pode enfrentar em sua vida de luta diária, mas enfrentam tudo e seguem.

Leitura de hoje

GÊNESIS 37, 40–41

Em nosso caso, temos muitas vantagens, como diz o nosso verso de hoje: "Tudo posso naquele que me fortalece."

Quando zombam de mim porque sigo Cristo, Ele me fortalece.
Quando alguém é injusto comigo, Ele me fortalece.
Quando me vem a enfermidade e a morte, Ele me fortalece.
Quando as circunstâncias se juntam para me tirar a alegria, Ele me fortalece.

Você mesmo pode continuar a lista porque quando Deus diz tudo é porque não há nada que resista ao Seu poder, pois Cristo é quem nos sustenta, quem nos fortalece! Pense em algo que possa fazer para a glória de Deus, ore e peça-lhe algo grande. Lembre-se que Ele o fortalece. Nada foi escrito a respeito dos que desistem! Seja o que for, Cristo é aquele que me dá força e me ajuda a conseguir meus objetivos.

Por último, vou desafiá-lo: o texto que lemos hoje está no livro de Filipenses. Leia todo o livro e anote as razões pelas quais devemos estar alegres, com gozo. Será algo emocionante.

Oração

Senhor Jesus, ajuda-me a alcançar o Teu objetivo. Ensina-me como ser feliz; posso enfrentar todas as coisas, porque me sustentas e me fortaleces com o Teu poder.

Nada foi escrito a respeito dos que desistem!

Fuja do Mal

Um dos melhores jogadores na história da *NBA* foi Michael Ray Richardson. Na época em que jogava com o *New Jersey Nets,* conseguiu mais de 20 pontos na mesma temporada, três bolas recuperadas e quase nove assistências por jogo. Quando estava no auge de sua carreira, várias vezes foi advertido e suspenso por problemas de drogas e, finalmente, foi expulso da *NBA*.

Fugir é a uma atitude necessária para vencer as armadilhas do mal. Uma das armadilhas favoritas do Diabo é nos fazer crer que nada vai acontecer. Pensamos que poderemos experimentar qualquer droga e desistir dela sem problemas quando bem quisermos. O Diabo conseguiu introduzir na mente das pessoas a ideia de que quem é inteligente, deve experimentar tudo antes de expressar sua opinião.

Ao mesmo tempo, parece que hoje não se pode ser uma pessoa normal se não fizermos o mesmo que todo mundo faz. Não caia no pecado! Se você experimentar drogas uma única vez, será aprisionado por ela. Não dê brechas.

Deus nos diz que as pessoas verdadeiramente inteligentes têm uma tática eficiente contra o mal: fugir. O mesmo acontece com o pecado. No capítulo de hoje, José venceu porque fugiu da tentação. No momento em que paramos para negociar, somos derrotados.

Há muitas coisas que o Diabo apresenta aos jovens de hoje com o pretexto de que é só para experimentar: drogas, álcool, sexo livre e materialismo. As consequências são terríveis: desilusão, frustração, vazio, ódio, problemas físicos e psicológicos e, em muitos casos, até a morte. Se você quer vencer: ore. Mantenha uma relação íntima e direta com Deus e fuja do mal.

> Foge, outrossim, das paixões da mocidade...
> —2 Timóteo 2:22

Leitura de hoje

GÊNESIS 39
2 REIS 18–20

Oração

Pai Celeste ajuda-me a resistir ao Diabo.

Se você quer ser vencedor, fuja do mal.

19 de novembro

Desencucando

...Tu és o meu Senhor; outro bem não possuo, senão a ti somente.
—Salmo 16:2

Leitura de hoje

2 PEDRO 3
JÓ 29–31

Oração

Pai Eterno, conheces a situação em que estou e as pressões que me rodeiam. Dá-me forças para nunca deixar de te amar e seguir.

Era o piloto mais rápido de toda a história. Tinha o recorde mundial de *pole position* de todas as temporadas da Fórmula 1. AIRTON SENNA foi três vezes campeão mundial e sempre se destacou por sua atitude desafiadora ao dirigir em *toda prova*, e pelo constante testemunho de seu relacionamento pessoal com Deus. No ano de 1994 faleceu depois de se chocar de frente com um muro de proteção em um circuito, devido à falha mecânica.

Por vezes, as pessoas que nos rodeiam nos pressionam muito. Decidimos coisas não pelo que pensamos, mas pelo que os outros pensam e dizem. Preocupamo-nos se nos julgam, nos zombam, nos acusam de nos comportarmos desta ou daquela maneira.

É a mesma situação pela qual passam milhares de atletas. Vivem preocupados com o que as pessoas dizem, com o que os jornalistas escrevem, com o que os diretores comentarão. Essas preocupações se refletem no rendimento de cada atleta, pois a preocupação nunca foi boa companheira.

Todos os que creem em Deus tem uma perspectiva diferente. Não quer dizer que não nos interesse o que os outros dizem, mas nós fazemos todas as coisas para a glória de Deus, e é isso que faz a grande diferença. Quando as pessoas nos pressionam, olhamos para cima. Quando falam mal de nós, olhamos para cima. Deus nos pede o melhor, e nós lhe damos o nosso melhor, aconteça o que acontecer aqui *embaixo*.

Por isso a nossa principal preocupação é fazer a Sua vontade sem nos inquietarmos com outros afazeres. Pode ser que ao fazer o que Deus espera de nós, alguns se voltem contra nós. Isso é normal! Ao decidirmos descobrir o que Deus quer, os inimigos aparecerão. Buscar a vontade de Deus sempre traz consigo a condição de obedecer-lhe a qualquer custo.

Só uma característica demonstra nossa decisão por Ele: o amor. Se respondermos às circunstâncias demonstrando nosso amor a Deus, estaremos no bom caminho. Se em qualquer situação, tudo cambalear, menos nosso amor a Ele, daremos prova de que o seguimos. Sim, não importa o que falarem ou fizerem, o mais importante é não deixarmos de amar a Deus. Creio que assim aprenderemos a segui-lo a qualquer custo.

Temos que seguir Jesus custe o que custar!

20 de novembro

Isso não lhe cai bem

No mundo, muitas vezes parece que não há lugar para os fracos. Felizmente, muitas pessoas se encarregam de demonstrar o contrário. CARLOS ALONSO, mais conhecido por "Santillana", foi um dos melhores centroavantes da Europa na década de 1970. Ele foi muitas vezes campeão com o *Real Madrid*, vice-campeão da Europa com a *Seleção Espanhola*, e participou em vários campeonatos mundiais. Carlos demonstrava garra em cada jogo. Após uma grave lesão, verificou-se que ele só tinha um rim útil! Apesar disso, continuou jogando como se nada houvesse.

Deus às vezes age de maneira incompreensível para nós. Ele não se impressiona com as aparências nem com a força física ou espiritual para escolher os Seus trabalhadores. Deus usa todos sem se importar com suas habilidades originais. Ele escolhe acima de tudo, um tipo especial de pessoa: os fracos. Parece que é como se houvesse um cartaz de "precisa-se" que tivesse escrito o seguinte: "quanto mais fraco, melhor".

Todos nós corremos um sério risco de nos tornarmos orgulhosos. Em qualquer área da vida, sempre que fazemos algo correto, gostamos de mostrar aos outros. Mostramos as nossas medalhas para nossos amigos e inimigos, pessoas conhecidas e desconhecidas. Gostamos de ser observados e admirados pela multidão. Deus sabe disso, e por isso usa os mais fracos, os mais humildes, os mais baixos, os menos poderosos. O exército de Deus é formado por pessoas fracas, mas são pessoas capazes de derrotar o mais forte inimigo. A característica em comum, é a dependência exclusiva em Seu Criador.

A força destes fracos está no fato de se gloriarem somente na cruz de Jesus Cristo. Paulo mesmo declarou "longe de mim gloriar-me, senão na cruz de Cristo". Todos nós devemos nos conscientizar que sem a cruz de Cristo, seríamos um grupo de fracassados e motivo de risos para todo mundo.

Deus tem Sua maneira de agir, quanto mais fracos somos, mais fortes Ele nos torna. Quanto mais nos aproximamos da Sua Cruz, mais nos enchemos do Seu poder. E a cruz não é um amuleto; ela não tem qualquer valor sem Jesus — o próprio Deus feito homem, que morreu naquela cruz em nosso lugar. Mais do que isso, ressuscitou vencendo a morte. Ele é o Vencedor por excelência de todo o Universo.

Ele é a nossa glória. Quando olhamos para Ele, ninguém pode nos derrotar. Quando reconhecemos nossa debilidade aos pés daquela cruz, somos os mais fortes do mundo.

A glória e o poder não nos servem. Nem mesmo se nos forem dadas!

Pelo que sinto prazer nas fraquezas [...] Porque, quando sou fraco, então, é que sou forte.
—2 Coríntios 12:10

Leitura de hoje

2 CORÍNTIOS 13
ÊXODO 14

Oração

Pai, toda nossa glória está em ti. Mostra-nos nossas fraquezas para que aprendamos a confiar em Tua força.

21 de novembro

Só Uma Vida

Lembra-te do teu Criador nos dias da tua mocidade...
—Eclesiastes 12:1

Todos os anos alguns jovens jogadores de futebol saem do Brasil para jogar na Europa. Em 2007 alguns se destacaram em diversas equipes europeias como, PATO do *AC Milan* e RODRIGO, na mesma equipe. Na Espanha, começaram a brilhar outros como ROBERTO do *Celta de Vigo*, MARCELO do *Real Madrid*, GUILHERME do *Almería*, FERNANDO DE ABREU do *Atlético de Madrid* e ARTUR do *Córdoba*. Todos eles chegaram com menos de 22 anos.

Leitura de hoje

ECLESIASTES 1–2,12

Só se é jovem uma vez na vida. Somente uma vez você tem toda força, tempo, vontade e sonhos. Você nunca será como antes. Nunca mais se tem possibilidade de fazer 20 coisas por dia, e de se deitar com a mesma força que tinha quando acordou. Nunca mais se sentirá tão livre de problemas com a determinação e inocência de alguém que quer conquistar o mundo. Só se é jovem uma vez na vida. Lembre-se do seu Criador, agora enquanto você é jovem.

Muitos usam este argumento: "Tenho muito tempo! Mais tarde, dedicarei minha vida a Deus." Muitos esperaram este *mais tarde* que não é mais do que um engodo do Diabo. Hoje, com suas vidas quase findas, arrependem-se do tempo que perderam. Lamentam-se por não terem se lembrado de Seu Criador quando eram jovens.

Sempre deixamos Deus para mais tarde. Sempre caímos como bobos na mesma armadilha. Você já ouviu estas desculpas? Quando terminar meus estudos universitários, terei mais tempo para servir ao Senhor. Quando encontrar um trabalho digno, terei mais tempo para Deus. Quando juntar um pouco de dinheiro, poderei me estabelecer e servir-lhe, vou casar e preciso trabalhar para comprar uma casa, mais tarde servirei ao Senhor. Agora vamos ter um filho e sabe o que isto representa de tempo, dinheiro. Quando as crianças forem um poucos maiores, então estaremos livres para dedicar tempo a Deus. Quando nossa vida estiver mais ajustada economicamente, dedicaremos mais tempo a Deus. Agora falta pouco tempo para nos aposentarmos, e então dedicaremos todos os dias ao serviço do Senhor.

Oração

Deus Justo, quero dedicar meus dias a ti. Ensina-me a amar-te acima de tudo.

Agora já se aposentou, já tem tempo para servir ao Senhor. Mas tem dores, debilidades, poucas forças, poucos conhecimentos, pouca vontade, muito desânimo, muita preguiça. Agora seu tempo se acabou. Agora, lembre-se quando era jovem e podia ter dedicado tempo ao seu Criador. Por favor, pare o processo antes que seja tarde demais. Lembre-se do seu Criador agora, enquanto você ainda é jovem.

Você só tem uma vida para Deus. Se tivesse 40, Ele as mereceria todas!

22 de novembro

Uma Boa Ajuda

Uma das jogadas mais importantes no basquete não é tão valorizada por muitos torcedores. No entanto, muitos jogos se decidem graças a ela. Chamamos de bloqueio, esta ajuda ao companheiro que vai arremessar a bola. Quando um jogador adversário está defendendo, um dos companheiros permanece estático no lugar pelo qual você passará desviando o marcador, para que o jogador que está com a bola fique livre para arremessar comodamente. Os dois pontos do arremesso são para você, mas a metade do acerto pertence ao companheiro que o apoiou. ALONZO MOURNING, número 2 no *draft* de 1992, do *Miami Heats* é um dos melhores bloqueadores da *NBA*. Quando menino, Alonzo sofreu abusos físicos, até que uma mulher, Fanny Thereet o recolheu e cuidou dele juntamente com outros 48 meninos. Uma ajuda fantástica.

Em qualquer equipe a cooperação é muito importante. O mesmo acontece na vida. O que ocorre é que em nosso mundo, a ambição pessoal e a rivalidade são um problema diário. Sobre a vanglória nem é preciso falar! Nos consideramos tão inteligentes que construímos um mundo no qual a ambição pessoal é uma das características mais importantes. Temos que lutar para alcançar alvos mais altos, produzir mais, ganhar mais, ter mais do que outro, e assim nos convertemos em *monstros*, prontos a pisotear qualquer um que estiver em nosso caminho.

Deus é completamente contrário a este tipo de comportamento. Ele nos diz para não agirmos por ambição pessoal. Ele nos pede que nos alegremos sinceramente com o êxito de outro, e inclusive nos pede que ajudemos os outros a vencer. Deus nos ensina a rir com os que riem e a chorar com o que choram; Ele nos ensina a ajudar os outros, a fazer todo o possível para que outros cumpram Seus objetivos.

Se você falhar no bloqueio para ajudar o seu companheiro de equipe, ele não poderá arremessar. E nenhum de vocês colocará dois pontos no placar, e talvez ambos percam o jogo por apenas dois pontos, por uma ajuda que foi negada. Quantas vezes fazemos o mesmo com nossos irmãos em Cristo! E tudo por vanglória, porque queremos ser os únicos, os admirados e os melhores. Quando agimos assim, somos desprezíveis. Deus nos pede que ajudemos aos outros. Se não formos capazes, é melhor que outro jogue em nosso lugar.

Nada façais por partidarismo ou vanglória...
—Filipenses 2:3

Leitura de hoje

1 CORÍNTIOS 12–14

Oração

Amoroso Pai mostra-me como eu posso ajudar hoje. Dá-me sabedoria para ver a necessidade de ajudar aos outros.

Ambição pessoal e vanglória não deveriam existir no dicionário do cristão.

23 de novembro

De que Lado Você Está?

...Contou Deus o teu reino e deu cabo dele.
—Daniel 5:26

Em todos os esportes, o tempo é um fator importante. Na maioria deles há um limite de tempo estabelecido para o jogo, em outros não. Talvez o esporte no qual o tempo tenha maior importância é o xadrez. Um número determinado de jogadas devem realizar-se no tempo estabelecido. A atmosfera torna-se frenética quando restam poucos segundos no relógio e várias jogadas por fazer. Um dos mais inteligentes jogadores de xadrez que o mundo já conheceu é BOBBY FISCHER. Ele inventou um novo relógio para evitar esses momentos desesperados.

Leitura de hoje

GÊNESIS 23,50
DANIEL 5–6

Uma das características comuns do esporte é que os últimos minutos sejam os mais emocionantes. É como se o resto do jogo não tivesse valor. Nos últimos segundos todos querem marcar os pontos cruciais, ou o gol da vitória. E dificilmente é possível. É muito difícil consertar em poucos segundos o que se perdeu na hora anterior.

Um dia sentiremos o mesmo em nossas vidas. Alguém nos dirá: "seu tempo acabou" e então virá o desespero. Começaremos a correr de um lado para outro tentando prolongar os nossos dias, na esperança de que o tempo se estenda uns minutos mais, umas horas mais.

Mas não será possível, eventualmente nosso tempo acabará. Como será o dia em que a sua vida terminar? Será um dia desesperador? Ou será um dia de glória? Lembre-se que você não sabe quando vai terminar o relógio da sua vida. Quando participamos em um jogo, sabemos em que momento acabará; mas a vida não é um jogo — é muito mais. Em um dia, inesperado, chegará o final, e então já não teremos possibilidade de fazer qualquer outra coisa.

Você está preparado para esse dia? Na leitura de hoje encontramos um homem que tinha tudo: dinheiro, poder, fama e glória, mas ele não sabia como preparar-se para o final. O que acontecerá com você ao escutar esta frase: "Contado foi o seu tempo e se acabou." Sabe o que vai acontecer depois?

Oração

Pai Eterno, quando meus dias se acabarem, proteje-me com Tua presença. Eu quero viver contigo para sempre.

Apesar de tudo, Deus diz que sua vida não vai se acabar. Você permanecerá consciente após a morte — para sempre. Onde você estará dependerá completamente das suas decisões aqui na terra. Se você creu no que Deus disse, viverá com Ele por toda eternidade. Se o rejeitou, estará condenado para sempre, sem qualquer possibilidade de mudar sua situação. Será o resultado da sua escolha, não haverá outro local, nem possibilidade. Seu tempo está acabando, a eternidade está chegando. Você decide.

Quando o apito final soar, há dois resultados: ser o ganhador ou o perdedor.

24 de novembro

Tudo tem seu Tempo

A *Seleção Brasileira* de futebol que participou nos Jogos Olímpicos de Sidney era composta por grandes jogadores: Giovanni, Edu, Ronaldinho Gaúcho e Baiano. Infelizmente, a equipe não chegou à final, mas alguns daqueles jogadores, com o passar do tempo, foram vitoriosos na Europa. Fabio Aurélio um dos melhores zagueiros do mundo nos jogos de Sidney precisou de muita paciência para vencer, devido às lesões. Hoje ele é um jogador muito apreciado no *Liverpool FC*.

Hoje poderíamos fazer uma experiência e pesquisar na rua perguntando aos transeuntes: "Qual é sua qualidade preferida, a valentia ou a paciência?" Com certeza, a resposta vencedora por mais de 100 contra um seria a dos que se consideram valentes. No entanto, para Deus é o contrário. A qualidade mais importante é a paciência. Como podemos entender isso?

Há poucas coisas tão importantes quanto ser pacientes. Muitas carreiras se perderam por falta desta qualidade. Muitos jogos, negócios, estudos, famílias, guerras e países foram destruídos pela mesma razão. Se Deus fizesse tudo o que pedimos quando o pedimos, estaríamos perdidos! O mundo daria mil voltas a cada segundo, pois não sabemos esperar.

Não acredita? Dê uma olhada para trás em sua vida! Pense em tudo o que pediu a Deus há dois anos. Reflita no que Ele lhe concedeu ou não. Não é verdade que Ele nunca se enganou? E se lhe tivesse dado tudo o que você pediu naquela altura?

Lembra a última vez quando ficou irritado, quando chorou e gritou porque as coisas não saíram como você pensava? Você perguntou a Deus: "Por que fazes tal coisa?" E que tal, se Ele tivesse feito? Talvez neste momento você perceba que sua vida teria sido uma ruína! No entanto, naquele momento foi difícil esperar, e também é hoje, em outras situações.

Deus tem um dia e uma hora apropriada para cada coisa e pode ver o futuro e os nossos desejos. Deus não perde o controle como nós o perdemos quando não sabemos resolver nossos problemas. Tudo tem o seu tempo perfeito, a ocasião certa e o seu momento. Deus o conhece, e é melhor esperar.

Melhor é o longânimo do que o herói da guerra...
—Provérbios 16:32

Leitura de hoje

PROVÉRBIOS 17–18

Oração

Pai, quero colocar esta situação diante de ti. Ensina-me a confiar em ti, a esperar, e a agir com sabedoria.

Deus conhece. Saiba esperar nele.

25 de novembro

Aqui não é Nosso Lar

...até agora, temos chegado a ser considerados lixo do mundo, escória de todos.
—1 Coríntios 4:13

NOBBY STILES, zagueiro central da equipe inglesa de futebol que conquistou a Copa do Mundo de 1966, destacou-se pela sua forma de jogar. Dizem que foi o jogador mais duro na história de um campeonato mundial, suas entradas eram sempre violentas. Tão violentas que, alguns de seus companheiros diziam que era a melhor publicidade para o negócio de seu pai: funerais.

O mundo inteiro vive governado pelo mal. O mundo inteiro rejeita Deus e o ignora completamente. O mundo sente prazer na maldade, crueldade e violência. Este mundo não é nosso lar.

Leitura de hoje

JEREMIAS 25
ISAÍAS 24

Não pode ser nosso lar, um lugar em que se maltrata, abandona e comercializa menores de idade para proveito próprio. Um lugar em que se matam milhões de seres humanos antes de nascerem.

Não pode ser nosso lar, um mundo em que a morte tem direito de governar. O terrorismo e as guerras arrasam vidas inocentes, e o crime por prazer ou dinheiro são notícias diárias.

Não pode ser nosso lar, um mundo que caminha para a destruição física e espiritual. Um mundo que os homens destroem e ferem. Um mundo no qual as pessoas matam seus animais e destroem suas plantas. O homem parece ter prazer em destruir aquilo que Deus criou.

Não pode ser nosso lar, aquele em que o engano é o único rei, e os enganadores são as estrelas. Milhões de enganadores vivem à custa de religião, política, meios de comunicação e práticas imorais.

Não pode ser nosso lar, um lugar governado por seres que discriminam pessoas por causa do seu gênero, raça, incapacidade, nacionalidade ou religião.

Não pode ser nosso lar, um mundo que valoriza o mal em todas as suas manifestações; um mundo que destrói, que mata; um mundo cheio de homens e mulheres que nunca choraram.

Não pode ser nosso lar, um mundo que não tem lugar para Jesus Cristo, ou para o amor, a verdade, a esperança, a paz, a alegria e os sonhos.

Pode ser que nos tratem como o lixo do mundo, porque não há lugar para Deus aqui. Este mundo não é nosso lar.

Oração

Eterno Deus ajuda-nos a sermos luzes do Teu amor neste mundo perdido.

Este mundo não é nosso lar.

26 de novembro

Faça a sua Opção

Em um dos treinamentos de basquete do *Real Madrid*, o treinador Ferrandiz ao terminar os exercícios disse: "Agora, cada jogador faça 50 arremessos da sua posição habitual." Um dos jogadores reservas da equipe, cansado do treinador não lhe dar moral nos jogos, foi para o banco de reservas e arremessou as bolas daquela posição. Quando Ferrandiz gritou com ele, o jogador respondeu: "O banco é minha posição habitual, raramente posso arremessar de qualquer outra posição."

Como estão suas mãos? E seus joelhos? Ei! Não me refiro a você estar bem de saúde, mas se estão preparados. São duas partes do corpo muito importantes para um cristão: as mãos, para servir; os joelhos, para orar. As mãos devem estar fortes, prontas para trabalhar. Os joelhos devem estar firmes, prontos para orar. Se nossas mãos são fracas, não podemos lutar; se nossos joelhos cambaleiam, cairemos derrotados.

Leu o caso de Daniel? Três vezes ao dia abria as janelas de sua casa e se ajoelhava para falar com Deus. Não lhe importava o que as pessoas pensavam. Ele não estava preocupado se o apontassem ou chamassem de fanático. A única preocupação de Daniel era ter as mãos fortes e os joelhos firmes. E você já sabe até onde Daniel chegou, e como não teve medo de nada, nem de ninguém.

É estranho, mas às vezes uma palavra nos machuca mais do que uma derrota. Quando somos jovens, parece que uma pequena zombaria pode destruir toda nossa vida. Temos medo que nos discriminem, e mais ainda espiritualmente! Já vi jovens fugirem envergonhados do comentário: "como são estranhos aqueles cristãos". Envergonhados, abaixamos as nossas mãos e paramos de lutar; nossos joelhos fraquejam e paramos de orar.

Somos tão fracos! Por que nos importamos tanto com o que as pessoas dizem? Se vivem como derrotadas, queremos ser como elas? Não têm futuro, não sabem o que fazem, e não têm a menor ideia de desfrutar do que Deus dá. Vamos nos arrastar para a lama? Como podemos ser tão pouco inteligentes?

Deus é a melhor maravilha que existe!!! Deixe que todos o conheçam! Deixe que todos o vejam! Fortaleça suas mãos! Firme os seus joelhos! Abra as janelas de sua casa para que entre a maravilhosa doçura de Deus!

Qual é sua posição espiritual? Sentado? Derrotado? Ajoelhado? Vencido ou vencendo?

Fortalecei as mãos frouxas e firmai os joelhos vacilantes.
—Isaías 35:3

Leitura de hoje

DANIEL 6
ATOS 2

Oração

Pai da Eternidade perdoa-me por ter-me envergonhado de ti. Fortalece minhas mãos. Agora dobro meus joelhos diante de ti.

27 de novembro

Nove Contra Um

...Não eram dez os que foram curados? Onde estão os nove?
—Lucas 17:17

Os artilheiros são os mais queridos nas equipes de futebol quando marcam gols e os mais criticados quando falham. Na Europa apreciamos o jogo e os gols dos brasileiros Roger Guerreiro da equipe do *Polonia*, Rafael Jaques do *Chipre* e Nene do *Mônaco*, mas também pela fortaleza que mostram quando as coisas não vão bem. Os três são crentes em Jesus, e sabem agradecer o que Deus faz em suas vidas.

Dez leprosos foram curados por Jesus. Dez leprosos sem nenhuma esperança de vida encontraram a felicidade de voltar a serem normais. Deixaram de ser excluídos, já não precisavam gritar quando alguém se aproximava deles. Agora podiam sair das covas escuras e passear entre as ruas e os mercados com uma vida nova, sã e feliz. Mas dos dez, só um voltou para agradecer por ter sido curado. Só um agradecido, contra nove ingratos.

Leitura de hoje

SALMOS 100, 103
LUCAS 17

Qual é a nossa equipe? Agradecidos ou ingratos? Eu suponho que você leu o Salmo 103. Muitos Salmos surgiram diretamente do coração agradecido de um filho de Deus, e este é um dos que expõe mais razões de dar graças a Ele.

1. Por todos Seus benefícios (v.2).
2. Porque Deus perdoa nossos pecados (v.3).
3. Cura todas as enfermidades (v.3).
4. Livra nossa vida (v.4).
5. Enche-nos de amor e de ternura (v.4).
6. Satisfaz nossos desejos com o melhor (v.5).
7. Rejuvenesce-nos (v.5).
8. O Senhor é justo Juiz (v.6).
9. O Senhor nos ensina (v.7).
10. Não nos paga conforme a nossa maldade (v.10).

Oração

Amoroso Pai, quero agradecer-te por tudo o que tens feito em minha vida. Quero agradecer-te também por _____ .

Você pode continuar a lista até o final do Salmo 103 e pode escrever sua própria lista. Sim, escreva-a — é bom expressar em palavras. Escreva, escreva todas as coisas que Deus lhe deu nos últimos anos e agradeça. Escreva também os nomes das pessoas que fizeram coisas por você e agradeça-lhes sinceramente.

Pense também no futuro. Separe um caderno por ano, que possa guardar, e anote nele todas as coisas boas que vai recebendo. Escreva tudo o que Deus está fazendo em sua vida e o que as outras pessoas fazem por você: sua família, amigos e irmãos da igreja. Nunca esqueça destas bênçãos.

Geralmente há mais ingratos do que pessoas agradecidas.

28 de novembro

Peitando o Juiz

A *Seleção Escocesa* de futebol é sempre uma boa equipe em todos os campeonatos mundiais, mas também é sempre uma das primeiras equipes eliminadas. Na Copa do Mundo na Espanha, em 1982, durante a qual a seleção contava com a estrela do *Liverpool*, KENNE DALGLISH, eles foram eliminados na primeira fase. A razão? Quase sempre a irresponsabilidade de comportamento e a extravagância de alguns membros da equipe.

É comum ouvir histórias de pessoas que passaram dos limites. Muitos sonham em viver da maneira que bem entendem. Mas ninguém quer sofrer as consequências de seus atos. Difícil situação, porque se passamos do limite sofremos a disciplina — nenhum pecado permanece impune. Da mesma maneira que as leis físicas da natureza não podem ser quebradas sem sofrermos seus efeitos, as leis morais e espirituais também não. Por isso a natureza está cobrando um preço muito alto. Quando o homem destrói o mecanismo de defesa natural do seu ambiente e a humanidade de seu próprio corpo, através da poluição, dietas erradas e tabaco, a natureza pune com câncer e outros problemas.

Quando as pessoas buscam prazeres sexuais fora da vontade de Deus e contrário ao que Ele estabeleceu, a natureza castiga com enfermidades sexuais como Aids.

Quando sucumbimos ao desejo de possuir tudo o que vemos, e de ganhar mais e mais, a natureza reage com sintomas típicos de estresse.

Quando nossa mente não está em perfeito relacionamento com Deus e nossos pensamentos se tornam instáveis e incontroláveis, a depressão se apodera de nós.

Nossos problemas espirituais começam quando confiamos somente em coisas materiais e nossa confiança naquilo que podemos ver. Nosso coração sofre e pode se abater.

Quando temos um vazio na vida, e nosso único objetivo é nos divertirmos a qualquer custo, seja com vícios como álcool, droga e jogos, nos escravizamos e nos arruinamos.

Não podemos escapar das consequências quando passamos dos limites. Você é livre para escolher o que quiser, mas não para escolher as consequências de suas ações. Deus as determina; é Deus quem escreve as leis da natureza.

...porque andaremos consoante os nossos projetos, e cada um fará segundo a dureza do seu coração maligno.
—Jeremias 18:12

Leitura de hoje

1 CORÍNTIOS 5–6

Oração

Amoroso Pai que o Teu Espírito me ajude a controlar meus desejos em todos os momentos do dia.

Somos livres para fazermos o que quisermos, mas não para nos livrar-nos das consequências das nossas ações.

29 de novembro

O que há por Trás de Tudo Isto?

Não se achará entre ti [...] nem agoureiro, nem feiticeiro.
—Deuteronômio 18:10

Leitura de hoje

DEUTERONÔMIO 18
ISAÍAS 8:19-22
GÁLATAS 5

Oração

Senhor, Deus Todo-poderoso, Rei do Universo, dá-nos poder para resistir aos espíritos malignos. Clamamos Tua vitória sobre o mal.

Consegui esta história do *Jornal dos Atletas de Cristo* de abril de 1990. LUIZ FELIPE o conhecido jogador brasileiro de basquete, encontrava-se diante de uma situação complicadíssima: no torneio pré-olímpico no Uruguai, o técnico brasileiro levou umas medalhas benzidas por uma mulher do Rio de Janeiro, e Luiz, como cristão, negou-se a colocá-las. No princípio teve muitos problemas, mas no final, Luiz Felipe foi aclamado como um dos melhores jogadores do torneio.

O Diabo é mais astuto do que os homens mais sábios. Especialista em fazer escravos, não lhe importa a forma, o que lhe interessa é ter todos submissos a ele. Nos últimos anos encontrou um disfarce incrivelmente bem feito para seus fins: a superstição. Poucas são as cidades no mundo que não têm um centro de ocultismo e culto satânico. Muitas vezes, com visuais diferentes. Muitas pessoas mordem a isca e vivem presos ao engano diabólico.

Tudo começa de uma maneira muito simples: a curiosidade pelo futuro. Praticamente todos os meios de comunicação conhecidos dedicam tempo e espaço aos horóscopos e aos programas e reportagens sobre superstições, provavelmente, sem perceber que por trás de tudo isto está o Diabo. Desse primeiro passo, muitos vão ao tarô, à leitura das mãos, às atividades do ocultismo, à invocação de espíritos e aos rituais satânicos, sem perceber o quanto estão se prejudicando. Estas práticas são também o fundamento para algumas filosofias orientais ou meditação transcendental, e às vezes sutilmente se escondem em exercícios físicos ou outros métodos de treinamento do corpo.

Nos últimos tempos, todo este interesse sobre o ocultismo camuflou-se sob a aparência de religião, e em muitos países as atividades são partes da religião oficial. Partindo da busca espiritual de muitas pessoas simples, o Diabo conseguiu enganar milhões e milhões de pessoas de todas as classes sociais, econômicas e intelectuais.

De nada serviu os melhores astrônomos do mundo terem publicado um artigo explicando a nula relação entre as estrelas e a vida individual. De pouco serviu a voz de muitos leitores da Bíblia e da Palavra de Deus explicando que Deus é contrário a todas as práticas do ocultismo como a adivinhação do futuro, superstições, falar com os mortos, rituais satânicos, e outros. Mas mesmo assim, tudo isto causou pouco impacto naqueles que estão fascinados por essas coisas. O Diabo conseguiu impor sua religião como a crença da moda do século 21: o ocultismo.

Deus nos diz que devemos evitar tudo o que possa nos ferir. As superstições não devem fazer parte de nossa vida. Pelo contrário, devemos denunciar as artimanhas do Diabo e livrar de suas garras tantos quantos for possível, explicando aos outros quem está por trás de tudo isso.

O Diabo é o melhor enganador que existe.

30 de novembro

Quanto Mais Velho, Melhor

CARLOS SAINZ e LUIS MOYA foram os campeões do mundo de Ralis em 1990. Na última corrida de *San Remo*, necessária para conseguir o troféu, o carro capotou e ficou muito amassado. Rapidamente, os mecânicos inspecionaram o interior do carro e perceberam que o motor estava intacto. Carlos e Luís seguiram seu caminho, com o carro destruído por fora, até chegarem à meta e se tornarem campeões do mundo.

O filho de Deus é uma espécie rara da raça humana. É um ser que conforme passam os anos, melhor se encontra e mais rejuvenescido fica. O que importa é seu objetivo final, porque sabem que viverão para sempre. Deus não envelhece, nem tem problemas de idade avançada. Cada dia que passa estamos mais próximos de nossa glória, do céu e da presença de Deus.

A única dificuldade, que é pequena, é o caminhar diário do andante. Muitas vezes há trombadas, problemas mecânicos, velhice da carroceria, corrosão exterior, mas tudo isto não nos impede de cruzarmos a linha de chegada. Talvez nós sejamos o maior problema, porque quando os anos começam a pesar, caminhamos lentamente e pensamos que é melhor não nos apressarmos.

Esquecemos que os problemas físicos não importam, o importante é o nosso interior. Se nossa carroceria está danificada por centenas de batalhas nas quais lutamos, não importa, o importante é o interior. Não sei quantas pessoas idosas lerão estas meditações, mas gostaria de fazer-lhes uma pergunta: "Você sente o seu interior renovado, a cada dia?"

Não temos desculpa. Inclusive a história se encarrega de mostrar pessoas que produziram apesar da idade. Michelangelo pintou "O Juízo Final" na Capela Sistina quando tinha mais de 60 anos de idade. Verdi compôs sua ópera "Otelo" aos 74 anos. Cervantes escreveu "Dom Quixote" aos 67 anos, e pelo que sabemos, eles não sabiam o que significava renovar o seu interior dia após dia. Nós sabemos.

Portanto, pare de reclamar, é o suficiente! Ainda que o seu interior não seja do seu agrado, seu interior é mais jovem que ontem, e menos do que amanhã. Cada dia conta a seu favor, não esqueça. Temos que chegar ao final, aconteça o que acontecer! Não fique parado esperando.

...mesmo que o nosso homem exterior se corrompa, contudo o nosso homem interior se renova de dia em dia.
—2 Coríntios 4:16

Leitura de hoje

SALMOS 17,88
JÓ 42

Oração

Nosso Pai, conheces a minha vida. Ensina-me a renovar meu interior a cada dia e ser útil a ti.

Não importa a nossa aparência exterior, o valor está em nosso interior.

1 de dezembro

Deus Sempre é Fiel

...Em todas as coisas, tu és fiel, ó Senhor! (NTLH).
—Salmo 89:8

Não existe jogo mais apaixonante que o xadrez. Se você estudar as regras, notará muitos detalhes interessantes. Por exemplo, o peão é a peça mais humilde do tabuleiro, mas se conseguir atingir a 8.ª fileira, passo a passo, casa por casa, poderá se converter em rainha — a peça mais valiosa! Recordo sempre desta lição, pois tive o privilégio de jogar em partidas simultâneas com o ex-campeão do mundo, Anatoly Karpov, em minha cidade natal.

Há alguns meses falávamos sobre o trabalho fundamental de Deus, o qual é nos transformar à imagem de Seu Filho Jesus. Desde o momento em que tomamos a decisão mais importante de nossa vida, crer e confiar em Deus por toda a eternidade é como se fôssemos pequenos "peões" em um jogo de xadrez. Deus está trabalhando para desenvolver o nosso caráter. A fidelidade é a essência do caráter do Senhor como lemos na Bíblia no livro de Lamentações 3:23: "como é grande a fidelidade do Senhor". Assim compreendemos que Ele não desistirá de Seu trabalho, até que consiga forjar em nós o caráter do Rei.

Às vezes a vida é difícil. Caímos em algumas ocasiões e nos desanimamos quando somos derrotados. Esquecemos que o caráter e a imagem de Jesus são formados em nós no dia-a-dia, a cada passo e de momento em momento. Como o peão que avança casa após casa, nós devemos olhar para trás e comprovar o quanto progredimos nos últimos dias, meses e anos.

Podemos vir a lutar com alguém mais forte que nós. Lembre-se, o peão é o componente mais humilde do tabuleiro. Mas o segredo consiste em fazer exatamente o que Deus quer para nossas vidas, é Ele quem maneja todas as peças com perfeição, por isso não devemos esquecer que em muitas ocasiões, os peões são a chave da partida. Não podemos nos mover muito, não temos muito poder, não impressionamos ninguém. Mas, calma! Deus ainda não completou a obra em nossa vida. Talvez algo muito importante se decida com o simples movimento de um simples peão.

Os êxitos de grandes homens e mulheres nos assombram. Não é errado admirá-los, mas os desconhecíamos quando eram apenas peões. O crescimento cristão ocorre entre as sombras, dia após dia através de lutas e dependência do Espírito de Deus. Ele, entretanto, não completou a obra em sua vida, não é verdade? E não há nada melhor do que ser um peão em Suas mãos!

Leitura de hoje

SALMO 62
LAMENTAÇÕES 3

Oração

Pai Amoroso, obrigado por Tua fidelidade e ajuda. Muda em mim aquilo que não te agrada, e ensina-me a ser como Tu és.

Muitas vezes, um simples peão é o segredo de toda a partida.

2 de dezembro

Fidelidade Total

Preciso confessar que me fiz um pouco de *profeta* quando escutei a notícia. "Este casamento não vai durar muito." Um dos melhores tenistas de todos os tempos, BJORN BORG, estava se casando com Marianne e uma das condições, acordadas entre eles era a liberdade de ter um dia livre por semana para fazerem o que quisessem, sem a necessidade de explicações mútuas.

Ontem, falamos sobre fidelidade de Deus. Hoje vamos compará-la à nossa. Não é necessário ser muito sábios para percebermos que vamos nos sair muito mal nesta comparação. A fidelidade de Deus para conosco é ilimitada. Podemos estar completamente seguros de que o que Ele promete, cumpre.

Que diferença de nós! Pense em sua fidelidade aos amigos, à família e ao cônjuge. Meu relacionamento com minha mulher, Miriam, seria completamente diferente se não o fundamentássemos na fidelidade mútua. Não há outra forma de entender isto: é impossível dar "dias livres" para a fidelidade. Se ela desaparecer do casamento, este casamento acabará.

Deus se surpreende com o nosso agir. Falamos, cantamos e prometemos amor eterno à pessoa com a qual nos casamos. Dizemos que ficaremos para sempre juntos, por toda a eternidade. Diante de testemunhas, prometemos nunca abandonar nosso cônjuge, seja na saúde ou enfermidade, na riqueza ou na pobreza, e outras promessas. Poucos dias depois as esquecemos. Como alguém pode nos levar a sério? Deus não brinca com essas coisas e nos alerta que abandonar o companheiro da juventude é o mesmo que esquecer nosso compromisso com Ele. São palavras duras, mas Deus não negocia nossa fidelidade — ela não pode ter dias livres.

Muitos esqueceram de seus compromissos com Deus e da importância da Sua fidelidade, por não conhecerem o verdadeiro caráter de Deus.

A qual deixa o amigo da sua mocidade e se esquece da aliança do seu Deus.
—Provérbios 2:17

Leitura de hoje

1 CORÍNTIOS 13
MALAQUIAS 3–4

Oração

Pai Eterno, obrigado por meu cônjuge. Ensina-me a amar em todas as circunstâncias e não abandonar jamais.

Para algumas pessoas, "nunca te deixarei" significa "pelo menos nos próximos cinco minutos".

3 de dezembro

O Filho do Dono

...Espera em Deus, pois ainda o louvarei, a ele, meu auxílio e Deus meu.
—Salmo 43:5

Alguns contratos de jogadores de basquete da *NBA* têm cifras estonteantes. Muitos iniciantes assinam contratos de 8 milhões de dólares ao ano. O contrato de Michael Jordan ultrapassou 20 milhões de dólares ao ano. O'Neal assinou um contrato envolvendo mais de 100 milhões de dólares em várias temporadas, e Malone pediu, pela temporada de 1988/99, um mínimo de 25 milhões de dólares. E eu, quantos milhões valho?

Já se fez esta pergunta alguma vez? Quem já não sonhou em ser um desses grandes esportistas que ganham milhões? Porém, talvez ninguém jamais disse o quanto você vale, o seu valor não pode ser medido em milhões de dólares, pois é muito maior do que o valor do dinheiro. Esta noite, antes de se deitar (e se a condição do tempo permitir) olhe as estrelas. Elas lhe pertencem. Sim! Elas pertencem a Deus e Ele é o seu Pai. A Bíblia diz que "a todos os que o receberam, deu-lhes o poder de se tornarem filhos de Deus" (João 1:12). A Bíblia também diz "Ora, se somos filhos, somos também herdeiros" (Romanos 8:17). Você sabia que herdará o universo?

Leitura de hoje

SALMOS 113, 138, 145

Deus não quer que tenhamos baixa estima. É verdade que a melhor qualidade de um cristão é sua humildade, mas isto não quer dizer que devamos pensar que não temos valor. Ser humilde é depender, somente e exclusivamente, de Deus em todas as situações e estar sempre disposto a aprender com Ele. Mas, também significa reconhecer que Deus criou cada um de uma maneira única e que para Ele temos muito valor.

Ele é nosso Deus, não temos direito de achar que Ele cometeu um engano quando nos criou, muito menos de pensar: "se tivesse nascido em outro lugar, noutra família, noutra situação...". Deus nos colocou aqui, e neste tempo, porque sabe o que somos e o que podemos ser. Não é errado dizer que Deus se alegra em nós e desfruta de nossa presença, como um pai e uma mãe de cada um de seus filhos.

Oração

Pai Eterno, te agradeço por ter me criado como sou. Obrigado por ser meu Pai e por ter-me dado tudo o que possuo.

Se você é um filho ou uma filha de Deus, desfrute de sua condição! Você carrega em si a imagem de seu Pai. Ele é seu Deus. E Ele é o Mestre do Universo! Ele o fará sorrir outra vez. Para Ele, você tem imenso valor.

Deus nos faz sorrir porque Ele aprecia estar conosco.

4 de dezembro

Como Está Sua Visão?

SYLVINHO foi jogar no *Arsenal* da Inglaterra quando era ainda muito jovem. Ele também foi um dos integrantes da *Seleção Brasileira* de futebol. Mais tarde jogou no *Celta de Vigo* pelo campeonato de futebol espanhol. Durante os últimos cinco anos foi um dos jogadores mais admirados do *Barcelona FC*. Ele ficou conhecido não só pelo seu jogo na lateral esquerda de uma equipe campeã da Europa, mas também pela sua profunda fé em Jesus Cristo. Sylvinho é um homem com muita visão espiritual.

O mundo pertence a pessoas com visão. Os homens e mulheres que dominam a história são capazes de viver um dia à frente do seu tempo. Não é necessário ser especial para ter esta qualidade. O segredo consiste em saber exatamente até onde ir e qual o caminho a seguir.

Deus está procurando pessoas de visão. Pessoas com o único objetivo de alcançar o mundo e enchê-lo com o evangelho de Jesus. Pessoas com objetivos claros e que não desistem, custe o que custar. Esta é a principal lição do nosso versículo de hoje: se nos conformamos com pouco, se nos cansamos rapidamente, se desistimos da luta, é por não termos visão. Sabe por quê? A visão é fundamentada na fé. Se a nossa fé é pequena, a nossa visão do futuro não poderá ser grande.

Não se engane; nossa fé não cresce à base de receitas espirituais místicas. Centenas de vezes lemos sobre; "como aumentar a sua fé", "cinco passos concretos para ter mais fé" e outros títulos. Esses títulos são bons, mas não nos revelam o segredo. O mais importante é o fundamento da nossa fé, o mais importante é Cristo. Quando olhamos e confiamos nele, nossa fé se fortalece. Quando olhamos somente para a nossa fé, esta se torna fraca. O segredo é olhar para Jesus em todas as circunstâncias.

Temos que seguir em frente, precisamos ter visão — há muitas almas para ganhar, muito território para conquistar, fronteiras para alargar. Não desista após três tentativas, como vimos no versículo de hoje. Precisamos de uma visita ao nosso oftalmologista espiritual. Todos nós precisamos aumentar e melhorar a nossa visão, precisamos olhar para Jesus.

...ele a feriu três vezes e cessou.
—2 Reis 13:18

Leitura de hoje

LUCAS 20
DANIEL 9

Oração

Senhor Jesus, eu quero me concentrar em ti e olhar para o Senhor. Aumenta a minha visão espiritual.

Deus não pode fazer grandes coisas com pequenas visões.

5 de dezembro

Estou Há Anos Esperando...

...e o seu clamor subiu a Deus.
—Êxodo 2:23

Leitura de hoje

ÊXODO 1–2

EDMILSON é um dos jogadores de futebol mais admirados no Brasil. Ele e sua mulher Simeia criaram uma fundação beneficente para crianças carentes em sua cidade natal. Durante sua carreira futebolística, ele teve muitos momentos de glória. Foi campeão do mundo com a *Seleção Brasileira*, na França com *Lyon*, e campeão da Espanha e da Europa com o *Barcelona FC*. Recuperou-se de lesões graves e esperou muitos meses até estar preparado para jogar outra vez. Com certeza durante os treinamentos enfrentou momentos difíceis e talvez o desejo de deixar tudo.

Nós sempre achamos que estamos preparados para o nosso trabalho, e que podemos fazê-lo imediatamente e sem problemas. Não é nossa culpa por pensarmos assim. Hoje a sociedade prepara o indivíduo com um mínimo de lições. Todos vimos e ouvimos anúncios que proclamam que podemos "tocar como Beethoven em 20 lições" ou "aprender uma nova língua enquanto dormimos". Os dias de hoje são muito interessantes, o que sempre levou anos de preparação, hoje fazemos em poucos minutos.

Todos esquecem que a preparação leva tempo. Moisés não estava preparado para guiar o povo de Deus, apesar de ter sido criado como o filho de Faraó. Ele precisou de 40 anos no Egito, e mais 40 no deserto. Hoje, se o tivéssemos ensinado tudo em sete dias, o povo de Israel talvez levasse mais de três mil anos no deserto procurando por uma bússola.

Mas não é assim. Deus leva 40 anos para fazer uma árvore de carvalho, mas poucos minutos são necessários para uma pequena planta crescer e morrer devido ao vento. Se um carvalho fosse feito em poucos dias não resistiria à mínima brisa. Deus conhece o tipo de preparação que necessitamos. Ele quer fazer de você um carvalho, e para isso você necessita de preparo e espera. Você precisa aprender muitas coisas e, sobretudo, a descansar nele — ainda que espere por muito tempo.

Oração

Pai Todo-poderoso sei que controlas todas as coisas, quero aprender de ti. Ensina-me a aprender a utilizar meu tempo.

Nada escapa ao controle de Deus, aconteça o que acontecer conosco, Ele conduz todas as coisas de acordo com os Seus planos. É como se Deus jogasse bilhar e a bola desse muitas voltas, batesse em outras até atingir a caçapa. Com o devido respeito, talvez as situações da sua vida não tenham sentido algum, mas Deus faz tudo certo no devido tempo.

Deus está preparando você; aproveite este momento. Separe tempo para pensar, aprender, amadurecer e confiar nele incondicionalmente. Dê-lhe tempo para fazer algo importante em você.

Somente Deus conhece o "meu momento certo".

6 de dezembro

A mão de Deus

GERD MÜLLER, o "Torpedo" foi um dos maiores artilheiros da história do futebol alemão. Foi campeão na Europa com o *Bayern de Munique*, e mundial com a *Seleção Alemã*. Poucos marcaram tantos gols como ele. Em seu primeiro treino, o seu técnico lhe disse: "O que farei com um camponês gordo?".

Quantas vezes você se indignou ao ser ofendido publicamente, e teve vontade de responder à altura? Suponho que muitas. Isso acontece com todos nós. Muitos especialistas fariam melhor mantendo-se calados. Felizmente, eles não são os donos da última palavra, nem da penúltima. Deus afirma que prestaremos contas no dia do juízo final e já sabemos quem dará o veredito.

A mão de Deus está por trás da história, Ele decide e ninguém pode mudar; planeja e todas as coisas acontecem. Não podemos escapar dos Seus desígnios. Por trás de cada escolha, decisão e ato Ele está guiando para que tudo se encaminhe ao objetivo final.

O controle de Deus não é ditatorial. Nossas decisões são produtos de nossas mentes e das circunstâncias que nos rodeiam. Elas resultam de nossas escolhas certas e erradas e não temos qualquer direito de responsabilizar Deus por nossos atos. Sabemos que a mão de Deus controla o final de todas as coisas. Nada escapa à Sua vontade e dele é a última palavra.

Os planos de Deus não podem ser frustrados, apesar de nosso livre-arbítrio e decisões. A história do profeta Jonas, registrada no livro de Jonas 1–3, exemplifica esse fato. Se ele tivesse obedecido, poderíamos ir da ordem divina para o momento em que o profeta anuncia a destruição aos moradores de Nínive. Mas, Jonas escreveu novas páginas da história; mudou de rota e fugiu para a Espanha. Ele enfrentou uma tempestade em alto mar e a ira da tripulação do navio que, por culpa dele foi alvo da fúria de Deus. Eles o lançaram ao mar e Jonas virou comida de peixe. Finalmente, ele se rendeu a Deus e permitiu que Ele reescrevesse sua história.

Jonas poderia ter dito a Deus: "Como o Senhor deixou isto acontecer?" Se formos corajosos, admitiremos que já fomos engolidos por peixes que colocamos em nossos caminhos.

Rebelar-se contra Deus é um péssimo negócio! Ele diz em Gênesis 4:6,7: "Por que você está com raiva? Por que anda carrancudo? Se você tivesse feito o que é certo, estaria sorrindo, mas você agiu mal e por isso o pecado está na porta, à sua espera. Ele quer dominá-lo, mas você precisa vencê-lo" (NTLH).

...assentou-se o tribunal, e se abriram os livros.
—Daniel 7:10

Leitura de hoje

DANIEL 7,12

Oração

Nosso Deus, obrigado por estar no controle. Descanso em Teu poder.

A mão de Deus controla a História.

7 de dezembro

Suar a Camisa

...Por isso, Deus não se envergonha deles, de ser chamado o seu Deus, porquanto lhes preparou uma cidade.
—Hebreus 11:16

Leitura de hoje

MARCOS 8
HEBREUS 13

Poucos jogadores foram tão conhecidos na Espanha como o célebre AMÂNCIO, o "galego sábio". Quando chegou ao *Real Madrid*, este ainda tinha jogadores como DI STÉFANO. No seu primeiro jogo com a equipe, em um torneio de verão, deram-lhe uma camisa sem o escudo. Antes que a trocassem, Di Stéfano disse: "Sue primeiro a camisa e depois ganhará outra".

"Há vagas." Quantas vezes temos visto este cartaz em centenas de estabelecimentos? Mas, o problema, nos dias de hoje, não é somente preencher vagas, mas encontrar bons trabalhadores, bons estudantes, esportistas, amigos e cristãos. Não quer dizer que a maioria seja ruim, o que acontece é que poucos "suam a camisa".

Vou explicar melhor: muitos acham suficiente fazer as coisas de qualquer jeito. Já não importa se as coisas são bem feitas ou não, desde que sejam feitas. A maioria dos estudantes se preocupa mais em ser aprovado do que aprender qualquer coisa. Para muitos trabalhadores, o salário é mais importante do que o trabalho bem feito. Poucos empresários pensam se a melhor maneira de investir seu dinheiro trará mais trabalhos e melhores condições de vida para a cidade. Concentram-se nos lucros e como farão a escalada social.

Essas atitudes são demonstradas de maneiras diferentes: o estudante só estuda antes da prova; o trabalhador só dá o seu melhor quando seu chefe está observando; o empresário vive única e exclusivamente para ganhar mais dinheiro. Mas Deus vê todas as coisas de maneira diferente. Ainda que não haja provas que o chefe não esteja olhando ou ninguém perceba que você esteja sonegando seus impostos, Deus o vê e Ele o julgará. Não deveríamos ser somente estudantes, atletas, trabalhadores, empresários ou professores, mas devemos ser os melhores, fazer bem feito e "suar a camisa". O filho de Deus precisa fazer bem o seu trabalho para ser reconhecido como tal pelos outros. Deus não se envergonha de ser nosso Deus e não devemos envergonhá-lo fazendo as coisas de qualquer jeito.

Oração

Querido Pai Celestial, obrigado pelas coisas que eu faço. Ensina-me a ser um bom exemplo.

O cristão deve desempenhar suas funções com dedicação.

8 de dezembro

Um bom Espelho

A posição de líbero no futebol europeu é uma das mais importantes na equipe, porque é como guia para o jogo defensivo. Já citamos alguns dos melhores líberos tais como: BECKENBAUER, KROL, PASSARELA e LÚCIO, este último, ainda hoje um dos melhores. É necessário destacar também BARESI, italiano e famoso jogador do *Milan*, campeão da Europa com seu clube, e mundial com a *Seleção Italiana*. Seus adversários dizem que "os defensores do *Milan*, não olham para a bola, só para Baresi": seus lances são sempre certos e exatamente o que seus companheiros precisam ver.

Um bom exemplo nunca é demais. Em qualquer situação da vida, o que falta são pessoas que sirvam de ajuda a outros. Os bons líderes são procurados com lupa em todas as esferas da sociedade, e, pode-se dizer que a maioria das empresas caminha bem quando há pessoas que servem de exemplo.

Deus nos fala da importância dos bons exemplos de duas maneiras específicas. Em primeiro lugar, Ele quer que imitemos os heróis da fé e em segundo, espera que cada um de nós, seja exemplo para os outros.

Devemos começar dizendo que Deus é santo, o que significa que Ele é perfeito. Ele não comete erros; e todos os Seus desejos e obras são perfeitas. Deus quer que sejamos do mesmo modo. "Espere aí!" Você pode me dizer, "isso é impossível!" Em parte, você tem razão e em parte, não. É verdade que nossa meta é a santidade tal e como Deus a entende. Se um dos atributos de Deus é Sua santidade, e nós somos Seus filhos, esta mesma santidade deve ser refletida em nossa vida.

Deus espera que sejamos exemplos da santidade: que sejamos diferentes, separados do mal, que vivamos de acordo com Sua vontade e Seu caráter. As pessoas sempre apontarão nossas falhas, mas nós deveremos buscar a nossa santidade. Quando as pessoas me veem, devem reconhecer atributos do caráter de Deus. Quando Deus me vê, deveria poder dizer: "Sigam o seu exemplo."

...mas imitadores daqueles que, pela fé e pela longanimidade, herdam as promessas.
—Hebreus 6:12

Leitura de hoje

2 CORÍNTIOS 6–7
ATOS 19–20

Oração

Pai Eterno ajuda-me a ser um exemplo para todos os que me rodeiam. Ensina-me a crescer diariamente em Tua santidade.

Se ninguém puder seguir seu exemplo, é melhor mudar seus hábitos.

9 de dezembro

O Melhor Ainda Está por Vir

...infinitamente mais do que tudo quanto [...] pensamos...
—Efésios 3:20

Falamos uma vez de Pete Maravich, um dos melhores cestinhas da *NBA* e de todas as Ligas Universitárias. Pete se destacou por sua rara habilidade de fazer as coisas mais incríveis. Dizem que ninguém dominava as fintas e o lance como ele, mas teve que conseguir espaço no basquete profissional à base de treinamento, disciplina e sacrifício. Quando era criança, treinava com várias bolas ao mesmo tempo e as jogava em lugares tão difíceis como o trilho do trem ou as guias das calçadas, tudo para chegar a ser o melhor. Ele conseguiu! Durante dez anos foi um dos jogadores profissionais mais admirados. Ganhou todo o dinheiro que quis, conseguiu a fama individual e coletiva da maneira que desejava, mas quando se aposentou, sua vida estava vazia e sem sentido. E ele tinha a angustiante necessidade de encontrar um pouco de felicidade.

Leitura de hoje

EFÉSIOS 3–4

Pouco tempo mais tarde, Pete se entregou a Jesus, recebendo então um novo significado para sua vida. Era interessante escutá-lo falar do amor de Deus e como Jesus era o único que podia dar felicidade e significado à vida. Ele que havia conseguido tudo que queria em sua vida, percebera que Deus preenchia todas as suas necessidades. E ele disse: "Com Ele, a vida é completamente diferente." Poucos anos depois, Pete morreu. Tinha só 40 anos e um futuro brilhante, contudo Deus o levou.

Todos nós passamos por momentos nos quais as perguntas são difíceis de responder. Às vezes não compreendemos a vontade de Deus para um momento específico em nossa vida. E as respostas nunca são fáceis, por uma razão muito simples: estamos acostumados a ver nossa vida sob as perspectivas de espaço e tempo. Lembra de Jó? Todos se referem a ele quando algo ruim acontece, porque poucos foram tão completamente testados pelo mal. Jó aprendeu muito! Talvez precisemos aprender algumas coisas em situações que não compreendamos.

Oração

Pai Eterno, Tu sabes como me sinto. Ensina-me a ver as coisas à luz da eternidade.

Jó entendeu que podia ser sincero com Deus, em qualquer circunstância. Aprendeu a fortalecer sua confiança em Deus e que a vida é vivida em duas áreas. A área do sofrimento físico e espiritual. Nesta, uma terrível e importante batalha estava acontecendo. Só poderia ser vencida através da fé em Deus. Devemos aprender a olhar as coisas com os olhos espirituais. Nossa vida aqui significa muito pouco em comparação ao além, que é verdadeiro apesar dos sofrimentos atuais e falta de compreensão.

Na grande "partida de xadrez" do mundo espiritual, todos os movimentos têm sentido.

10 de dezembro

Vivendo Perigosamente

Jim Clark foi por duas vezes campeão do Mundo de Fórmula 1. Muitos diziam que teria o novo recorde mundial, pois era jovem e um bom piloto, mas morreu em uma prova de Fórmula 2, no dia 7 de março de 1968. Uma prova em que nunca deveria ter participado, mas ele não levou isso a sério.

Grandes coisas se perderam por pequenos erros. Uma só mancha estraga um quadro impecável. Um só erro lança por terra uma atuação perfeita. Um só micróbio inutiliza um bisturi esterilizado. Uma vida feliz, radiante e plena se destrói às vezes por um momento de insensatez.

Um dos maiores perigos para os jovens de hoje é que estão expostos a um imenso número de possibilidades de diversões, antes inexistentes. Jamais, também, havíamos encontrado tantas vidas destruídas. À primeira vista, tudo parece bom e sem problemas; todas as diversões parecem puras e sem maldade, mas o perigo aparece quando elas começam a dominá-los. Muitas coisas aprisionam suas mentes e impedem seu crescimento espiritual. Um lazer aparentemente inocente, pode tirar você do controle. Nunca esqueça as palavras de Pedro: "aquele que é vencido fica escravo do vencedor".

As pessoas buscam diversões que as impedem de pensar. Muitas pessoas só se sentem bem quando esquecem o vazio que têm em suas vidas. A grande popularidade de certas atividades serve para nos isolar do cotidiano. O barulho e escuridão são uma grande parte disso tudo. Milhares de jovens vão a clubes noturnos escuros e barulhentos para parar de pensar e para praticar coisas inadequadas. Fazem uma cortina de fumaça, literalmente, para ocultar seu próprio vazio interior, sua própria frustração. Muitos só o fazem por influência de amigos, não são capazes de decidir por si próprios. Se isso é triste, mais triste é saber que jovens cristãos caem nessa armadilha. Eles vivem com o mesmo vazio? Não conseguem se posicionar!

Deus nos prometeu vida em abundância. O mundo nada pode ensinar a respeito de felicidade. Se o mal nos diverte ou se diverte conosco, este mesmo mal vai nos destruir. Do mesmo jeito que destrói milhares de jovens a cada ano, escravos dos vícios que aprenderam em lugares sem vida. Este escravo nada pode ensinar; é muito mais importante que você o ensine onde está a vida, e a vida em abundância.

...eu vim para que tenham vida e a tenham em abundância.
—João 10:10

Leitura de hoje

SALMOS 4,39
DEUTERONÔMIO 30

Oração

Pai Celeste, perdoa-me por andar longe de ti. Ensina-me a ser uma luz para meus amigos e que eles vejam Tua vida em mim.

Jesus não veio só para nos dar vida, veio para dá-la em abundância!

11 de dezembro

Ninguém me Entende

...se somos confortados, é para o vosso conforto...
—2 Coríntios 1:6

Meu bom amigo BALTAZAR me explicou este texto de uma maneira extraordinária. Em outras ocasiões falamos dele, um dos melhores artilheiros do Brasil nos anos 1980. No entanto, ele também sentou no banco de reservas por várias vezes, quando algum treinador não considerava necessário seu serviço como jogador titular. "Quando se passa pelo banco de reservas, é possível entender e ajudar muito mais os outros que passam pela mesma situação."

Com certeza, neste ano aconteceram coisas que você não entendeu. Mais de uma vez, você sentiu solidão sem saber a razão. E em algum momento você disse esta frase: "Ninguém me entende." Mesmo que agora pareça quase uma brincadeira, o fato é que naquele momento você se sentiu mal, pois muitas vezes acontecem coisas que não entendemos.

Leitura de hoje

JÓ 15–16

Várias vezes, neste ano, tentamos explicar algumas causas pelas quais passamos pelo sofrimento. E o mais importante de tudo é saber que, aconteça o que acontecer, Deus está sempre ao nosso lado. Apesar de tudo o que já foi dito, ainda há algo a acrescentar. Por vezes nos acontecem coisas para que possamos ajudar aos outros.

Mas que situação! Você pode dizer, "E para que eu vou querer ajudar aos outros? Se soubesse o que estou passando!" Mas você se sente bem quando o ajudam e o consolam. Não é egoísmo deixar o outro sofrer quando nós já passamos pela mesma situação? Pode não ser uma resposta muito fácil, mas precisamos aprendê-la. Tudo aquilo que passamos serve para consolar e animar aos que enfrentam situações semelhantes. Todos os problemas que vencemos nos ensinam as lições que outros precisam aprender. Se você está sofrendo agora, talvez seja para que, um dia, Deus o use para me consolar, me ajudar e me ensinar.

Oração

Santo Pai, ainda que às vezes seja difícil compreender o sofrimento, ensina-me a vencer para poder ajudar outros.

E um último argumento: a compreensão é o item mais importante na relação entre duas pessoas — família, amigos e irmãos em Cristo. Você compreenderá alguém se não souber o que está acontecendo? Quão sábio é Deus! Ele é tão bom que, às vezes, permite que passemos por situações difíceis, para que os mais fracos não precisem experimentar o mesmo. Se estiver sofrendo agora, procure aprender o máximo que puder, eu posso precisar da sua sabedoria amanhã.

Você só pode ajudar alguém se afogando, se você também estiver dentro da água.

12 de dezembro

Raios-X

Por volta do ano de 1956, aconteceu esta história: O *Santos FC*, equipe brasileira de futebol, estava negociando uma troca de jogadores com a equipe de Porto Alegre. Eles ofereceram duas opções à equipe de Porto Alegre: PAGÃO, um jogador consagrado, e PELÉ, um garoto muito jovem. O presidente do *Porto Alegre* enviou um telegrama dizendo: "Pelé não interessa, é desconhecido, mandem o Pagão." Meses mais tarde, lamentaram esta decisão umas 100 vezes por dia.

Somos especialistas em manter as aparências. Medimos e decidimos as coisas pelo que vemos — e vejam os resultados. Nossa sociedade está aparentemente bem. É capaz de resolver seus próprios problemas, aparentemente; encontra a solução para todas as perguntas essenciais da vida, à primeira vista. Poucos são os que se aprofundam e menos ainda aqueles que examinam as situações através de *raio X*.

Assim, existem milhões de enfermos ambulantes, aparentemente sadios. O homem de hoje é especialista em retocar a alma e remendar o espírito. Nossa sociedade cura depressões causadas pela corrida desenfreada para manter o mesmo padrão que outros, material e espiritualmente; com meditação, técnicas de relaxamento e outras "lavagens cerebrais" que explicam as necessidades psicológicas de milhares de pessoas que sofrem com as pressões causadas por suas próprias religiões. Conseguem uma cura superficial e não percebem que a raiz dos problemas continua em seus corações.

Poucos se importam em curar o interior. Basta que, aparentemente, as coisas estejam bem, para que todos fiquem contentes. Se for necessário dedicar alguns dias a uma filosofia que lhes "lave o cérebro", ou a uma "meditação transcendental" que os faça sentir completamente em outro mundo, não importa. O interessante é que exteriormente não se note o que se passa no seu interior. O que importa são as aparências, e muitos se tornam milionários, alimentando a ignorância de milhões de necessitados.

Pare, por favor. Preste atenção. Deixe de confiar em filosofias, religiões, meditações, relaxamentos e tudo o que queira acrescentar. Seu problema não é exterior. Sua situação não se resolve mudando as aparências. Você necessita de alguém que olhe profundamente em seu interior. Alguém que o conheça tal como você é, alguém que não o engane, que olhe seu coração: Deus. Tudo o mais são apenas remendos.

...O homem vê o exterior, porém o SENHOR, o coração.
—1 Samuel 16:7

Leitura de hoje

1 SAMUEL 16,23

Oração

Pai Celeste, obrigado por me conheceres como sou, e por me amares. Obrigado porque és o único que vês meu coração. Te peço que faças isso hoje.

Quem presta atenção somente em aparências, ficará sempre na superfície das coisas.

13 de dezembro

Vale Quanto Pesa

E quem der a beber, ainda que seja um copo de água fria...
—Mateus 10:42

Várias vezes falamos dos milhões que ganham os grandes esportistas. PATRICK EWING é um dos melhores pivôs da *NBA*, e, portanto, um dos que recebem maiores salários também, mas sabe socorrer aos outros. Durante a temporada 1889–90 prometeu dar 100 dólares, a uma casa beneficente de crianças abandonadas, por cada toco (defesa feita quando o adversário faz o arremesso) que conseguisse nos jogos da temporada. No final, fez mais de 270.

"O homem vale pelo que tem." Quantas vezes ouvimos este ditado? É comum as pessoas admirarem outros pelo que têm. No entanto, o que se tem não é o mais importante, mas o que se dá. E não somente o que você dá, mas também com a atitude que você dá. Esta foi uma lição difícil para os fariseus; não sei se realmente aprenderam. O Senhor Jesus declarou no templo que a oferta de duas moedas da viúva foi mais valiosa do que a oferta esplêndida dos ricos. A explicação foi clara: "todos deram do que lhes sobrava, mas esta pobre viúva deu do que tinha para viver."

Leitura de hoje

2 CRÔNICAS 29,31

A Bíblia ensina a importância de dar e ajudar aos outros. Mesmo as pequenas coisas são importantes; Jesus disse que um só copo de água não ficará sem recompensa. Já dissemos mais de uma vez, que a maior demonstração de amor é dar dinheiro, tempo, forças, ajuda, ânimo, e a lista continua.

Pense por um momento: a quem pertence tudo o que você tem? Não, não servem respostas do tipo: minha família, governo, meus pais, etc. Tudo o que existe no mundo pertence a Deus: inclusive você mesmo. Dar é devolver a Ele parte do que nos dá.

Na antiguidade, os judeus pagavam os dízimos; décima parte de toda a colheita e seus pertences — e outras ofertas voluntárias. Nossa responsabilidade hoje não é só o que se fazia antigamente, mas muito maior. Deus deu muito mais a nós, portanto devemos ser mais agradecidos. Ou você acredita que é dono do seu dinheiro, seu tempo e suas posses? E se Deus dissesse hoje mesmo: "seu tempo acabou". De que serviria tudo o que você tem?

Oração

Pai Celeste, obrigado por tudo o que me deste. A partir de hoje quero dar mais a ti e aos outros.

É melhor dar do que receber.

14 de dezembro

Atletas de Cristo

A influência dos *Atletas de Cristo* como Baltazar, Donato, Cleber, Amarildo, foi tão positiva na sociedade espanhola e nos meios de comunicação que, quando o brasileiro Toni chegou ao Valência, uma das primeiras perguntas dos jornalistas foi: você também é Atleta de Cristo? O grupo de atletas cristãos tem crescido em quase todos os países do mundo. Na Espanha, logo chegaram outros que proclamaram publicamente sua fé, como Mazinho, Giovanni, Catanha, Gilmar, e entre os espanhóis, Valerón. Todos fazem parte de uma equipe cujo "técnico" é o próprio Deus.

Deus sempre permite que o encontremos. Ninguém que o busque sinceramente passará um longo tempo sem sentir Sua mão sobre sua vida. Muitas pessoas já o experimentaram pessoalmente e tiveram suas vidas totalmente transformadas. Mesmo se você não estiver testemunhando para o Senhor, sua influência alcançará outros.

Deus trabalha através de Seus filhos, em silêncio mas poderosamente, com a fragrância da Sua presença. Este perfume fala, explica e ensina a outros que o amor de Deus é importante em nosso viver. E Deus diz que todas as nossas ações produzirão frutos em seu devido tempo.

Mas há uma condição: o versículo de hoje diz "buscaram ao Senhor". É importante nosso relacionamento pessoal com Deus através da comunhão com Jesus. Ele é o único que vale a pena conhecermos e servirmos. Às vezes, nos concentramos em doutrinas, conhecimento, experiências e até no estudo da Bíblia, mas não investimos tempo com Ele. É como se preparássemos alimentos com receitas de um bom livro de culinária, e não os comêssemos. O mais importante não são as doutrinas, nem os conhecimentos, muito menos as experiências, mas sim Jesus.

A realidade da presença de Deus em todo momento transforma nossa vida. Conhecer Jesus traz significado aos nossos objetivos. A nossa atitude em procurar Jesus; diariamente, ouvir Suas palavras, obedecer-lhe e nos relacionarmos diretamente com Ele, nos traz a paz. A fragrância da nossa vida alcançará a todos.

...buscaram ao Senhor, e por eles foi achado. O Senhor lhes deu paz por toda parte.
—2 Crônicas 15:15

Leitura de hoje

ATOS 21–23

Oração

Senhor Jesus, Tu és o mais importante em minha vida. Ensina-me a te buscar acima de todas as coisas.

Deus procura pessoas que o busquem.

15 de dezembro

Cooperando

Eu de boa vontade me gastarei e ainda me deixarei gastar em prol da vossa alma. Se mais vos amo, serei menos amado?
—2 Coríntios 12:15

Leitura de hoje

2 CORÍNTIOS 11–12

No voleibol, uma das figuras mais importantes para toda a equipe é a do levantador. É muito comum ser ele o menor da equipe, mas sua função é preparar a melhor bola possível para o ataque. Um dos melhores levantadores brasileiros de todos os tempos é Maurício, campeão olímpico com o *Barcelona*.

O segredo de um bom levantador é o trabalho em equipe. Os outros é que levam a glória e marcam o ponto. Na Bíblia, Deus nos ensina a trabalharmos juntos e nos chama de cooperadores de Cristo (Leia em 2 Coríntios 6:1). Quando trabalhamos juntos para levar o evangelho a outras pessoas, estamos cooperando com o Senhor Jesus. Não há nada tão importante! Leu o exemplo de Paulo no versículo de hoje? Não lhe importava ser menos amado, desde que estivesse gastando sua própria vida em favor de outros! E não só gastou sua vida, gastou também todas as suas posses, seu passado brilhante, suas influências.

Paulo aprendeu a trabalhar para glória de outros. E nós, já aprendemos isso? Se alguém não pensa como nós, nós o rejeitamos e nada queremos com ele. A nossa espiritualidade e defesa da sã doutrina, por vezes escondem a inveja e o ressentimento por não querermos que outra pessoa receba o reconhecimento. Devemos aprender a trabalhar juntos.

E a colaboração deve se estender, sobretudo, a busca de novas formas de pregar o evangelho. Deus é o mesmo, Sua mensagem também, mas a forma de expressar esta mensagem deve ser cada vez mais atual e perfeita. Peça a Deus sabedoria, talvez Ele colocou uma ideia original em seu coração. O que você acha da primeira pessoa que pensou em fazer um devocional? Ou da primeira que usou o rádio ou a televisão? E da primeira que utilizou a imprensa, a música, o teatro, ou o sermão? Ouse ser criativo! Ore para Deus lhe ensinar novas maneiras de proclamar Seu glorioso evangelho. Agradamos ao Senhor quando cooperamos com os outros.

Oração

Pai, não quero viver minha vida cristã de maneira solitária. Quero cooperar e buscar o bem dos outros. Dá-me sabedoria.

Buscar o melhor para os outros, sempre é melhor do que buscá-lo para si mesmo.

16 de dezembro

Moradas no céu

Alemão foi um dos jogadores mais importantes para a *Seleção Brasileira* na década de 1980. Depois de jogar no *Botafogo* do Rio, foi para a Espanha defender o *Atlético de Madrid*, e passou no *Napoli* italiano os últimos anos de sua carreira esportiva. Para ele, aqueles anos tiveram um significado muito especial e trazem boas recordações, pois naquela época conheceu o Senhor Jesus como Salvador pessoal.

Algumas vezes falamos sobre ser feliz com o que somos e temos. Recordamos juntos que cada um de nós tem uma herança particular que ninguém pode nos tirar, essa herança é parte de nós mesmos, pois Deus nos fez especiais.

Mas os "presentes" de Deus não ficam por aí. Sua herança não é limitada a esta vida — Deus é mais generoso do que isso. A Bíblia diz que quando a nossa vida findar, herdaremos o céu, nosso lar. Durante muitos séculos, cristãos confiaram na Palavra de Deus e no lar eterno, e essa confiança nunca será frustrada. Todos aqueles que receberam a Deus em suas vidas, terão uma morada no céu.

Sabe de onde vem nossa segurança? Do próprio Deus. No precioso capítulo 14 do evangelho de João, Jesus diz aos Seus discípulos que vai preparar um lugar para eles. É o próprio Senhor que está decorando nossa casa! Sua preocupação com nossa eternidade no céu, o faz cuidar de cada detalhe para nossa tão esperada chegada. É verdade que a casa não será do mesmo material que temos aqui, mas isto não impede que creiamos que Jesus a está fazendo. É a Palavra dele contra a de muitos incrédulos que dizem que o céu é apenas uma ilusão.

Não permita que lhe tirem sua herança, duvidando do que Deus diz. Jesus está preparando uma morada permanente para nós. Quando nossa vida aqui findar, Ele nos levará às portas de nosso lar e nos dirá: "Seja bem-vindo ao lar." E nós seremos os mais felizes do mundo, não só por termos um lar celestial, mas porque ali, assim como em todo o universo, só haverá um Rei: Jesus.

...Guarde-me o Senhor de que eu dê a herança de meus pais.
—1 Reis 21:3

Leitura de hoje

1 REIS 21
ISAÍAS 65

Oração

Senhor Jesus, obrigado por Sua promessa de vida eterna. Obrigado por meu lar nos céus.

Jesus está decorando nosso lar nos céus.

17 de dezembro

Fazendo de Coração

Tudo quanto fizerdes, fazei-o de todo o coração, como para o Senhor e não para homens.
—Colossenses 3:23

Leitura de hoje

COLOSSENSES 3
2 CORÍNTIOS 10

Oração

Santo Espírito, limpa o meu coração. Ensina-me a fazer todas as coisas como se fossem para ti. Dá-me ousadia para testemunhar sobre ti.

Momentos antes da final da Copa da Europa de futebol, disputada entre *Roma* e *Liverpool* em 1984, o treinador dos ingleses se reuniu no vestiário com seus jogadores e lhes disse que não sabia como pronunciar os nomes dos adversários e que, então, não falaria deles. Ele mandou que vestissem as camisas e as trouxessem no final do jogo molhadas de suor. Recomendou também que não se esquecessem de trazer também, a Copa. Nem precisa dizer que o *Liverpool* foi o campeão.

Deus determina apenas uma condição para tudo que fazemos: que o façamos de coração. Ele não se impressiona com nomes famosos. Não é tão importante a quem ajudamos ou quem é o inimigo, o que realmente importa é o nosso coração e nossa obediência ao Senhor. Muitas vezes estamos preocupados com algum destes dois tipos de pessoas: nossos amigos ou nossos inimigos. Os amigos nos influenciam indiretamente porque consideramos os seus conselhos. Os inimigos nos afetam diretamente, pois temos medo deles. Desculpas como: "o que vão dizer?", "parecerá bem a eles ou não?" "o que os outros podem pensar?", não têm valor diante de um coração limpo. Se o que fazemos, o fazemos *como para o Senhor*, ninguém tem direito de nos julgar.

Por outro lado, não devemos ter medo de nossos inimigos, sejam eles quais forem. Não importa seus nomes: Deus é quem nos dá a vitória. Muitas vezes, deixamos de falar do Senhor a outros, por medo do que possam dizer — esta é a atitude de um perdedor.

Peça ao Senhor para dar-lhe coragem para testemunhar. Ouse compartilhar o amor de Deus! O que realmente vale a pena na vida é ter um coração disposto a obedecer-lhe em todas as circunstâncias.

Deus pede que façamos tudo para Sua glória, da mais simples até a mais complicada tarefa. Ele quer que façamos tudo de todo o nosso coração para Ele. Se o nosso coração é puro, não importa o que outros vão pensar!

Antes de fazer qualquer coisa, examine o seu coração.

18 de dezembro

Levanta-te

ERVIN HAYES foi campeão da *NBA* no ano de 1978, com o *Washington Bullets*, campeão universitário com *Houston*, melhor jogador universitário em 1967-68, cestinha da *NBA* 1969 e máximo reboteador em 1970-74. Ele sempre levava sua Bíblia quando viajava, pois para ele, o mais importante na vida era o seu relacionamento com Deus. Ervin, que foi o criador do *Turnaround Jumper* (volta no ar e posterior arremesso) dizia: "ninguém gosta de vencer mais do que eu, mas depois de cada derrota, a vida continua e temos que pensar no jogo seguinte para ganhá-lo".

Mesmo que várias vezes já tenhamos falado da vida vitoriosa do cristão, necessitamos acrescentar coisas muito importantes. Nossa vida de vitória depende, única e exclusivamente, de nosso Deus. Ele nos dá a vitória. Não precisamos atacar ninguém, nem mesmo o Diabo ou suas forças malignas. A Bíblia nos ensina a permanecermos firmes, porque Jesus já venceu e nos colocou num lugar de triunfo. O Diabo pode nos fazer cair (e às vezes o faz), mas não pode derrotar-nos. A vitória já foi conquistada, o lugar que Deus nos deu é definitivo. Assim compreendemos então, a importância das palavras de Jesus: "Levanta-te…".

Dia após dia, momento após momento, devemos aprender a não cair, e se isto acontecer: devemos levantar e voltar à luta.

Nunca é demais repetir isso porque sua importância é fundamental: só resistiremos fortes e vitoriosos quando estivermos cheios do Espírito Santo, quando Ele nos controlar por completo. Às vezes é fácil entregar os acontecimentos a Deus; as pequenas coisas que nos fazem parecer espiritualmente bons e nos trazem a paz, e a tranquilidade. Mas daí, a permitir que Deus controle toda nossa vida, há muita diferença. É como se Deus fosse nosso visitante: mostramos a Ele os cômodos limpos e escondemos os nossos segredos. Não permitimos Sua entrada em nossa cozinha; onde guardamos nossos desejos, nem em nosso escritório; onde conservamos nossos estudos e trabalhos. E no cofre… nem pensar.

Se existem áreas de nossa vida as quais não entregamos ao domínio de Deus, a vida será cheia de derrotas. Nos manteremos firmes somente se o Espírito de Deus nos encher completamente, sem exceções.

…Levanta-te, toma o teu leito e vai para casa.
—Lucas 5:24

Leitura de hoje

LUCAS 5
ATOS 27–28

Oração

Espírito Santo ensina-me a permanecer firme em ti, cheio de ti. Que a minha vida esteja sob Teu controle.

Deus não quer ser um visitante, Ele quer ser o nosso Mestre.

19 de dezembro

De Pai Para Filho

Dá-me, filho meu, o teu coração, e os teus olhos se agradem dos meus caminhos.
—Provérbios 23:26

Leitura de hoje

GÊNESIS 22
1 SAMUEL 2

Oração

Pai Eterno ensina-me a ser uma boa mãe, um bom pai. Ensina-me a educar os filhos que tenho, ou terei de acordo com a Tua Palavra.

O húngaro Niklos Nemeth ganhou a medalha de ouro no lançamento de disco nos Jogos Olímpicos de Montreal em 1976. O seu pai, Imre Nemeth venceu o lançamento de martelo nos Jogos Olímpicos de 1948. Muitos contavam com a vitória de Niklos, pois ele já fazia parte de uma família de lançadores!

Segundo as estatísticas, 80 por cento dos jovens que leem este devocional serão pais ou mães algum dia. Não sei o que você chegará a ser em sua vida: esportista, universitário, empresário, cientista, mas posso lhe dizer algo muito mais importante que você poderá exercer — a influência positiva sobre seus futuros filhos. Se ao findar seu tempo de vida aqui, você tiver deixado a presença de Deus marcada na vida de outras pessoas, sua vida terá sido um sucesso.

Sei que já falei várias vezes desse tema, mas não resisto em escrever algo de suma importância. E volto a repetir, mesmo se você não tem filhos atualmente, não deixe de ler este devocional. Tenho mais um desafio para você: separe um tempo para aprender o que Deus diz sobre as crianças. Leia outra vez o livro de Provérbios e anote os textos que falam sobre a educação de crianças. Você encontrará pelo menos 40 textos, escreva-os para recordar quando precisar. Veja estes:

1. Uma criança nunca é pequena demais para ouvir falar de Deus. Desde o ventre materno, os novos pais podem orar juntos pelo bebê. Não pense que elas nada entendem: até uma criança de poucos meses pode surpreendê-los por sua capacidade de recepção.

2. A primeira impressão que uma criança recebe sobre Deus, recebe-a de seus próprios pais. A criança pensará que Deus é como vocês, e que Ele age, ama e compreende como vocês. Que responsabilidade! Muitos jovens não creem em Deus por terem sido desiludidos por seus pais.

3. Seja positivo, amável e carinhoso com as crianças. Não as envenene. Muitos pais envenenam a hora da refeição ao falar sobre outros naquele momento especial, ao usar linguagem imprópria ou maneiras inadequadas. Seja afetuoso, o melhor que você poderá ensinar será amor e compreensão.

Nada é mais importante do que o futuro de uma criança.

20 de dezembro

Fazendo Parte da Barreira

No jogo entre a extinta Alemanha Oriental e o Brasil durante a Copa do Mundo de 1970, o árbitro marcou falta fora da área a favor do Brasil. Os jogadores brasileiros ganharam um pênalti. Os adversários formaram a barreira e Rivelino chutou a bola justamente na barreira onde estava seu companheiro e no momento da bola chegar, o jogador brasileiro que estava nela, se abaixou e deixou passar a bola. O goleiro alemão, Croy, nem sequer teve tempo de olhar onde a bola entrou.

Certa ocasião quando Jesus ensinava aproximadamente 5 mil homens, sem contar mulheres e crianças, aproximou-se a hora de comer. É claro que não havia comida para tantos, mas Jesus estava ali e tinha poder para fazer qualquer coisa. Alguém então disse: "Aqui tem um menino que tem cinco pães e dois peixinhos, mas o que é isto para tantos?" Jesus disse: "Trazei o menino e os pães." Como? De que servem cinco pães para tanta gente?

Somos tão incrédulos! Não percebemos que cinco pães nas mãos de Jesus, são mais pães do que milhares deles em nossas mãos. Jesus tomou os pães, os abençoou, e quando Deus abençoa algo, já não é como antes. Aqueles cinco pães se transformaram em milhares de quilos de pão fresco para que todos pudessem comer e ficar satisfeitos. Este foi um milagre surpreendente efetuado pelo poder de Deus sobre os cinco pães e dois peixes, trazidos por um menino a Jesus.

Talvez você pense que seu talento, seu trabalho não têm importância, mas sem os seus pães Deus não teria feito grandes milagres. Diante dele, tudo o que fazemos tem valor, todo nosso trabalho é imprescindível e para Ele todos e cada um de nós, Seus filhos, somos especiais. Ninguém pode sentir-se desprezado ou sem importância, ainda que faça parte somente da barreira, ou só entregue cinco pães e dois peixinhos.

O menino de nossa história de hoje cumpriu duas condições: estava no lugar que Deus queria e soube obedecer ao Seu chamado. É tudo o que Deus pede de você e do seu trabalho. Se fizer assim, sua vida não será desperdiçada e você se tornará imprescindível.

> Está aí um rapaz que tem cinco pães de cevada e dois peixinhos…
> —João 6:9

Leitura de hoje

MATEUS 15
LUCAS 8
JOÃO 6

Oração

Senhor, Rei do Universo perdoa meus desejos em ser importante e minha incapacidade em obedecer-te como Tu queres. Mostra-me o meu lugar em Teus planos.

Nada é tão importante quanto cooperar com Deus.

21 de dezembro

E Agora, O Que Eu Faço?

Irmãos, sede imitadores meus...
—Filipenses 3:17

Se falarmos de inovações, talvez o goleiro mais inovador da história tenha sido AMADEO RAUL CARRIZO, argentino que jogou no *River Plate* dos 18 até aos 42 anos, lá pelos anos 1950. Foi o primeiro a colocar luvas nas mãos, a sair da área para defender uma jogada, a começar as jogadas de sua equipe a partir de sua própria área.

Às vezes é difícil ser flexível em sua vida espiritual e seguir o exemplo de Jesus em todas as circunstâncias da vida. Às vezes temos dúvidas sobre nossas capacidades e até nos perguntamos sobre o que Deus faria se estivesse em nosso lugar, especialmente agora que existem tantas coisas desconhecidas. Como enfrentar tantos novos desafios?

Leitura de hoje

1 JOÃO 2
2 TESSALONICENSES 3

1. O pecado sempre é pecado. O mal sempre é mal e o fim não justifica os meios. Obedeça ao que Deus diz, sem exceções.
2. Não use sua liberdade para perturbar os outros. Da mesma maneira, não podemos julgar o outro por não concordar conosco.
3. Conscientize-se do que lhe é permitido ou não, fazer. Sem confiança e fé, é melhor não fazer.
4. Seja honesto consigo e com o Senhor. Não tente justificar o que sabe ou suspeita que seja duvidoso.
5. Qualquer coisa que contamine a sua mente é destrutivo, não importa se parece ser bom.
6. Tudo o que o domina destrói. Somente Deus pode controlar a sua vida. Se você não pode ou não consegue deixar de fazer algo, peça-lhe ajuda.
7. Tudo o que contamina o seu corpo é pecado. Somos templo do Espírito Santo e devemos cuidar o melhor possível deste templo.
8. Qualquer forma de mal, por menor que seja, deve ser removido de nossas vidas. Pecados pequenos levam aos grandes.
9. Tudo o que você não puder fazer no nome do Senhor, é suspeito e deve ser evitado.
10. Mesmo sendo boas, existem coisas que não convém. Seja sábio para evitar o que não é da vontade de Deus para você.

Oração

Pai não quero cair na armadilha do mal. Ensina-me a pensar no que farias em cada situação.

Se houver dúvidas, pergunte-se: "O que Jesus faria em meu lugar?"

22 de dezembro

Quem Topa Ser Rebaixado?

Continuamos falando de goleiros de futebol, desta vez de João Leite, o grande goleiro brasileiro e um dos fundadores do grupo *Atletas de Cristo*. Durante uma entrevista, um irmão na fé lhe disse: "João, gostaria de ser tão famoso quanto você, para poder falar a todos de minha fé em Cristo." Este irmão jogava na segunda divisão e João lhe respondeu: "Se todos forem famosos, quem vai falar de Deus aos goleiros e jogadores da segunda divisão? Cada um deve ser útil no lugar onde Deus o colocou."

Todos nós queremos estar no melhor lugar, com uma posição de destaque, e isto não é mau. Mas se abandonamos o lugar em que Deus nos colocou, condenamos muita gente. Vou lhe explicar: Deus quer que levemos o evangelho a todas as pessoas, e as que você tem ao seu redor estão sob sua responsabilidade.

Quem falará do amor de Deus aos que sabem pouco? Quem comunicará a boas-novas aos pobres, aos cegos, aos que não têm possibilidades culturais ou sociais? Quem levará aos pés de Jesus os deserdados da sociedade, aqueles a quem ninguém quer olhar? Quem irá aos mais miseráveis da sociedade para falar do amor de Deus?

Milhares de almas se perdem a cada dia. Quem se colocará ao seu lado para lhes mostrar Jesus? Gente sem rumo, desesperada, que se agarra o que estiver ao seu alcance, homossexuais, prostitutas em busca de amor por umas horas, jovens cegos que vivem no barulho ensurdecedor e imitam seus ídolos. Quem lhes dirá onde encontrar a verdadeira aventura, como encontrar Jesus?

Gente escrava de substâncias como heroína, cocaína, álcool e toda sorte de drogas. Quem lhes falará das maiores alturas, sobre Jesus? Quem os ensinará sobre a escravidão e destruição do pecado? Quem se colocará ao seu lado quando chegarem os dias difíceis, quando já não houver mais viagens, e o fim estiver próximo? Alguns são escravos do poder, do dinheiro, da posição social e do trabalho. Quem lhes dirá que não devem perder suas vidas assim?

Quem lhes falará do evangelho? Jesus não viveu como eles, mas viveu entre eles. Somos discípulos do Senhor? E se somos, estamos dispostos a nos juntarmos aos que estão na segunda divisão?

...especialmente os da casa de César.
—Filipenses 4:22

Leitura de hoje

MATEUS 3
ATOS 24

Oração

Querido e Amoroso Pai, aqui estou, disposto a ir onde quiseres, disposto a testemunhar aos que me rodeiam.

O melhor papel para você é aquele que Deus lhe pediu para desempenhar.

23 de dezembro

Fora Da Lei

...aquele que é vencido fica escravo do vencedor.
—2 Pedro 2:19

DAVID WINGATE era um dos jogadores mais promissores da *NBA* na década de 1980. Digo que era porque foi expulso de sua equipe, o *San Antonio Spurs* por problemas relacionados ao sexo. David foi processado em duas ocasiões por supostas violações. É comum jogadores famosos se envolverem em escândalos. Todo regulamento esportivo tem que ser muito restrito com relação ao que não é lícito.

Os regulamentos esportivos não podem ser violados, mais cedo ou mais tarde aparecerão as consequências. Quando falamos das leis de Deus, as consequências são muito mais terríveis porque implicam em contrariar ao Senhor. Da mesma maneira que, quem contraria o regulamento, é desclassificado, o que se opõe a Deus, é punido. Não existe outra maneira de resolver o problema.

Leitura de hoje

2 PEDRO 2
JOSUÉ 7

E às vezes, esquecemos que a natureza também pune as transgressões às Suas leis. Ninguém pensaria em saltar do décimo andar de um edifício e esperar que não acontecesse nada. A lei da gravidade e nossas próprias limitações físicas nos levariam à morte praticamente certa. Da mesma maneira, as leis morais e espirituais nos punem quando não as cumprimos. Não podemos pecar e ficar tranquilos; sempre há consequências físicas, morais e espirituais. Não se pode desobedecer a Deus sem sofrer a punição.

A promiscuidade sexual, drogas, álcool, cigarro, estão fora da lei e destroem nosso corpo, agem contra nós mesmos destruindo nossa liberdade. O que nos domina e está fora da lei de Deus nos transforma em escravos.

Deus nos oferece liberdade ilimitada, feita sob medida para o nosso corpo. A Sua liberdade nos ensina a sermos nós mesmos. Ela é baseada nos princípios do amor e justiça. Obedecer a Deus significa saber sempre onde estamos e quem somos. Não seja um fora da lei por infringir as leis espirituais. Não se transforme em escravo.

Oração

Pai, conheces os problemas que tive com _____. Quero deixar tudo o que me domina e me distancia de ti. Dá-me forças. Obrigado.

Quando infringimos as leis, nos tornamos escravos do fracasso.

24 de dezembro

Equipamento de Sobrevivência

Durante o campeonato mundial de futebol na Itália em 1990, a *Seleção Brasileira* contou com um dos melhores goleiros daquele momento: TAFFAREL. Ele era o melhor goleiro juvenil do mundo quando sua seleção venceu o campeonato juvenil. Ele recebeu a medalha de prata como goleiro da *Seleção Brasileira* nos Jogos Olímpicos de Seul em 1988. Taffarel disse diversas vezes que "costuma viajar com pouca bagagem, mas que não viaja sem sua Bíblia".

Todos nós ouvimos alguma vez esta pergunta: "O que você levaria para uma ilha deserta?" Espero que tenha respondido bem e que, entre as coisas que levaria você tenha incluído a Bíblia; o livro mais importante que já existiu na história da humanidade.

A Bíblia é única, é a Palavra de Deus. E Ele mesmo responsabilizou-se por ensinar ao mundo que a Sua Palavra não é um livro como outro qualquer. Sei que poderíamos passar vários dias explicando coisas sobre a Bíblia e as razões pelas quais estamos completamente seguros de que ela é a Palavra de Deus, mas, como sempre, quero que seja você mesmo a descobrir. Pense em como foi escrita, formada, guardada, salva ao longo dos anos e das perseguições, admirada, amada, citada em milhares de livros, estudada por milhares de doutores, lida na maioria dos idiomas do mundo, defendida com a própria vida, entendida por crianças e velhos, aprendida de memória, pesquisada, colocada em prática. Pense em sua influência na história e em todas as épocas e pessoas — reflita em sua mensagem única. É a Palavra de Deus, o único equipamento imprescindível, verdadeiramente indispensável.

Você se lembra quantas vezes encontrou ajuda na Palavra de Deus? Algo em sua mente não andava bem e Deus lhe deu a compreensão em um dos versículos. E o quanto você aprendeu na Bíblia — desde a compreensão pessoal até o conhecimento do Criador. Lembra-se quantas vezes você buscou consolo na Palavra de Deus? Quantas vezes a lemos com lágrimas, com tristeza no coração e Deus nos levou exatamente ao lugar que necessitávamos? Você consegue lembrar quantas vezes ela trouxe compreensão e amizade? Lembra como Deus lhe mostrou Sua vontade através de Sua Palavra? Recordamos tantas bênçãos e amamos a Palavra de Deus! Ela é o único equipamento imprescindível. Ei, o tempo está passando e você não a está lendo!

Toda escritura é inspirada por Deus...
—2 Timóteo 3:16

Leitura de hoje

JÓ 27–28
SALMO 119:33-112

Oração

Pai Celestial, muito obrigado por ter nos dado Tua Palavra. Ensina-nos a ler e obedecê-la.

A Bíblia é o único bem indispensável que possuímos na vida.

25 de dezembro

O Primeiro Natal

...e, abrindo os seus tesouros, entregaram-lhe suas ofertas...
—Mateus 2:11

Ao falar de crianças famosas no mundo do esporte, há uma que ultrapassa a todos: NADIA COMANECCI. A ginasta romena obteve sete notas "10" nos Jogos Olímpicos de Montreal em 1976. Ao fim da competição, ela conquistara três medalhas de ouro, uma de prata e uma de bronze e foi a primeira menina mais famosa no mundo inteiro por sua elasticidade; mais tarde viriam outras.

Se falarmos de quem foi o menino mais famoso em toda a história da humanidade, nossa mente vai até Belém para ver nascer Jesus — Deus feito homem. Aquele foi o primeiro Natal e desde então, muitas pessoas comemoram esse nascimento.

Leitura de hoje

MATEUS 1–2
LUCAS 2
ISAÍAS 7, 9:1-7

A Bíblia e a história nos dizem que Jesus, o Rei do universo não teve um lar para nascer na terra, somente uma humilde manjedoura em uma estrebaria. Quando Jesus cresceu e começou Seu ministério público, não tinha lugar onde reclinar Sua cabeça e, muitas vezes, passava noites inteiras ao ar livre. Quando o julgaram injustamente, só encontraram um lugar para Ele: uma cruz. O único lugar que os homens e as mulheres reservaram para Ele foi uma cruz e a sombra da cruz surgira no momento de seu nascimento.

Não é de estranhar, que ainda hoje milhões de pessoas celebram o Natal sem pensar em Jesus. Não há lugar para Ele em suas vidas e esta é a razão por viverem em fracasso. O mundo jamais poderá ser justo se não houver lugar para Deus. Ninguém poderá ter paz em sua vida, se não tiver lugar para Jesus.

Mas, alguns deram lugar a Jesus, e um lugar muito importante. Os pastores deixaram tudo que possuíam e foram adorar ao Rei que havia nascido. Uns magos do Oriente percorreram milhares de quilômetros seguindo uma estrela para se prostrarem diante de Jesus. Abriram seus cofres e lhe ofereceram o melhor que tinham.

Hoje é Natal. Para muitos, Jesus é a pessoa mais importante em suas vidas, mas o que podemos dar-lhe de presente hoje? O que presentear ao dono do universo? O que entregar ao dono de todas as coisas, a quem é Rei dos Reis e Senhor dos Senhores? O que podemos oferecer ao Deus Todo-poderoso?

Oração

Senhor Jesus, em um dia como hoje, te ofereço toda minha vida. Em meu coração há lugar para ti.

Há algo que Deus espera de nós. E que incrível seria se o entregássemos num dia como hoje. É nosso coração, nossa própria vida.

Natal: Deus fazendo-se homem e nascendo na terra. Natal: Deus nascendo em sua própria vida. Há um lugar especial para Jesus hoje, há um presente apropriado para Ele hoje: seu coração e sua vida.

O melhor lugar para Jesus é o seu coração.

26 de dezembro

Oficina do Diabo

BORDON é um dos jogadores brasileiros mais conhecidos na Alemanha. Após ouvir as bonitas palavras de Mateus 28:11 "Vinde a mim todos vós que estais cansados e sobrecarregados e eu vos aliviarei" ele colocou sua vida nas mãos do Senhor, e, reconheceu que é de fundamental importância aquilo que deixamos entrar em nossas mentes. Quando aprendemos a descansar no Senhor, podemos vencer todas as preocupações.

A mente de uma pessoa determina a maioria de suas ações. Muitos utilizam suas mentes para aprender mais e isso é bom. Outros creem em coisas irreais, falsas e destrutivas que as levam à perdição.

Nossa mente é o alvo preferido dos ataques do Diabo: ele sabe que se dominar a mente de cada pessoa, dominará também seu corpo.

Faz-nos crer que somos superiores (ou ao menos não somos tão maus quanto somos).

Faz-nos pensar que não necessitamos de Deus.

Faz-nos crer que tudo o que é espiritual, não passa de fantasia.

Faz parecer agradáveis, as coisas que nos destroem.

Introduz em nossa mente o desejo de fazer o mal.

Induz a permitirmos o engano, pois todos fazem; não é tão mau como parece; ninguém ficará sabendo; uma só vez não tem problema; se não fizer vão rir de você, e coisas desse tipo.

Pensamos que estamos tomando nossas próprias decisões, mas caímos nas armadilhas de Satanás. O nosso orgulho nos impede de reconhecer sua atuação em nós, e de reconhecer nossos erros.

E, o que acontecerá quando vierem as tempestades da vida? Continuaremos confiando em nós mesmos? Continuaremos crendo que temos razão? Quando a enfermidade, depressão, intranquilidade, desgraça, abandono, morte nos atacarem, continuaremos pensando que temos todas as respostas? Você continuará confiando em si mesmo? Continuará crendo que é um deus quando estiver diante de seus inimigos?

...Põe em ordem a tua casa...
—Isaías 38:1

Leitura de hoje

ISAÍAS 38–39

Oração

Senhor Deus Todo-poderoso, livra minha mente dos ataques do Diabo. Ajuda-me a reconhecer minha perdição, e confiar só em ti.

O pior inimigo que temos, é acreditar que somos o que pensamos ser.

27 de dezembro

Chegou a Hora...

...pois chegou a hora de ceifar...
—Apocalipse 14:15

Leitura de hoje

MIQUÉIAS 4–5
APOCALIPSE 22

Era o jogo da classificação para a Eurocopa e, diante de um empate de pontos entre duas seleções participantes, *Espanha* e *Holanda* e, no último jogo entre *Espanha* e *Malta*, a *Seleção Espanhola* tinha que marcar 11 gols para se classificar. O jogo se complicou mais quando o *Malta* marcou um gol no primeiro tempo, e este terminou com o resultado de 3-1 a favor da *Espanha*. Faltavam 45 minutos e 9 gols para marcar. E conseguiram! O resultado final passou para a história do futebol: *Espanha* 12, *Malta*, 1

Foi interessante observar o comportamento das pessoas durante aquele jogo: o tempo ia acabando e parecia que seria suficiente. Todos tremiam diante da possibilidade de que o tempo se acabasse e só faltasse um ou dois gols para alcançar a classificação. O treinador gritava: "vamos, que o tempo está se acabando!"

Sabe, restam poucos dias para terminar este ano e talvez também o seu tempo. Nenhum de nós está seguro de que poderá começar o próximo ano e, no entanto, nem sempre trabalhamos o bastante para conseguirmos nosso objetivo.

Quando menos esperamos, Deus dirá: "Já chegou a hora" e, então, o tempo neste mundo terá terminado. Da mesma maneira que veio uma vez, o Senhor Jesus voltará. E quando Ele vier, onde você estará? Sabe que lhe resta muito pouco tempo?

Talvez você possa me responder: "Eu já sou do Senhor". Muito bem, mas você está aproveitando o tempo que Deus lhe deu? Não esqueça o tempo também se acabará para você. Quando o Senhor voltar, o que o encontrará fazendo? Quando chegar a hora, você se sentirá contente, ou lamentará o tempo que passou em vão? O tempo está se acabando!

Se você nunca acertou sua situação com Deus, como pode viver tão tranquilo? Não sabe que seu tempo está se acabando? Estou certo de que Deus tem lhe enviado muitos sinais durante este ano, e dia após dia, e talvez você não tenha ouvido Sua voz. Está preparado para quando chegar a hora? Pode ser que não vejamos o próximo ano: durante estes dias ouviremos notícias de pessoas que morreram em acidentes, por enfermidades, em situações inesperadas; e você não pode assegurar-se de não será uma delas. Não ignore que o tempo está se acabando?

Oração

O tempo está se acabando, a vida, também.

Senhor Jesus vem logo. Nós o aguardamos.

28 de dezembro

Ouro de Troca

ERIC LIDDELL foi um dos esportistas mais admirados em toda a história por sua origem humilde, sua constância e dependência absoluta de Deus, terminou seus dias como missionário na China. Poucos o compreenderam, ele havia conquistado várias medalhas nos Jogos Olímpicos de Paris e quando tinha o mundo aos seus pés, decidiu ir pregar o evangelho de Cristo em um país desconhecido. Eric sabia quem merece o melhor.

Às vezes, não sabemos o que temos, enquanto as pessoas buscam aventura, paz, felicidade, carinho, compreensão e segurança, nós, que temos todas estas coisas, e muito mais em Cristo, vivemos como se fôssemos as criaturas mais infelizes do mundo. Deus nos deu tudo de bom que temos e somos e nós, o que damos a Ele?

Quem trocará uma tonelada de ouro por um grama de lixo? Não diríamos que só um louco faria isto? Pois nós somos assim, quando investimos tempo, forças, dedicação em coisas sem importância, ou com pouca, e separamos alguns minutos durante a semana para Deus, não estamos nos comportando como tolos? Deus merece o melhor que temos! Por que lhe damos o que nos sobra?

Já escutei o mesmo argumento muitas vezes; como é para o Senhor, já serve, Ele conhece nossas intenções. Você acha que se pode oferecer qualquer coisa a Deus? Pode ser que, como bom Pai, aceite este pouco, mas o certo é que Ele merece o melhor que podemos oferecer. Você iria diante das autoridades de seu país oferecendo-lhes o pior que tem? Presentearia a quem ama com aquilo que você tem de menor valor?

Não discutirei com você; só quero dizer uma coisa: o amor que temos por alguém se mede pelo que oferecemos. Não podemos dizer que amamos a alguém se não passamos tempo com essa pessoa, se não somos capazes de oferecer o melhor que temos. O mesmo acontece em nosso relacionamento com Deus: não podemos dizer que o amamos muito, enquanto nos deleitamos com centenas de coisas tiradas do lixo e não escutamos Sua voz.

Você só tem uma vida, pense no que fará com ela.

Sim, deveras considero tudo como perda...
—Filipenses 3:8

Leitura de hoje

EZEQUIEL 2–3
JEREMIAS 10

Oração

Senhor Jesus, tenho somente uma vida. É Tua para sempre.

Não troque o seu tesouro por lixo.

29 de dezembro

A Verdade Sobre a Superação

...se alguém não nascer de novo, não pode ver o reino de Deus.
—João 3:3

Sergei Bubka bateu pela enésima vez o recorde de salto com vara em 1991. Desde então já o repetiu 23 vezes! Nenhum outro atleta bateu tantas vezes o recorde mundial, jamais alguém se superou tanto como ele, acima dos seis metros em sua especialidade.

Todos nós procuramos nos superar, e este é um bom objetivo. Queremos ser melhores em nossos estudos, nosso trabalho, nossos relacionamentos, chegar ao topo em tudo o que fazemos e vencer nossos próprios limites em situações diferentes, na esperança de nos tornarmos campeões.

Leitura de hoje

JOÃO 3
OBADIAS

Mas o que é bom na vida material, nem sempre o é na vida espiritual. Ou, pelo menos, não no início. Deixe-me explicar: conheço muitas pessoas que se superam para alcançar a Deus. Pode ser que você mesmo seja uma delas, tentando fazer todo o possível para ser melhor. Reconhece as leis, mandamentos, desejos e os mínimos detalhes para realizar melhor as coisas. Dá tudo o que tem, e mais, para ganhar o acesso a Deus. Talvez tenha se tornado religioso e mais fiel que qualquer um, para que este Deus distante olhe para você. Direta ou indiretamente, está tentando chegar à Sua altura.

E de nada adianta. Ao invés de sentir-se seguro, distancia-se ainda mais, simplesmente porque segue por um caminho errado. Sim, errado! Você não consegue se superar para chegar a Deus! Nenhuma pessoa no mundo pode fazê-lo! Nosso pecado é tão grande, que nos distanciou para sempre de Deus. Ele, ciente desta realidade, traçou um caminho eficaz para nos alcançar. Um dia todos nascemos, viemos ao mundo de maneira natural, somos seres humanos e a vida que temos é humana. Da mesma maneira, devemos nascer espiritualmente e receber a vida eterna que o Senhor tem para nos dar.

Quando pedimos a Deus que entre em nossa vida, nascemos de novo, este é o nascimento espiritual. Se ao nascer fisicamente, recebemos um espírito humano, ao nascer espiritualmente, recebemos o Espírito de Deus. É simples assim! A Bíblia diz que passamos a ser filhos de Deus porque Ele vive dentro de nós. Passamos a ter o mesmo grupo sanguíneo que o Senhor, pois fomos lavados pelo sangue de Jesus.

Oração

Deus, abro minha vida para ti, entra nela e transforma-a. Quero ser um filho Teu, quero nascer de novo.

Quem não nasce espiritualmente, não tem Deus como Pai.

30 de dezembro

Se Deus é por nós, Quem Será Contra nós?

Poucas vezes o estádio "Vicente Calderón", do *Atlético de Madrid*, havia ressoado com aplausos tão prolongados. Poucos esperavam que Donato entrasse em campo naquele dia, mas ele quis. Era o ano de 1989 e, na noite anterior ao jogo, chegara a notícia da morte de sua irmã no Brasil. Ele jogou da mesma forma e, ao terminar o jogo, pegou o voo para o Rio de Janeiro. Sua relação pessoal com Deus e a confiança de que é o próprio Senhor quem controla todas as coisas, tornaram possível que entrasse em campo para defender as cores do *Atlético de Madrid*.

Às vezes vivemos muito próximos da derrota. Quando os perigos e problemas da vida nos atacam, nos tornamos covardes e desejamos abandonar tudo. É nesse momento que necessitamos voltar ao lugar mais vitorioso do universo: a cruz de Cristo. Jesus morreu uma vez e para sempre, mas, da mesma maneira, ressuscitou e venceu a morte. Ele está conosco, e ninguém pode nos derrotar, ainda que estejamos quase desfalecidos.

O apóstolo Paulo aprendeu pessoalmente e nos ensinou de uma maneira preciosa. "Graças, porém a Deus, que, em Cristo, sempre nos conduz em triunfo" (2 Coríntios 2:14). É normal que Paulo falasse assim pois era o Espírito de Deus quem o estava inspirando. Mas, todos devemos nos aprofundar nesse importante ensinamento. É fácil confiar nele quando estamos eufóricos, quando tudo vai de vento em popa e as tempestades da vida parecem parte do passado. É difícil fazê-lo quando estamos quase desfalecidos.

No entanto, podemos sentir o que for, pois Deus não mudará: Ele está junto de nós, e não podemos ser derrotados! Não temos nenhum direito de abandonar, de renunciar por causa das dificuldades. Permita-me um só exemplo pessoal: "Escrever um livro devocional exigiu trabalho superior às minhas forças durante os últimos meses. Várias vezes pensei em abandonar: Muitos outros poderiam fazer melhor do que eu, pensei. Mas vez após outra, Deus ia me recordando: 'Estou junto de você, Eu sou o Poderoso, não você. Siga adiante, ore e trabalhe.'"

Lembre-se de que Deus o conduz em triunfo. Lembre-se que Deus colocou o Seu Espírito dentro de você para capacitá-lo para o Seu trabalho. Ele é Poderoso e está com você. Ninguém pode derrotá-lo!

> Mas o Senhor está comigo como um poderoso guerreiro; por isso, tropeçarão os meus perseguidores e não prevalecerão...
> —Jeremias 20:11

Leitura de hoje

2 CORÍNTIOS 1–2

Oração

Amoroso Pai, me sinto derrotado por _____. Sei que tu estás comigo, ajuda-me a te escutar. Fortalece o meu coração.

Por mais difíceis que as provas sejam, Deus é mais forte ainda.

31 de dezembro

Pare e Pense

Alegra-nos por tantos dias...
—Salmo 90:15

Estávamos vendo um jogo de basquete na televisão *(Breogán x Caixa Ourense)* quando escutamos uma frase que chamou a atenção, tanto de Miriam como a minha: "só com 15 tentativas e 12 convertidas pode salvar-se neste primeiro tempo". Obviamente falava de arremessos à cesta convertidos em dois pontos, mas nos fez pensar em algo mais além. Estamos terminando um ano, e com ele se foram muitas tentativas, muitas ilusões, muitas boas intenções. Mais de 300 dias cheios de glória e de fracassos, dúvidas e certezas, vitórias e derrotas. É um momento ideal para refletir.

Leitura de hoje

SALMOS 90–91

1. Quais têm sido suas tentativas neste ano? Quantas "convertidas?" O tempo escapou das suas mãos, ou pode olhar com gratidão tudo o que aconteceu? Quais eram seus propósitos de trabalho no princípio do ano? Você cumpriu? Creio que é bom que façamos um exame de nossos atos, nossas relações, nossa vida espiritual. Estamos nos parecendo mais com Jesus agora que no princípio do ano? Crescemos em nossa relação com Deus ou estamos em uma descida perigosa cujo final nos assusta?

2. O que vai ser de você no próximo ano? Há vários dias falávamos que o tempo estava se acabando: Cristo vai voltar outra vez. Qual é a influência que este fato tem em nossa vida? Qual vai ser nosso trabalho para o Senhor? O que faremos para que mais pessoas conheçam a Deus? O que faremos para ajudar aos que nos rodeiam? Vamos nos colocar diante do Senhor agora, individualmente. Vamos lhe contar nossos temores e nossos desejos, deixemos que Ele nos fale, é um momento muito importante em nossa vida.

3. Estive pensando neste ano, e só posso chorar de gratidão a Deus. Ele me livrou de tantos perigos, me deu saúde, em cada um dos minutos que passaram, me protegeu, compreendeu e amou, não houve um só momento em que pudesse duvidar de Seu carinho. Controlou todas as circunstâncias de maneira que eu pudesse confiar nele. Deu-me uma família cheia de amor e, se isto fosse pouco, me permitiu compartilhar do tempo de muitos irmãos na fé. Deus me ensinou tantas coisas! Não posso deixar de dizer, nem de agradecer. Os anos que se passaram me permitiram conhecer, pouco a pouco, mais o Senhor. Desejo que chegue o dia em possa estar com Ele, face a face! Não importa o que vem pela frente, não importam os perigos ou as derrotas. Sei que Deus estará comigo para sempre. Sou um homem feliz!

Oração

Senhor, no final deste ano, quero te agradecer por tudo o que fizeste em mim. Os dias que vêm, são Teus.

Um ano termina, esse é o melhor momento para refletir.

Índice de Desportistas

Nome	País	Esporte	Data
Pierre de Coubertin	França	Fund. olimp. (era moderna)	out. 4
Abebe Bikila	Etiópia	Atletismo	jul. 10
Abel	Espanha	Futebol	abr. 18
Adriano	Brasil	Futebol	jun. 22
Ayrton Senna	Brasil	Automobilismo	fev. 22; nov. 19
Akeen Olauwon	Nigéria	Basquete	jul. 2
Al Oerter	EUA	Atletismo	mai. 8; jul. 22
Alberto Ascari	Itália	Automobilismo	out. 24
Alemão	Brasil	Futsal	jul. 25; dez. 16
Alex Dias Ribeiro	Brasil	Automobilismo	jan. 24; mar. 23
Alexander Ditiatin	Rússia	Ginástica	ago. 11
Alexander Volkov	Rússia	Basquete	nov. 17
Alfredo Di Stéfano	Argentina	Futebol	fev. 2; mar. 8; abr. 24,27; jul. 19; out. 8; dez. 7
Aloísio	Brasil	Futebol	abr. 17
Alonzo Mourning	EUA	Basquete	nov. 22
Álvaro Pino	Espanha	Ciclismo	nov. 4
Amadeo Raul Carrizo	Argentina	Futebol	dez. 21
Aman Roback	Polônia	Esgrima	jun. 17
Amâncio	Espanha	Futebol	dez. 7
Amarildo	Brasil	Futebol	mar. 12; dez. 14
Ana Fidelia Quiro	Cuba	Atletismo	jan. 28
Anatoly Karpov	Rússia	Xadrez	dez. 1
Andrea Meneghin	Itália	Basquete	ag. 24
Andy Jameson	Inglaterra	Natação	jul. 4
Anne Packer	Inglaterra	Atletismo	fev. 14
Anthony Nesty	Suriname	Natação	jul. 4; set. 1
Arnaldo César Coelho	Brasil	Arbitro	set. 11
Arnold "Red" Auerbach	EUA	Basquete	nov. 1
Artur	Brasil	Futebol	nov. 21
Artur Duarte de Oliveira	Brasil	Futebol	set. 12
Baiano	Brasil	Futebol	nov. 24
Baltazar	Brasil	Futebol	fev. 12; jun. 15; jul. 17; dez. 11,14
Baresi	Itália	Futebol	dez. 8
Batista	Brasil	Futebol	abr. 2

Nome	País	Esporte	Data
Bebeto	Brasil	Futebol	nov. 9
Beckenbauer	Alemanha	Futebol	mar. 8; nov. 12; dez. 8
Ben Johnson	EUA	Atletismo	jan. 22; mai. 10; jun. 13
Bernard King	EUA	Basquete	mar.29; abr. 10; mai. 10
Bernard Langer	Alemanha	Golfe	mar. 22
Bertolucci	Itália	Tênis	ago. 19
Bill Russell	EUA	Basquete	jan. 12; fev. 1; set. 23
Bismark	Brasil	Futebol	jun. 3
Bjorn Borg	Suécia	Tênis	dez. 2
Bob Beamon	EUA	Atletismo	fev. 17
Bob Mathias	EUA	Decátlon	jul. 7
Bob McAdoo	EUA	Basquete	jun. 23
Bob Richard	Inglaterra	Atletismo	ago. 16
Bobby Fischer	EUA	Xadrez	nov. 23
Bobby Jones	EUA	Futebol	nov. 10
Bordon	Brasil	Futebol	abr. 8; dez. 18
Boris Onishchenko	Rússia	Esgrima	jul. 18
Botechia	Itália	Ciclismo	mar. 17,25
Boutaib	Marrocos	Atletismo	mar. 27
Bruce Jenner	EUA	Decátlon	jan. 4
Butayeb	Marrocos	Atletismo	out. 6
Butler	EUA	Basquete	abr. 5
Caçapa	Brasil	Futebol	jan. 8; set. 18
Cacau	Brasil	Futebol	out. 27
Calvin Smith	EUA	Atletismo	jul. 28
Carl Lewis	EUA	Atletismo	jul. 28
Carlinhos	Brasil	Futsal	abr. 18
Carlo Oriani	Itália	Ciclismo	abr. 26
Carlos Alonso	Espanha	Futebol	nov. 20
Carlos Sainz	Espanha	Automobilismo	nov. 30
Carrascosa	Argentina	Futebol	set. 25
Catanha	Brasil	Futebol	mai. 17; dez. 14
Cesar Sampaio	Brasil	Futebol	jan. 16; mar. 1
Charles Barkley	EUA	Basquete	set. 15
Charles Olmen	Haiti	Atletismo	fev. 9
Charles Smith	EUA	Basquete	jun. 12
Chelimo	Quênia	Atletismo	out. 6
Chris Washburn	EUA	Basquete	fev. 10
Ciço	Brasil	Futsal	abr. 18
Cleber	Brasil	Futebol	ago. 30; dez. 14

Nome	País	Esporte	Data
Cris	Brasil	Futebol	jan. 8
Croy	Alemanha	Futebol	dez. 20
Czibor	Hungria	Futebol	out. 14
Dada Maravilha	Brasil	Futebol	out. 20
Dale Ellis	EUA	Basquete	mar. 20; nov. 16
Daley Thompson	Inglaterra	Atletismo	jul. 30
Danieli	Brasil	Futsal	abr. 18
David Robinson	EUA	Basquete	jun. 14
David Wingate	EUA	Basquete	dez. 23
Delfo Cabrera	Argentina	Atletismo	jan. 26
Denílson	Brasil	Futebol	abr. 3
Derlei	Brasil	Futebol	out. 1
Dida	Brasil	Futebol	mar.3
Didi	Brasil	Futebol	out. 25
Diego	Brasil	Futebol	jan. 18
Dino Meneghin	Itália	Basquete	jun. 23; ago. 24
Dino Zoff	Itália	Futebol	abr. 20
Domingos da Guia	Uruguai	Futebol	jul. 14
Don Nelson	EUA	Basquete	set. 14
Donato	Brasil	Futebol	jan. 13; dez. 14,30
Doriva	Brasil	Futebol	jan. 9; out. 30
Drazen Petrovic	Croácia	Futebol	mai. 25; set. 26
Ducadam	Romênia	Futebol	mai. 23
Durward Knowles	Bahamas	Vela	jun. 16
Earvin Johnson	EUA	Basquete	mar. 18,26
Eddy Merckx	Bélgica	Ciclismo	mai. 18; jun. 4
Edmilson	Brasil	Futebol	jan. 8,31; dez. 5
Edu	Brasil	Futebol	mai. 14; nov. 24
Edwin Moses	EUA	Atletismo	out. 23
Emerson Fittipaldi	Brasil	Automobilismo	out. 16
Emil Zatopeck	Tchecoslováquia	Atletismo	abr. 7; ago. 9
Emilio Butragueño	Espanha	Futebol	mai. 9
Enrique Rivière	França	Ciclismo	abr. 19
Eric Liddell	Escócia	Atletismo	jul. 16; dez. 28
Ervin Hayes	EUA	Basquete	dez. 18
Eusébio	Portugal	Futebol	jan. 11
Evandro	Brasil	Futebol	dez. 26
Fábio Aurélio	Brasil	Futebol	jan. 13; jun. 22; nov. 24
Faina Melwick	Rússia	Atletismo	abr. 6
Falcão	Brasil	Futebol	set. 28

Nome	País	Esporte	Data
Fanny Blanjers-Koen	Holanda	Atletismo	ago. 22; set. 3
Fausto Coppi	Itália	Ciclismo	jun. 4
Felipe Melo	Brasil	Futebol	set. 18
Felipe Muñoz	México	Natação	jul. 6
Felipe Scolari	Brasil	Futebol	out. 28
Felix Carvajal	Cuba	Basquete	mai. 29
Fernando de Abreu	Brasil	Futebol	nov. 21
Ferrandiz	Espanha	Basquete (treinador)	nov. 26
Flávio	Brasil	Futsal	abr. 18
Florence Griffith	EUA	Atletismo	jun. 20
Forrest Smithson	EUA	Atletismo	fev. 26
Francesca Micheline	Itália	Atletismo	jul. 27
Franklin	Brasil	Futsal	out. 26
Fred	Brasil	Futebol	jan. 8
Fred Lordz	EUA	Atletismo	jun. 7
Frederico M. Bahamontes	Espanha	Ciclismo	mai. 11
Fredson	Brasil	Futebol	fev. 20
Fritz Long	Alemanha	Atletismo	ago. 26
Fuente	Espanha	Ciclismo	mai. 22
Garrincha	Brasil	Futebol	mar. 8; mai. 19; nov. 2,7
Gento	Espanha	Futebol	abr. 27
George Best	Inglaterra	Futebol	ago. 27; out. 11
George Gervin	EUA	Basquete	jan. 30
George Lucas	Brasil	Futebol	set. 7
Geovanni	Brasil	Futebol	fev. 5
Gerd Muller	Alemanha	Futebol	dez. 6
Gilberto Silva	Brasil	Futebol	fev. 20
Gilmar	Brasil	Futebol	dez. 14
Giovanello	Brasil	Futebol	out. 13
Giovanni	Brasil	Futebol	jan. 17; nov. 24; dez. 14
Giovanni Evangelisti	Itália	Atletismo	out. 15
Giusseppe Meazza	Itália	Futebol	jul. 14
Guga Kuerten	Brasil	Tênis	jun. 9
Guilherme do Almería	Brasil	Futebol	nov. 21
Guillermo Vilas	Argentina	Tênis	mar. 16
Günter Netzer	Alemanha	Futebol	out. 31
Harold Connoly	EUA	Atletismo	fev. 14
Harrison Dillard	EUA	Atletismo	jul. 29
Harry Reynolds	EUA	Atletismo	ago. 4
Hector Chumpitaz	Peru	Futebol	mar. 6

Nome	País	Esporte	Data
Hornaceck	EUA	Basquete	fev. 10
Howard Drew	EUA	Atletismo	out. 5
Ignácio Pinedo	Espanha	Futebol	jul. 19
Ilie Nastasse	Romênia	Tênis	ago. 19
Imre Nemeth	Hungria	Atletismo	dez. 19
Iñaki Perurena	Espanha	Halterofilismo	ago. 29
Índio	Brasil	Futsal	abr. 18
Iolanda Balas	Romênia	Atletismo	set. 5
Iríbar	Espanha	Futebol	set. 29
Iriney	Brasil	Futebol	fev. 20, abr. 8
Isaiah Tomas	EUA	Basquete	mar. 7
Ivan Johansson	Suécia	Luta livre	jul. 23
Ivan Lendl	Tcheco-EUA	Tênis	jun. 19
Ivan Osiler	Dinamarca	Esgrima	nov. 3
J. A. Camacho	Brasil	Futebol	mar. 9
Jacques Anquetil	França	Ciclismo	jul. 5
Jaime Huélamo	Espanha	Ciclismo	ago. 2
Javier Sotomayor	Cuba	Atletismo	mar. 14
Jean Robi	França	Ciclismo	jun. 28
Jesse Owens	EUA	Atletismo	jul. 20,21; ago. 26; set. 3
Jim Clark	Inglaterra	Automobilismo	dez. 10
Jim Thorpe	EUA	Atletismo	jun. 30; set. 17
João Leite	Brasil	Futebol	fev. 11; mai. 2; dez. 22
Joe Barry Carrol	EUA	Basquete	mar. 2
Johan Cruyff	Holanda	Futebol	mar. 8; jun. 8; jul. 19
John Lucas	EUA	Basquete	set. 22
John McEnroe	EUA	Tênis	fev. 29
Johny Weismuller	EUA	Natação	jul. 1
Jonas	Brasil	Futsal	abr. 18
Jopp Zoetemelk	Holanda	Ciclismo	jul. 9
Jorge Campos	México	Futebol	abr. 29
Jorginho	Brasil	Futebol	abr. 4,9
José Manuel Abascal	Espanha	Atletismo	jun. 29
Juan Carlos, rei D.	Espanha	Vela	ago. 31
Juan Manuel Fangio	Argentina	Automobilismo	set. 10
Julio César	Brasil	Futebol	mar. 3
Julio Toro	Venezuela	Basquete (treinador)	set. 21
Julius Erving	EUA	Basquete	jan. 12; fev. 16,25;

Nome	País	Esporte	Data
			jun. 10; set. 22; out. 21
Juninho Pernambucano	Brasil	Futebol	jan. 8
K. Abdul Jabbar	EUA	Basquete	jan. 12
Kaká	Brasil	Futebol	jan. 6; fev. 15; ago. 20
Kariuki	Quênia	Atletismo	mar. 11
Kenne Dalglish	Inglaterra	Futebol	nov. 28
Kevin McHale	EUA	Basquete	fev. 4; mar. 2
Kipchoge Keino	Quênia	Atletismo	jul. 15
Koepeh	Quênia	Atletismo	mar. 11
Konichev	Rússia	Ciclismo	mar. 24
Kornelia Ender	Alemanha	Natação	ago. 21
Koscis	Hungria	Futebol	out. 14
Kriss Akabusi	Inglaterra	Atletismo	ago. 25
Krol	Holanda	Futebol	dez. 8
Kubala	Espanha	Futebol	abr. 27
Kuiper	Holanda	Ciclismo	ago. 2
Larry Bird	EUA	Basquete	mar. 15
Larry Johnson	EUA	Basquete	abr. 5
Larry Myricks	EUA	Atletismo	out. 15
Lasse Viren	Finlândia	Atletismo	jun. 27
Lee Evans	EUA	Atletismo	abr. 23; ago. 4
Leivinha	Brasil	Futebol	set. 29
Len Bias	EUA	Basquete	fev. 10,19; set. 20
Lenísio	Brasil	Futsal	abr. 18
Leonard Mitchel	Espanha	Basquete	jan. 20
Lethtinen	Holanda	Atletismo	set. 6
Lew Alcindor	EUA	Basquete	nov. 15
Lorna Johnstone	Inglaterra	Hipismo	jun. 16
Lothar Mathaus	Alemanha	Futebol	out. 19
Luciano Mineiro	Brasil	Futebol	set. 16
Lucien Buysse	Bélgica	Ciclismo	jun. 11
Lúcio	Brasil	Futebol	out. 12; dez. 8
Luis Fabiano	Brasil	Futebol	out. 2
Luis Moya	Espanha	Automobilismo	nov. 30
Luis Ocaña	Espanha	Ciclismo	abr. 28; mai. 18
Luis Suarez	Espanha	Futebol	abr. 27
Luis Vidigal	Portugal	Futebol	jun. 21
Luiz Felipe	Brasil	Basquete	nov. 29
Lutz Long	Alemanha	Atletismo	jul. 21; ago. 26
Magnus Norman	Suécia	Tênis	jun. 9

Nome	País	Esporte	Data
Maidana	Argentina	Futebol	abr. 24
Malone	EUA	Basquete	dez. 3
Manning	EUA	Basquete	jun. 12
Manoel Tobias	Brasil	Futsal	abr. 25
Manuel Estiarte	Espanha	Pólo Aquático	jan. 19
Maradona	Argentina	Futebol	mar. 8; abr. 15; out. 10; nov. 11
Marcelo	Brasil	Futebol	nov. 21
Marco Aurélio	Brasil	Futebol	out. 3
Marcos Senna	Brasil-Espanha	Futebol	mai. 21; jul. 25
Mark Jackson	EUA	Basquete	fev. 6
Mark Price	EUA	Basquete	fev. 10
Mark Spitz	EUA	Natação	ago. 8
Matias Sindelar	Áustria	Futebol	abr. 12
Matt Biondi	EUA	Natação	jul. 4
Matuzalem	Brasil	Futebol	jan. 18
Mauricio	Brasil	Vôlei	dez. 15
Mazinho	Brasil	Futebol	dez. 14
McMillan	EUA	Basquete	fev. 10
Michael Chang	EUA	Tênis	jun. 19; jul. 12
Michael Gross	Alemanha	Natação	mar.21; jul. 4
Michael Jordan	EUA	Basquete	set. 27; dez. 3
Michael Laudrup	Dinamarca	Futebol	mai. 4
Michael Phelps	EUA	Natação	ago. 8
Michael Ray Richardson	EUA	Basquete	nov. 18
Michael Robinson	Inglaterra	Futebol	jan. 25
Miguel	Espanha	Futebol	abr. 27
Mike D'Antoni	EUA	Basquete	jun. 23
Mike Powel	EUA	Atletismo	jun. 25
Mirsada Buric	Bósnia	Atletismo	mar.31
Mirus Yifter	Etiópia	Atletismo	abr. 14
Müller	Alemanha	Futebol	out. 18
Nadia Comanecci	Romênia	Ginástica	dez. 25
Nate Davis	EUA	Basquete	fev. 8; mai. 3
Nene	Brasil	Futebol	nov. 27
Nenê Hilário	Brasil	Basquete	nov. 6
Niki Lauda	Áustria	Automobilismo	mar.19
Niklos Nemeth	Hungria	Atletismo	dez. 19
Nobby Stiles	Inglaterra	Futebol	nov. 25
Norris Williams	EUA	Tênis	jan. 10

Nome	País	Esporte	Data
O'Neal	EUA	Basquete	dez. 3
Olga Fikotova	Tchecoslováquia	Atletismo	fev. 14
Orel Hershiser	EUA	Beisebol	abr. 30
Oscar "Ringo" Bonavena	Argentina	Boxe	nov. 14
Oscar Schmidt	Brasil	Basquete	set. 19
Paavo Nurmi	Finlândia	Atletismo	jan. 5
Pacho Maturana	Colômbia	Futebol	mar. 10
Pagão	Brasil	Futebol	dez. 12
Panatta	Itália	Tênis	ago. 19
Paolo Rossi	Itália	Futebol	jul. 26
Daniel Passarela	Argentina	Futebol	dez. 8
Pato	Brasil	Futebol	nov. 21
Patrick Ewing	EUA	Basquete	dez. 13
Paul Elvstron	Dinamarca	Vela	ago. 14
Paul Gascoigne	Inglaterra	Futebol	jan. 29
Paulo Pereira	Brasil	Futebol	fev. 21; jun. 18
Paulo Silas	Brasil	Futebol	mar. 4; abr. 22; jun. 6,18
Pelé	Brasil	Futebol	jan. 17; mar.8; mai. 15; set. 30; nov. 7; dez. 12
Pete Maravich	EUA	Basquete	dez. 9
Pete Sampras	EUA	Tênis	jan. 23
Pierre Brambilla	Itália	Ciclismo	jun. 28
Puskas	Hungria	Futebol	out. 14
Rafael Jaques	Brasil	Futebol	jan. 18; nov. 27
Rai	Brasil	Futebol	mar. 30, mai. 4
Ralp Hill	EUA	Atletismo	set. 6
Randy Knowles	EUA-Espanha	Basquete	mar. 28
Ray Ewry	EUA	Atletismo	ago. 23
Ricardo Oliveira	Brasil	Futebol	mai. 27
Richards	Inglaterra	Basquete	jul. 8
Rick Berry	EUA	Basquete	fev. 19
Rinus Michels	Holanda	Futebol-treinador	nov. 13
Ritchmond	EUA	Basquete	jun. 12
Rivaldo	Brasil	Futebol	set. 13,24
Rivelino	Brasil	Futebol	dez. 20
Robbie Brightweel	Inglaterra	Atletismo	fev. 14
Robert Parish	EUA	Basquete	mar. 2
Roberto	Brasil	Futebol	nov. 21
Roberto Baggio	Itália	Futebol	mai. 12
Roberto Rojas	Chile	Futebol	ago. 12

Nome	País	Esporte	Data
Robinson	EUA	Basquete	jun. 12
Rodrigo	Brasil	Futsal	abr. 18; nov. 21
Roger Guerreiro	Brasil	Futebol	jan. 18; nov. 27
Roger Milla	Camarões	Futebol	jul. 13
Romário	Brasil	Futebol	mar. 8
Ron Clarke	Austrália	Atletismo	set. 9
Ronaldinho Gaúcho	Brasil	Futebol	mar. 8; abr. 2; nov. 24
Ronaldo	Brasil	Futebol	jan 1; mar. 5
Ronaldo Luis	Brasil	Futebol	mai. 4
Rosa Mota	Portugal	Atletismo	abr. 16
Roy Tarpley	EUA	Basquete	fev. 10; abr. 13
Rubens Cardoso	Brasil	Futebol	abr. 11
Salnikov	Rússia	Natação	ago. 1
Salvatore Antibo	Itália	Atletismo	mar. 27
Sávio	Brasil	Futebol	mar. 13
Sepp Herberger	Alemanha	Futebol	mai. 26
Sergei Bubka	Ucrânia	Atletismo	dez. 29
Shane Gould	Austrália	Natação	ago. 5
Silvinho	Brasil	Futebol	jan. 9
Simmenthal	Itália	Futebol	fev. 3
Skak	Marrocos	Atletismo	out. 6
Sócrates	Brasil	Futebol	set. 28
Stanislawa Walasiewicz	Polónia-EUA	Atletismo	out. 7
Stanley Mathews	Inglaterra	Futebol	out. 22
Stoichkov	Bulgária	Futebol	mai. 4
Sylvinho	Brasil	Futebol	dez. 4
Taffarel	Brasil	Futebol	mai. 12; dez. 24
Takacs	Hungria	Tiro ao Alvo	ago. 6
Ted St. Martin	EUA	Basquete	nov. 8
Terry Cummings	EUA	Basquete	mai. 6
Thiago Calvano	Brasil	Futebol	abr. 8
Tiago Splitter	Espanhol	Basquete	fev. 27; out. 17
Tim Duncan	Ilhas Virgens	Basquete	abr. 1
Tinga	Brasil	Futebol	nov. 27
Tom Simpson	Inglaterra	Ciclismo	mai. 20
Toni	Brasil	Futebol	dez. 14
Toninho Cerezo	Brasil	Futebol	set. 28
Tyrone Bogues	EUA	Basquete	fev. 24
Uwes Selle	Alemanha	Futebol	out. 18
Valdo	Brasil	Futsal	abr. 18

Nome	País	Esporte	Data
Valerie Brisco-Hooks	EUA	Atletismo	ago. 13
Valerón	Espanha	Futebol	dez. 14
Valtino	Brasil	Futsal	abr. 18
Varesse	Itália	Basquete	ago. 24
Vladimir Lapitski	Rússia	Esgrima	jun. 17
Wilma Rudolph	EUA	Atletismo	set. 4
Wilt Chamberlain	EUA	Basquete	nov. 5
Xavier McDaniel	EUA	Basquete	nov. 16
Zé Maria	Brasil	Futebol	jan. 3
Zé Ribeiro	Português	Futebol	mai. 30
Zé Roberto	Brasil	Futebol	mai. 5
Zequinha Barbosa	Brasil	Atletismo	ago. 17
Zico	Brasil	Futebol	mar. 8; jun. 6; set. 28